L'AVOCAT ET LA VÉRITÉ

Pierre Verdier

L'avocat et la vérité

Roman judiciaire documentaire

Éditions Persée

Ce livre est une œuvre de fiction. Les noms, les personnages et les événements sont le fruit de l'imagination de l'auteur et toute ressemblance avec des personnes vivantes ou ayant existé serait pure coïncidence

Consultez notre site internet

Pour tout contact :
Éditions Persée – Centre Chester Carlson
ZAC du Moulin des Landes – 2 rue Gutenberg,
44980 Sainte-Luce-sur-Loire
www.editions-persee.fr

« Une justice trop exacte dégénère en injustice. »

Baltasar Gracian.

AVERTISSEMENT

Sur la notion de Roman judiciaire documentaire

Un roman judiciaire. Judiciaire parceque les affaires qui y sont évoquées ont pour cadre la justice. Roman, parce que, bien qu'elles soient inspirées de la vie professionnelle de l'auteur qui est avocat, elles le sont de façon totalement libre, tant du point de vue des personnages (dont Maître Mauduit au premier chef) que de leurs histoires. On chercherait autrement dit en vain, dans les archives du véritable professionnel, les modèles d'inspiration des consorts Delcourt, de Xénia Manolios et de Vincent Lambert. Reste que c'est dans la mémoire de l'avocat, que le romancier a puisé les matériaux de son roman ; et qu'il l'a fait dans un souci documentaire.

Un roman judiciaire **documentaire**. Il s'agit de donner à voir plusieurs aspects de la vie d'un robin toujours en quête de temps, toujours à courir à hue et à dia, incarné par un personnage qui, pour être « de roman », n'en est pas moins assez représentatif de la corporation ; du moins dans sa partie majoritaire non affairiste. Une « réalité fictionnelle », faite du traitement judiciaire et humain de l'affaire « gigogne » qui fait la trame du récit, dans son insertion : d'une part, dans la vie du cabinet où se sont nouées de fortes mais néanmoins différenciées amitiés (Édith la secrétaire et Luc l'associé) ; d'autre part, dans la vie personnelle du défenseur. Une réalité au plus près du vécu d'un professionnel « de proximité » en tant que tel en prise directe « à hauteur d'homme », sur la marche des grandes mutations sociales et sociétales. En l'occurrence, celle qui a trait à la reconnaissance de la « normalité/légalité » de l'homosexualité en général, et en particulier dans le milieu conservateur de grands bourgeois catholiques « survivalistes » à leur manière. Une réalité dont la prise en charge par le praticien, aussi extraordinaire au sens littéral qu'elle puisse apparaître au lecteur (notamment en présence d'un homicide), ne sort pas du cadre, habituel sans être routinier, des rendez-vous et des audiences, qui est celui sur lequel est concentré le récit. La première partie est ainsi consacrée au premier et très long rendez-vous donné à la femme qui va, en quelque sorte, inaugurer la série des affaires dont il est question dans le roman ; et la plaidoirie devant la cour d'assises de l'avocat qui va les conduire, un pan important de la seconde partie.

L'écriture, proche du scénario, n'est pas celle d'un polar ou d'un thriller judiciaire (haletante, tendue, à suspens…), le second étant essentiellement différencié du premier par le fait qu'il implique des gens de justice. Elle vise, presque à l'opposé, au rendu quotidien sans être nécessairement banal, descriptif sans être nécessairement plat, *documentaire* sans nécessairement exclure une part de « romanesque », d'une certaine réalité de « l'avocature ». Et si la tonalité du texte peut paraître parfois un peu artificielle, c'est dans l'esprit de certains dialogues des films d'Éric Rohmer qui, en réalité, procèdent, selon le mot juste d'un critique, d'une sorte de *« spontanéité au second degré ».*

Comme procède en un certain sens d'une conception de la vérité au second degré, la démarche de l'avocat du roman, moins axée sur la vérité des faits que sur la vérité humaine des protagonistes. Il se peut que la vérité judiciaire, c'est-à-dire celle qui est censée être établie selon les critères du droit positif, ne coïncide pas avec les faits tels qu'ils se sont réellement déroulés, mais ce qui importe le plus, pour ledit avocat, c'est qu'en tout état de cause, le jugement rendu n'aggrave pas « l'injustice du monde », pour le dire à la manière de Camus. Qu'au contraire il contribue à une certaine « restauration » de la justice. La démarche en question n'ayant bien entendu rien à voir avec celle des obscurantistes de notre époque qui, sous l'oxymore de « vérité alternative », tentent de substituer la croyance à la connaissance. Il s'agit seulement en l'occurrence, de reconnaître la nécessité dans les choses humaines et singulièrement celles de la justice qui relèvent plus de l'art que de la science, d'une certaine flexibilité dans l'approche de la vérité, pour le dire cette fois à la façon du doyen Carbonnier.

PREMIÈRE PARTIE

SCP Mauduit & Duquesne Avocats

—

Dossier n° 81/69

—

Delcourt c/ Delcourt

—

Dossier en rapport avec l'affaire de harcèlement sexuel
Manolios C/Delcourt

Mercredi 18 février/19h30.

Maître Mauduit pose le dictaphone, se lève passablement las et ankylosé, s'étire, contourne le grand plateau de verre fumé jonché de correspondances, de pièces et de jurisprudences et se plante à la fenêtre pour prendre l'heure à l'horloge de la mairie qui pointe son œil rond et lumineux de cyclope au droit exact du cabinet, de l'autre côté de la grande place, entre deux rangées de tilleuls émondés. Un rite des soirs de labeur solitaire, sédentaire et solipsiste pour marquer le retour du temps extérieur, objectif, officiel, injonctif : il est l'heure de rentrer.

Il pratique un horaire en 2/8 selon le mot d'Hannah. Un 2/8 non-stop de libéral, de huit heures du matin à huit heures du soir, et encore si, et seulement si, comme ce pourrait bien être le cas ce soir, Édith n'a pas eu la bonne idée de lui coller un rendez-vous qu'elle aura jugé urgent, sans même l'en informer au motif qu'il lui avait interdit de le déranger. Un de ces rendez-vous qui vous font rentrer à la maison à l'heure où s'achève à la télé l'unique bon film de la semaine. En disposant de l'agenda, sa secrétaire dispose de sa vie. Son destin n'est pas écrit au firmament, mais dans un prosaïque journal de rendez-vous et d'audiences.

Il avait pourtant déclaré *urbi et orbi* à l'ouverture du cabinet, que contrairement à la plupart de ses ainés, il ne se laisserait pas envahir par le métier. Il était sincère. Après une adolescence erratique close par un devancement d'appel, suivi d'un mariage et d'une naissance précoces qui lui ont valu de devoir cumuler un travail et des études à temps complet, il comptait bien, sans pour autant négliger le développement de son affaire, « vivre », avec tout ce que ce verbe à consonance libertaire pour le soixante-huitard qui bougeait encore en lui, pouvait laisser entrevoir et espérer d'ouverture et de disponibilité ; pour les siens, mais aussi pour l'écriture, abandonnée sur le seuil de la Trappe et dont ne subsiste de ses premières tentatives, qu'un brouillon de roman au titre évocateur de l'avant-Hannah : *Les sables mouvants.* Mais il s'était heurté à l'incrédulité en armure de celle qui était censée partager avec lui les bénéfices de tous ordres de l'ère radieuse qui s'ouvrait. Au point de douter, déjà, de la communauté des acquêts.— *« Finalement, tu vas faire comme ton père ; on ne te verra plus. Tu dis que sans moi tu aurais fini en junkie, mais je vois bien ce qui va se passer ; t'es déjà complètement accroc à ton boulot. »* Le ton n'était pas ironique. Pourtant, la possibilité qu'il fasse les frais d'une banale ruse de l'histoire, l'avait effleuré : après avoir honni chez son géniteur la figure du commandeur toujours absent, sinon pour exiger sa conversion et reddition à sa culture du travail à la japonaise, n'avait-il pas déjà pris peu ou prou modèle sur lui ?

Les années ont passé. Il a tout essayé pour tenter d'endiguer, de ralentir ou dévier, un mascaret bouillonnant et ininterrompu de dossiers. La réorganisation, la spécialisation, la sélection des affaires, le recours à un collaborateur, rien n'y a fait, Édith s'ingéniant à noircir méthodiquement les blancs fraîchement conquis. Le rafting judiciaire se poursuit donc au quotidien, au risque permanent du sinistre. Aujourd'hui, éviter une forclusion, demain, un aller et retour véloce à Rennes au volant de l'Alfetta GTV pour ne pas risquer, à l'aller, d'arriver après la bataille à la Cour, au retour, de rater le rendez-vous qu'il n'aura pas été possible de déplacer. Six cents kilomètres pour une heure et demie d'audience et l'apaisement des angoisses procédurales d'un client ignorant de l'exploit. Une course éreintante pour un gain, ramené à l'heure, assez illusoire.

À ses doléances récurrentes et multiples contre l'air tourbillonnant du temps judiciaire pour un robin en vue, Luc, l'associé et néanmoins ami unique en nombre et qualité, répond, non sans malice, mais aussi beaucoup de bienveillance, qu'il s'est trompé d'époque, qu'il était fait pour le barreau élitaire et, selon la légende, désintéressé, d'autrefois : peu de causes, mais de belles et choisies ; peu de matériel, de personnel, de paperasse et de comptabilité, mais beaucoup d'engagement intellectuel ou politique. Lise, la jeune collaboratrice au réalisme candide, mais décapant, récemment recrutée pour le décharger du droit de la famille, n'accorde, quant à elle, aucun crédit à la thèse de l'inadaptation à l'époque. Elle l'estime, au contraire, « trop bien » selon son mot, accordé au métier d'aujourd'hui soumis, avec la prolifération métastatique des lois, des contentieux et des circuits de communication, à une insécurité permanente et un rétrécissement croissant des délais impartis ; autant dire au stress, avec sa pernicieuse contrepartie d'exaltation, de griserie et d'oubli... jusqu'à ce que retentisse la sirène d'un quelconque pompier. C'est l'interprétation isolée de Luc qui a sa préférence têtue, et sans doute un peu frottée d'orgueil.

La réalité professionnelle du jour, c'est une matinée de rendez-vous enchaînés, suivie d'un après-midi retranché, dédié à l'examen à la lumière infrarouge du procédurier, des innombrables pièces de puzzle d'un dossier de contestation d'un plan social. Un travail de bénédictin entrepris, comme d'habitude, à la limite du délai imparti pour signifier les conclusions ; mais avec d'autant plus de concentration et d'énergie propices à la découverte de la faille, invisible à l'œil nu, de la mécanique infernale mise en place par l'Invincible Armada des avocats de la multinationale qui délocalise au nom de Wall Street et du banc de piranhas aveugles qui la possède momentanément. L'ordalie bilatérale des travailleurs français opposés aux retraités du fonds de pension américain. Au final, convaincu de refaire Gravelines, il a dicté pendant près d'une heure, sans interruption, lové au fond de son fauteuil « Président » en cuir souple noir, basculé, le regard fixé au plafond, au vu de ses seules notes mentales pour être assuré d'aller à l'essentiel, l'argumentaire à boulets rouges qui devrait, si les juges sont impartiaux, percer irrémédiablement les coques des galions ennemis.

Il tente maintenant, comme chaque soir, au spectacle ordinaire de la rue, de se délester jusqu'au lendemain du trop-plein des soucis accumulés dans la journée. Mais, déjà, quelques images perturbatrices s'interposent comme des transparents sur la vitre. La focalisation pendant des heures sur des questions de technique juridique arides, n'a pas empêché son imagination de courir, irrépressiblement, dans la périphérie incontrôlable de sa conscience, toutes sortes de chemins qu'il sait pourtant ne mener nulle part. Qu'a-t-elle fait aujourd'hui ? Il l'a vue ce matin s'apprêter longuement pour sortir. Février n'est guère propice aux travaux de jardin, mais il n'y a pas si longtemps encore, elle en inventait pour chaque saison. Est-elle allée en ville avec sa collègue et grande copine qui lui ressemble si peu ? Cette Marlène qui donne toujours l'impression de sortir de la couverture de quelque journal de mode, au féminisme tapageur et à l'attrait pour Hannah, incompréhensible. Sinon, qui a-t-elle rejoint et où ? Depuis que les revenus du cabinet permettent qu'elle ne travaille plus qu'à tiers temps pour ses menues dépenses, elle a perdu l'habitude de lui raconter ses journées comme elle le faisait spontanément du temps des vaches maigres ; ou alors de manière si désinvolte, qu'il n'en ressent que plus de frustration.

Et que penser de la disparition des crises cycliques apparues après la naissance de leur second enfant, qui, littéralement, la saisissaient, l'étreignaient, la plongeaient pour quelques heures et parfois même un jour ou deux, dans un état de sidération, de claustration, d'abandon à il ne sait quel mal ? Une apparition et une disparition subites et sans lien apparent avec un quelconque événement contemporain, sans signes avant-coureurs décelables dans son comportement, sans rien qui permette de les anticiper, sinon leur étonnante régularité. Quel lien, *a priori* impensable, établir entre les deux distances qu'elle semble avoir prises : vis-à-vis de lui et vis-à-vis du mal dont elle souffrait ? A-t-elle consulté, alors qu'elle s'y était obstinément opposée par le passé ? Il ne peut s'empêcher de penser à cet ancien interne de son service, aujourd'hui vacataire, dont elle et Marlène, lors d'un récent souper en ville « avec les maris », s'accordaient, si chaleureusement, à louer « l'écoute » ? Un certain Daniel que l'une et l'autre disaient trouver « tellement différent ». Ce qui lui avait rappelé qu'à seize ans, c'est lui qu'Hannah trouvait ainsi. Il n'a pas osé, jusqu'à présent, aborder la question, comme s'il craignait de réveiller quelque démon incontrôlable. Il ferme les yeux comme on rabat un couvercle de marmite au feu sur la vapeur brûlante, inspire au maximum de sa capacité pulmonaire, bloque sa respiration, expire profondément et recommence pendant quelques instants ; le temps que par l'effet de ce pranayama de fortune, il retrouve sous la voute ouatée de ses paupières closes, un peu de sérénité.

Il rouvre les yeux sur une tache noire qui flotte sur la façade puissamment éclairée par le bas, théâtrale, de la mairie. Une tache comme un feu follet monté de la fosse commune à voitures creusée devant, qui progresse dans l'allée de tilleuls en silhouette féminine svelte, pressée, qui, soudain, ralentit, semble hésiter, retrouve son pas soutenu et achève les derniers mètres du chemin, d'un trait. Le plan-séquence se précise. C'est une femme d'environ trente-cinq ans, très chic avec son manteau beige à chevrons bruns et col renard, qui s'apprête à traverser la rue du cabinet sans prendre garde à la R5 d'un âge canonique surgie à sa gauche à l'instant même où elle engageait un escarpin de vair sur le prosaïque bitume de la rue. Il n'a pu réprimer un « attention ! » dérisoire de ce côté de la fenêtre, en tournant la poignée de la crémone pour l'ouvrir ; à temps seulement pour entendre le crissement des pneus et l'invective du conducteur dont il n'aperçoit que le bas dépenaillé du corps renversé pour atteindre et baisser la vitre du côté passager, à hauteur de la belle inconnue repliée et rétractée dans le lit étroit et heureusement sec, du caniveau.

— Où tu te crois connasse ; bourgeoise !

Une illustration routière à chaud, brute, spontanée, d'une certaine survie de la lutte des classes. L'intéressée attend, interdite, que le véhicule prolétarien au pot d'échappement débridé et pétaradant, reprenne sa route pour traverser le Rubicon ; cette fois, avec les précautions d'usage.

Va-t-elle sonner à la porte du cabinet, ou poursuivre sa route à droite ou à gauche ? L'encorbellement qui marque l'étage l'empêche de le savoir immédiatement. Quelle occurrence a, sincèrement, sa préférence ? Il devrait, raisonnablement, à pareille heure, opter pour la seconde, mais c'est en espérant la réalisation de la première, qu'il scrute sur le clavier du téléphone le choix du destin. La touche de la porte d'entrée s'éclaire. L'avocat des opprimés, avocat du jour, va peut-être devoir, avocat du soir, s'intéresser à des problèmes de nantis ? De quoi alimenter les sarcasmes d'Édith.

Il n'a pas encore allumé la lampe du bureau. Le réverbère de faction au pied de l'immeuble haussmannien dont la lanterne occupe en lune gibbeuse fixe l'angle droit de la fenêtre, modère la pénombre intérieure ; et de même, le gros du bataillon de ses semblables qui encerclent la place, la nuit qui l'a recouverte à l'insu du stratège absorbé par les préparatifs de sa prochaine campagne. Une place qui, maintenant, bruisse comme un arbre envahi d'étourneaux, des allées et venues de toute une population en transit des bureaux vers les nids ; à l'exception de la belle inconnue qui est maintenant assise dans la salle d'attente, immergée dans ses soucis ou occupée à feuilleter plus ou moins distraitement, la littérature hétéroclite mais majoritairement people et le plus souvent périmée, dont ce lieu est traditionnellement le dépotoir.

Il quitte la fenêtre avec l'intention de faire un peu de place sur son bureau, quand Édith frappe et ouvre la porte simultanément.

— On n'y voit goutte là-dedans !

Elle allume.

— Je vous ai dit cent fois de frapper, d'attendre que je vous dise d'entrer et d'allumer seulement si je vous le demande. Ici, c'est chez moi, je fais ce que je veux, y compris si ça me fait plaisir, de dicter dans le noir. C'est agaçant à la fin !

— Oui maître.

— C'est ça, payez-vous ma tête en plus. Un jour ou l'autre, vous l'aurez votre avertissement.

— Oui maître.

— Je vous le dicterai demain matin.

— Vous êtes à Rennes.

— À mon retour.

— Vous n'aurez pas le temps !

— Vous avez réponse à tout.

— Je suis à bonne école.

— Ne me dites pas que vous avez donné un rendez-vous de dernière heure à une nouvelle cliente sans mon autorisation.

— Qu'est-ce qui peut bien vous faire croire ça ?

— Je le sens.

— À quoi ?

— C'est dans l'air. Dites-moi que vous venez uniquement pour me dire bonsoir.

— Je viens aussi, pour vous dire bonsoir.

— Aussi ! C'est bien ce que je dis, ça sent le traquenard. Vous avez quelque chose à vous reprocher et ça se voit.

— À quoi ?

— Vous voyez bien que vous ne le contestez pas. J'en étais sûr.

— Parfois, vous me faites peur. Avec les gens comme vous, on a l'impression qu'on ne peut jamais s'en sortir. Au final, on a toujours tort ; on est toujours coupable. Coupable, c'est quand même un peu fort ! C'est vous qui m'avez interdit de vous déranger cet après-midi. Ça, au moins, vous ne pouvez pas le contester.

— Autrement dit, pour vous, l'interdiction de m'importuner l'après-midi vaut autorisation de me surcharger le soir ?

— On ne va pratiquement pas vous voir d'ici vendredi soir. Demain, vous êtes à la Cour de Rennes, après demain en expertise le matin et l'après-midi, en réunion à la bourse du travail avec les cent cinquante salariés de la S0VARCO pour leur expliquer les suites de l'arrêt qui vient d'être rendu par la Cour de cassation.

Elle s'interrompt, fronce les sourcils et réfléchit.

— Mais au fait, comment savez-vous que c'est une dame ?

— Je vois tout ! Je sais tout ! Je suis partout ! Méfiez-vous !

Il sourit intérieurement en se rappelant que *Je suis partout* a été sans doute le journal le plus virulent de la collaboration, aux antipodes de ses propres convictions. Une référence qui, si elle n'était pas ignorée de son vis-à-vis, lui vaudrait certainement quelque interrogation de mauvaise foi sur un éventuel « retournement de veste ».

— Qu'est-ce que c'est ?

— Un divorce.

— En plus ! Vous savez bien que je ne veux plus entendre parler de divorce. On a une collaboratrice pour les affaires familiales depuis plus d'un an maintenant ; il ne faudrait peut-être pas l'oublier.

— Oui, *une* collaboratrice ; pas *un* collaborateur.

— Et alors ?

— Alors, je sais bien que ce n'est pas un hasard. Je suis certaine que pour vous, c'est naturel. D'accord, les femmes travaillent, mais on s'arrange pour qu'au fond, rien ne change vraiment. Les crimes, les entreprises, les affaires, c'est plus gratifiant, plus viril ; le couple, la famille, les mioches, tout ce qui baigne dans l'affectif, c'est bon pour les femmes. Et ne me dites pas que c'est leur choix !

— Qu'est-ce qui vous prend ; qu'est-ce que c'est que ce discours et à une heure pareille ? Quelle mouche vous a piqué ? Vous venez d'adhérer au MLF ou à ses suites ?

— Ça, c'est un peu facile. Ce n'est pas du féminisme mais tout simplement du réalisme. Ce n'est pas vous, peut-être, qui m'avez dit que dans le couloir du Juge aux Affaires familiales on trouve surtout des avocates ? Et sur quel ton ! Le moins qu'on puisse dire, c'est que ce n'était pas flatteur. Vous n'avez pas dit des « bonnes femmes », mais c'était tout comme. Et je me souviens encore de l'état d'énervement dans lequel vous rentriez des audiences du mercredi au motif qu'elles vous avaient assommé avec leur « psychologie de supermarché. » Ça ne s'invente pas. Tiens, on est mercredi ; j'imagine que s'il n'y avait pas Lise qui est peut-être encore à cette heure dans le fameux couloir de la mort cérébrale - la pauvre ! - vous seriez en train de m'en débiner deux ou trois parmi vos préférées. Je pourrais citer des noms.

— Vous ne m'avez jamais entendu pester contre des confrères masculins, peut-être ?

— Ce n'est pas la même chose. Eux, ce sont des concurrents, des ceci ou des cela, mais toujours des égaux.

— Qu'allez-vous chercher ? Vous savez comment ça s'appelle, ce que vous me faites ?

— Je me doutais bien que vous alliez trouver le moyen de vous dérober avec des mots. Mais dites toujours.

— Un procès d'intention.

— C'est bien ce que je pensais.

— Pas du tout. Que je sache, Lise ne se plaint pas de son sort ; je crois même pouvoir dire qu'elle est très heureuse d'être ici et d'assumer complètement la responsabilité du créneau. À moins qu'elle vous ait fait des confidences ?

— Vous pensez sérieusement que si elle m'avait fait des confidences, je vous le dirais ?

— Donc, elle ne vous a pas fait de confidences ; ça me rassure.

— Vous êtes vraiment insupportable. Peu importe qu'elle m'ait fait ou non des confidences, ce n'est pas la question.

— Alors, c'est quoi la question ? Et puis qu'est-ce que tout cela vient faire avec mon rendez-vous de ce soir ?

— Vous auriez dû continuer à vous occuper des affaires familiales. En partie seulement, je comprends bien que vous ne pouvez pas être partout, mais je trouvais que ça vous allait bien.

— C'est donc ça !

— J'aimais bien.

— Je commence à comprendre : vous êtes privée de votre feuilleton sentimental quotidien. La presse du cœur, *Nous Deux, Bonne Soirée, Secrets de femmes, La vie en fleur*... Ça me rappelle un article de Desproges dans un journal il y a quelques années. Je l'ai découpé. Je ne suis pas très sûr des prénoms, mais ça donne à peu près ça :

«Raoul est un brillant ingénieur qui voulait épouser Johanna quand Gerald, un Anglais flegmatique, ami de Kathy, fille au pair chez les

parents de Paul, où travaille Johanna, tombe amoureux de cette dernière, qui lui montre de la réticence quand Raoul survient. Pour lui, la situation est claire.»

— Et alors ?

— Il me semble que ça résume assez bien la chose, non ?

— La chose, comme vous dites, est bien souvent dans la réalité, autrement embrouillée.

— La réalité dépasse la fiction, comme dit l'autre.

— L'autre, il dit ce qu'il veut, mais en tout cas, les histoires à dormir debout, ici, on nous en raconte tous les jours.

— À dormir et parfois à nous empêcher de dormir ; je vous l'accorde.

— C'est vrai qu'on en voit de drôles ! Vous souvenez-vous de cette jeune femme kurde qui était obligée de se cacher pour ne pas être tuée par ses frères au motif qu'elle ne voulait plus du mari choisi par son père, un vieux barbon pédophile.

— J'ai de bonnes raisons de m'en souvenir : gilet pare-balles et garde rapprochée pendant un mois ; la famille voulait ma peau. Vous voyez, vous faites vous-même la démonstration de ce que le droit de la famille peut être palpitant.

— Ça, ça s'appelle une pirouette. Je ne vous cause plus.

— Maintenant, si vous préférez travailler avec Lise…

— Qu'est-ce que vous feriez sans moi ?

— Rien, évidemment.

— Vous êtes sérieux ?

— Vous en doutez ?

— Non, mais c'est bien de le reconnaître ; même si c'est quand même un peu pour m'amadouer. J'suis pas dupe !

— Alors, ce rendez-vous, quelle circonstance exceptionnelle le justifie ?

— Il n'y a pas longtemps, vous avez fait une exception pour monsieur Lenoir, au motif que vous l'aviez défendu en correctionnelle.

Elle s'interrompt un instant.

— C'est vrai que dès que vous prenez quelqu'un sous votre aile, vous ne pouvez plus le lâcher ; c'est plus fort que vous.

— C'est encore un reproche ?

— Non, là ce serait plutôt un compliment.

— Mais ça m'étonnerait que j'aie eu l'occasion de défendre en correctionnelle la dame qui m'attend.

— C'est tout comme !

— Hum !

— Quand elle m'a dit son nom, j'ai immédiatement pensé à un autre dossier ; et je n'avais pas tort.

— Quel autre dossier ?

— Manolios.

— Manolios contre Delcourt ?

— Évidemment, il n'y qu'une affaire Manolios ; une si « belle affaire », tellement « unique » !

— Qu'est-ce que ça veut dire ?

— Je me comprends.

— Pas moi.

— Ça m'étonnerait !

— Édith, vous me cherchez !

— Moi non, mais la dame qui est dans la salle d'attente, il n'y a pas de doute. Il faut voir comment elle m'a demandé si vous étiez rentré.

— Parce que j'étais sorti ?

— Parti ou reclus dans votre cellule de moine, c'est tout comme. C'était plus simple de lui dire que vous étiez en audience toute la journée.

— Vous ne me ferez pas croire que c'est ici que vous avez appris à mentir avec une telle facilité.

— Pourtant !

— Vous aviez certainement des aptitudes, mais passons. Qu'est-ce que vous voulez dire par *« il faut voir comment elle m'a demandé si vous étiez rentré »* ?

— Quand je lui ai dit *« il est là, il vous attend »,* j'ai vu sa figure s'illuminer et elle a poussé un long soupir. Elle était soulagée ; elle le verrait, le messie. Ça vous va ?

— Vous êtes particulièrement en forme ce soir.

— Ne croyez pas ça ; je suis au bord de l'épuisement. Vous avez vu l'heure ? Je devrais être partie depuis plus d'une heure.

— Au fait, comment s'appelle la cliente ?

— Delcourt.

Il réfléchit un instant et la regarde dubitatif.

— Vous avez bien entendu, j'ai vérifié, c'est bien la femme de ce malheureux chirurgien-dentiste que vous n'avez pas hésité à martyriser pour de beaux yeux noirs. Enfin, dans le dossier, il n'était pas question que des yeux !

— Je n'ai fait que mon métier. Et encore, il peut me dire merci d'avoir choisi le terrain civil, votre pauvre malheureux richissime arracheur de dents. J'aurais pu le faire citer en correctionnelle.

— N'empêche que si je devais aller le voir, j'éviterais de lui dire que je suis votre secrétaire. Je risquerais de ressortir édentée de son cabinet.

— Attendez, je vois la scène : Édith Fontaine dans le rôle de Thomas « Babe » Levy à la place de Dustin Hoffman et Delcourt dans le rôle du bon docteur Szell à la place de Laurence Olivier, penché sur elle— sur vous —, la roulette suspendue au-dessus de votre bouche en train de vous dire avec l'accent suave du nazi pervers de service : « C'est sans danger, madame la secrétaire de maître Mauduit. » Vous avez vu le film, *Marathon Man* ?

— Oui, mais je n'y avais pas pensé. Il vous arrive souvent de citer des films dans vos plaidoiries ?

— Ça m'arrive. Il faut bien que je rentabilise un peu ma culture cinématographique. Adolescent, j'ai beaucoup fréquenté la cinémathèque et je suis abonné aux *Cahiers du cinéma* depuis toujours.

— Littérature et cinéma, alors ! Au fait, je vous rappelle que vous m'aviez promis de m'apporter votre roman de jeunesse il y a déjà pas mal de temps.

— Je ne vous ai jamais rien promis. Je ne sais pas ce qui m'a pris de vous parler de ce brouillon d'ado sans intérêt.

— Vous étiez heureux d'avoir appris que maître Duquesne était guéri ; enfin, c'est ce qu'on croyait tous encore il n'y a pas trois mois. Vous aviez offert le champagne à tout le monde et les conversations étaient allées dans tous les sens. Mais je sais bien que vous ne me le ferez jamais lire…

— Revenons à madame Delcourt, si vous le voulez bien. Qui lui a conseillé de venir me voir ? Mademoiselle Manolios ?

— Elle ne m'a rien dit.

— Et vous ne lui avez rien demandé ?

Elle semble hésiter un peu.

— Elle m'a seulement dit qu'elle était au courant de son dossier. J'ai compris qu'elle ne voulait pas m'en dire plus. Après tout, je ne suis, c'est vrai, qu'une secrétaire.

— Ça, c'est évident.

— Que je ne suis qu'une secrétaire ?

— Qu'est-ce que vous êtes susceptible ! Dans le genre compliqué, vous n'êtes pas mal non plus.

— Vous devez déteindre.

— Ce que je voulais dire, c'est qu'il est bien évident que madame Delcourt est au courant du dossier de mademoiselle Manolios, puisqu'elle lui a délivré une attestation. L'attestation d'un témoin qui n'est autre que l'épouse du harceleur, c'est plutôt rare ; pour ne pas dire providentiel.

Il s'interrompt.

— Si j'avais su, je n'aurais pas retourné les pièces à mademoiselle Manolios.

— Elles sont toujours là.

— Quoi ! Alors que le dossier est clos depuis des mois ?

— Je devais avoir un pressentiment.

— Je crois surtout que vous avez du retard.

— Avec tout ce que vous me donnez à taper, le standard, les clients à rassurer et les grincheux à calmer…

— La dame Delcourt aurait donc l'intention de tirer profit du jugement de condamnation de son mari ?

— Vous croyez ?

— Bah, tiens !

— Ça justifiait bien de vous donner le rendez-vous, non ? De toute façon, c'était vous ou personne ; alors !

— Vous avez bien fait. Ce n'est pas étonnant que l'épouse de Delcourt pense à divorcer, mais en même temps… Enfin, on verra.

— C'est drôle, on dirait que ça ne vous fait pas vraiment plaisir. Pourtant, d'habitude, vous aimez bien savoir qu'un client vient de la part d'un autre. Vous savez, même si elle ne me l'a pas dit, je pense que la belle Athénienne a dû vanter vos mérites.

Elle le regarde avec un sourire amusé.

— Quoi ?

— Je vous vois en héros grec.

— Il ne manquait plus que ça. Achille ou Ménélas par exemple ?

— Je ne connais pas spécialement ces deux-là, mais je pense à ces demi-dieux qui font toujours des choses extraordinaires en jupette.

— Je suppose que vous avez en tête des péplums du genre *Les travaux d'Hercule*, avec Steve Reeves, le « monsieur muscles » de l'époque.

— Et alors ! À chacun sa culture cinématographique, comme vous dites.

— Sérieusement, avec le recul, je ne crois pas avoir accompli un exploit en faisant plier le clan Delcourt dans l'affaire Manolios.

— En tout cas, vous étiez sacrément content du résultat.

— Ça fait toujours du bien de penser qu'on a gagné parce qu'on a été excellent. C'est une faiblesse assez répandue chez les hommes, et tout particulièrement chez les robins.

Elle désigne de l'index la reproduction accrochée à l'entrée du bureau, légendée *« Nous avons été beaux... Nous avons été magnifiques »* ; cadeau de Luc au retour d'une exposition Daumier au Grand Palais avec au dos au crayon, un : *« tu vois que j'ai pensé à toi, mon bon Émile »,* chaleureusement narquois, Émile, son second désuet prénom qu'il doit à un cher oncle maternel.

— C'est ça.

— Pourtant, la cliente ne tarissait pas d'éloges sur vous.

— Ce n'est pas une preuve suffisante de mes mérites.

— Ne le dites pas à la dame qui vous attend, vous risqueriez de la démoraliser.

— C'est vrai qu'elle m'a semblé un peu tourmentée.

Elle le regarde avec surprise.

— Comment ça ? Vous l'avez déjà rencontrée ?

— Jamais. J'ai dû voir sa photo sur la photocopie de la carte d'identité agrafée à son attestation, c'est tout. Pendant le procès, c'était évidemment exclu ; on n'est pas en Amérique ici. Et après, compte tenu de ce que je suis un pestiféré pour les Delcourt et l'ensemble de leurs relations, la probabilité d'une rencontre était proche de zéro. Si par hasard je l'ai rencontrée, je ne l'ai pas reconnue. De toute façon, les gens ressemblent rarement à leur photo d'identité, pourtant censée permettre de les identifier.

— heureusement. Si vous voyiez la tête que j'ai sur la mienne.

— Vous avez peut-être oublié de la faire renouveler. Parfois, c'est l'âge qui fait la différence.

— Dites tout de suite que je fais vieille ! Vous soufflez toujours le chaud et le froid, vous— tantôt une gentillesse, tantôt une vacherie.

— Ce n'est pas ce que je voulais dire. D'ailleurs, on a le même âge.

— Oui, mais les femmes vieillissent plus vite.

— D'où tenez-vous ça encore ?

— Vous savez bien que les femmes font au minimum chaque jour deux journées.

— J'aurais dû m'y attendre. Encore un cliché. La femme corvéable à merci qui, après le boulot et le métro, s'occupe des devoirs et de la toilette des enfants tout en préparant le repas, pendant que le fainéant de mari, vautré sur le canapé, regarde le journal à la télé en sirotant une bière et grignotant des chips. En tout cas, vous vivez une bonne dizaine d'années de plus que nous, vous autres pauvres femmes corvéables à merci. Ce qui à mon avis, est un peu contradictoire. Mais vous aspirez peut-être à vivre encore plus longtemps, en veuves joyeuses ?

— Avec vous, je ne sais vraiment plus quoi penser.

— Je plaisante.

— Oui, mais comme vous plaisantez dans tous les sens… Mais passons. Alors, dites-moi comment madame Delcourt qui vous est inconnue, a pu vous apparaître mal dans sa peau ?

— Maintenant, grâce à vous, je sais qui est la dame que j'ai vu traverser la place et se diriger vers le cabinet, manifestement perturbée.

— Ah d'accord ! Je comprends. Pendant que je fais barrage de mon corps à la foule qui veut absolument forcer la grille du château, persuadée que vous suez sang et eau sur votre dossier, vous passez votre temps à votre fenêtre à mater les passantes.

— Les patrons aussi, ont bien le droit à une pause ; tout de même !

— Et ça vous suffit ?

— Quoi ?

— De voir d'ici une femme traverser la place pour savoir qu'elle n'est pas dans son assiette ? Si vous avez des dons de voyance, il faut le faire savoir. Je vois d'ici la plaque : « Maître Maudit avocat extra-lucide ». Remarquez, il paraît que la voyance, ça paie bien ; peut-être même mieux que le barreau ?

— N'en doutez pas. Pas de frais généraux, quelques accessoires, du genre farces et attrapes, et surtout, surtout, pas de personnel ! La situation idéale.

— On se demande ce que vous attendez ?

— Je me le demande aussi, et pas seulement pour la rentabilité. Tenez, pour la reconnaissance. Nous, si on gagne le procès, c'est parce qu'il était imperdable. Le client est toujours convaincu que son affaire est en or. Si on est débouté, c'est qu'on est un bon à rien. Nous sommes toujours responsables des échecs et jamais crédités des succès. Le voyant, lui, se sera immunisé contre toute forme de reproche en ayant formulé ses prédictions dans de telles conditions et d'une telle façon, qu'elles soient compatibles avec tous les avenirs possibles. Il aura toujours raison et son client ne lui fera aucun ennui.

— Vous allez me faire pleurer.

— Ce n'est pas vrai, peut-être ?

— Un peu. C'est humain.

— Humain, trop humain !

— Vu le ton, c'est sans doute encore une citation. C'est plus fort que vous !

— C'est vrai, c'est une véritable manie ; assez fréquente, paraît-il, chez les autodidactes.

— Quoi, vous n'avez pas les diplômes ?

— Si, et même plus qu'il n'en faut, mais vous connaissez mon histoire. Je n'ai jamais été vraiment étudiant ; je veux dire rien qu'étudiant. J'ai dû faire trente-six choses à la fois et j'ai encore aujourd'hui le sentiment d'un certain amateurisme, de ne pas être allé au fond des choses et que cela perdure, puisque je suis toujours à la bourre.

— Et la manie dans tout ça ?

— Sans doute une façon de faire croire à la profondeur de ma culture. Par exemple je connais des tas de formules latines, sans avoir jamais fait de latin. C'est de l'étalage.

— Ça me fait penser à quelque chose ?

— « La culture, c'est comme la confiture, moins on en a, plus on l'étale ». C'est de Françoise Sagan. Vous voyez.

— N'exagérez pas ! C'est vrai que vous n'avez pas eu la sagesse d'attendre d'avoir pignon sur rue pour tomber amoureux et fonder une famille, mais je doute que votre savoir professionnel et votre culture, soient si superficielles que ça ; et que d'ailleurs , vous soyez très complexé par rapport à vos « chers confrères ».

— Vous doutez de mes doutes ?

— Je crois surtout que vous êtes fatigué. Ce qui est vrai, c'est que vous êtes toujours à la bourre parce que vous ne savez pas vous arrêter.

Son visage s'assombrit.

— Je fais pourtant tout ce que je peux pour vous soulager ; surtout du téléphone.

— Je le sais bien. Sans vous je ne parviendrais jamais à boucler un dossier. Aujourd'hui en est un bon exemple.

— Deux fois dans une même soirée, je suis gâtée.

— Vous savez, pour en finir avec les citations, au moins pour ce soir, *Humain, trop humain,* c'est le titre d'un livre dans lequel quelque part, l'auteur compare les femmes des hommes publics à des paratonnerres.

— Tiens !

— Eh bien, vous êtes un peu mon paratonnerre.

— Mais je ne suis tout de même pas votre femme.

— Ça, c'est une question de critère. Si le critère c'est le temps qu'on passe avec une femme, vous êtes assez bien placée.

— Il faudrait que vous en parliez avec mon mari, ça devrait l'intéresser. Remarquez, vu mes rondeurs, le paratonnerre, ça le ferait plutôt sourire.

— Ce qui compte, ce n'est pas la forme du paratonnerre, mais son efficacité, et je dois reconnaître que vous vous y entendez mieux que personne pour m'éviter les foudres de certains adversaires ou clients ; les deux catégories ayant parfois fâcheusement tendance à fusionner.

— Il va falloir qu'un jour ou l'autre, vous passiez des compliments à l'augmentation de mon maigre salaire.

— Je sens que vous allez tout gâcher. N'oubliez pas que le véritable salaire du bien, c'est de l'avoir fait.

Il se demande si, en l'occurrence, il a lu ou inventé la sentence.

— Allez l'expliquer à mon boucher.

— Sérieusement, on voit ça le mois prochain. J'en ai parlé à Luc.

— Bon, c'est noté.

— Pour revenir à l'affaire Manolios, vous savez, avec le recul, je crains que quelque chose ne m'ait échappé.

— Quoi ?

— Je ne saurais dire ; il faut voir.

— Où, dans la boule de cristal ?

Il porte l'index à la tempe.

— Oui, mais dans celle-là, la moins transparente qui soit et qui travaille à notre insu, ma chère Édith ; et qui me dit que le dossier n'a peut-être pas dit son dernier mot ?

— Je croyais pourtant qu'il était fini et bien fini.

— Le feu a peut-être couvé sous la cendre ?

Elle le regarde en fronçant les sourcils, l'air inquisiteur.

— Vous ne seriez pas en train de vous demander si dans cette affaire particulière, vous n'auriez pas été un peu trop sous le charme de la victime présumée pour garder la tête froide ? Enfin, la tête ...

— Vous voulez dire, pour conserver suffisamment d'esprit critique ?

— Si vous préférez.

— Je ne sais pas.

— Moi je sais. Il fallait vous voir en avocat-chevalier servant !

— Après l'Antiquité, le Moyen-âge maintenant !

— Avouez-le.

— Vous passez allégrement du soupçon à la conviction. Vous devriez vous présenter au concours de la police.

— Ce n'est pas qu'un soupçon. Vous avez une formule pour ça. Des indices…

— Des indices graves, précis et concordants. En tout cas, si j'ai un peu baissé la garde, vous admettrez que ce n'est pas si facile de faire de la procédure civile quand l'idéal de beauté grec vient s'asseoir en face de vous.

— Le pauvre homme !

Il la regarde, interrogatif.

— Vous l'avez dit sur un ton qui me rappelle quelque chose. Chacun son tour.

— C'est ma fille.

— Votre fille ?

— Sa prof de français leur fait jouer des scènes de Tartuffe. Je lui donne la réplique à la maison.

— Elle joue Dorine, la servante, et vous, Orgon, le patron ; c'est ça ?

— Oui, et je note que votre pot de confiture ne doit pas être si vide que ça. Ceci dit, jouer le patron, ça me change un peu ; un peu beaucoup, même !

— Si, ici, vous n'êtes pas patron, vous n'êtes pas non plus servante. Vous êtes classée secrétaire juridique au troisième échelon de la convention collective avec un salaire de cadre qui va encore bientôt augmenter.

— Peut-être, mais de cadre à toutes mains. Si vous tenez à parler des archives, par exemple, permettez-moi de vous rappeler que j'ai passé la matinée de lundi à faire de la manutention au grenier de cartons qui dépassent largement le poids autorisé par la fameuse convention collective. Mais c'est vrai que pour ça aussi, vous avez un joli mot.

— Vous voulez dire un gros mot : polyvalence.

— On en reparlera.

Elle s'assoit dans l'un des deux fauteuils en plastique transparent des clients. Il fait sans réfléchir de même.

— Vous savez, on a un peu parlé de vous avec ma fille. Je lui ai dit que parfois, j'avais droit, aussi, à quelques tirades.

— Que voulez-vous, vous m'inspirez.

— Là, on dirait Tartuffe soi-même. Disons plutôt que je vous tiens lieu de public par défaut. Remarquez, ça ne me déplaît pas. Au fait, vous ne m'avez toujours pas dit ce qui a pu vous faire penser que madame Delcourt était un peu bizarre ; elle aussi. Je sais bien qu'on ne vient pas voir un avocat ou un médecin pour le plaisir, on appréhende toujours d'apprendre quelque chose de fâcheux, mais en général, ça ne se voit pas à cent mètres.

— C'est encore une histoire d'indices. Plus précisément psychologiques ici ; mais qui ne trompent pas, même à cette distance.

— Tiens ! Je croyais pourtant que vous n'étiez guère porté sur la psychologie.

— Je m'en méfie, c'est tout. J'ai eu souvent l'impression à la lecture de ses spécialistes, que sous le vernis du jargon, on était plutôt du côté de l'impression, de l'interprétation plus ou moins personnelle, sinon parfois de l'opinion, que de la science. Alors pourtant, que c'est sur leurs expertises que s'appuient les jugements. Vous savez, expert auprès de la Cour signifie avant tout, « bien en Cour ».

— Il y en a tout de même un qui vous a bien rendu service dans le dossier Manolios.

— Ce cher Levaillant. Et sans que je le sollicite, puisque la cliente l'avait choisi avant même de me consulter.

— Vous disiez que son certificat était parfait.

— Parfait, c'est le mot ; comme tout dans ce dossier ; et c'est peut-être bien le problème ?

— Je me demande pourquoi vous faites plus confiance à Levaillant qu'aux autres psy ?

— Parce que ce n'est pas un faux cul. Aux assises, il n'est pas comme la plupart de ses confrères, qui prétendent ne jamais s'aventurer dans le domaine du juge, de la culpabilité, du bien et du mal, mais qui en réalité, sans rien dire de leurs présupposés, disons « philosophiques » si l'on veut être charitable, rendent des rapports dont les conclusions sont à charge, ou autrement dit, fourbissent les armes de l'accusation. Même quand ce qui a été exposé auparavant, tend à démontrer que l'accusé ne s'appartenait plus quand il a commis le crime. Ils préfèrent faire en sorte qu'il soit confié aux bons soins de l'administration pénitentiaire, plutôt qu'à ceux de l'administration hospitalière où ils risqueraient de le retrouver.

— Je suppose que les intéressés informés de vos éloges, ne manqueraient pas de dire tout le bien qu'ils pensent des avocats.

— C'est probable.

— Sans compter que je vous ai vu dans certains dossiers tirer des arguments en défense des rapports en question ; qui n'étaient pourtant pas de Levaillant.

— Vous avez des psys dans votre famille ?

— Je vois ! En tout cas votre psy préféré, dans l'affaire Manolios, il a plutôt joué les procureurs. C'est ce que vous m'aviez dit.

— Ce n'est pas faux.

— Ce n'est pas « pas faux » ; c'est vrai.

— Vous ne me passez rien.

— Je devrais ?

— J'admets que je vous l'ai dit. Je vois que vous avez encore le dossier bien en tête.

— C'est normal, c'est tout de même moi qui tape vos conclusions et qui vous prépare, le plus souvent, vos cotes de plaidoirie. Mais vous ne m'avez toujours pas dit ce que sont ces indices qui ne trompent pas ?

— Ce sont ceux que n'importe qui d'un peu avisé peut tirer des premiers contacts avec un client : la manière dont il entre dans votre bureau, s'assoit, se tient, place ses jambes et ses mains, cherche ou au contraire évite votre regard, attend ou non que vous lui posiez une question. Et l'on n'est pas moins renseigné depuis une fenêtre si la personne ignore qu'on l'observe : le pas, plus ou moins rapide et régulier ; la tête, plus ou moins droite ; les épaules, plus ou moins rentrées ; le dos, plus ou moins rond. Et je ne parle pas de la mise, de ce qu'elle dit ou prétend dire et tente souvent de dissimuler. Tout cela est très élémentaire, ma chère Édith ! De la simple observation. La femme qui a attiré mon attention paraissait très préoccupée ; au point d'oublier la circulation. Elle a bien failli se faire écraser.

— Je comprends maintenant pourquoi, elle était plutôt nerveuse en arrivant.

— Pour ça, mais aussi parce qu'elle sait que le divorce ne fait pas partie de la culture des Delcourt et qu'elle doit s'attendre au pire. Surtout en venant chez moi.

— Elle veut peut-être, tout simplement, s'informer sur les démarchez à accomplir ? C'est jamais simple.

— Ça m'étonnerait qu'elle n'en sache pas déjà beaucoup. Une femme de sa condition est toujours bien renseignée ; suffisamment en tout cas pour conserver une certaine maîtrise de la situation. Les grands bourgeois ne s'en remettent jamais vraiment à personne. Ce qu'ils demandent ce n'est pas de les guider, mais que vous leur rendiez les services pour lesquels ils vous paient ; toujours trop cher, évidemment. Elle est certainement un peu fragilisée, mais de là à perdre durablement le nord, c'est autre-chose.

— Vous ne m'avez jamais dit ça à propos de mademoiselle Manolios.

— Elle n'est pas du même milieu, et…

— Et je suppose qu'elle savait y faire pour vous attendrir sur son sort. C'est dommage qu'il n'y ait pas de caméra dans votre bureau ; ça me permettrait de faire comme vous à votre fenêtre. Je pourrais me livrer à toutes sortes d'interprétations sur, disons, vos états d'âme, dans certaines circonstances...

— Vous n'avez pas besoin de ça ; vous êtes déjà aux premières loges. Vous doutiez vraiment de sa sincérité, à l'époque ? Elle n'était pas comme la plupart des victimes de violences sexuelles qui s'adressent à nous ?

— Elle était parfaite.

— On y revient. Vous ne me l'avez jamais dit.

— Vous m'auriez accusée d'être un peu jalouse.

— Jalouse ?

— Jalouse comme peut l'être, selon ce que pensent les hommes, une femme, quand elle se trouve moins séduisante qu'une autre. Et avec mademoiselle Manolios, on ne peut pas lutter, c'est sûr.

— Décidément, moi qui pensais vous connaître…

— Ce n'est pas vrai peut-être ? Si je vous avais dit que je trouvais que votre cliente fétiche en faisait un peu trop, vous auriez essayé de trouver une bonne raison, c'est-à-dire la plus mauvaise, pour me donner tort.

— Ça ne me plaît pas, mais ce n'est peut-être pas complètement faux ?

— A propos, je suppose qu'il ne vous a pas échappé que la dame qui vous attend est elle aussi plutôt jolie ? C'est autre chose que mademoiselle Manolios, mais ce n'est pas mal non plus. Très chic ! Une grande dame. Vous n'allez pas regretter les heures supplémentaires.

Il prend un air indigné.

— Allons, il s'agit tout de même d'une cliente !

— Comme mademoiselle Manolios.

— Ne m'accablez pas.

— Vous savez, je ne suis pas si naïve. Je sais bien qu'une femme ne cesse pas d'être une femme au prétexte qu'elle devient une cliente, même si ça arrange tout le monde de le croire. Déjà, avec la blouse blanche, ce n'est pas toujours évident ; alors, avec la robe noire ! En plus, ici, vous n'êtes même pas en robe.

— La robe est dans ma tête.

— Il faut mieux entendre ça que d'être sourd !

— Ne prenez pas l'exception pour la règle.

— C'est vous qui dites que les exceptions finissent toujours par l'emporter sur la règle.

Elle désigne du menton le dossier étalé sur le bureau.

— Faudrait pas que l'avocat social passe de l'autre côté.

— Ça ne risque pas.

— Il vous arrive quand même de passer allégrement de la roture à la noblesse, comme dit votre associé. Avec le vicomte De la Glissonnière, par exemple.

— C'est une affaire de malfaçons, c'est neutre. Et permettez-moi de vous faire observer que la « grande dame » comme vous dites, c'est vous qui me l'avez collée d'office.

Il regarde sa montre, retire la bande magnétique du dictaphone et lui tend, l'air outragé.

— Prenez cette bande et sortez. Je ne veux plus vous voir. Vous-vous rendez compte que la cliente attend depuis au moins une demi-heure la fin de vos bavardages.

— Vous ne manquez pas d'air ! Heureusement, elle est arrivée très en avance et je l'ai prévenue que, rentré tard d'audience, vous aviez dû vous atteler au bouclage d'un dossier très urgent ; et qu'elle allait donc devoir attendre.

— Ce qui confirme que mon diagnostic était bon ; elle a hâte d'être rassurée.

— Par le bon docteur Mauduit.

— Docteur en droit, mais ça fera quand même l'affaire.

Elle fait une moue.

Vous en doutez ?

— Non, mais je m'aperçois que la bande est archi pleine ! Vous ne croyez tout de même pas que je vais la taper maintenant ?

— J'espérais. Enfin, si ce n'est vraiment pas possible, vous la taperez demain ; mais il faut que les conclusions soient impérativement signifiées vendredi avant midi.

— Vous les relirez quand ?

— En revenant de la Cour, demain soir.

— Après avoir dicté l'avertissement ?

Il s'extrait d'un bon du fauteuil. Elle fait machinalement de même. Il fait un pas en avant la main levée, l'air menaçant.

— Il ne manquerait plus que ça !

— Avant de partir, pensez à laisser le dossier Manolios, puisqu'il est toujours là, sur le comptoir ; je vais l'emporter à Rennes avec celui de la SOVARCO.

— Avec le voyage et le dossier que vous avez à plaider, vous n'aurez pas le temps, en plus, d'ouvrir ces deux dossiers.

— Pour le dossier Manolios, il s'agit seulement de me rafraîchir la mémoire et pour le dossier de la SOVARCO, de réfléchir aux conséquences de l'arrêt de la Cour de cassation sur le calcul des indemnités des salariés licenciés. Les délégués syndicaux ne vont pas manquer de me poser quelques questions pointues, mais je connais assez bien la question. Je peux faire ça en déjeunant.

— Vous m'inquiétez, vous savez.

Son visage s'est assombri.

— Comment ça, je vous inquiète ?

— Vous allez comme d'habitude avaler un sandwich arrosé de deux ou trois cafés. Un jour ou l'autre, vous aurez des ulcères et peut-être même un infarctus ; ou les deux.

— Édith, c'est gentil de penser à ma santé, mais tout de même... Seriez-vous devenue secrétaire médicale ?

— Moquez-vous !

— Allez, filez !

— Je m'en vais, je m'en vais. Au fait, maître Duquesne a téléphoné. Il est sorti du tribunal de commerce trop tard pour repasser au cabinet. Quand je serai partie, vous serez tout seul. Enfin, tout seul ...

— Vous n'allez pas recommencer ?

Elle lui sourit, l'air mi- espiègle, mi- sérieux.

— Merci pour tout Édith. Bonne soirée.

Elle lui adresse, du bout des doigts, un affectueux et discret « à demain », pivote sur un pied lestement malgré un certain embonpoint, et disparaît. Son image familière persiste quelques instants encore dans l'encadrement de la porte pendant qu'il l'entend s'éloigner. Quel genre de secrétaire est-elle, au juste ? Quel genre de patron est-il, au juste ? Elle est sa première secrétaire, il est son premier patron. Bientôt une douzaine d'années de vie commune. Ils partagent sans jamais s'être fait la moindre confidence, sinon, comme ce soir, en ombres chinoises, à certains moments interstitiels à la fois fortuits et inévitables du compagnonnage quotidien, une aussi tacite que franche complicité. Une pousse amicale saprophyte qui a grandi et court le long d'une séparation nécessaire des rôles que ni l'un ni l'autre n'a jamais eu la tentation d'enfreindre.

Il entend bientôt la porte palière s'ouvrir et se refermer. Il n'a pas bougé. Avec le départ d'Édith, il lui semble que le cabinet devient soudainement creux et sonore comme un appartement vide. Ce qui maintenant apparaît dans l'encadrement, c'est, en face, la porte tristement close du bureau de Luc. S'il était là, à cette heure, elle serait entrouverte ; une invitation à passer le voir pour un autre colloque amical et singulier. D'Édith à Luc, il va d'un bout à l'autre du spectre de l'amitié. Dans sa déclinaison la plus complète et profonde avec son ami, il se demande si leurs irréductibles différences à tant d'égards, si évidentes pour tous, ne sont pas ce qui donne à leur relation toute sa richesse. Il a relu récemment, en réfléchissant à ce qui l'attache à Luc dont l'avenir dépend désormais avant tout de l'efficacité de la chimiothérapie, ce que dit Montaigne à propos de l'amitié : que les âmes des amis *« se mêlent et confondent l'une en l'autre, d'un mélange si universel, qu'elles effacent et ne retrouvent plus la couture qui les a jointes. »* Il s'est demandé si son adhésion spontanée à la formule ne tenait pas plus à sa beauté qu'à sa vérité. Si cette richesse ne tenait pas au contraire à la persistance des « coutures ». À ces frontières qui à la fois séparent et rapprochent, qu'ils n'ont jamais voulu franchir.

Il pense que la « patiente » qui l'attend, ne doit pas avoir l'habitude d'attendre. Il n'aimerait pas qu'elle songe à de la désinvolture, ou pire, qu'elle lui prête l'intention de profiter de la situation ; de trouver plaisir à faire poireauter une affiliée du puissant clan Delcourt dont il est la bête noire judiciaire. Il passe de son bureau dans la pièce du fond à usage de garde-robe, de cafétéria, de débarras et de lieu de transit des dossiers vers le grenier, dite pompeusement « salle de conférence ». Le temps d'une petite vérification de routine de sa tenue vestimentaire et capillaire dans le grand miroir bordé de stuc doré lépreux, qui fait partie, avec une armoire branlante et un lustre vaguement art déco en pâte de verre rose, récupérés par Lise, de l'héritage sans bénéfice d'inventaire du précédent propriétaire. Quelques grimaces d'assouplissement des zygomatiques, le rallumage du regard, le relèvement machinal d'un coup d'index en haut du front du vestige de la grande mèche qui jadis en tombait lourdement, le resserrement du nœud de cravate et la remise en place de la chemise dans le pantalon, pour un premier contact avantageux.

— « On y va ! »

Il franchit d'un pas ferme oublieux de la fatigue du jour, le couloir qui mène à la salle d'attente attenante au secrétariat. Une fatigue qui se rappellera à lui décuplée après qu'il aura reconduit son rendez-vous à la porte du cabinet. Elle a cédé momentanément la place au regain d'une curiosité insatiable pour ces histoires vécues qui surpassent la fiction, évoquées par Édith, que viennent lui conter, à domicile, les héros de la vie prétendument ordinaire. Des histoires dans lesquelles, par privilège, un rôle proche parfois du *deus ex machina,* lui est réservé. Toutes ont leur place dans le grand et classique répertoire des extravagances de l'espèce, mais aucune n'est jamais prévisible ni l'exacte réplique d'une autre. Un effet dans l'ordre des relations humaines, de l'antique *clinamen.* Ainsi, malgré l'apparition dans l'allée de tilleuls et l'arrière-plan touffu d'un dossier dont il a encore en mémoire bien des détails, loin d'être déflorée, l'histoire qui l'attend n'en est que plus et mieux auréolée de mystère. La porte entrouverte lui en dissimule l'héroïne du soir, à l'exception des pieds, des mollets et des genoux. L'échantillon confirme une certaine finesse. Il s'approche. Le plancher craque sous le tapis rouge de passage passablement élimé et blanchi en bordure ; assez fort pour que, dans le silence attentif du court espace-temps qui les sépare, elle l'entende. Ce que confirme un froissement de papier immédiatement suivi de l'atterrissage mat de sa lecture sur la table basse. Elle rassemble ce qui dépasse d'elle sous la chaise. Ne subsiste plus que l'arrondi des genoux.

Il pousse la porte. Elle se lève. Il surprend, un instant, un regard de patient qu'un médecin vient chercher pour un examen redouté ; une lueur de faiblesse qu'elle évacue immédiatement d'un battement de cils comme lui, parfois, au prétoire, rejette d'un revers de manche à défaut de réplique disponible, la prétention d'un adversaire.

— Bonsoir madame.

Elle confirme dans son élégant manteau beige à chevrons bruns et col renard de haute couture, la justesse de l'adjectif employé par Edith. Elle fait un pas vers lui. Passe sur elle le temps d'un flash, le reflet d'une autre inconnue qu'il tente en vain de retenir. Il se penche pour lui serrer la main et constate qu'elle s'avère moins grande de près qu'elle ne le paraissait depuis son observatoire du soir. Elle est surtout bien proportionnée, comme le confirme la silhouette intérieure entre les bords du manteau largement entrouvert. Elle aurait pu, dans une autre vie, être mannequin, mais un mannequin d'avant l'épidémie d'anorexie qui ravage la corporation. Il l'imagine un instant franchir le couloir bordé de lumières avec la démarche chaloupée caractéristique, pivoter au fond sur un podium circulaire et revenir vers lui avec une régularité de métronome pour lui serrer la main ; qu'il lui tend, vainement, depuis deux ou trois secondes. A-t-elle été, elle aussi, le jouet de quelque interférence ? Lui rappelle-t-il quelqu'un de sa vie ou de son imaginaire ? La seconde hypothèse a sa préférence.

— Maître Mauduit ?

La voix posée, presque neutre, confirme le retour d'un certain contrôle de caste. Il acquiesce d'un bref coup de tête. Elle lui sourit et lui serre alors franchement la main. Une main finement potelée, veloutée et d'une douce fermeté. Une « main de femme », simplement et spirituellement, dans le vocabulaire sensuel construit en référence à Hannah dont il aime, au lit, les yeux fermés, caresser, presser, replier, déplier, étirer pendant de longues minutes d'une main experte et voyante, la main douce qu'elle sait lui abandonner ; comme d'autres prient à l'aide d'un chapelet ou d'un mala. Une « main de femme », parce qu'il est un homme dont le désir est spontanément tourné vers le féminin, mais une main dont l'opposé n'est pas, pour autant, nécessairement, « une main d'homme », mais une main, quel qu'en soit le genre, dont l'âme est absente. Il lui semble que c'est dans la main que se joue le mieux l'unité du corps et de l'esprit pour un athée, ou un agnostique comme lui. Le sacré dans l'ici-bas ou, comme disent les plus savants, la transcendance dans l'immanence ; celle que le sculpteur de génie sait communiquer à la pierre. Les *Mains d'amants* de Rodin, avec, sur la maquette, indiqué au crayon *« protection et espérance. »* Elle retire doucement la sienne sans paraître avoir remarqué qu'il l'avait peut-être tenue un peu plus que ne l'exigeait la seule courtoisie.

— Merci, maître, de me recevoir aussi vite.

— Ma secrétaire qui a de l'expérience, a jugé que c'était urgent.

Il n'est pas dupe. L'accent mis sur le « maître » n'est pas une marque de déférence. Elle appartient à un milieu où se côtoient en permanence avec une aisance et une indifférence plus ou moins affectées, tous les titres bancaires, professionnels et universitaires, que compte la ville. L'insistance sur le sien précise son choix : elle ne vient pas consulter un ami au sens à la fois large et étroit en usage dans la bonne société, un avocat qui aurait été avant tout une connaissance de salon et qu'elle aurait appelé « mon cher machin » ou « mon cher truc » ; elle vient au contraire rencontrer un « pur » professionnel, c'est-à-dire en l'occurrence un des rares avocats de la place dont la résistance durable à l'attraction massive et tentaculaire de la planète Delcourt, est certaine et notoire.

— Je pense qu'elle vous a expliqué l'objet de ma visite. Vous savez, on n'aime guère devoir expliquer son cas à la secrétaire d'un médecin ou d'un avocat. C'est un peu comme si, avant d'aller se confesser, il fallait donner la liste de ses péchés à la gouvernante du curé. Mais je dois dire que la vôtre procède avec beaucoup de tact. Je suppose qu'elle vous est très précieuse.

La comparaison cléricale dénote une éducation religieuse qui lui est commune et un humour qui lui plaît, à coup sûr à la mesure du désagrément qu'il provoquerait chez la perle rare visée.

— Ma secrétaire est un peu ma gouvernante et mon bedeau. Elle régente et sonne mes offices de matines à complies.

Il est tenté d'ajouter « et me rend compte de ce qu'elle veut bien ». Il a en effet compris que, contrairement à ce qu'elle lui a fait croire, la cliente ne lui a pas opposé une fin de non-recevoir quand elle a cherché à en savoir un peu plus sur les circonstances susceptibles de justifier qu'elle lui accorde un rendez-vous toutes affaires cessantes. Ce qui confirme s'il en était encore besoin, que dans les affaires qui s'annoncent « intéressantes », Edith s'octroie une certaine primeur et indépendance d'information par rapport à son patron.

— Je vois !

Elle a souri pour la seconde fois. Il remarque que le visage est, sans aucun doute inhabituellement, net de tout soin, de tout voilement des traces d'anxiété, de tiraillement, conjecturées depuis la fenêtre du bureau. À cette heure tardive, le maquillage tend en proportion de l'âge, à virer au cireux comme le vernis d'un tableau ancien ; mais en raccourci. Rien de tel n'est visible sur ce visage auréolé de blondeur. La nudité de la peau lui confère au contraire un sympathique éclat de jeunesse frondeuse. Il note encore que la chevelure s'éclaircit à la racine. C'est une blonde naturellement platinée. Le différentiel atteste aussi de l'ancienneté du passage dans un de ces salons de centre-ville où, pour le gotha et celles qui rêvent d'en être, exercent leurs talents d'artistes visagistes et dispensent leurs conseils éclairés de spécialistes en cosmétologie et capilliculture, de jeunes premiers à barbes constantes de quelques jours en tenue de salle d'opération.

— En fait, ma secrétaire n'a guère eu le temps de me rapporter votre entretien.

— Ah !

Elle semble un peu déçue. Il s'efface.

— Au fond du couloir, la porte ouverte.

Elle resserre et maintient un pan de son manteau en passant, droite, devant lui. La sureté du geste, le pas volontaire, le port aristocratique de la tête, l'éloignent un peu plus encore de la femme de l'allée de tilleuls abandonnée à elle-même dont il a pu surprendre le dernier reflet dans le regard, en entrant dans la salle d'attente. Ils cheminent côte à côte, lui cependant un peu en retrait. Il est sensible aux frottements d'étoffe qui battent en sourdine les mouvements souples du corps féminin. La marche de la femme de chair pour être débarrassée de la mécanique du mannequin virtuel, n'en est pas moins inspirante. Elle s'arrête à la limite du bureau.

— Entrez, je vous prie.

Elle entre et attend de nouveau à hauteur du premier fauteuil. Une autre marque de distance calculée. Chez un praticien du sérail, elle serait entrée et se serait assise avant d'y être invitée, la relation mêlant ensuite inextricablement mondanités et examen du cas. Ici, rien de tel. Elle sera, en droit, circonscrite au périmètre contractuel annoncé par la plaque professionnelle ; sans pour autant, en fait, l'obliger à porter des œillères ni à proscrire une certaine liberté de ton et de rapport. Il a d'ailleurs suffi de trois ou quatre minutes de contact, et quelques mètres de couloir, pour que son imagination y creuse déjà quelques galeries adjacentes. Mais, s'il ne croit pas plus qu'Édith à la possibilité d'une relation humaine, quelle qu'elle soit, préservée de toute perméabilité aux ondes de haute et de basse fréquence en provenance du corps, il pratique ce qu'il appelle une « respectueuse mauvaise foi déontologique » ; une méthode de *containment* dont l'humour est à la fois la marque et la preuve. Il contourne le plateau de verre pour rejoindre sa place, lui désigne un fauteuil de la main et s'assoit. Elle lisse d'un mouvement rapide son manteau sous elle avant de s'asseoir à son tour, puis se relève insatisfaite d'un vêtement qui baille et l'encombre, pour l'ôter et le flanquer pardessus son sac à main Hermès sur le fauteuil d'à côté.

— Excusez-moi.

Dans sa nomenclature de bientôt quadragénaire, masculin, elle appartient, d'évidence, au taxon d'élite des « femmes intéressantes » ; au critère indifférent au milieu, au type et même à la beauté dans tout ce qu'elle peut avoir de stéréotypé ou conformiste, pour tenir au seul charme— un mot au signifiant mélodique et signifié irrémédiablement intuitif et volatil. Maintenant qu'elle est débarrassée du col renard, le message subliminal reçu dans la salle d'attente se précise : *L'année dernière à Marienbad* : Delphine Seyrig.

— Il fait un peu chaud chez vous.

— Les secrétaires sont frileuses et je n'ai pas mon mot à dire, même dans ce bureau.

— La pratique de la démocratie ou autrement dit de l'égalité, n'est pas sans inconvénients.

Se souvenant d'un nom à particule dans la case « nom de jeune fille » de l'imprimé sur lequel elle avait rédigé l'attestation délivrée à Xénia Manolios, il est tenté de lui demander si elle a lu Tocqueville ; ce qu'il estime probable. Mais il se contente d'un geste de résignation de la main pour laisser le temps à sa mémoire de préciser la référence cinématographique. L'ensemble à rayures horizontales dans les tons beiges, totalement dévoilé avec le retrait du manteau, impose un autre film : Fabienne Tabart dans *Baisers volés* ; Antoine Doinel : *« ce n'est pas une femme, c'est une apparition. »* De surcroît, la couleur chaude de la voix de la réincarnation du jour, ne manque pas d'attrait. Il lui manque cependant l'intonation grave de violoncelle, pour que la citation soit parfaite. Pour le côté moqueur, la situation ne lui permet pas encore d'en juger. Elle soulève comme en un autre temps elle l'aurait fait d'une voilette et replace avec sureté sur le haut du front, une large et longue mèche rebelle qui lui barrait à moitié la vue. Un geste qu'ils ont en partage. Le mot pour dire la particularité remarquée en lui serrant la main, lui revient à l'esprit : elle a les yeux vairons. Une de ces petites imperfections d'origine ou acquises, à porter au compte du fameux charme, comme la petite veine bleue sur le haut du sein en souvenir de la dernière maternité, d'Hannah.

— Votre secrétaire craignait que vous ne rentriez à temps pour notre rendez-vous. Elle m'a expliqué que vous plaidiez devant plusieurs tribunaux aujourd'hui. Elle se demandait comment vous alliez réussir à couvrir toutes vos audiences.

Il note l'acception particulière du verbe couvrir. Elle a peut-être été journaliste avant d'être l'épouse de Philippe Delcourt ? Il est tenté un instant de lui avouer que s'il doit habituellement faire preuve d'ubiquité, aujourd'hui, exceptionnellement, il n'a pas quitté le cabinet. Il y renonce, sachant d'expérience que l'aveu destiné à prouver la bonne foi et favoriser la confiance, le plus souvent la compromet définitivement.

— J'y suis parvenu, mais j'ai dû régler une affaire très urgente avant de vous recevoir sans craindre d'être dérangé. Désolé pour l'attente.

— J'ai bien compris.

— Merci.

Il ouvre les mains pour lui signifier qu'il est tout ouïe. Il note sur son visage une contrariété mal contenue qui semble indiquer qu'elle aurait préféré qu'il prenne l'initiative d'introduire l'entretien au vu des indications dont il est censé disposer sur son objet ; puis, qu'il procède par questions et réponses « façon QCM » dirait Luc, amateur presque à égalité de répliques à la Audiard et de sentences bibliques.

— Vous savez que j'ai pris rendez-vous en vue d'un divorce ?

Il acquiesce d'un hochement de tête minimaliste à ce qui était en fait une affirmation.

— Alors je suppose que le lien entre cette demande et le dossier de mademoiselle Manolios, ne vous a pas échappé.

Ce qui ne lui a pas échappé, c'est que la sécheresse et l'ironie du ton, trahissent en réalité une certaine gêne.

— Il est évident.

— Et ce n'est pas suffisant ?

— Oui et non.

— On voit que vous appartenez à un barreau normand.

— Je me souviens très bien du dossier de mademoiselle Manolios et en particulier de l'attestation, très circonstanciée, que vous lui avez délivrée— il est tellement rare de disposer d'une preuve aussi éclatante dans les affaires de cette sorte ; mais ce n'est pas parce que vous pouvez en tirer un avantage déterminant, qu'il va me suffire de transférer les pièces du dossier de harcèlement d'une cliente dans le dossier de divorce d'une autre ; même avec l'autorisation de la première, comme c'est certainement le cas.

Il a noté qu'elle s'est raidie à l'évocation de l'attestation et de l'autorisation.

— Après tout, je n'avais aucune raison de refuser mon témoignage à mademoiselle Manolios. Au fond, je n'ai fait que décrire fidèlement ce que j'avais vu et ce que j'avais vu, ne pouvait me laisser indifférente ; vous ne croyez pas ? Et puis il n'y a rien d'extraordinaire à ce que Xénia m'autorise à me servir de son dossier.

L'« après tout » et le « au fond » qui sonnent comme une défense préventive et le fait qu'elle ait désigné la destinataire de son attestation par son prénom, lui semblent devoir conforter ses doutes quant à la clarté de sa démarche.

— Il est hors de question pour moi d'engager une procédure à l'aveugle. J'aime bien comprendre ce qui se passe. Le temps de la machine à divorcer n'est pas encore là. Il ne faut tout de même pas perdre de vue que, lorsque j'engage une procédure, j'engage aussi ma responsabilité.

Elle a légèrement blêmi et son visage exprime une certaine crispation. Il n'exclut pas qu'elle se lève et se retire ; ce qui pourrait indiquer que, contrairement à ce qu'il a cru pouvoir conjecturer depuis sa fenêtre, elle est venue le voir avec une ferme détermination ; ses éventuels tracas n'ayant pas de rapport direct avec le rendez-vous. Elle baisse la tête, semble délibérer un instant avec elle-même les yeux fixés sur ses fines bottines, puis se redresse et plante son regard dans le sien.

— Pour être franche, quand j'ai fait savoir à Xénia que j'avais pris rendez-vous avec vous, elle m'a conseillé de faire un autre choix.

— Elle n'a donc pas été satisfaite de mes services ?

Un petit sourire qui lui semble un peu revanchard, révèle qu'elle n'est pas dupe de l'orgueil que dénote sa réaction un peu trop vive et de son incompatibilité avec l'impression de maîtrise et de détachement qu'il avait réussi, jusqu'à présent, à lui communiquer.

— Rassurez-vous, elle m'a remercié plus d'une fois de l'avoir dirigée sur votre cabinet.

— Ah ! J'ignorais que c'était vous… Merci, même si c'est un peu tardif.

Il se sent un peu ridicule.

— Mais elle vous a pourtant conseillé de prendre un autre avocat. C'est une logique qui m'échappe un peu.

Il la fixe un instant dans l'attente d'une réponse, mais elle reste impassible.

— Et pourquoi m'avoir fait croire que c'était le docteur Levaillant qui lui avait indiqué mon nom ?

— Je ne sais pas. Il lui a seulement confirmé que c'était un bon choix ; comme pour moi.

— Donc, vous le connaissez.

— Là, c'est le contraire, c'est Xénia qui me l'a conseillé. Comme elle, je cherchais un psy qui ne fréquente pas de près ou de loin la « bonne société de la ville » sur laquelle, comme vous le savez, rayonne pour ne pas dire règne, ma belle-famille. Ce n'était pas facile à trouver.

— Je suppose qu'il vous a remis un certificat comme il l'a fait pour mademoiselle Manolios ?

— En effet.

— Et vous, comment avez-vous connu mon existence ?

— C'est très simple, grâce à ma chère belle-famille, justement, au cours de conversations chez Henri-Marc ; vous voyez de qui je parle ?

— Le patron du groupe Delcourt, un de mes plus fidèles adversaires. Mais aussi, à sa façon, bienfaiteur.

— On disait le plus grand mal de vous à table. Vous étiez l'avocat des syndicats, le gauchiste, presque un terroriste.

— Et pourquoi pas le leader de la section locale de la fraction armée rouge ?

— Vous savez, pour eux, l'extrémisme commence avec le centre gauche et vous êtes notoirement un proche du candidat socialiste aux prochaines élections législatives. En tout cas, vous avez signé la pétition de soutien. Vous savez qu'Henri-Marc a été pressenti pour être, dans la même circonscription, le suppléant du candidat de la droite la plus conservatrice et bien-pensante qui soit.

— Un candidat que l'on dit ministrable et donc, une suppléance en or. Un choix stratégique pour les intérêts du groupe qui travaille pas mal avec l'État, je crois ?

— Il obtient en effet régulièrement de très beaux marchés liés à l'armement. Mais un choix moins intéressant pour mon mari qui est mobilisé de force dans la campagne et sommé de ne pas décevoir son grand frère et sa maman. Surtout sa maman, la douairière, qui croit à la sainte providence, mais comme à une affaire de famille dont il convient de s'occuper sans relâche.

— En somme, elle pratique une spiritualité pragmatique.

— C'est ça ! Elle est passée maître dans l'art d'enrober d'un peu de mystère et d'encens toutes les actions et tous les discours favorables à la perpétuation de ses privilèges ; ce qu'on appelle aussi, communément, la « tradition ». Vous ne le savez sans doute pas, mais elle s'enorgueillit de connaître monseigneur Lefebvre, issu comme elle d'une famille d'industriels catholiques du Nord.

— Celui qui prêche l'exclusion de tout dialogue avec les francs-maçons et les communistes au motif qu'on ne dialogue pas avec le diable. En effet, ça complète le tableau, jusqu'à la caricature.

— J'ai compris que pour les Delcourt vous étiez, précisément, l'envoyé du diable sur leurs terres.

— Le visiteur du Grand soir !

Elle esquisse un sourire, cette fois sans intention maligne.

— Mais vous ne ressemblez guère à Jules Berry.

— Qu'importe, le diable a mille visages, dont le mien à n'en pas douter pour les Delcourt. Vous voyez toute cette paperasse étalée sur mon bureau ; eh bien, ce sont les préparatifs du prochain mauvais coup que je vais porter à un adhérent du syndicat patronal que préside votre beau-frère. Qui plus est, celui qu'il a chargé des affaires sociales. Si ce n'est pas satanique !

— C'était lui le dossier urgent à boucler ?

— En effet !

— Une coïncidence un peu troublante ; tout de même. Pour la petite histoire, il n'y a pas si longtemps, lors d'un déjeuner en ville, au dessert, mon beau-frère s'est plaint amèrement auprès de Jacques Grandin, le PDG de la banque d'affaires du clan depuis trois générations, des sommes astronomiques que vous lui aviez fait débourser à la suite du dernier dégraissage du groupe ; pourtant motivé, selon lui, par le légitime souci d'en sauvegarder la compétitivité ; dégraissage dans la bouche de l'intéressé, évidemment sans guillemets.

— Le Conseil de prud'hommes qui n'entend sans doute rien à l'économie, a en effet considéré qu'il s'agissait, en réalité, de sauvegarder la progression du profit des actionnaires.

— Mais pour ces gens-là, c'est rigoureusement synonyme.

Elle l'a dit, il en est persuadé, sans complaisance. Il se prend à regretter d'avoir été un peu cassant avec cette « grande dame » comme l'a qualifiée Edith, non sans malice, mais aussi révérence ; à première vue surprenante, même à dose homéopathique, chez cette communiste de troisième génération. Une femme dont il est curieux de connaître les circonstances de l'atterrissage sur la planète Delcourt.

— Et vous avez converti les insultes en compliments et médailles ?

— Convenez que je ne pouvais être mieux informée et on pourrait presque même dire, guidée.

— Au fond, il n'y a pas mieux que les adversaires vaincus et hargneux pour faire votre publicité. Les clients, eux, sont toujours plus ou moins ingrats.

— Mais est-ce qu'il arrive qu'un adversaire devienne votre client ?

— Bien sûr. Ce qui est une preuve indiscutable de fairplay et d'intelligence pratique. En plus, ils font souvent des clients fidèles. J'en ai quelques-uns que je chéris comme des trophées. Il y en a même un qui est devenu un véritable ami. Mais avec vous, c'est très différent. Je veux dire que si vous venez du camp ennemi, non seulement je n'ai jamais plaidé contre vous personnellement mais, si je n'ai pas mal interprété votre propos, votre appartenance au milieu social des Delcourt est essentiellement d'état civil.

— Je n'ai jamais été, comme l'on dit, qu'une pièce rapportée. Certes, une pièce de collection, mais tout de même rapportée. Pour autant, quand on a eu l'honneur d'épouser un Delcourt, il est hors de question d'en divorcer.

— Mais néanmoins, c'est bien ce que vous avez l'intention de faire. Et il est vrai que rien ne paraît, à première vue, devoir s'opposer à la conversion du harcèlement dont vous avez été le témoin oculaire, en comportement injurieux au sens du droit du divorce. Sans compter que l'aide de la victime des agissements de votre mari, vous est sans doute acquise.

— Xénia m'a fait parvenir l'intégralité de son dossier juste après le jugement ; avec une longue lettre d'accompagnement dans laquelle elle exprime sa compassion pour l'épouse bafouée que je suis et explique sa démarche par le droit que j'ai, de tout savoir sur le comportement inqualifiable de mon mari.

— Vous savez sans doute que, finalement, son affaire s'est terminée par une transaction. Votre mari a fait appel du jugement, mais avant de plaider devant la Cour, un accord a été trouvé. Enfin, un accord ! Disons plutôt une reddition sans condition. Votre mari a accepté de payer tout ce qu'elle a exigé, y compris mes frais et honoraires.

Elle acquiesce d'un bref mouvement de tête.

— Ce que par contre vous ignorez peut-être, c'est qu'en contre-partie, la transaction interdit formellement à l'heureuse bénéficiaire de faire quoi que ce soit qui puisse nuire à votre mari et sa famille en rapport avec l'affaire : ni communiquer les pièces du dossier, ni délivrer une attestation à qui que ce soit et pour quelque raison que ce soit.

— Vous me l'apprenez. Je comprends mieux maintenant pourquoi elle m'a demandé de ne parler à personne de l'aide qu'elle allait m'apporter pour mon divorce. Tout en m'autorisant à me servir du dossier qu'elle avait pris l'initiative de me transmettre ; y compris la lettre d'accompagnement.

Elle le regarde l'air perplexe.

— Ce que voulait votre mari et l'avocat de la famille, c'est limiter autant que possible les risques de diffusion de l'affaire et donc, de scandale. Ce qu'ils avaient réussi à faire jusqu'à la transaction avec, sur mon conseil, l'accord tacite de ma cliente à qui j'avais représenté que si une transaction devait être envisagée, ce serait un argument supplémentaire de négociation. Ils n'ont certainement pas pensé à l'éventualité d'un divorce. Vous me l'avez dit, on ne divorce pas chez les Delcourt. Vous rappelez-vous à quelle date vous avez été destinatrice du dossier et comment ?

— Je n'ai pas en tête la date exacte, mais en tout cas assez peu de temps après le jugement du Conseil de Prud'hommes ; environ un mois après ; et en recommandé, ce qui m'avait étonné.

— Donc avant la signature de la transaction qui a eu lieu près de quatre mois après ce jugement. Elle avait pris soin de vous transmettre tout ce dont vous pouviez avoir besoin bien avant sa signature ; sachant qu'elle n'a pas d'effet rétroactif ou autrement dit, quelle ne produit ses effets qu'à compter de la date de sa signature. Le recommandé, c'était pour se ménager la preuve de ce que son envoi était bien antérieur à la transaction, qui, bien entendu, n'envisage nullement cette éventualité. Ils n'ont pas vu le coup venir. Du cousu main. Il est vrai que moi non plus, je n'ai rien vu venir. Ma cliente s'est bien gardée de m'en parler. Je commence à douter sérieusement d'avoir été très clairvoyant à son égard ; à l'égard de votre amie. Car elle est votre amie, n'est-ce pas ?

Les traits de son interlocutrice se tendent.

— Dès que j'ai su que vous aviez pris rendez-vous en vue d'un divorce, j'ai eu l'impression, pour ne pas dire le pressentiment, que j'allais découvrir une autre interprétation possible de la « scène de crime » ; que vous n'aviez peut-être pas été le témoin si fortuit que ça, de l'agression par votre mari de son innocente collaboratrice.

Elle rosit, croise et décroise les jambes, confirmant qu'il a vu juste.

— En réalité, il n'est pas tout à fait honnête de dire que le dossier ne me permettait pas de soupçonner une certaine concertation. J'aurais dû ne pas me réjouir trop facilement de disposer, avec votre témoignage providentiel, de la preuve dont tout avocat rêve dans ce type de dossier. Je n'ai pas voulu voir que votre venue au cabinet, très loin de surcroît d'être habituelle, justement le soir de l'agression la plus sauvage, était peut-être un peu suspecte. Et il est probable que de son côté, votre mari a crû que vous aviez été piégée par quelqu'un qui, manifestement, pratique avec autant de talent l'art de l'intrigue que l'art dentaire.

Elle ne bouge plus. Elle attend la suite.

— Je pense maintenant comprendre pourquoi Xénia Manolios ne souhaitait pas que vous veniez chez moi. Elle a craint, à juste titre comme vous le voyez, qu'à l'occasion du divorce, j'en vienne à me poser rétrospectivement des questions embarrassantes sur un emboîtement de faits, d'explications et de pièces peut-être un peu trop parfait. En vous adressant à un autre avocat, tout risque de ce genre se trouvait écarté. Vous lui apportiez un dossier en or. Tout était prêt. Il n'avait plus qu'à engager séance tenante la procédure. Cela dit, ne vous méprenez pas sur mon compte. Je ne suis pas en train de jouer les Hercule Poirot qui dans la scène finale du roman dénoue, l'un après l'autre, tous les nœuds de l'intrigue. J'ai simplement besoin d'y voir clair avant d'aller plus loin.

Son visage se détend.

— Au fond, je ne suis pas déçue.

— Que voulez-vous dire ?

— Je crois que je n'aurais pas aimé que vous réagissiez autrement.

— Votre démarche est singulière. Le plus simple aurait été, évidemment, que vous suiviez le conseil de mademoiselle Manolios ; et le plus intéressant, maintenant, c'est de comprendre pourquoi vous ne l'avez pas fait ?

— Je me le demande !

— Du côté de mademoiselle Manolios, je peux comprendre assez aisément son attitude. Elle a craint que vous n'ayez pas sa détermination, son aplomb, et bien entendu, ce que je dis n'a rien de péjoratif pour vous ; bien au contraire. Vous saviez qu'elle avait raison et pourtant, vous êtes passée outre. J'ai la nette impression que la situation vous met profondément mal à l'aise. Je crois que vous êtes décidée à divorcer, mais peut-être pas à n'importe quel prix.

Elle cherche un mouchoir dans la poche de son manteau. Le petit carré blanc finement brodé essuie successivement d'un mouvement léger, rapide et élégant, un peu d'humidité au coin des yeux et au creux du nez, puis disparaît entre les doigts repliés de sa main gauche. Il admire la poésie dont certaines femmes savent, en toutes circonstances, parer les gestes les plus prosaïques.

— Excusez-moi.

— je vous ai vu traverser la place.

Elle défronce et fronce les sourcils presque simultanément, surprise et un tantinet indignée, comme si elle apprenait qu'il dispose dans le dossier, d'une photo d'elle toute nue.

— C'était tout à fait par hasard. J'étais à la fenêtre pour un petit moment d'oisiveté après une journée de travail particulièrement chargée comme vous le savez, ignorant même encore l'existence de notre rendez-vous. Vous avez failli vous faire écraser. J'ai voulu ouvrir la fenêtre pour vous crier de ne pas traverser, mais c'était trop tard. À croire que quelque chose vous préoccupait, au point d'oublier la circulation.

— C'est vrai que je suis venue vous voir sans être encore au clair sur mes intentions.

— Je pense que nous avons en commun de ne pas être très à l'aise dans le mensonge. N'en déplaise à ceux qui pensent que les avocats sont, par nature ou profession, des menteurs. Je crois que le plus simple, c'est que vous me racontiez votre histoire et son croisement avec celle de mademoiselle Manolios. Après, on verra bien ce qu'on peut faire.

Elle réfléchit quelques instants.

— Bon ! Vous n'avez pas tort de penser que mes relations avec Xénia ont été et sont encore aujourd'hui, bien plus étendues et compliquées que ne pouvait sans doute le laisser supposer son dossier. En réalité, nous sommes très vite devenues de grandes amies et nous le sommes encore, même si c'est un peu plus compliqué maintenant.

Il se renverse dans son fauteuil, pour le confort, mais aussi pour lui signifier qu'elle peut prendre son temps.

J'ai fait la connaissance de Xénia environ un an avant la fameuse scène dont j'ai été le témoin, à l'occasion d'un raout dans le parc de l'hôtel particulier mis à notre disposition par la société immobilière du clan. Un raout auquel Xénia, que je ne connaissais pas encore, avait été conviée alors qu'elle venait à peine d'être embauchée, au motif qu'elle était l'amie de la fille de vieux amis de Grèce. Ce qui ne devait guère cadrer avec l'attitude grossière que Philippe allait adopter à son égard ce jour-là. Il donnait plus l'impression de s'adresser à une maîtresse qu'à une collaboratrice ou une consœur. Je savais que Philippe aimait, à l'occasion, jouer les séducteurs, mais là, avec une telle lourdeur ! La gêne de Xénia ne m'avait pas semblé feinte. Pour être très jolie, très désirable, comme vous avez pu sans doute vous en rendre compte, elle n'est pas pour autant aguicheuse et vulgaire.

— Sauf bien entendu pour des regards concupiscents ou malveillants.

— En fait, les ricanements plus ou moins discrets de certains convives, qui à ma grande surprise, ne semblaient guère indisposer les Delcourt, ont eu pour effet de me la rendre encore plus sympathique.

— Pourquoi, « encore » ?

— Parce que le fait qu'elle soit grecque, suffisait déjà à me la rendre sympathique. Vous savez, j'ai fait des études de lettres classiques, j'ai une bonne connaissance du grec ancien et moderne et pour rédiger mon mémoire de maîtrise, j'ai sillonné la Grèce pendant près de quatre mois.

— Quel en était le sujet ?

— Ça vous intéresse ?

— Les sujets de mémoire et de thèse, surtout en lettres, me font toujours rêver.

— Vous n'allez pas être déçu. Il portait sur *« La représentation des vestiges de la Grèce antique dans la géographie romanesque du 19ème siècle ».*

— En effet.

— Le fameux jour où nous avons fait connaissance, nous avons réussi à nous isoler un moment. J'ai constaté que Xénia connaissait parfaitement tous les lieux et milieux inconnus des touristes que le hasard et mes contacts étudiants sur place, m'avaient permis de connaître. Elle a été pour moi, immédiatement, un de ces vents amicaux dont parle Homère— une brise légère de printemps venue du large, un Zéphyr.

Elle s'interrompt.

— Je suis ridicule.

— Je ne crois pas et ça en dit long sur l'effet qu'elle a produit sur vous. Mais a-t-elle évoqué le comportement déplacé de votre mari ?

— À ce moment, non. Un peu plus tard, elle m'a dit que Philippe avait commencé à la harceler à la suite du fameux raout, ce qui était évidemment crédible. Maintenant, je sais qu'elle m'a menti sur le harcèlement et que l'attitude de Philippe n'était qu'une mise en scène concertée.

— Vous pouvez préciser ?

— Il s'agissait de brouiller les pistes. Je ne le savais pas, mais certaines rumeurs qui avaient couru dans notre super Landerneau au sujet de mon mari avant notre mariage, avaient repris depuis qu'on disait, non sans raison, que notre couple n'était qu'un couple de façade. Alors que je refusais déjà de jouer le jeu du couple idéal, Xénia lui permettait de donner le change. Pour de grands bourgeois catholiques pratiquants, un mari volage est préférable à un mari homosexuel.

— Parce qu'il est homosexuel ?

— Vous ne vous en êtes jamais douté ?

— Bien sûr que non ! Ça ne m'a jamais, ne serait-ce qu'effleuré, l'esprit. Comment douter de l'orientation sexuelle d'un harceleur de femmes ? Et de quelle femme ! Toute erreur sur le genre était exclue. Tout ce qu'on pouvait me dire et montrer de votre mari, allait dans un seul sens : celui, en effet, d'un Dom Juan. Je n'avais jamais entendu parler de quelconques rumeurs permettant d'en douter. Mais vous, par contre, il ne pouvait pas vous échapper que…

— Ce n'est pas si simple. Il n'y a pas longtemps que j'ai vraiment compris ce qui se passait. Nous n'avons jamais eu de véritable vie de couple, mais j'avais une explication ; que Xénia d'ailleurs, trouvait tout-à-fait judicieuse.

— Laquelle, si je puis me permettre ?

— Je crains qu'il ne soit un peu tard pour certaines pudeurs. Je pensais que je n'étais pas le genre de femme qui puisse exciter Philippe. J'étais trop réservée, trop intello, trop aristo. Je lui inspirais trop de respect et pas assez d'envies. Ce qui, évidemment, n'était pas vraiment flatteur pour moi, mais sans doute encore bien moins pour Xénia. Mais c'était cohérent.

— Vous êtes absolument certaine de son homosexualité ?

— Il n'y a pas le moindre doute.

— Vous l'avez appris quand et comment ?

— Il y a un mois. Par hasard ou presque. À cause d'une dent de sagesse tardive enclavée qui me faisait horriblement souffrir. J'en avais parlé à Xénia. Il était évidemment hors de question d'aller au cabinet de mon mari, comme d'ailleurs de consulter un quelconque autre praticien de la place. Elle m'a proposé d'aller à Paris chez un copain de fac. Malheureusement ou heureusement selon les points de vue, le copain de Xénia avait dû s'absenter au dernier moment. Un autre dentiste du cabinet, le docteur Janin, m'a proposé de me prendre en surnombre compte tenu de ce que je venais d'assez loin. Ça m'était égal, je ne tenais pas particulièrement à être soignée par le copain de Xénia.

— Qui n'était peut-être même pas grec ?

— En effet, Picard ça ne sonne pas très grec. Mais de toute façon, le fauteuil du dentiste n'est pas très favorable à la conversation. Enfin, habituellement, car avec son remplaçant on a au contraire beaucoup parlé. Pendant qu'il préparait ses instruments après avoir soigneusement examiné la dent tyrannique, il m'a demandé sur le ton du praticien qui cherche à vous détendre un peu, si j'étais de la famille de Philippe Delcourt en précisant : *« un de mes confrères de chez vous qui appartient à la célèbre dynastie des industriels du même nom »*. J'ai eu l'impression de recevoir un coup au cœur. J'espérais en effet, à plus de cent kilomètres, avoir quitté la zone d'influence de ma belle-famille et donc pouvoir jouir, si j'ose dire compte tenu de la cause du déplacement, de la tranquillité que procure l'anonymat. Je suis restée clouée au fauteuil, muette, pendant quelques instants. Il n'a pas insisté, pensant peut-être que j'étais obnubilée par la douleur.

Mais, quand il s'est penché sur moi, au lieu d'ouvrir la bouche pour qu'il l'investisse, je l'ai fait brusquement reculer en me redressant pour lui dire tout de go que j'étais sa femme. J'aurais pu ne rien dire et s'il avait insisté, affirmer que je ne connaissais pas de Philippe Delcourt ; qu'à la foire il y a plus d'un âne qui s'appelle Martin, comme disait ma grand-mère. Mais en fait, j'ai eu soudainement la conviction que le docteur Janin qui doit avoir à peu près l'âge de mon mari et qui l'avait certainement connu étudiant, était en mesure de m'apprendre quelque chose sur lui. Je n'ai jamais rien su de précis sur sa jeunesse et en particulier sur ses fréquentations. Il était manifeste que le sujet dérangeait tout le monde et tout particulièrement ma belle-mère qui, pour me dissuader d'insister, m'avait fait comprendre qu'on n'avait pas fait de la confession sur ma vie antérieure à nos épousailles, une condition de l'entrée dans sa famille. À croire qu'elle avait enquêté sur mon compte et détenait des preuves compromettantes. Mais ce *black-out* laissait évidemment supposer l'existence d'une sorte de secret de famille. J'étais en zone libre. C'était peut-être l'occasion de percer le mystère et qui sait, d'y voir plus clair sur le naufrage à quai, de notre mariage.

— Et vous n'avez pas été déçue ?

Il a eu l'air aussi ahuri que si je lui avais appris que j'étais une extra-terrestre. Il a fait un pas en arrière et a reposé ses instruments. Je le vois et je l'entends encore : *« sa femme ? »* J'ai tout de suite vu à son air désolé qu'il avait compris que son étonnement massif et irrépressible, risquait de l'entraîner dans des explications pénibles et probablement périlleuses. À ce moment, j'ignorais encore le sens exact de sa réaction. Spontanément, j'ai pensé que Philippe lui avait laissé le souvenir d'un coureur de jupons invétéré et définitif et donc, qu'il lui était, de ce fait, très difficile de l'imaginer marié. L'idée ne m'est pas venue que sa surprise pouvait tout aussi bien signifier qu'il lui avait laissé le souvenir d'un homosexuel notoire.

Il a bien tenté d'annuler les effets indésirables de sa surprise, d'abord en arguant sur un ton qui se voulait détaché, de ce qu'ils s'étaient quittés encore jeunes et qu'il avait pu changer, ce qui n'était évidemment pas très adroit puisque cela ne pouvait que m'inciter à demander « en quoi ? » ; ensuite, en reprenant en main ses instruments et, l'air aussi professionnel que possible, en m'invitant implicitement à en revenir à l'objet, en principe unique, de ma présence dans son cabinet, c'est-à-dire ma dent de sagesse. Mais je n'étais pas disposée à en rester là. Je suis restée assise et il a compris qu'il ne se débarrasserait pas de moi aussi facilement. Il m'a dit *« Écoutez, il est onze heures et demie, je vous soigne, je prends ensuite mes deux derniers rendez-vous de la matinée et je vous retrouve à la brasserie en face du cabinet. »*

C'est ce qui s'est passé. Il m'a d'abord confirmé qu'il avait fait l'école dentaire avec mon mari, de la première à la dernière année, puis il m'a demandé si j'étais *« vraiment »* mariée, en pesant de tout son poids— qui ne m'a pas paru négligeable —, sur l'adverbe. Je n'ai pas jugé utile de lui demander d'en préciser le sens. Il allait de soi qu'il ne faisait pas allusion à l'état civil. Je lui ai répondu, sans réfléchir, que nous avions un fils, mais que ça ne prouvait évidemment rien. Ce qui a provoqué un, tout aussi franc, et, il faut bien le dire, là encore, assez maladroit : *« vous me rassurez, je ne pouvais pas me tromper ; ou alors, il faut croire au miracle ».* Il s'en est rendu compte et s'est confondu en excuses. Mais en fait, sa maladresse a plutôt détendu l'atmosphère.

À ce moment, je ne peux pas dire que j'avais pleinement réalisé toutes les implications de cet échange en apparence assez sibyllin, mais il était néanmoins d'ores et déjà acquis que je ne rentrerai pas indemne moralement de mon déplacement à Paris. Pour rassurer mon interlocuteur sur l'impact de ses révélations, je lui ai expliqué que j'étais décidée à divorcer depuis plusieurs mois déjà et que bien entendu, je ne ferai jamais état de notre conversation. Il m'a alors tout raconté, et d'abord, que Philippe avait vécu tout le temps de la fac avec un certain Vincent Lambert dans l'un des nombreux appartements que possède la famille Delcourt à Paris. Celui d'ailleurs qu'occupe toujours ce même Vincent Lambert. Vous savez qui est Vincent Lambert ?

— Je sais qu'il est l'associé de votre mari. Je m'étais en effet procuré les statuts du cabinet pour les besoins de la procédure de mademoiselle Manolios ; à qui j'avais bien entendu fait part de mon étonnement devant la cécité de ce monsieur. Comment était-il possible qu'il ne se soit jamais aperçu de rien ? Il est vrai que les harceleurs savent être discrets, mais un cabinet dentaire, ce n'est pas le siège d'une multinationale.

— Et qu'est-ce qu'elle vous avait raconté ?

— Elle m'avait expliqué qu'il était assez souvent absent ; qu'il avait contracté en Afrique où il avait travaillé par le passé pour le compte d'une ONG, une maladie exotique assez grave qui le contraignait à des hospitalisations à répétition. Je lui avais évidemment demandé pourquoi, maladie ou pas, elle ne l'avait pas informé des agissements de votre mari et sollicité son intervention pour qu'ils cessent. Elle m'avait répondu de manière un peu surprenante, sans pour autant que cela n'éveille mes soupçons, qu'elle ne voulait pas le mêler à son affaire parce qu'elle l'appréciait beaucoup et que cela le perturberait inutilement… Ce genre de choses. En tout cas, il n'a jamais été question d'homosexualité.

— Le docteur Janin m'a dit qu'il avait beaucoup d'estime et d'amitié pour Vincent Lambert qu'il connaissait depuis le lycée ; qu'il était un peu son confident. Ils jouaient tous deux dans un petit orchestre de jazz étudiant. Il me l'a décrit, ce qui confirme ce que vous a dit Xénia, comme un garçon charmant, très sensible et très fragile ; très amoureux de Philippe aussi, pour lequel, par contre, il n'avait guère de sympathie.

— Pourquoi ?

— Il m'a dit qu'il prenait un plaisir, un peu pervers, à jouer les séducteurs aussi bien auprès des filles que des garçons devant Vincent qui le prenait facilement au sérieux ; et en était très malheureux. Pourtant, il a été formel en ce qui concerne la profondeur de l'attachement de Philipe à Vincent.

— Donc, aucun doute sur la réciprocité et l'exclusivité de cet attachement, malgré le badinage de surface de votre mari pour la galerie et pour exciter son amant.

— Non. Janin m'a assuré qu'il n'avait jamais vu Philippe manifester un quelconque réel intérêt pour une fille, alors qu'il y en avait de fort jolies dans leur entourage qui n'étaient pas indifférentes à son charme. Pour lui, comme pour moi aujourd'hui, il est certain que notre mariage a répondu à une exigence exclusivement sociale, familiale et dynastique. Surtout de la part d'Hélène, la matriarche, dont Janin avait pu apprécier lui-même, à l'époque, la mentalité, à l'occasion de quelques week-ends passés dans la propriété de Deauville. Comme Philippe y invitait aussi Vincent Lambert, sa présence était censée désamorcer toute suspicion d'amitié particulière entre eux.

— Hélène Delcourt connaissait donc, déjà, la nature de leur relation.

— Rien ne lui a jamais échappé. Surtout qu'elle a toujours eu de discrètes, mais néanmoins très efficaces, antennes ; y compris à Paris. Ce qui ne veut pas dire qu'elle puisse, jamais, admettre que son fils soit, si j'ose dire, « homosexuel de naissance ». Il ne peut que l'être devenu sous de diaboliques influences.

— Et l'affaire de mademoiselle Manolios, dans tout ça ?

— J'ai bien entendu tenté d'opposer aux certitudes du docteur Janin sur l'impossible bisexualité de Philippe, l'histoire du harcèlement de Xénia, en m'empressant de lui préciser que j'en avais été le témoin direct. Mais, à ma grande surprise, sans les entamer le moins du monde. Il m'a regardé avec un air un peu bizarre, comme on regarde quelqu'un qui n'a plus toute sa tête ou comme un athée endurci écoute, navré, le récit qu'on lui fait, sans rire, d'un miracle. Il m'a dit textuellement en levant les bras, je m'en souviens parce que je l'ai reçu comme un second coup au cœur : *« le témoignage, vous savez ! Comment être certain de ce qu'on a vu ? Bien souvent, ce qu'on voit, c'est ce qu'on s'attend à voir, ce qu'on a envie de voir, ce qui nous arrange ou arrange celui ou celle qui nous demande de témoigner ; surtout si on est disposé à lui faire plaisir ! »*

— Pour le coup, l'observation ne manquait pas de finesse.

— Hélas ! Vous savez, depuis mon mariage, j'éprouve le sentiment, assez perturbant, d'évoluer dans un monde factice. Un sentiment auquel la révélation de ce que mon mari est en réalité marié à Vincent Lambert, a fait un sort. Maintenant, au moins, je sais à quoi m'en tenir. J'ai presque envie de dire que, sans le savoir, Philippe a cessé de me tromper et je m'empresse de préciser que la circonstance qu'il convole avec un homme et non avec une femme, m'est assez indifférente. En un certain sens, c'est peut-être même assez rassurant. Avec Xénia, la solaire Xénia, c'est autre chose. J'étais au contraire persuadée d'avoir noué et entretenu une relation authentique, sans faux-semblant, sans arrière-pensée, parfaitement gratuite ; et voilà qu'elle s'était soudain changée, pour quelque triste carnaval, en petit Machiavel féminin.

— Vous passiez de l'Athènes de Périclès à la Florence de Laurent le magnifique et ce n'était pas l'occasion d'un progrès dans la civilisation.

Elle sourit un peu amèrement.

— Pas vraiment, en effet.

— Vous n'avez pas précisé au docteur Janin que votre mari était associé avec Vincent Lambert ?

— Non, mais je pense qu'il le savait. Je suppose que dans ce milieu professionnel comme dans le vôtre, tout finit toujours par se savoir.

La fréquentation de quelques-uns de vos confrères en quête de belles affaires chez les Delcourt, m'a permis de vérifier, pardonnez-moi, que les potins vont bon train au barreau.

— Je ne vous démentirai pas. Nous avons même au palais une salle dite « des pas perdus » où, par contre, ce qui s'y dit au cours des déambulations, n'est jamais perdu pour tout le monde. J'ai cependant l'impression que Janin restera discret, comme il semble qu'il l'ait toujours été. Ce qui n'a pas dû l'empêcher de cogiter un peu à la suite de votre improbable rencontre. Je pense que ce qui a dû, aussi, l'étonner, c'est que vous ne ressembliez guère au portrait attendu de l'épouse officielle d'un Philippe Delcourt.

— Que voulez-vous dire ?

— Je pense à une femme totalement effacée, soumise, sans caractère, voir une sainte qui non seulement subit son sort, mais y voit l'opportunité de son salut. Ou, à l'opposé de ces deux modèles, à une grande bourgeoise qui occupe tout l'espace disponible, une femme du monde sertie de diamants, « incabloc et waterproof » comme une belle montre suisse, que rien ne peut atteindre, et surtout pas les frasques de son mari ; pourvu bien entendu qu'elles demeurent discrètes. Des modèles compatibles avec l'idée d'un mariage de complaisance. Mais, sans flagornerie, aucun d'eux ne vous ressemble.

Elle le regarde un peu étonnée, semblant ne pas savoir comment exactement interpréter cette tirade.

Il hésite à s'engager dans des explications qui pourraient s'avérer quelque peu embarrassées. Il préfère « botter en touche ».

— Mais que s'est-il passé après votre aller et retour tellement instructif à Paris ? Avez-vous revu mademoiselle Manolios ?

— Dans le train, j'ai pris la décision irrévocable de rompre. Elle savait tout, nécessairement et depuis longtemps. Elle m'avait trahi. Plus rien n'était possible. Fini notre belle complicité. Une complicité parfaitement illusoire, puisque j'avais été manipulée de bout en bout. J'ai passé la nuit à tenter de rédiger une lettre de rupture. Le lendemain matin, j'y ai définitivement renoncé. Je l'ai appelée en fin de matinée comme si de rien n'était pour qu'elle n'ait pas le temps de préparer je ne sais quelle explication, quelle excuse, quelle défense. On s'est revu le soir même dans un bistrot de banlieue où nous avions nos discrètes habitudes. J'avais décidé de tout lui dire d'une traite. C'est ce que j'ai fait en lui interdisant de m'interrompre et en m'efforçant de dominer mon trouble. Le sien n'a duré que quelques secondes pendant lesquelles son beau teint hâlé a viré successivement plâtre et rouge brique. Puis elle a avalé son café, elle s'est renversée en arrière sur la banquette et elle m'a écoutée sans détourner les yeux.

Elle soupire.

— Ses beaux yeux verts et ce troublant mélange de ruse et d'ingénuité ! Quand je me suis tue, j'ai vu réapparaître sur ses lèvres charnues, ce sourire de Korê irrésistible que vous lui connaissez sans doute. Un sourire qui a achevé de désamorcer mon agressivité. Elle n'a à aucun moment cherché à nier quoi que ce soit. Elle m'a tout raconté dans le détail et en répondant, par avance, à toutes les questions que je pouvais me poser. J'étais épuisée, abasourdie, sans voix. Je ne lui en voulais plus. J'étais incapable de lui en vouloir.

Elle hoche de la tête les yeux baissés en soupirant à nouveau. Un soupire d'impuissance qui succède à un soupire d'admiration, dont elle semble soudain réaliser l'ambiguïté.

— Mais n'allez pas croire pour autant que je suis amoureuse. Ce serait le comble !

Il s'efforce de ne pas laisser paraître un certain doute sur la totale sincérité, d'une telle dénégation. Il est tenté un instant de lui dire qu'il pense qu'il y a la place pour toutes sortes de sentiments entre l'amour et l'amitié.

— Pouvez-vous m'en dire un peu plus sur ce qu'elle vous a révélé ?

— Elle m'a d'abord expliqué comment, réellement, elle est arrivée au très sélect cabinet de mon mari. Ce n'est pas elle, mais lui, qui a pris l'initiative de la recontacter. Philippe ne m'avait pas menti en me disant qu'elle était l'amie de la fille d'amis Grecs. En fait plus précisément de Cloé la fille d'Alexis Vassiliki, le directeur de la filiale grecque du groupe Delcourt. Alexis Vassiliki a fait H.E.C avec Henri-Marc, ça crée des liens. Xénia et Cloé ont en commun d'avoir une mère Française et un père Grec, mais aussi d'avoir fréquenté ensemble le lycée français d'Athènes de la sixième jusqu'au bac. La famille de Cloé est riche et influente pour être affiliée, côté père, au milieu des armateurs du Pirée, et, côté mère, au quai d'Orsay, des diplomates. Les Manolios, eux, sont assez pauvres. Le père de Xénia a passé quelques années en prison à l'époque de la dictature des colonels dont il était un opposant, et Xénia, qui est très douée, a bénéficié d'une bourse des Affaires étrangères grâce à la mère de Cloé. Cloé qui, bonne copine, l'a invitée régulièrement aux grandes vacances dans la vaste propriété avec piscine en marbre, que possèdent les Vassiliki à Parikia sur l'île de Paros dans les Cyclades. Une villégiature paradisiaque où ils reçoivent chaque année en été, les Delcourt.

— Et c'est là évidemment, que Nausicaa va rencontrer Ulysse.

— Sauf que Xénia n'était pas la fille d'un roi, mais d'un communiste. Par contre, il est vrai que Philippe pouvait faire en apparence un Ulysse tout-à-fait convenable ; et capable d'acheter Ithaque, ce qui pour Xénia, n'était sans doute pas rien.

Elle hausse les épaules.

— Pour moi non plus, d'ailleurs.

— Vous êtes d'origine modeste ? Pourtant, je crois me souvenir que votre nom de jeune fille comporte une particule.

— Mon nom de jeune fille est en effet De la Tour Lansac. Une vieille noblesse du Puy de Dôme. Pensez donc, j'ai le portrait en pied et en armes d'un comte Guillaume du 13ème siècle ! Mais une noblesse irrémédiablement ruinée à la révolution à laquelle cependant, il serait injuste d'imputer toute la responsabilité de la déchéance familiale. Les De la Tour Lansac, contrairement à d'autres, n'ont jamais rien fait, avant comme après le régicide, pour s'adapter à l'évolution du monde, s'en remettant, dans la plus parfaite et grandiose indifférence au gain, à la providence ; une providence qui s'est toujours montrée plutôt chiche.

— Contrairement à votre belle-mère, votre ascendance n'avait pas compris que pour que la providence dispense ses bienfaits, il fallait la stimuler un peu. « Aide toi, le ciel t'aidera. »

— Que voulez-vous, la providence des grands bourgeois n'est pas celle des aristocrates. Voyez plutôt : nous sommes venus en Normandie à la faveur de la promotion remarquable du comte Eudes de la Tour Lansac, le dernier mâle de la lignée, mon défunt père, au grade de fin de carrière de chef des services administratifs de sous-préfecture.

— Objectivement, ce n'est pas si mal.

— Non, mais ça ne correspond guère au portrait glorieux du fameux Guillaume qui, sans être *Le conquérant*, a tout de même participé à la huitième croisade, celle de Saint Louis. Quant à moi, j'ai poursuivi la tradition familiale du désintéressement en me consacrant à des études dont l'unique issue professionnelle est le professorat pour lequel je n'ai aucun goût, ou l'écriture pour laquelle j'en ai beaucoup et depuis longtemps, sans cependant être certaine aujourd'hui encore, de disposer du talent requis. À l'époque où j'ai rencontré Philippe, pouvoir me consacrer à l'écriture était en fait ma seule véritable motivation. La seule qui subsistait. Et puis, Philippe était, c'est vrai, plutôt séduisant. Vous l'avez peut-être rencontré au cours du procès ?

— Deux fois, lors de la tentative de conciliation et lors de l'audience de jugement. Il m'a fait penser à Gary Grant. Grand, élégant et selon l'expression de Paulhan, si je peux me permettre, le menton « en fesses d'ange ». Sans compter, malgré les circonstances, le sourire charmeur. « La grande classe » selon, cette fois, le mot de la greffière en chef du Conseil de prud'hommes qui a dû avoir la même vision cinématographique que moi ; mais avec, en supplément une émotion à laquelle je n'ai pas accès.

— Ce que ne savait peut-être pas cette dame, c'est qu'on dit que l'acteur était lui aussi homosexuel ou peut-être plus exactement bisexuel, puisqu'il s'est marié cinq fois, je crois.

Il la regarde, un peu étonné.

— Je vous l'ai dit, j'aime beaucoup le cinéma.

— Ce que vous venez de dire à propos de Gary Grant me fait penser que mademoiselle Manolios aurait pu tenter, pour se disculper, de jouer la carte de la bisexualité. Prétendre qu'en réalité votre mari était bisexuel. Ce qui aurait permis de valider votre témoignage à vos propres yeux.

— Elle aurait pu en effet tenter de me faire croire que sa relation avec Vincent Lambert n'excluait pas qu'il ait pu la harceler sexuellement. Peut-être que je l'aurais crue ? Mais elle ne l'a pas fait. Je crois vraiment qu'elle ne voulait plus me mentir. Elle m'a au contraire confirmé, sans la moindre réserve, l'attachement réciproque de Philippe et Vincent Lambert.

Elle s'interrompt un instant.

— N'empêche que mon mari avait tout pour séduire une gamine.

— Vous êtes indulgente.

— Non, c'est vrai, elle était très jeune quand elle l'a connu à Paros ; contrairement à moi.

— Quel âge aviez-vous ?

— Vingt-sept ans et lui, trente-cinq. Et je n'étais plus une oie blanche. J'avais vécu deux ans avec un étudiant en architecture, Guy ; j'étais très éprise. Il est parti faire un stage dans une agence à Chicago qui, à la fin de ses études et pour mon plus grand malheur, lui a proposé de rester. Il m'a demandé de le rejoindre. Je n'ai pas osé. J'ai prétexté de mes devoirs sacrés envers ma vieille mère veuve, mais en fait, j'ai eu peur. Je n'ai pas hérité de mes ancêtres les plus lointains l'attrait pour l'aventure et le courage qui va avec. Je suis, hélas, moi aussi, une « fin de race ». Guy m'a relancé longtemps. Il ne comprenait pas. J'ai fini par faire le mort. Il s'est découragé.

— Vous n'avez tout de même pas vécu votre mariage comme un enterrement ? En principe c'est sa vie de garçon ou de jeune fille qu'on enterre en se mariant. Et l'on renaît avec le mariage.

— Je crois qu'en me mariant, j'ai eu l'impression d'enterrer bien plus mon avenir que mon passé. J'ai écrit à Guy un mot débile : *« Je viens de me marier. Pardon pour mon silence. Pardon pour tout. »* Vous imaginez l'effet produit !

— Et maintenant, vous le regrettez ?

— Maintenant qu'il y a Guillaume, mon fils, je ne peux plus dire que je le regrette.

— Guillaume, comme le grand aïeul.

— C'est ma belle-mère qui a insisté pour que son petit-fils porte comme une bannière le prénom du plus célèbre de ses ancêtres. Pour elle, c'était un peu comme si Delcourt allait désormais s'écrire avec un « *D* » apostrophe. Ça faisait partie des clauses non écrites du contrat.

— Et le mariage, comment y êtes-vous venue ?

— Peu de temps après le départ de Guy, alors que je venais de m'inscrire en thèse faute d'un véritable projet d'avenir, Jacques Grandin le banquier des Delcourt que j'ai déjà cité, m'a proposé un emploi.

— Une offre spontanée d'emploi du PDG en personne d'une banque d'affaires, c'est plutôt rare ; en tout cas, beaucoup plus rare qu'une candidature spontanée.

— Enfin, une offre spontanée… Il se trouve que la sœur cadette de ma mère, moins sourcilleuse qu'elle sur le nombre et l'origine des quartiers de noblesse du conjoint, a épousé un baron d'empire dont la fortune fondée par son ancêtre sous Napoléon le grand, n'a cessé par la suite de prospérer de la restauration à Napoléon le petit, puis de la troisième république à aujourd'hui ; en passant sans encombre par le régime de Vichy et le Gaullisme orthodoxe. Le brave oncle Julien, qui perçoit de substantiels jetons de présence en tant que membre influent du conseil d'administration de la banque du groupe Delcourt, m'avait chaudement recommandée auprès de son président. De surnuméraire au service des relations publiques où j'ai passé quelques mois en observation, je suis devenue le scripte et la plume diplomatique du Boss. J'ai fini par l'accompagner dans toutes les réunions, y compris les plus sensibles et par rédiger les notes, interventions, missives et articles de presse les plus délicats.

— En somme, vous étiez à Jacques Grandin ce que Georges Pompidou avait été pour un autre baron de la finance, le baron de Rothschild.

— Toutes proportions gardées, un peu, c'est vrai, et ça crée une certaine intimité, pour ne pas dire complicité. Je sais évidemment beaucoup de choses sur la banque et sa clientèle et en particulier, sur l'un de ses plus grands comptes.

— Le groupe déjà mentionné.

— Et je ne suis pas très fière d'avoir été le témoin, pas tout-à-fait passif, de certains montages entre optimisation et fraude fiscale, dont, avec tout mon talent d'écrivain comme le disait de façon flatteuse et malicieuse mon patron, je devais assurer la communication publique. Le trouble que j'en éprouvais l'amusait, mais semblait aussi susciter chez lui à certains moments, curieusement et de façon presque touchante, une sorte de nostalgie.

— Vous lui rappeliez peut-être l'époque où, chez lui, le sens des affaires n'avait encore totalement phagocyté le sens moral ? Il a peut-être été humain avant d'être banquier ?

— Je vois que vous avez peu d'estime pour ces gens-là. Ce qui, évidemment, ne m'étonne pas.

— Comme dit l'autre, un homme riche n'est jamais qu'un pauvre type qui a de l'argent ; mais c'est vrai que pour moi, les financiers font partie des moins attendrissants de l'espèce. Peut-être parce que leurs propres attendrissements ne sont jamais totalement gratuits ; à supposer qu'ils puissent l'être, tout de même, un peu.

— C'est ce qu'en effet, j'ai expérimenté. Un soir, en revenant de Paris, Jacques Grandin m'a demandé si je vivais seule. Je ne sais pas pourquoi, je me suis laissée aller à lui raconter mon histoire avec Guy avant de glisser insensiblement sur le roman commencé avant mon embauche et interrompu depuis, faute de temps. Il faut croire qu'il s'était effectivement instauré entre nous, tout de même, un certain climat de confiance. Je pense qu'il a compris que j'avais renoncé à pas mal de choses et que j'étais entrée à la banque comme d'autres, autrefois, entraient au couvent ; les vœux et l'abandon de la vie temporelle, mis à part, bien entendu. Je crois que je lui ai parlé autant du personnage de l'autofiction à laquelle je réfléchissais chaque soir avant de m'endormir, que de moi réellement. En tout cas, peu de temps après, il m'a invité à une *garden-party* dans sa propriété d'Étretat, sur les hauteurs, pas loin de *La guillette*, la maison construite par Maupassant avec les droits d'auteur de *La maison Tellier.* Ce qu'il n'a pas manqué, bien entendu, de me préciser. Il savait que ça me mettrait dans de bonnes dispositions. Vous imaginez ?

— Ça fait effectivement rêver.

— C'est dans ce contexte littéraire favorable, que j'ai rencontré Philippe. Par malheur, de surcroît, il faisait beau et le champagne était délicieux.

— Une version huppée du *« petit vin blanc qu'on boit sous les tonnelles du côté de Nogent ».*

— En tout cas, Philippe, avec ou sans canotier, m'a semblé non seulement séduisant, mais plutôt cultivé ; et surtout, très attentionné. Je n'avais plus mes parents, je n'avais plus vraiment de famille ni d'amis, je vivais seule. Ce n'était pas brillant tous les jours et surtout tous les soirs. Je me suis laissée griser ; comme une grisette, en somme !

— N'exagérez pas.

— Philippe s'est montré très prévenant, très délicat. Il m'a proposé de nous revoir. J'ai reçu un coup de fil une dizaine de jours plus tard. Il avait retenu des places à l'opéra où se jouait Didon et Énée. Le spectacle a été suivi d'un somptueux petit souper. Puis il m'a raccompagnée, sans chercher à profiter de la situation. À l'époque, j'ai pensé qu'il se comportait naturellement en parfait gentleman, pour ne pas dire gentilhomme. Jacques Grandin n'avait pas tort de s'attendrir un peu sur mes beaux restes d'innocence. Par la suite, j'ai été invitée au château, c'est-à-dire chez ma future belle-mère, et tout est allé très vite. Je dois dire que mon mentor a été, à partir de ce moment, assez franc avec moi. Enfin, sur sa démarche, car aujourd'hui, je suis persuadée qu'il savait pour Philippe. Par contre, il ne m'a pas caché qu'il jouait les entremetteurs, mais cela va de soi, avec les meilleures intentions du monde, en ami de la famille et patron soucieux de l'avenir de sa précieuse collaboratrice. *« Une affaire profitable pour tout le monde, ma petite fille »,* m'a-t-il dit en me reconduisant à la porte de son bureau la main sur l'épaule et sur un ton paternel tellement touchant. Il avait parlé de moi en termes très élogieux à Henri-Marc et à la reine mère qui, officiellement, s'inquiétaient de voir leur petit frère et fils tarder à se ranger ; et qui ont sans aucun doute, immédiatement flairé l'opportunité, sinon de remettre l'intéressé dans le droit chemin, au moins, de consolider la façade.

— Donc, vous ignoriez totalement la cause réelle du retard pris par votre fiancé sur la route du mariage, pourtant parfaitement balisée pour un fils de famille bien-pensante.

— Totalement, je vous assure. Jacques ne m'a vraiment rien dit qui puisse me mettre la puce à l'oreille. Je dis Jacques, parce qu'il m'avait à ce moment précis, autorisé à l'appeler par son prénom, y compris dans nos relations professionnelles ce qui, dans une entreprise encore bien française, marquait à l'égard de tous et d'abord de moi-même, mon élection au premier cercle de ses relations. Il suffisait que j'émette une objection pour qu'il la désamorce immédiatement. Par exemple, celle liée à mon absence totale de dot, en faisant valoir que si je n'avais pas de fortune, j'avais des titres nobiliaires prestigieux et qu'en outre, cela donnerait l'occasion à ma famille d'accueil de faire une éclatante démonstration de désintéressement chrétien. C'était peut-être de l'humour ? Ou encore celle qui tenait au fait que j'étais une parfaite inconnue de la bonne société de la ville. Là, il m'a représenté que contrairement à ce que je pensais, ce n'était pas sans avantages ; et notamment de laisser toute liberté à la douairière de donner à ma rencontre avec le fils prodigue, une explication qui pourrait désamorcer certaines rumeurs le concernant.

— Ah ! Tout de même.

— Ne vous méprenez pas, c'est tout le contraire. Ce que Jacques Grandin m'a clairement laissé entendre, c'est que Philippe menait jusqu'à présent une vie de libertin. On m'assurait que j'avais produit sur lui l'effet que sa famille attendait depuis longtemps. Il n'était pas question de coup de foudre, le phénomène et sa formulation n'étant pas en usage dans ce milieu, mais tout de même d'un intérêt, disons... extrapatrimonial ; suffisant en tout cas pour qu'il dispense pour la première fois sa maman, de poursuivre sa prospection. Puisque tout était clair, j'avais pensé que nous pourrions apprendre à nous connaître, à nous apprécier sans faux-semblant et peut-être même, sait-on jamais, à nous approcher de quelque chose qui aurait pu ressembler à un peu plus que de l'amitié. Vous voyez que si on était assez loin du conte de fées, je n'étais pas, pour autant, totalement sans espoir. Le seul aspect un peu « merveilleux », je le dois en fait à ma belle-mère.

— Tiens !

— Attendez de voir ! J'ai appris peu de temps après mon mariage en prenant le thé chez l'une de ses grandes amies, que j'avais connu Philippe bien avant Étretat et que nous avions vécu longtemps secrètement à Paris un amour passionnel. Ce qui expliquait pourquoi Philippe ne fréquentait pas les jeunes femmes de bonne famille de la ville à l'époque. Et pour finir, que nous avions décidé de nous marier parce que j'étais enceinte. Compte tenu de ce que je l'ai été, enceinte, dès mon voyage de noces, c'était plausible du point de vue des dates. La légende officielle empruntait ainsi à tous les registres : de la modernité avec l'union libre, certes regrettable, mais pardonnable dès lors qu'elle aboutit à une régularisation en bonne et due forme civile et religieuse ; de la bibliothèque rose, avec mon statut de princesse pauvre qui va retrouver la splendeur due à son rang ; de la tradition, avec un mariage en grandes pompes. Pensez-donc, le sénateur-maire à l'Hôtel de Ville et l'archevêque à la cathédrale ! La Duchesse de Bedford, je veux dire ma belle-mère, était présente à ce *five o'clock tea.* Elle ne s'est pas troublée. Elle a pris sa tasse d'une main et la soucoupe de l'autre tenue à hauteur du menton pour boire embusquée à petites gorgées le petit doigt en l'air qui n'est pas que légendaire, pendant que je répondais aux questions les plus indiscrètes qui n'avaient pas tardé à suivre. C'était à l'évidence, une mise à l'épreuve.

— Et vous avez joué le jeu en romancière.

— De roman de gare, genre collection Harlequin, mais tout de même avec un certain brio. Et honnêtement, j'y ai pris du plaisir. Un malin plaisir. J'ai fait plus que ma chère belle-mère attendait. Ce qui de son point de vue, était tout de même une faute. Il ne m'a pas échappé quand nos regards se sont de nouveau croisés, que mon improvisation brillante l'avait un peu alertée.

— Vous aviez démontré, non seulement que vous aviez de l'imagination, mais en surenchérissant, que vous étiez capable de récupérer une situation imposée, à votre profit. Autrement dit, vous n'étiez pas dominée.

— C'est tout à fait ça. Je vois que nous nous comprenons. Comme vous le voyez, elle n'avait pas lésiné sur les contrefeux. Je sais maintenant que les rumeurs n'avaient jamais cessé à propos du désintérêt de Philippe pour la gent féminine. Le jour du mariage, certaines bourgeoises plus ou moins jeunes dissimulaient avec difficulté leur regret de ne pas avoir été plus perspicaces et persévérantes dans leurs tentatives de séduction de l'héritier sans aucun doute le plus beau en comparaison de leurs maris présents, et, surtout, sans doute, le plus fortuné. J'étais enviée et par certains côtés, je dois admettre que j'étais enviable. Je vous l'ai dit, pour achever de me convaincre de passer de la banque à l'industrie, Jacques Grandin n'avait pas manqué de me souffler, tout en regrettant comme il se doit de perdre une collaboratrice irremplaçable, que mariée, je n'aurais évidemment plus à travailler et que je pourrais, enfin, me consacrer sérieusement à l'écriture ; ne doutant pas un instant, vu mes exploits épistolaires, de mon talent. Le jour du mariage, j'étais certaine de devenir, en quelques années, une femme de lettres reconnue. J'allais peut-être même, ouvrir un cercle littéraire. Tout-à-coup, mon blason se redorait. Je me suis vue en moderne Marie-Madeleine de La Fayette ou mieux, en madame de Scudéry pour les brillants salons du samedi dans le Marais.

— Vous avez donc, tout de même vécu, pour un moment, un conte de fées.

— Un moment, c'est vrai, en oubliant tout le reste.

— En particulier, qu'on attendait de vous un héritier. Je sais par les précédents dossiers, que si, en tant que cadet, votre mari n'a pas eu vocation à hériter de la direction du groupe, il a tout de même recueilli, notamment, un copieux portefeuille d'actions de la holding et de parts dans les sociétés immobilières familiales. On ne disperse pas la fortune du clan. La grande bourgeoisie n'est pas moins dynastique que l'aristocratie.

— Si vous étiez grossier, vous ajouteriez que c'était le prix à payer.

— Non, je crois avoir compris que c'est un peu plus compliqué que cela. C'est toujours un peu plus compliqué ! Philippe Delcourt ne vous déplaisait pas et vous aviez la conviction que c'était réciproque. Vous n'espériez plus le grand amour puisque vous estimiez l'avoir définitivement manqué, mais vous espériez tout de même, à défaut de grand amour, pouvoir construire quelque chose de solide avec lui ; il devait raisonnablement avoir épuisé les plaisirs de la vie de garçon. Non, sincèrement, je crois que c'était une vision plutôt réaliste de la situation.

— Un calcul.

— Un choix défendable. Ne soyez pas trop sévère avec vous. L'histoire enseigne que parfois les mariages de convenance s'avèrent à l'usage plus solides que d'autres contractés soi-disant exclusivement par amour. *« Mariage de jadis... L'amour venait sur l'oreiller »* disait-on. Le problème, c'est que, dans votre cas, les cartes étaient passablement truquées.

— Et l'oreiller plutôt rare. Vous êtes en train de me défendre contre moi-même, contre l'opinion peu flatteuse que j'ai de moi-même depuis que j'ai accepté ce mariage. Je pensais qu'un avocat défendait son client contre ses ennemis ou contre la société ; pas contre lui-même. Vous êtes un peu psy ?

— Dieu m'en garde ! Je sais simplement qu'on est souvent son pire ennemi et qu'on ne sort jamais indemne d'une guerre civile, qu'elle soit intérieure ou extérieure. Avant d'aller livrer bataille chez les autres, il faut toujours commencer par faire la paix chez soi ; sinon, c'est l'échec assuré, même si l'on gagne son procès.

Il se dit intérieurement qu'il serait bon, parfois, qu'il mette lui-même en pratique ses belles maximes.

— Que voulez-vous dire ?

— Je veux dire qu'on peut gagner un procès en surface, et le perdre en profondeur. Tout dépend de l'enjeu véritable. Si par exemple le but de votre divorce, c'est de rompre avec la tromperie sous toutes ses formes, il n'est pas certain qu'il soit atteint en l'obtenant au prix d'une nouvelle tromperie.

Son visage s'obscurcit.

— Alors, vous condamnez ma démarche.

— Je n'ai pas choisi le barreau pour condamner qui que ce soit. J'essaie simplement, compte tenu de l'embarras moral que j'ai cru percevoir chez vous, comme je vous l'ai déjà dit, de bien comprendre votre démarche.

— Je n'ai pas fait beaucoup de droit, mais je croyais savoir qu'on ne devait pas confondre le droit et la morale ?

— Vaste sujet, que les praticiens du droit ont en général le tort de croire réservé aux philosophes ; alors qu'ils ont à le traiter quotidiennement. Disons simplement ce soir, pour enfoncer un peu le clou, que de mon point de vue, ce que doit rechercher l'avocat avec son client, c'est son intérêt bien et durablement compris. Il s'agit d'éviter qu'au final, ledit client ne se retrouve plus malheureux après qu'avant le procès. Même s'il l'a gagné. Cela dit, l'avocat n'est évidemment pas un directeur de conscience. Au client éclairé de décider. Mais à l'avocat d'accepter ou non de se charger de mettre en œuvre sa volonté ; en fonction du droit et de la déontologie, bien entendu, mais aussi de sa compatibilité avec sa conception, morale au sens large, du métier. Sauf pour lui à risquer, à terme, de ne plus trouver grand sens, grande valeur, à son exercice. Ou alors, une valeur au sens strictement monétaire. Mais, est-ce que ça peut suffire à remplir une vie professionnelle ; qui prend tant de place dans la vie tout court ?

— Un discours absolument inaudible par les Delcourt.

— Vous voulez dire que pour eux, c'est à mettre au compte de la naïveté, de l'idéologie, de l'incompétence, d'un manque de professionnalisme, etc. ? Bref, d'une tare ?

Elle sourit.

— Mais ce qui est vrai pour le clan, ne l'est pas, j'en suis persuadé, pour la « pièce rapportée ».

— Je comprends mieux maintenant, pourquoi vous semblez trouver tellement insupportable que Xénia ait pu vous mystifier. Mais sachez qu'elle ne jouit plus franchement de sa victoire. Avec les gains de son procès elle a pu s'installer à son compte sans avoir à emprunter un sou et elle a certainement éprouvé beaucoup de plaisir à se jouer de Philippe. Mais je crois qu'elle est dégrisée et qu'elle commence à mesurer les conséquences de ses actes. Depuis ma visite chez le docteur Janin, nous nous sommes revues trois fois. La dernière fois, elle m'a même semblé inquiète ; presque angoissée. Elle réalise qu'avec Vincent Lambert, elle a joué avec le feu. Mais je trouve que c'est plutôt rassurant sur son compte.

— Une bonne raison pour que vous restiez son amie.

— Je suis sa seule amie et elle est ma seule amie. Et si j'ai été embarquée à mon insu dans l'aventure, je ne peux pas oublier que c'était aussi pour me rendre service en me fournissant un motif de divorce inespéré. Mais j'admets que le cadeau puisse s'avérer empoisonné.

— On y reviendra. Je crois qu'avant nos digressions, vous en étiez à vos noces.

— En robe de mariée blanche à traine et fleurs d'oranger en sautoir. Comme vous le savez désormais, contrairement à la légende répandue par ma belle-famille, Philippe ne m'a pas touchée avant le mariage et après, si peu, que l'on peut se demander si ce ne sont pas les prières et les cierges de sa mère qui, avec l'aide du Saint-Esprit, ont permis que je me découvre enceinte dès le retour de notre voyage de noces. Le fait qu'Hélène n'était pas loin d'invoquer un miracle, aurait dû me mettre la puce à l'oreille sur l'exploit de son fils. Surtout qu'avant notre départ, Salomé, la sœur de Philippe, encore interne à l'époque et qui aujourd'hui inspecte en centre-ville les utérus les plus précieux du diocèse, avait tenu à me rassurer sur les progrès de la procréation médicalement assistée. Je lui avais répondu, en toute innocence, encore imprégnée de l'idée dominante que les problèmes en question sont en général féminins, que je ne me faisais aucune inquiétude sur ma fertilité. Elle n'avait pas jugé bon d'insister, mais son scepticisme n'en n'était pas moins évident. Je dois dire que l'étonnement de la science, du côté de Salomé, en apprenant l'heureuse nouvelle, n'a pas été moindre que celui de la foi, du côté de ma belle-mère.

Elle s'interrompt.

— Vous connaissiez sans doute l'existence de Salomé, mais savez-vous que Philippe est né un an après le décès accidentel, à l'âge de quatre ans, d'une autre sœur ?

— Non sur le deuxième point.

— Vous avez compris que je n'ai guère d'affection pour ma belle-mère, mais j'imagine le drame absolu que constitue la perte d'un enfant. Philippe m'a dit que selon Henri-Marc, c'est à la suite de cette perte qu'elle s'est confite en religion. Et selon Salomé, la dévotion s'est portée à parts égales sur Philippe et sur Dieu ; peut-être d'ailleurs avec une certaine confusion ? Ceci expliquant peut-être cela ; au moins en partie.

— Chacun, devant un tel drame, s'il fait ce qu'il est, fait aussi ce qu'il peut.

— C'est bien ce qui m'interdit de la détester sans nuance.

Elle marque un temps d'arrêt un peu embarrassé qui semble indiquer que sa compassion n'est pas purement gratuite.

— J'ai omis de préciser pourquoi, lorsque je me suis mariée, j'avais de bonnes raisons de penser que je n'étais pas stérile. Je vous ai parlé de Guy et de son départ pour les États-Unis. Le « détail » que j'ai omis, c'est que je ne suis pas restée totalement seule.

— Vous voulez dire que vous étiez enceinte ?

— De quelques semaines. Lui ne le savait pas. Si j'ai eu peur de partir, c'est aussi pour cette raison. Je n'étais pas préparée à être mère et en plus, loin d'ici. C'était trop. Mais si j'ai manqué de confiance, ce n'est pas en Guy, c'est en moi.

— Vous avez dû avorter ?

— Oui, dans la plus grande discrétion, en Suisse, grâce à l'oncle qui m'a fait rentrer par la suite à la banque de Jacques Grandin.

— Le prévenant oncle Julien.

— Qui en plus du secteur bancaire, est aussi actionnaire de plusieurs cliniques par l'intermédiaire d'un fonds d'investissement. Je crois qu'il m'a toujours considérée, en tout cas depuis que je suis nubile, comme un pion possible dans ses stratégies financières.

— Là encore, on n'est pas loin, avec les stratégies matrimoniales des grands bourgeois, de celles des grands aristocrates. Il s'agit toujours de préservation et si possible d'extension, des patrimoines. Jacques Grandin a-t-il été informé de votre malheur ? Car je comprends que ça été pour vous un moment très difficile.

Ce que lui confirme l'écho d'une douleur encore vive, dans le regard qu'il croise,

— Ma confiance envers mon ex-patron n'a jamais été illimitée. Cela dit, je suis persuadée que ce n'était pas de nature à freiner ses ardeurs de marieur. Pour lui aussi, j'étais un pion. L'intérêt bien compris, chez lui, c'est toujours en dernier lieu celui du capital, du retour sur investissement. Vous avez raison, il ne faut pas se leurrer. Il ne cherchait pas nécessairement à vendre une jeune vierge. Ce qu'il fallait, c'est que le client soit content, qu'il lui soit redevable d'avoir trouvé la perle rare. Je pense même qu'il y aurait vu un moyen de pression supplémentaire.

Intégrer la prestigieuse maison Delcourt étant pour moi, d'autant plus inespéré.

— Et vous pensez qu'aujourd'hui, alors que vous êtes entrée en dissidence avec votre belle-famille, cet épisode malheureux de votre vie est toujours ignoré ?

— Certaines allusions d'Hélène me font penser que mon bon oncle aurait peut-être bien trahi un secret bien moins protégé que le secret bancaire. Tout, avec lui, est une question d'opportunité. Ce ne serait donc pas étonnant. Je le sais sans scrupules et il faut bien que devant cette dissidence comme vous dites, il donne des gages de fidélité au clan pour ne pas risquer la disgrâce. Mais le pire, c'est que depuis que j'envisage de divorcer, tout a ressurgi dans ma vie avec une actualité et une acuité, vraiment inattendues.

Elle baisse la tête. Il constate qu'entre la « grande dame » d'Édith, la mariée flouée et l'avortée blessée, le spectre de l'entretien s'est singulièrement élargi.

Elle redresse la tête.

— Excusez-moi, je m'égare.

— Il me semble au contraire comprendre que si vous avez décidé de divorcer, ce n'est pas seulement pour mettre fin à une situation actuelle totalement fausse, mais aussi pour retrouver la femme que vous étiez précédemment ; pour vous mettre en règle avec vous-même et votre passé ; un passé que vous avez fui, mais qui n'est peut-être pas si mort que cela ?

— Je crois bien qu'en effet, depuis le départ de Guy, je n'ai cessé de fuir. Une fuite amorcée dans une constellation de bulles de champagne le temps des fiançailles ; et poursuivie, le mariage prononcé, dans la féerie, au sens le plus affligeant des contes de fées pour petites filles attardées, d'un voyage de noces digne de figurer dans une anthologie de la presse du cœur ; au chapitre « reines d'un jour ». De New York que je ne connaissais pas, contrairement à mon mari qui y compte des amis, nous sommes passés d'un grand coup d'aile à Los Angeles. Après une petite visite commanditée par Henri-Marc auprès du patron d'une société du comté d'Orange qui fonctionne en *joint-venture* avec le groupe, on ne perd jamais le nord des affaires chez les Delcourt, même quand on va d'Est en Ouest, nous avons sillonné de façon totalement aléatoire et insouciante, la Californie ; avant de nous envoler pour

Mexico, puis le Brésil et retour en France, via la Grèce, un passage obligé. Je ne sais pas si notre visite à Hollywood y a été pour quelque chose, mais je me suis prise au jeu, j'ai joué un temps ma Grace Kelly en technicolor.

Il est tenté de lui dire qu'il lui a déjà préféré Delphine Seyrig. Mais il se retient, ne sachant pas comment elle interpréterait une pareille remarque, malgré leur commune cinéphilie.

— Je me suis laissée étourdir, emporter dans la ronde des suites prestigieuses, des soupers aux chandelles en terrasse face à la mer en robe du soir, des ciels étoilés, des sites sublimes, des caprices sitôt exprimés sitôt satisfaits, des boites de nuit les plus branchées. Un vrai roman-photo je vous dis ! Il ne m'avait évidemment pas échappé que Philippe ne me proposait jamais de rester dans notre chambre pour y souper et explorer, comme disait ma grand-mère paternelle qui est sans doute la seule de mes aïeules à l'avoir découverte avec délice, « la face cachée de la lune de miel ». Mais il était gai, détendu ; il semblait agréablement surpris de partager avec moi une certaine complicité. Une surprise que je n'attribuais bien entendu pas à ce moment au fait que j'étais une femme, puisqu'il était censé les aimer toutes un peu trop, mais au fait qu'il puisse trouver de l'intérêt à une femme de mon style, pour reprendre là encore votre mot.

— Il a bien fallu, pourtant…

Elle le regarde l'air un peu taquin.

— Je pense quand même qu'un divan ne déparerait pas ici.

— C'est interdit. Il était de règle, il n'y a pas si longtemps encore, qu'à l'ouverture d'un cabinet, un membre du Conseil de l'ordre vienne vérifier l'absence de tout meuble de ce genre.

— Vraiment ?

— Vraiment. Le divan qui paraît-il favorise tellement les associations libres, transferts, contre-transferts et *tutti quanti*, est l'apanage du psychanalyste.

— Peut-être, mais je n'ai jamais expérimenté celui de Levaillant.

— Il n'a pas fait son boulot ? Vous n'avez pas été satisfaite ?

— Oui et non.

— Je vois que pour être originaire du Puy de Dôme, vous n'en êtes pas moins contaminée par l'esprit normand.

Elle pivote du buste, se saisit de son sac à main enfoui sous le manteau déposé sur le fauteuil d'à côté, l'ouvre et en sort une enveloppe qu'elle lui tend.

— Tenez, voilà son certificat.

Il tire de l'enveloppe deux pages manuscrites et denses qu'il parcourt d'un rapide faisceau d'initié.

— Il est imparable et il répondait sans doute parfaitement à votre attente. Mais maintenant…

— Maintenant je pense qu'il aurait pu être un peu plus clairvoyant. C'est tout de même lui, le psy !

Il pense qu'elle n'a pas tort et que l'observation vaut tout autant pour lui. S'il n'est pas psychiatre, il est avocat et il aurait dû, lui aussi, faire preuve d'un peu plus de circonspection à la réception du certificat du même acabit remis à Xénia Manolios.

— Lui accorderez-vous tout de même quelques circonstances atténuantes ?

— C'est vrai que Xénia avait suffisamment bien labouré le terrain, pour que notre thérapeute commun soit convaincu de tout savoir et d'avoir tout compris sans qu'il soit nécessaire que je m'allonge. En fait, j'ai eu nettement l'impression que c'était moins la patiente que son histoire, qui l'intéressait.

— Une histoire susceptible de servir d'illustration dans un article à paraître prochainement dans une revue spécialisée, par exemple. Le connaissant, c'est bien possible. Il écrit beaucoup et il est toujours à l'affût d'histoires un peu originales.

— Une histoire qui fait tout de même un peu désuète : une jeune aristocrate « pur jus » et donc ruinée, arraisonnée pour la gloriole par l'incarnation jusqu'à la caricature, de la grande bourgeoisie provinciale sans scrupules au fond et bien-pensante en surface. Une ambiance à la Chabrol.

— Un mariage contre nature, de la frustration massive de part et d'autre, du refoulement jusqu'à loucher. De votre côté une évasion dans la littérature et du côté de votre mari la recherche d'une partenaire moins altière, qui pourrait figurer en couverture de *Lui,* à portée de main au sens littéral, au cabinet… Et la violence : le harcèlement en réaction à la résistance de l'incarnation de l'image iconique.

— Est-ce que ce n'est tout de même pas un peu simpliste ?

— Bien mené, bien enveloppé, bien « jargonné », il y a de quoi faire. Y compris en donnant une certaine profondeur historique à la démonstration, en montrant que derrière le mirage de la liberté des mœurs à tous les coins de rue, perdurent les pratiques sociales et masculines les plus archaïques.

— C'est vrai que dans le récit de Xénia, tout concordait parfaitement, y compris l'épisode du congédiement de son prédécesseur, ce pauvre monsieur Louvet passé à la trappe pour libérer la place.

— Comment Levaillant, à moins d'être infaillible, aurait-il pu deviner que le motif réel de ce renvoi était la jalousie de Vincent Lambert, suscitée par son amant pour jouer ?

— Pour jouer avec le feu.

— Oui.

— Et que la véritable victime dans l'histoire, n'était pas la harcelée présumée, mais le harceleur présumé. On était au contraire, selon toute apparence, en présence d'un séducteur impénitent à qui aucune femme n'avait jamais résisté, confronté à un refus d'autant plus intolérable, qu'il était celui d'une femme qu'il était censé avoir déjà séduite adolescente ; autant dire « pré-conquise », prête à lui tomber dans les bras au premier clin d'œil.

— Et qu'il savait disponible, puisque Xénia m'a dit qu'à l'embauche, il l'avait pas mal cuisinée sur sa vie personnelle. Ce dont, bien entendu, elle n'a pas manqué d'informer Levaillant.

— La blessure narcissique attendue, ne pouvait donc qu'être profonde. C'est peut-être de la psy bon marché, mais ça marche. Sans compter que vous êtes mère.

— Pour semer un doute dans l'esprit de Levaillant, il aurait sans doute fallu que je lui explique qu'il avait suffi d'une seule fois et que si lors de notre première station californienne, Philippe avait réservé une chambre avec un grand lit à l'Oxford Palace Hotel de Los Angeles près de l'aéroport, ce devait être la première et dernière fois. Dès le lendemain, on a déménagé dans un hôtel proche de Beverly Hills pour me faire tout de même un peu rêver ; mais pour une twin-bedded room. Si je lui avais fourni ce « détail », il aurait probablement compris que le jeune marié s'était organisé pour se débarrasser le plus vite possible de la corvée ; peut-être avec l'aide de quelque substance en général réservée aux séniors.

Elle s'interrompt un instant.

— En fait, qu'on en reste là m'arrangeait. J'étais toujours éprise de Guy sans me l'avouer clairement, parce que me l'avouer, c'était reconnaître que mon mariage était un peu sordide.

— Vous n'êtes pas la première, ni sans doute la dernière, à se jeter dans le mariage comme dans un puits.

— Dans mon cas, un puits d'opérette en carton-pâte dans lequel on ne risque pas de se noyer. Je n'ai jamais été suicidaire. Peut-être d'ailleurs, là encore, par manque de courage. Reste qu'on ne peut pas passer sa vie dans un décor. La vie réelle reprend très vite le dessus. En fait, dès notre retour sur Terre, nos valises à peine posées, j'ai compris que j'avais tout faux. Il était parfaitement clair avec la division du grand lit en deux lits jumeaux, que les épousailles étaient closes. Ce qui, comme je viens de le dire, ne me catastrophait pas. Il se pouvait qu'en perdant un pseudo mari mais en gagnant un vrai copain, je ne perde pas au change. Si, comme femme, je n'étais pas son « genre », comme copine, il semblait plutôt m'apprécier et rien n'interdisait qu'il en soit réciproquement ainsi. Dès lors, il allait reprendre bientôt, discrètement, sa vie antérieure, sans véritablement me tromper puisqu'il ne serait plus pour moi qu'un copain ; et bon an mal an, chacun de son côté et de temps en temps ensemble, on mènerait une vie qui pourrait être agréable.

— Oui mais !

— Je me trompais lourdement. J'ai vite réalisé que je n'aurais plus affaire à Philippe, mais à la gardienne de la tradition et des intérêts supérieurs actuels et futurs du clan, ma belle-mère. Ma belle-mère à laquelle il avait tacitement délégué, dès avant notre mariage, ses pouvoirs paternels. Car je n'ai pas tardé à le comprendre, l'enfant pas encore né, avait déjà sa place et une place de choix, dans l'arbre généalogique des Delcourt.

— Une sorte de dauphin.

— Il faut savoir qu'Henri-Marc après quatre filles a, si j'ose dire, jeté l'éponge, et que chez les Delcourt comme chez les Valois, il ne saurait être question de laisser la couronne « tomber en quenouille ».

— Salomé n'a pas de fils ?

— Ironie du sort pour une gynécologue, elle ne peut pas avoir d'enfants. Même avec les secours conjugués du Saint Esprit et de la technoscience dont elle est, à parts égales, une servante zélée. En tout cas, c'est ce qu'elle prétend avec une autorité théologique et praticienne qui interdit toute question. Guillaume a donc vocation à succéder à son oncle qui, de surcroît, il faut le reconnaître, lui voue une sincère affection. Il rêvait d'avoir un garçon, il l'a !

— Donc, vous n'avez plus guère votre mot à dire ?

— Pendant la grossesse, j'ai pu jouir encore d'une certaine liberté. On s'assurait que je ne commettais aucun excès susceptible de nuire à l'arrivée dans les meilleures conditions du divin enfant ; mais sous cette réserve, j'ai pu fréquenter à loisir les musées, les galeries, les expositions, les salles de concert et de cinéma. Et bien entendu, poursuivre dans les intervalles mes chimériques ambitions littéraires. C'est au retour de la clinique, que j'ai pleinement compris ce qui m'attendait.

— Vous alliez devoir vous battre sur tous les fronts ; y compris pour empêcher que la grand-mère ne s'érige en mère et ne vous relègue au rang de nurse ; certes d'extraction noble, mais néanmoins soumise aux directives de la patronne.

— Un combat de tous les jours qui m'épuise et que je risque au final de perdre si je ne prends pas, au plus vite, maintenant, des mesures drastiques. Je me suis un peu documentée. Je sais que je ne peux pas être certaine d'obtenir la garde de Guillaume, même si je gagne le divorce.

— Et inversement, vous pouvez perdre le divorce et néanmoins obtenir la garde de Guillaume. On peut être, par exemple, un conjoint infidèle et un excellent parent. Sauf bien sûr pour un fanatique de la fidélité pour qui la femme et la mère, c'est tout un. Le problème, c'est que « L'intérêt de l'enfant », vous vous en doutez, est bien loin de constituer un critère simple. Il peut être évidemment diversement compris, par les parents mais aussi par les juges dont l'aptitude attendue à mettre à distance leurs propres conceptions et expériences est, inévitablement, assez variable. Le juge qui enfile sa robe pour se rendre à l'audience, ne laisse jamais totalement l'homme ou la femme qu'il est, avec son histoire, au vestiaire. Et son appréciation des faits en dépendra toujours plus ou moins. Et puis, on n'est jamais assuré de l'imperméabilité du jugement à diverses influences extérieures au dossier. À moins donc, de disposer d'éléments absolument probants, ce qui n'est pas si fréquent, rien n'est vraiment jamais acquis en la matière.

— Vous n'êtes pas vraiment rassurant.

— Mais n'est-ce pas ce qui devrait, en fait, vous rassurer ?

— Vous avez le gout du paradoxe. Remarquez, maintenant que je vous connais un peu, cela ne m'étonne guère.

— C'est que, vous connaissant moi-même un peu maintenant, j'ai compris que vous n'êtes pas venue ici pour être rassurée à tout prix et que c'est un optimisme à tous crins de ma part qui, loin d'apaiser vos inquiétudes, au final, les conforterait. Ce que vous attendez de moi, c'est que je vous aide à y voir clair ; non que je vous raconte des histoires. Je me trompe ?

— Non ! Et pour l'instant, mes seules armes sont le dossier de Xénia et le certificat de Levaillant.

— Qui ne prouvent pas l'indignité du père en tant que père.

— Je n'ai aucun moyen de rapporter la preuve des absences constantes de Philippe et de son total désintérêt pour son fils qui frise pourtant l'abandon moral. Je ne reçois personne et ce ne sont pas les domestiques engagés et mis à ma disposition par ma belle-mère, qui me fourniront des attestations.

— Un abandon au profit d'un oncle, comme dans certaines ethnies africaines ; mais on n'est pas en Afrique. Reste qu'il est difficile de souhaiter un avenir plus brillant à un enfant, que celui que la tribu des Delcourt lui réserve. Ne faut-il pas être insensé pour prétendre le contraire ?

— Là, vous êtes sans pitié ! Mais c'est vrai qu'ils sont parfaits. Chez Henri-Marc, l'héritier présomptif est l'objet de toutes les attentions de ses cousines et de ma belle-sœur qui souhaitait un fils autant que son mari. Marie-Pierre est une mère exemplaire, maternelle, tendre et néanmoins très éducatrice ; hors concours !

— Et Guillaume ?

— Guillaume, il aime évidemment ses cousines, sa tata, son tonton et sa mamie. Hélène qui ne voulait à aucun prix qu'il l'appelle mémé et souhaitait qu'il l'appelle *grand-mère Hélène*, a transigé sur « mamie ». Ce qui, croyez-moi, en dit long quand on la connaît, sur les concessions qu'elle est prête à faire pour que l'on pense et que l'on répande partout que sous l'apparence hiératique de la grande dame inaccessible, bât le cœur attendri et plein de sollicitude d'une grand-mère comme les autres.

— Vous la craignez plus qu'Henri-Marc ?

— C'est la matriarche, je vous l'ai dit. C'est elle qui conduit la harde, avec l'éléphanteau au milieu pour le protéger de tous les prédateurs – une catégorie dont, pour elle, j'en suis certaine, je ne suis plus totalement exclue. Je la sais capable de tout. Avant que je délivre une attestation à Xénia, dès lors que je restais à ma place, c'est-à-dire celle qu'elle m'avait assignée, elle ne m'était pas franchement hostile. J'étais tout de même l'épouse légitime et mère de l'enfant unique de son fils chéri. Depuis, on est plutôt dans une guerre de positions. On s'observe au périscope de tranchée. Étant entendu qu'elle ne prendra pas l'initiative d'ouvrir les hostilités. Elle est vielle, mais elle n'est pas pressée pour autant. Elle pense que si ce n'est pas elle qui me verra capituler sans condition, ce seront ses successeurs.

Ce disant, elle lui donne l'impression de se tasser dans le fauteuil, comme si le fardeau de ses soucis pesait soudain plus lourd.

— C'est vrai que toute seule, je ne peux pas faire grand-chose.

— Je n'ai pas l'intention de vous laisser tomber. J'ai seulement besoin de réfléchir un peu. Je vais vous donner un autre rendez-vous.

— Mais quand, puisque vous êtes surchargé ?

— Je vais m'arranger.

Il sait qu'il est d'ores et déjà engagé. Qu'il n'est plus possible après un entretien aussi long, sans limite *a priori* d'aucune sorte et dans un climat de confiance réciproque, d'en rester là. Qu'un refus de sa part, équivaudrait à une trahison.

— Je vais chercher mon agenda.

Il se lève avec la raideur dans les reins des journées sédentaires. Sorti du bureau, il perçoit un froissement d'étoffe accompagné d'un grincement de fauteuil, comme au concert, entre deux mouvements. Il va jusqu'au secrétariat et en revient avec l'agenda et le dossier Manolios qu'Édith, prévoyante, avait placé dessous.

Marion Delcourt a recouvré une posture patricienne, le buste droit et la mèche blonde bien en place sur le front. Son visage trahit cependant une certaine lassitude. Il pose le dossier Manolios de côté et ouvre l'agenda.

— Demain soir, à la même heure ; si c'est possible pour vous ? Je ne peux pas mieux faire. Je plaide à Rennes, mais en principe, je serais rentré.

— Vous aurez eu le temps de réfléchir ?

— La route est longue et la conduite solitaire est très propice à la réflexion. Vous pouvez vous libérer sans trop de risque ?

—Mon mari fait acte de présence à la maison de façon assez variable et aléatoire, mais cette semaine il ne peut pas y avoir de surprise puisqu'il est en congrès à Marseille ; évidemment, avec Vincent Lambert. C'est la *dolce vita.* Je dirai à la bonne que je me rends chez le docteur Levaillant.

— Vous continuez à le voir, malgré le peu d'estime dans lequel vous le tenez désormais ?

— Comme couverture, en tout cas, il est parfait.

— Votre mari ou plutôt votre belle-mère n'a jamais eu l'idée de vérifier la réalité des rendez-vous ?

— Si, mais sans succès. La secrétaire de Levaillant a des instructions précises. Elle répond avec une parfaite constance qu'elle ne donne aucun renseignement à qui que ce soit au téléphone.

— Où peut-on vous joindre en cas d'empêchement de dernière heure ?

— Surtout pas chez moi. Si la bonne ou le jardinier sont à proximité d'un combiné, ils n'hésitent pas à décrocher. Vous savez qui est leur patronne. C'est moi qui appellerai votre aimable secrétaire d'une cabine publique.

Il referme l'agenda et le remplace devant lui par le dossier Manolios. Elle allonge un peu le cou pour lire à l'envers le nom qui y est inscrit en grosses lettres au feutre noir sur la couverture.

— Ma secrétaire avait judicieusement posé le dossier de Mademoiselle Manolios à côté de l'agenda. Comme vous voyez je l'ai pris, en pensant qu'avant de nous quitter, nous pourrions commencer à éclaircir quelques points. Si, bien entendu, vous pouvez tenir le coup encore un moment ?

Il regarde sa montre.

— Il est tout de même neuf heures passées.

— Je ne suis pas plus fatiguée que vous. Et puis, je trouve plutôt rassurant qu'on approfondisse le dossier. A moins que vous ne soyez un peu pervers, cela semble confirmer que vous allez effectivement vous occuper de moi.

Il lui sourit.

— L'avocat apprécie votre sens de l'à-propos. Mais n'allez-vous pas avoir un peu de mal à faire croire que vous revenez de chez votre psy ?

— Peut-être que ma belle-mère pensera que j'ai un amant. Ce qui en fait, ne pourrait que la rassurer. Elle verrait en effet, j'en suis persuadée, d'un très bon œil que j'entretienne une discrète liaison. Elle ne l'avouerait évidemment jamais, mais elle considérerait que c'est un moindre mal, sinon un véritable don du ciel, puisque cela signifierait, au fond, que je suis rentrée dans le rang.

— Ce qui témoignerait tout de même aussi, d'une certaine ouverture d'esprit de sa part, puisque dans les familles bourgeoises, l'adultère est avant tout le privilège des maris. Il ne faut d'ailleurs pas oublier que jusqu'à la loi de 1975 qui l'a totalement dépénalisé, la femme qui se rendait coupable de ce « crime », était punie d'une peine d'emprisonnement alors que son mari n'encourait qu'une peine d'amende ; et encore, seulement s'il avait été commis au domicile conjugal.

— De là à faire de ma belle-mère, sinon une sorte de féministe, au moins une « femme libérée », il y a un pas que je ne franchirai pas. Remarquez, si j'en juge par certaines confidences de mon oncle Julien à table en fin de repas le soir de mes noces, il semble bien qu'elle n'ait pas attendu la disparition du grand Charles, son mari en l'occurrence, pour se faire consoler par Salvin-Lagrezette des conséquences navrantes de certaines défaillances. C'est une femme dont on peut dire, côté face, qu'elle a beaucoup de principes, et côté pile, qu'elle a beaucoup de tempérament. C'est un autre aspect de sa personnalité, plutôt sympathique, qui, là encore, m'empêche de la détester absolument.

— Je dois dire que ce que vous m'apprenez me fera également considérer autrement mon distingué confrère le bâtonnier Salvin-Lagrezette. Je le croyais en effet totalement incapable de voler ainsi, au secours d'une dame en détresse. Je vais décidément de surprise en surprise. Et ce n'est sans doute pas fini.

Il ouvre le dossier et en extrait la cote des pièces.

— Pour que mademoiselle Manolios puisse imaginer et réaliser le scénario qui va conduire au jugement de condamnation de votre mari sur la foi des pièces qui sont ici, il a fallu qu'elle prépare minutieusement son coup et soit bien informée.

— Elle a su y faire, comme on dit. Auprès de la remplaçante de l'assistante de Vincent Lambert en congé de maternité, Madame Dufresne, qui lui a délivré une attestation après son départ. Et surtout de madame Larieux, l'assistante de Philippe, qui est à la fois la plus ancienne employée du cabinet et l'épouse du gérant de biens qui, après son père, s'occupe de tout le parc immobilier de la famille. Autant dire que le couple en sait long sur son histoire. Xénia a pu en particulier apprendre en invitant madame Larieux à déjeuner en tête à tête en ville un midi, ce qui est toujours propice aux confidences, non seulement l'existence des rumeurs qui ont couru sur Philippe jusqu'à notre mariage, mais également l'existence de l'appartement parisien qui abrite ses amours clandestines. Un appartement officiellement loué aujourd'hui par Vincent Lambert à une anonyme « Société immobilière du Marais » qui, vous vous en doutez, appartient aux Delcourt. Autant dire que pour les Larieux, il ne fait guère de doute que les « vraiment mariés », sont les deux associés.

Au dessert, madame Larieux a d'ailleurs lâché qu'elle n'était pas dupe de leur manège, c'est le mot qu'elle a employé ; que s'ils s'efforçaient d'être aussi discrets que possible au cabinet, certains regards, certaines attitudes, certains petits gestes ne pouvaient échapper à un témoin aussi ancien, constant, proche et bien informé, qu'elle. Une incrédulité renforcée, toujours selon ses dires, par certaines réflexions misogynes de son patron, jugées un peu trop fréquentes et appuyées pour être anodines. Mis à part sa mère, et peut-être la compagne de jeu que j'ai été pour lui le temps de notre voyage de noces, je crains que son opinion générale et habituelle sur les femmes, ne soit effectivement guère favorable. Madame Larieux a fait rire Xénia qui ignorait l'expression, en concluant qu'on ne lui fera pas croire qu'il « est à voile et à vapeur ». Une conviction certes autrement exprimée, mais néanmoins partagée, par le docteur Janin. Ceci dit, je ne crois pas que la misogynie de Philippe ait grand-chose à voir avec son homosexualité.

— Non, en effet, à en juger par l'abondance des machistes, misogynes et autres phallocrates chez les hétérosexuels sans faille. D'ailleurs, j'ai cru comprendre que Vincent Lambert était apprécié de Xénia Manolios, et sans doute aussi de la dame Larieux.

— Elles disent que ce qui frappe le plus chez lui, c'est sa douceur. Une qualité malheureusement peu valorisée chez les hommes.

— Et dont on gratifie à mon avis trop facilement et pour de mauvaises raisons, les femmes. En tout cas, je peux vous dire que la justice n'a pas gagné en douceur avec la féminisation massive de la magistrature. La « peau de vache », en fait, n'a pas de sexe.

— Je crois que c'est en effet avant tout une affaire de personnalité et que toutes les combinaisons sont possibles. Guy, par exemple, était, et est toujours je l'espère, un homme doux ; doux et néanmoins viril. Ce serait trop simple ! Tenez, au travers de ce que m'a raconté Xénia, je suis persuadée que Vincent Lambert, sans avoir d'attirance sexuelle pour elle, n'en était pas moins sensible à son charme. Ce qui évidemment, quand on la connaît, n'a rien d'étonnant. Qui pourrait être insensible au charme de Xénia Manolios ?

Il remarque qu'elle a eu la délicatesse de détourner son regard du sien en le disant.

— Un charme dont elle a certainement usé et abusé pour lui tirer les vers du nez. Elle m'a expliqué qu'à l'occasion d'un pot pris en ville, selon elle à l'initiative de Vincent Lambert, en tout cas en tête à tête, il avait éprouvé le besoin de se confier. Contre la promesse de ne jamais évoquer de près ou de loin leur conversation auprès de qui que ce soit, et bien entendu, en tout premier lieu, auprès de Philippe.

— Qui je suppose, ce jour-là, était absent.

— Elle a profité d'une absence prolongée de Philippe, tenu d'accompagner son frère en Californie où le groupe a des intérêts, je vous l'ai dit. Henri-Marc l'a toujours associé au développement de ses affaires, au motif que s'il disparaissait, c'est lui qui aurait vocation à assurer la régence aux côtés de leur mère ; le temps que le dauphin atteigne l'âge de régner. Le voyage avait duré une quinzaine de jours et il est probable que pendant ce temps, Vincent Lambert qui semble être quelqu'un de très anxieux, avait pas mal cogité. C'était le bon le moment.

— Qu'a-t-elle appris ?

— D'abord, les ravages provoqués chez cet homme amoureux autant qu'on peut l'être de quelqu'un, qui, ayant toujours douté de la fidélité de son partenaire, apprend que non seulement il s'est marié, mais qu'il a fait un enfant. Ensuite, les circonstances de l'arrivée de Vincent Lambert au cabinet. Pour le convaincre de quitter son ONG, Philippe avait profité de son rapatriement sanitaire. Je vous ai dit qu'il avait contracté une maladie grave en Afrique. Il était alors assez mal en point selon ce qu'il a expliqué à Xénia. La situation était donc très propice à une reconquête. En gage de sa bonne foi, Philippe lui a offert, non seulement de venir travailler avec lui à l'intérieur de la place forte du clan, mais encore, de l'associer gratuitement en lui donnant, en sous-main, en guise de cadeau de « mariage », l'argent nécessaire à l'achat des parts. C'est le mari de madame Larieux qui a été chargé de la vente, à cette fin, d'un modeste petit pied à terre de 80 m2 situé dans l'Ile Saint Louis, attribué à Philippe lors du partage consécutif à la mort du père. De la part d'un Delcourt, donner sans contrepartie matérielle, c'était déjà remarquable, mais pour Philippe, braver son frère ainé et surtout sa mère d'une manière aussi frontale, c'était une indéniable preuve d'amour. Il a tenu bon. La famille a seulement obtenu que Vincent Lambert ne vienne jamais habiter notre bonne ville ; et qu'ils ne s'y affichent jamais ensemble. Ce qui au fond, ne leur a peut-être pas déplu.

— La clandestinité a, paraît-il, des vertus aphrodisiaques.

Le sourire de son interlocutrice lui fait penser qu'elle se demande si le « paraît-il » n'est pas, en fait, de trop.

— Votre mari ne s'est jamais douté de ce que son associé et sa collaboratrice entretenaient, en tout bien tout honneur mais tout de même, une certaine complicité ?

— Complicité, le mot est trop fort, mais il est vrai que Xénia ne m'a pas caché qu'elle appréciait beaucoup, en dehors des informations qu'elle pouvait en tirer, la présence de Vincent. On a parlé de douceur mais on peut aussi parler à son propos de délicatesse ; une délicatesse qui contrastait fort avec les manières de conquérant de mon mari. Mais nul doute qu'elle n'en a rien laissé paraître. On connaît maintenant l'étendue de son talent de comédienne.

— Mais tout de même, votre mari sait bien, lui aussi, à l'occasion, y faire.

— Vous faîtes là, je suppose, allusion à mon voyage de noces. C'est vrai, lui aussi ne manque pas d'un certain talent de comédien. Après tout, peut-être que Xénia et Philippe n'ont pas que leur belle plastique avantageuse en commun. Lui, sait en effet aussi, y faire ; surtout, avec son amant. Par exemple, pour se faire pardonner ses absences pour suivre son frère aîné dans l'intérêt supérieur du groupe, il s'arrange toujours pour qu'elles soient suivies de belles vacances ; toujours plus ou moins déguisées. Un bon exemple en est donné en ce moment, avec leur inscription au congrès de stomatologie de Marseille prévu pour durer une semaine ; très certainement suivi de quelques jours de prolongation sous un prétexte ou sous un autre. Sans pour autant que cela ne puisse jamais, comme le pense Xénia et je crois bien qu'elle a raison, effacer les précédents fâcheux.

— Dont vous et Guillaume êtes pour le malheureux Vincent Lambert, les rappels vivants ; d'une trahison dont rien ne permet de penser qu'elle sera la dernière comme d'ailleurs semble le penser aussi, si j'ai bien compris, le docteur Janin.

— Je crois que ce qui l'a le plus marqué, c'est non seulement d'apprendre que j'étais enceinte, mais de l'apprendre très peu de temps avant mon accouchement. Philippe a fait comme si de rien n'était pendant près de neuf mois. Alors qu'il le savait fragile. Et croyez-moi, ce n'était pas pour le ménager. Il savait pertinemment que ce silence ne pouvait qu'aggraver la situation. Janin n'avait sans doute pas tort de le trouver un peu pervers.

— Je note après la douceur et la délicatesse, la fragilité. C'est cohérent, mais aussi inquiétant.

— La preuve, à la suite de la révélation de la naissance de Guillaume, Vincent a été placé en arrêt de maladie pendant plusieurs semaines. Très probablement pour une dépression. Ce qui semble tout de même avoir beaucoup inquiété Philippe qui, paraît-il, lui téléphonait sans cesse pour prendre de ses nouvelles.

— Il craignait comme l'on dit, qu'il fasse une bêtise.

— C'est ce que m'a dit Xénia. Et qu'au retour de Vincent, le climat était très tendu.

— Il devenait de plus en plus difficile de recoller les morceaux. On peut donc supputer que si Vincent Lambert avait eu connaissance du harcèlement de Xénia Manolios, c'aurait été pour lui un véritable coup de grâce. Alors que pour une fois, son amant était innocent.

— Mais heureusement, ça n'a pas été le cas.

— Alors que le cabinet dentaire ne doit pas être beaucoup plus grand que le mien. J'imagine mal mon associé harceler notre collaboratrice pendant des mois, sans qu'un jour ou l'autre, je surprenne un geste, une attitude, une parole équivoque.

— Mais vous venez de le rappeler, Philippe est innocent ; le harcèlement n'a jamais existé.

— Certes, mais les pièces fournies par mademoiselle Manolios à son avocat, prouvent suffisamment qu'elle l'a mis en scène, ce harcèlement qui n'a jamais existé. Il fallait bien, tout de même, qu'elle le rende visible pour obtenir des témoignages. Il y a votre attestation, mais il y a aussi comme vous l'avez rappelé, celle de madame Dufresne qui affirme, comme vous, avoir été témoin d'une agression.

— Elle se cabre.

— « Qui affirme » ! J'espère que vous ne doutez pas de ma bonne foi ?

— On n'en est plus là. J'ai compris que Xénia Manolios a fait en sorte que les témoins puissent affirmer, en toute bonne foi effectivement, avoir vu ceci ou cela, plutôt que de chercher à les suborner. Un choix stratégique assez diabolique, mais aussi assez prudent. Sachant qu'en ce qui vous concerne, j'en suis persuadé, elle n'a jamais eu l'intention de le tenter. Parce qu'elle savait que ça ne marcherait pas, qu'elle serait démasquée et qu'elle perdrait définitivement votre estime. En ce qui concerne madame Dufresne, elle savait qu'en cas d'échec elle serait également démasquée, et en cas de réussite, qu'elle ne serait pas à l'abri d'un revirement tout aussi désastreux en cours de procédure. Vous savez, n'est pas authentiquement faux témoin qui veut. Il faut avoir ce beau détachement moral, cette totale liberté d'action, cette absence remarquable d'inhibition, dont font preuve, souvent, ceux qui aspirent à de hautes fonctions politiques. Mais qu'ont en fait en partage, à tous les niveaux, tous ceux qui considèrent que la fin qu'ils poursuivent, quelle qu'elle soit, justifie les moyens ; tous les moyens.

— Je suis comme vous, certaine qu'elle n'a jamais eu l'intention de me faire sa complice ; mais il y avait le risque que j'apprenne qu'elle m'avait bernée et qu'elle perde, tout de même, mon estime.

— Vous l'avez appris et pourtant, elle est restée vôtre amie. Elle n'a donc pas eu complétement tort, de penser que vous estimeriez moins grave ce qu'elle a fait.

— Ce n'est pas faux. Et vous, dans ce jeu à, au moins, trois bandes ?

— Vous pratiquez le billard français ?

— Il n'y avait pas de piano chez mes parents, mais il y avait un billard. Mon père y jouait régulièrement avec ses collègues de la sous-préfecture.

— Dans ce jeu, on m'a fourni les billes, mais j'ai conduit l'attaque.

— De bonne foi, vous aussi. Et le fait que vous ayez une réputation d'intégrité, a pesé dans son choix. Elle avait surpris à cet égard une conversation entre les deux associés. Mon mari apprenait à Vincent Lambert qu'il vous avait contacté pour vous confier la défense du cabinet pour les suites prud'homales du licenciement de leur ancien collaborateur, le docteur Louvet. Alors qu'il était notoire pour lui aussi, que vous étiez depuis des années *persona non grata* sur l'ensemble du vaste territoire contrôlé par les Delcourt. Philippe avait justifié sa démarche par le souci de ne pas avoir à « cracher au bassinet » une nouvelle fois. Je sais que vous n'aviez pas eu encore l'occasion de faire des misères au cabinet, mais comme vous le savez, les Delcourt forment une sorte de corps familial et financier, indivisible.

— J'avais refusé catégoriquement, bien qu'il m'ait laissé lourdement entendre que je n'aurais pas à le regretter. En fait, la manœuvre était un peu grossière. Il s'agissait de me neutraliser. En occupant pour un Delcourt, je me privais de la possibilité de plaider contre les autres, leurs entreprises et celles avec lesquelles ils sont en relations d'affaires ; outre bien entendu, le ban et l'arrière ban de leurs amis. C'était à prendre ou à laisser en bloc et ça fait beaucoup.

— Mais ça pouvait vous rapporter gros.

— Mais aussi perdre gros. Au plan moral, il aurait fallu que je renie, entre autres, ma fidèle clientèle syndicale ; que je puisse, sans remords, plaider un jour ou l'autre contre des gens avec lesquels j'ai noué, au fil des années, des liens de confiance et parfois même d'amitié ; soutenir les thèses qu'auparavant je combattais avec une conviction qui, rétrospectivement, ne pourrait qu'être dévaluée en simple effet de manche. Ce qui, sans aucun doute, aurait fait jouir tout particulièrement votre beau-frère et sa mère, convaincus en m'achetant, de m'avoir percé à jour comme histrion et tartufe ; et de me compter désormais, parmi leurs prestataires de services aux ordres, pour ne pas dire parmi leurs larbins. Sans qu'il soit certain qu'au plan financier le retournement de veste, pour appeler un chat un chat, aurait été si fructueux que ça. Je sais que, convaincu d'être devenu mon plus important client, le clan

Delcourt n'aurait pas tardé à rogner mes notes d'honoraires. Alors qu'en tant qu'adversaire, il m'assure un volant régulier de clients qui acceptent volontiers de signer des conventions d'horaires qui, en cas de victoire, m'attribuent des honoraires de résultat assez substantiels. Sachant que, pour l'instant, les statistiques me sont plutôt favorables. Sans compter que j'ai une certaine affection pour ce vieux Robert Salvin-Lagrezette avec qui je croise le fer depuis si longtemps. J'aurais eu mauvaise conscience à me faire le complice d'une famille dont l'ingratitude aurait été pour lui, à n'en pas douter, dévastatrice ; aussi bien sur le plan affectif que du chiffre d'affaires. Je vous l'ai dit, il est aussi important d'avoir de très bons adversaires que de très bons clients.

— Quand Vincent Lambert a appris la regrettable initiative de Philippe, il a cru bon de commenter d'un « *« tu vois, tout le monde n'est pas à vendre »,* qui l'a agacé au plus haut point.

— Et c'est cela qui m'a valu de compter Xénia Manolios dans ma clientèle.

— Pas seulement, mais elle a bien compris le parti quel pouvait en tirer.

— Faire plaider son dossier truqué par quelqu'un qui jouit d'un certain crédit auprès des juges est évidemment un atout. Ils écouteront d'une oreille distraite à l'audience l'avocat connu pour raconter des histoires à dormir debout, préférant attendre pour forger leur conviction, d'ouvrir en délibéré le dossier pour voir ce qu'il contient ; et surtout, ce qu'il ne contient pas. À l'inverse, ils écouteront attentivement l'avocat connu pour ne pas soutenir ordinairement des contrevérités flagrantes et c'est avec l'envie de lui donner satisfaction, qu'ils aborderont le dossier ; au besoin, en cas d'insuffisance des preuves, en lui ouvrant une nouvelle ligne de crédit. Elle est vraiment redoutable.

Il sourit.

— Vous ne lui en voulez-pas ?

— C'est surtout à moi que j'en veux. Ce qui m'amuse, c'est d'imaginer la tête que ferait mon confrère Salvin-Lagrezette, qui, je le sais, me voue aux gémonies, s'il apprenait qu'il me doit d'avoir conservé la clientèle des Delcourt.

— Je vois que la confraternité chez les avocats, n'est pas toujours… disons… chaleureuse.

— Au point même, parfois, d'être définie comme une « haine vigilante ». Et je crains que depuis l'affaire Manolios, on ne se soit rapproché de cette extrémité ; car il doit être persuadé que j'ai été, plus que son conseil, son complice.

— Ce qui n'est pas le cas, mais par contre, s'il faut parler de complicité, on pourrait parler de celle, bien réelle celle-là et d'une toute autre dimension, du fondateur du groupe. Le « grand Charles » qui, à l'inverse de l'autre, a choisi la collaboration. Ce qui lui a permis de faire prospérer, sans discontinuer, l'usine familiale centenaire dont il avait hérité. Avec l'aide, à l'époque, d'un avocat zélé, qui a aidé ensuite très activement son généreux client à passer au travers du filet de l'épuration ; ça crée des liens. Je parle de Marcel Salvin-Lagrezette, le père de Robert ; mais le fils n'a pas démérité. Il s'agit toujours de passer au travers des filets ; d'autres filets.

— Éconduire le cabinet historique, c'aurait été commettre une ingratitude, elle-même historique.

— En fait, je pense qu'il y aurait eu un tir de barrage de la veuve, qui veille à ce que le continuateur du cabinet historique, qui lui est particulièrement cher, soit invité chaque année au repas commémoratif de la disparition du grand homme ; prématurée, bien qu'il ait atteint un âge plus que canonique. Il faut le voir dans son portrait en pied, plastronner dans la pose du commandeur dans la grande salle de réception, le saint des saints du temple. Et il faut entendre les « mon cher Robert » par ci, « mon cher Robert par-là », de ma belle-mère. Étant entendu que sans les intimes services rendus à la veuve et le véto dont elle dispose du fait de son autorité personnelle et de son portefeuille d'actions, il est à peu près certain qu'Henri-Marc l'aurait remercié depuis longtemps, l'avocat historique. Je l'ai en effet entendu parler de lui en des termes peu amènes, et même l'affubler de quelques sobriquets passablement ridicules.

— Par délicatesse et confraternité, je ne vous demanderai pas de précisions.

— Surtout que vous n'y êtes pas pour rien.

— Remarquez, lui non plus. Salvin-Lagrezette est avant tout un avocat d'affaires. Un homme de bureau, de boudoir, de couloir et de buffet. Ce n'est pas un plaideur. Il manque d'aisance dans les prétoires et d'un sens de la répartie qui, parfois, peut faire la différence. Ce qui, dans les affaires où l'audience est publique et l'oralité a encore de l'importance, est un handicap.

— J'avais remarqué à table les fameux jours de réception, qu'il avait, comme on dit, l'esprit d'escalier.

— C'est ça, l'inspiration qui ne vient pas à la tribune, mais alors qu'on en redescend. Après chaque audience, il m'accable de notes en délibéré adressées au président de la juridiction devant laquelle on a plaidé, pour tenter de rattraper le coup qu'il n'avait pas vu venir.

— Ma belle-mère met toujours en avant pour le sauver, le fait qu'il a été bâtonnier. Je ne sais pas précisément comment on accède à cette haute fonction, mais l'argument ne m'a jamais semblé convaincant.

— Vous ne croyez pas en une correspondance nécessaire entre le titre ou la médaille, et le talent ?

— Non. J'ai fréquenté un milieu où l'on ne tarde pas à perdre ses dernières illusions sur les prétendues élites ; qu'elles soient professionnelles, économiques ou politiques ; le cumul n'étant, bien entendu, pas exclu. Pour s'en tenir à l'avocat de la famille, qui été fait récemment, et en grandes pompes, Chevalier de la Légion d'honneur, j'avais pu entendre de la bouche même de mon patron lors de mon passage à la banque du groupe, qui a été pour moi une sorte de classe préparatoire, que ses montages financiers étaient sans doute habiles, mais parfois d'une orthodoxie légale discutable.

— Ce que vous me dites, me fait penser à une pièce autrefois célèbre. En particulier une réplique qui, paraît-il, provoquait immanquablement l'hilarité du public : *« Voyons... si ton père était une canaille... est-ce qu'il serait l'ami d'un ministre ? »* Ou quelque chose d'approchant.

— *Les affaires sont les affaires* d'Octave Mirbeau.

— Bravo ! Et dire que si j'avais cédé, si j'ose dire, aux avances de votre mari en acceptant le dossier Louvet, j'aurais peut-être, moi aussi, pu prétendre un jour à la glorieuse distinction ?

— Vous n'avez pas accepté le dossier du côté employeur, mais l'avez-vous récolté du côté salarié, en tant que spécialiste en Delcourt ?

— L'intéressé est venu me voir, mais pour me dire qu'il ne souhaitait pas évoquer le fond du dossier ; c'est-à-dire les raisons véritables de l'altercation violente avec votre mari dont il aurait été l'initiateur, invoquée pour justifier son licenciement pour faute grave. On lui avait fait savoir que le silence sur ce point, était la condition *sine qua non* de la signature d'un accord amiable présenté comme très favorable et sûr ; alors qu'un procès serait au contraire très aléatoire, très long et tellement coûteux qu'à supposer qu'il obtienne quelque chose, ce quelque chose serait absorbé par les frais de procédure et d'avocat. Bref, le discours patronal classique dans ce genre de situation. Louvet voulait seulement s'assurer qu'il n'y avait pas de piège et qu'il n'était pas « trop lésé » – la formule, qui traduit une certaine résignation, est de lui. L'acte avait été à l'évidence, pour l'essentiel, pompé dans un recueil pratique et adapté au cas avec plus ou moins de bonheur. En fait, c'est plutôt le rédacteur de l'acte qu'on devine, qui aurait eu à s'inquiéter si Louvet avait eu l'intention d'en contester la validité. Mais il n'y avait pas de chausse-trappe et la somme était correcte. L'acte a été signé et honoré dans la foulée. Louvet m'en a avisé en me précisant, spontanément, qu'il n'aurait en aucun cas voulu nuire, même indirectement, à l'associé de votre mari à qui il maintenait son estime.

— Étonnant, quand on sait que c'est la jalousie de Vincent Lambert qui est à l'origine de son éviction.

— Je crois que Monsieur Louvet est un type bien. Il s'est sans doute assez violemment emporté contre votre mari, mais parce qu'il avait bien compris quel jeu pervers il jouait, et dans quelle situation impossible il le mettait. Et s'il n'a pas voulu plaider, c'est certainement aussi parce qu'il était persuadé que cela conduirait à un déballage dont il ne sortirait pas indemne. Un déballage en audience publique, sans pouvoir demander le huis clos. Ce n'est pas facile, même pour un hétérosexuel notoire, d'expliquer à un juge, une épouse ou des amis, qu'on n'est vraiment pour rien dans une telle histoire. Surtout quand l'apparence, comme c'est souvent le cas, peut être trompeuse. Monsieur Louvet est un homme élégant, raffiné, à la limite d'une certaine préciosité ; ce qui, dans l'esprit de certains plutôt rustiques, suffit à semer le doute.

— Je suis sûre que l'apparence de monsieur Louvet n'a pas été pour rien dans son embauche par Philippe. Qu'il a tout de suite vu à quel petit marivaudage excitant à trois, elle pourrait servir. Un jeu pour lui mais, ni pour Vincent Lambert, ni pour monsieur Louvet dont on imagine la colère quand il a vraiment compris ce qui se passait.

— C'est toujours navrant de réaliser qu'on a été le jouet de quelqu'un. Comme cela a été le cas pour moi avec une cliente sans scrupules qui a obtenu, avec mon concours actif, une transaction, plus que favorable ;

sur la base d'un dossier totalement mensonger, fondé sur la commission d'un délit impossible.

— Mais la partie adverse est, elle-même, sans scrupules.

— Mais pas moi. Et le seul fait que les Delcourt et leur conseil aient pu, non sans raison puisque rien ne pouvait leur faire penser le contraire, que j'étais comme eux, m'insupporte. Pour Salvin-Lagrezette qui n'a de cesse de me reprocher de sortir de mon strict rôle d'avocat en portant des jugements moraux sur les pratiques de la sainte famille, je ne suis qu'un fieffé hypocrite.

— Mais s'ils n'ont pas dénoncé la supercherie et s'ils ont signé la fameuse transaction, c'est bien parce qu'ils ne voulaient en aucun cas, qu'une certaine vérité éclate au grand jour.

— Reste que j'ai rendu possible une véritable escroquerie au jugement par un manque de discernement impardonnable.

— Qui pourrait vous être reproché ?

— Au plan déontologique ou plus généralement juridique, je ne crois pas. Ou alors, il faudrait que mademoiselle Manolios soutienne que j'ai tout manigancé ou à tout le moins, que je savais ce qu'elle faisait.

— Ce que, j'en suis certaine, elle ne ferait pas.

— Vraiment ?

— Vraiment ! J'en suis absolument certaine. Ceci dit, vos problèmes de conscience en étonneraient plus d'un.

— Il est vrai que le rapport à la vérité de l'avocat est complexe. Dès lors qu'il ne se rend pas auteur ou complice d'actes délictueux, la question de la vérité peut légitimement lui être indifférente. Il peut très bien mettre au-dessus de toute autre considération une certaine efficacité. Pour satisfaire le client, tout est bon, pourvu qu'on ne franchisse pas la ligne jaune ou rouge du droit. C'est ce que pensent beaucoup de mes confrères ; et pas des moindres. Ça se défend.

— Mais ce n'est pas votre façon de voir.

— Non, mais pour autant, le dénouement de l'affaire Manolios, malgré ce que je sais maintenant grâce à vous, ne me fait pas hurler à l'injustice.

— C'est vrai que Xénia avait quelques bonnes raisons d'en vouloir à Philippe. Et quand on la connaît, il est facile d'imaginer quelle a été sa rage quand elle a compris qu'elle avait été dupée, instrumentalisée.

Qu'il avait dû bien rire intérieurement, en lui faisant croire qu'il avait gardé d'elle un souvenir impérissable ; en racontant à Vincent Lambert que sa venue avait inquiété sur ses intentions, qu'il l'avait connue jeune fille pauvre et méritante et qu'il voulait maintenant, simplement, l'aider dans son ascension sociale. En lui laissant à ce propos, miroiter un avenir radieux au sein du prestigieux cabinet, etc.

— Tout cela opportunément, à un moment où les rumeurs qui avaient couru avant votre mariage à son sujet, retrouvaient une certaine actualité.

— La légende du couple idéal vendu par ma belle-mère ne tenait, en effet, plus vraiment. Il était de plus en plus difficile de donner le change, puisque nous n'avions plus de vie commune, même entendue au sens le plus littéral ; et donc plus de vie mondaine. Seulement quelques rendez-vous familiaux incontournables, soit essentiellement, hormis la commémoration déjà évoquée et Noël, les anniversaires des propriétaires directs ou par alliance, du nom ; avec un faste particulier pour celui de l'autre messie.

De Guillaume.

— Oui, Guillaume dont vous le savez maintenant, l'apparition a pu apparaître à la famille un peu miraculeuse. En plus, il a eu la bonne idée de naître un 20 décembre, ce qui pour sa grand-mère a équivalu à une sorte de redoublement de la nativité.

Elle s'interrompt un instant, baisse les yeux, fronce les sourcils, et, semblant réfléchir tout haut.

— On attend beaucoup trop de cet enfant.

Une réflexion qui le confirme dans l'idée que le principal enjeu du divorce sera très certainement l'avenir dudit enfant, ou, autrement dit, du contrôle de son éducation ; et que la bataille du leadership, risque fort d'être sans merci. Mais il estime prématuré d'aborder le sujet. Elle demeure, quelques instants, pensive, puis relève la tête et le regarde, semblant avoir perdu le fil de la conversation. Il en profite pour virer de bord.

— Je me demande si Xénia Manolios a pensé à d'éventuels effets collatéraux de ses mensonges ?

— Vous pensez à Vincent Lambert. Elle est trop intelligente pour ne pas avoir envisagé et craint sa réaction, s'il apprenait que son amant a agressé sexuellement leur pulpeuse consœur. Mais la colère l'a emporté. Maintenant, ça l'inquiète, et je crois même qu'elle est au bord du remords.

— Une colère dont les ressorts sont sans doute une certaine humiliation, mais aussi beaucoup d'orgueil. On est tout autant dans le registre de la réparation que dans celui de la vengeance.

— On dirait que le pendule repart de l'autre côté, que vous passez de la compréhension à l'accusation.

— Non, mais on ne peut tout de même pas nier que s'il y a aujourd'hui remords, la gentillesse, la délicatesse et la fragilité de Vincent Lambert que tout le monde lui reconnaît volontiers, n'ont pas pesé très lourd dans la balance. Elle aussi est une manipulatrice, avec ce que cela implique de cynisme. Et qui poursuivait un objectif matériel bien précis : se faire financer son installation à un niveau financier à peu près équivalent à ce qu'elle aurait déboursé pour acquérir les parts plus ou moins promises, du cabinet Delcourt-Lambert : Delcourt *et* Lambert, car le prix est à payer par la société qu'ils forment ensemble.

— Là, vous êtes très dur.

— Je ne l'ai jamais vue en proie à un quelconque doute. Elle est toujours très sûre d'elle.

— C'est quand même étonnant que mon mari n'ait pas essayé, pour la déstabiliser un peu, de lui faire peur en la menaçant de dénoncer la supercherie ?

— Aujourd'hui, tout est clair. Il savait et toute la famille avec lui, que c'était voué à l'échec, qu'elle était allée trop loin pour reculer ; et qu'il risquait de mettre la main dans un engrenage de révélations qui, une fois enclenché, ne pourrait plus être arrêté. C'est ce qui explique que peu de temps après avoir reçu la convocation du greffe pour la tentative de conciliation, son conseil m'a adressé une lettre confidentielle pour m'informer de ce que son client, sans reconnaître les faits, était prêt à transiger sur la base de la moitié des dommages et intérêts réclamés.

— En vous envoyant une lettre, il prenait tout de même un risque, non ?

— Non, une lettre entre avocats qui mentionne qu'elle a un caractère confidentiel, ne peut pas être produite en justice. Une telle lettre signifie le plus souvent que son rédacteur sait que son client est coupable, et qu'il lui a conseillé de payer ce qu'il faut pour lui éviter d'aller jusqu'au jugement avec tous les risques que cela comporte ; y compris en termes de publicité. J'ai pensé qu'on était dans ce cas général. Alors qu'on était dans un cas très particulier. Celui d'un homme qui n'est pas coupable mais qui ne veut en aucun cas qu'on sache qu'il était impossible qu'il le soit. Ce n'est pas banal ! La soi-disant victime qui le savait, a catégoriquement refusé la proposition. Après une tentative infructueuse de conciliation où chacun s'était contenté de dire deux mots sur le fond, puisqu'il n'y avait *a priori* pas d'accord possible, j'ai reçu une seconde lettre confidentielle, proposant un règlement sur la base des deux tiers de ma demande de dommages et intérêts. J'étais surpris, mais pas ma cliente, à laquelle cependant j'ai vivement conseillé d'accepter, puisque la somme officiellement réclamée était très au-dessus de ce qu'il était raisonnable d'espérer. Elle m'a rétorqué, l'air indigné, que l'argent n'est pas tout et m'a asséné dans la foulée, le discours psychologisant en vogue.

Elle le regarde l'air interrogatif.

— Du style : « la reconnaissance par la justice de mon statut de victime va me permettre de tourner la page et de me reconstruire ». Ce qui n'est sans doute pas faux en général, mais ce qui, en l'occurrence, sauf à ce que les apparences soient plus trompeuses que jamais, collait mal avec mon amazone de cliente, toujours prête à décocher ses flèches. Elle récitait. Ce qui aurait dû éveiller ma méfiance. Au lieu de ça, j'ai accepté de plaider, et d'autant plus facilement en fait, que j'allais pouvoir m'en donner à cœur joie avec un dossier qui autorisait une certaine polyphonie thématique : la jeune femme isolée, presque immigrée, à laquelle on a promis monts et merveille pour l'attirer dans le piège, livrée aux appétits sordides de son méchant patron, grand bourgeois catholique qui prêche la vertu à l'extérieur et pratique la débauche à l'intérieur ; le cynisme, le sentiment de toute-puissance, d'impunité, que procurent la fortune et une position sociale dominante ; l'indifférence du monstre pour les dommages collatéraux causés à l'épouse dont l'attestation si rare et poignante qui figure au dossier, témoigne déjà ; mais encore ceux que subira l'enfant, lorsqu'il apprendra, peut-être dans la cour de récréation, les agissements infâmes de son père.

— Vous n'exagérez pas un peu ?

— Sans être aussi caricatural, je n'ai pas au fond, plaidé autre chose. Mais en fait, je n'ai pas été très bon. Peut-être parce que le dossier était trop bon, justement, trop facile, et que ça me mettait mal à l'aise ? Trop bon pour être honnête comme on dit, mais aussi pour laisser un peu de place à l'imagination, à l'improvisation. Et puis je crois que je n'aime guère jouer les procureurs. Je n'ai pas la vocation.

— Et l'avocat de mon mari ?

— Il était selon son habitude un peu cafouilleux, mais il y avait une autre raison à son embarras qu'aujourd'hui je comprends mieux : alors qu'il savait pertinemment que son client ne pouvait pas être coupable, il a été contraint de batailler sur le terrain miné du harcèlement. Sans le contester dans le principe, il a plaidé que la victime était une aventurière, une aguicheuse, une vamp, voire une nymphomane. En la décrivant ainsi alors que tout accablait son client, il n'a fait qu'aggraver son cas. Il n'avait pas tort de la considérer comme une aventurière, mais il n'avait aucun moyen de le prouver. Quand on ne peut rien prouver ni rien affirmer d'un tant soit peu crédible contre lui, on finit toujours par rendre sympathique son adversaire.

— Je vois. Xénia s'est-elle rendue à l'audience ?

— C'est le genre d'affaires où la présence des parties est indispensable. Les conseillers prud'homaux sont curieux de voir à quoi ressemble l'agresseur, mais surtout, la victime. Si pour certains, tout homme est un agresseur en puissance, toute femme n'est pas crédible dans le rôle de la victime ; il y a des limites. On imagine difficilement, par exemple, le viol d'une Alice Sapritch. Vous avez peut-être vu *La folie des grandeurs* ? Si vous aimez aussi, de temps en temps, le cinéma populaire.

Elle acquiesce.

— On voit la réaction de Blaze aux avances de la duègne. On a sans doute tort compte tenu de la complexité des ressorts du désir et au regard des archives judiciaires souvent surprenantes à cet égard ; mais c'est comme ça. En présence de Gary Grant, il fallait que la plaignante soit particulièrement avenante. On n'aurait pas cru que votre mari ait pu harceler un laideron.

— Et ils n'ont pas été déçus !

— Immédiatement convaincus et pour peu qu'ils aient eu un peu d'imagination, il était même à craindre qu'ils ne le soient un peu trop. Il n'était pas autrement dit exclu, qu'ils trouvent des circonstances atténuantes au harceleur.

— Il n'y avait que des hommes ?

— Trois hommes et une femme, mais dans les affaires de sexe, lorsque l'éclat de la femme l'emporte sur l'affliction de la victime, quelle que soit la réalité et l'intensité de celle-ci, je ne mise jamais sur la prétendue solidarité féminine.

— Vous me surprenez un peu.

Il pense à sa secrétaire qui n'aurait sans doute pas manqué de manifester dans la même situation, quoi que de façon plus abrupte, la même surprise.

— Je pense qu'en occident la compassion et la compréhension dans ce domaine, sont en progrès chez les hommes comme chez les femmes. Reste que mon expérience des assises dans les affaires de viol notamment, m'oblige encore à une certaine prudence. Il y a toujours des femmes pour penser que ça ne peut pas leur arriver ; que ça n'arrive qu'à certaines femmes… vous voyez ce que je veux dire.

— Hélas oui ! Et Xénia au tribunal ?

— Parfaite. Elle est venue à l'audience habillée d'un tailleur jaune paille très sobre et d'un sweat écru, presque fade. Elle avait de surcroît réduit des trois quarts son abondante et ondulante jusqu'aux reins, chevelure noire.

Il regrette l'allusion indirecte à une chute de reins digne de Praxitèle, qu'il n'avait pu manquer de remarquer en la reconduisant courtoisement à la porte du cabinet à la fin de chaque entretien.

— J'avais trouvé que ça lui allait pas mal, mais j'avais néanmoins regretté, moi aussi, l'abondante et ondulante, comme vous dites, masse noire, qui mettait en valeur son teint doré. Ça me faisait penser à de la calligraphie : deux amples et magistraux coups de pinceau d'un maître chinois de part et d'autre de l'ovale du visage avec quelques autres petits coups, brefs et précis ceux-là, pour les sourcils, les cils et les yeux.

Il est tenté d'ajouter : « à chacun ses observations et ses références artistiques », mais il s'abstient. Il a remarqué qu'elle s'est un peu animée à l'évocation de la chevelure, malgré l'heure tardive et la fatigue qui, de nouveau, se lit sur son visage.

— Et j'imagine qu'elle a pris la pose adéquate ?

— Elle s'est assise sagement au second rang derrière moi, digne, le buste droit, mais sans ostentation.

— Et Philippe ?

— À l'autre bout du rang, derrière son avocat. Je ne dirais pas détendu, mais, à l'évidence, peu impressionné ; bien moins en tout cas que la moyenne des justiciables.

Et par la suite ?

— En ce qui concerne la victime, vue depuis le bureau de justice, à quelques battements de cils, quelques mouvements et frémissements d'indignation en réaction aux propos indignes de l'avocat adverse, on ne pouvait qu'admirer les efforts qu'elle faisait pour maîtriser son émotion. Quant à l'agresseur, il s'est efforcé de se souvenir de la leçon que n'avait pas manqué de lui faire son avocat. Ce qui ne l'a pas empêché cependant, aux moments les plus incisifs de ma plaidoirie, de se tourner vers la victime avec quelques éclairs dans le regard. Je sais maintenant que sa colère n'était pas totalement illégitime, mais lors du procès, ça ne pouvait que le desservir. Je suis persuadé que les juges y ont vu une agressivité mal contenue qui rendait d'autant plus crédibles les accusations dont il faisait l'objet. Une crédibilité renforcée par le courroux au bord de l'étranglement de son avocat, dont les propos ont certainement été jugés intrinsèquement injurieux et diffamatoires en l'absence d'un quelconque élément dans son dossier pour les étayer. Le président n'a d'ailleurs pas attendu le délibéré pour le vérifier ; il lui a demandé sans plus attendre sur quelles pièces, il fondait ses accusations, et devant l'absence de preuves, il a clos les débats. Ce, alors qu'habituellement dans ce type d'affaires où il est toujours très difficile d'y voir clair, même et peut-être surtout après les plaidoiries, les juges posent directement des questions aux protagonistes avant de se retirer.

— Vous pensez qu'en posant des questions, le tribunal aurait pu découvrir quelque chose ?

— Non, chacun aurait campé sur ses positions. Il aurait fallu pour que ça évolue, qu'il ordonne une véritable enquête.

— C'est-à-dire ?

— Convoquer tous ceux qui ont pu être témoins des faits, pour obtenir des précisions et confronter leurs dires. Autrement dit, les cuisiner un peu. Surtout ceux qui n'ont pas délivré de témoignage.

— Vincent Lambert et madame Larieux.

— Biens sûr, puisqu'ils n'étaient pas, à première vue, moins présents que les autres.

— Mais ni Xénia ni Philippe ne le voulaient.

— Oui, mais le Conseil de Prud'hommes pouvait ordonner d'office, non seulement une enquête à la barre, mais pire encore, un transport sur les lieux pour procéder à quelque chose d'assimilable à une reconstitution des faits en matière criminelle, en présence de tous les intéressés.

— J'imagine les conséquences pour Vincent Lambert.

— Pour tout le monde, en réalité. Indirectes pour Vincent Lambert qui aurait découvert à cette occasion l'existence du procès et directes pour les parties et les témoins dont les dires et les motivations tels qu'ils apparaissent dans la procédure, auraient pu être remis en question.

— Est-ce que vu le dossier, ce n'était pas à craindre ?

— Si. Pourtant, le Conseil a manifestement acquis sa conviction sur le siège. Le jugement a été rendu dans un délai record après une mise en délibéré pour la forme. Alors qu'avec un peu de recul et de réflexion, les juges auraient pu se rendre compte, même sans enquête, que le dossier était doublement suspect : suspect en raison de l'indigence du dossier adverse, mais également en raison d'une trop grande perfection du mien. Dans les films policiers, quand le flic est un as, c'est l'évidence des preuves qui l'incite à creuser l'affaire. Mais hélas, dans la réalité, on se contente le plus souvent de l'apparence, dès lors qu'elle répond *grosso modo* aux critères de la vérité judiciaire, qui est bien moins exigeante que la vérité « tout court ».

— Le culot de Xénia a payé.

Il regarde sa montre.

— À force de digressions, je crains que notre revue de détail ne nous occupe toute la nuit ; ce qui tout de même, finirait par rendre suspecte vôtre absence du domicile conjugal. Il faut qu'on avance.

Il retire deux certificats médicaux de la cote des pièces, qu'il exhibe, un dans chaque main.

— À ma droite, le certificat du docteur Levaillant pour le traumatisme psychique, donc subjectif, mais diagnostiqué par l'auteur de travaux pionniers et reconnus dans le domaine des violences au travail ; à ma gauche, pour les stigmates physiques, celui du docteur Bueno, médecin généraliste très éloigné du centre-ville, mais, détail intéressant, titulaire selon son papier à en-tête, d'un certificat de médecine légale. Rien n'a été négligé. On a le corps et l'esprit. Les deux certificats se complètent et se crédibilisent mutuellement. La dernière phrase du long certificat du psy est accablante, autant pour votre mari que pour son auteur : « *En conclusion, il apparaît donc que les troubles psychiques graves constatés sont en rapport direct et certain avec les faits de harcèlement sexuel décrits par mademoiselle Manolios et rappelés ci-dessus. En foi de quoi...* » J'imagine le choc que ressentirait Levaillant en apprenant qu'il s'est fait totalement circonvenir par sa cliente, et le petit scandale que la révélation de ce fait, provoquerait sur la place, compte tenu de sa réputation et de la carte d'identité mondaine de celui qu'il a contribué, de manière décisive, à faire condamner.

— Ce serait embarrassant aussi bien pour Levaillant que pour mon mari.

— Il devrait en effet expliquer l'inexplicable. Pourquoi, par exemple, n'a-t-il pas déposé plainte avec constitution de partie civile auprès du Doyen des juges d'instruction afin de suspendre, puis d'anéantir à coup sûr, l'instance prud'homale. L'édifice construit par Xénia Manolios ne pouvait en effet résister bien longtemps aux investigations d'un juge d'instruction aiguillonné par un parquet zélé en présence d'un Delcourt. Mais, même en l'absence de plainte, je suis persuadé que le procureur a été informé du procès et qu'il a dû se demander pourquoi, votre mari ne faisait rien.

— Le procureur, ce n'est pas un certain Lavraux ?

— Oui.

— C'est un franc-maçon. J'ai entendu Henri-Marc en parler quand on ne se méfiait pas encore de moi. Je crois qu'il est dans la même loge que lui.

— En tout cas, il ne semble pas qu'il ait été mis dans la confidence, bien que les francs-maçons, entre eux, se disent « frères » ? Mais, passons au certificat du praticien de banlieue que ne risquait pas de fréquenter votre belle-famille. Il n'est pas mal non plus. On imagine son étonnement ravi, de voir un beau jour, Vénus soi-même, débarquer de sa coquille dans son cabinet. Le soin apporté à l'examen s'en ressent. On comprend qu'il n'a pas souvent l'occasion de mettre en pratique et dans des conditions... comment dire ? Aussi intéressantes, le fameux certificat de spécialité. Les trois hématomes parfaitement bien répartis— l'un au bras gauche, l'autre sur la hanche droite et le dernier sur le sein gauche —, sont accompagnés de considérations médico-légales savantes qui leur confèrent, pour ainsi dire, une étendue délictuelle sans commune mesure avec leur taille objective. Surtout pour un juge prud'homal, peu versé en général dans les affaires de coups et blessures, et donc livré à toutes les imaginations. Le certificat est daté du jour où elle aurait été agressée en votre présence.

— J'ai dû insister pour qu'elle voie un médecin.

— Bien entendu. Et vous l'avez accompagnée.

— Dans l'état apparent où elle était, comme vous pouvez aisément l'imaginer, il était hors de question qu'elle prenne le volant. J'ai évidemment été un peu étonnée du choix de ce médecin, mais elle m'a expliqué que c'était parce que son cabinet était à la fois très éloigné du centre-ville et très proche du bistrot où nous avions l'habitude de nous retrouver. Elle avait remarqué la plaque en se garant devant. J'en doute maintenant, mais l'explication était plausible à l'époque.

— En tout cas, le choix était excellent. Non seulement le docteur Bueno n'a rien soupçonné, mais il a veillé à être aussi complet que possible sur les séquelles apparentes de tous ordres. C'est ainsi qu'il a précisé avoir également constaté lors de l'examen clinique et à l'entretien, l'existence d'un état émotionnel parfaitement concordant avec le récit de l'agression que la patiente venait de subir. Estimant que le tout valait dix jours d'arrêt de travail. Ce qui, soit dit en passant, aurait permis, si la victime l'avait voulu, de faire renvoyer son agresseur devant le tribunal correctionnel. Ce que je n'ai évidemment pas manqué de souligner devant le Conseil de prud'hommes pour qu'il puisse apprécier sa magnanimité. Ma cliente n'était à l'évidence animée par aucun esprit de vengeance, puisqu'elle ne l'avait pas fait.

— Une attitude pour une victime, d'une assez rare noblesse, je suppose ?

— Attendez. Lorsque je l'ai informée de la possibilité qui lui était ouverte d'emprunter la voie pénale selon diverses modalités, elle a immédiatement et catégoriquement refusé ; ne serait-ce que de l'envisager. Elle m'a expliqué qu'elle ne voulait pas d'un scandale qui rejaillirait nécessairement sur l'épouse et le fils de Philippe Delcourt qui n'avaient rien à voir dans cette histoire ; sinon, pour vous, d'avoir été le témoin malheureux de l'inconduite de votre mari. J'avais été surpris, mais j'avais trouvé qu'en effet, ça ne manquait pas de panache. Surtout qu'elle n'était pas censée vous connaître. Je m'en suis souvenu pour ma plaidoirie.

— Je pense néanmoins que sur ce point, elle était sincère. Comme elle l'est à l'égard de Vincent Lambert.

— Malgré mes réticences, je suis au fond assez d'accord avec vous pour lui faire un certain crédit moral ; malgré, encore une fois, tout ce qu'on peut légitimement lui reprocher. Ce n'est pas le diable. Mais ce qu'elle voulait à tout prix éviter, comme d'ailleurs votre mari, ils étaient sur ce point des alliés objectifs comme disent les marxistes, c'est que la procédure lui échappe. Qui sait au moment de déposer une plainte, ce qu'un juge peut en faire ? La justice est une machine lourde et souvent incontrôlable. Il n'était nullement exclu, malgré ce que j'ai dit tout à l'heure, qu'on tombe sur une sorte d'inspecteur Hubbard.

Elle fronce les sourcils.

— N'avez-vous pas été la Grace Kelly d'un jour, lors de votre voyage de noces ? *Le crime était presque parfait,* l'un de ses meilleurs rôles !

— Le film d'Hitchcock. Oui, bien sûr ! Elle est la belle Margot Wendice que son sordide tennisman sur le retour de mari, entreprend de faire assassiner.

— Mais que finira par sauver le perspicace inspecteur Hubbard. C'est l'idée qu'il y a toujours un grain de sable qui traîne pour enrayer la mécanique criminelle la mieux huilée.

— Un grain de sable tel que le dentiste parisien que je n'aurais jamais dû rencontrer.

— Par exemple.

— Sauf que, dans le film, la victime de la machination crie son innocence, alors que Philippe ne tenait pas du tout à ce qu'on découvre la vérité.

Elle contracte les lèvres, semblant soudain douter de l'évidence de son affirmation.

— Encore que !

— Quoi ?

— Je devrais peut-être dire plutôt : « alors que les Delcourt ne tenaient pas du tout à ce qu'on découvre la vérité ». Qui parle ? Philippe, avec la présence de son amant au cabinet, a épuisé son capital d'opposition Pour le reste, c'est un peu une marionnette de ventriloque. C'est sa mère et son frère aine, qui, en réalité, parlent et agissent à travers lui. Je pense que s'il était né dans un autre milieu social, dans une autre famille, si on ne l'avait pas empêché de vivre selon sa véritable nature, il aurait pu être un type bien, pour reprendre votre expression à propos de monsieur Louvet. Ce qu'est également Vincent Lambert ; mais un brave type trop brave, qui n'a pas les épaules pour le contraindre à couper complètement le cordon.

— Je vois que vous reconnaissez à votre mari des circonstances atténuantes et que vous lui maintenez sans doute même, une certaine estime. Mais vous avez raison, il n'y a jamais de défense impossible.

— J'ai quand même quelques bons souvenirs et je ne veux surtout pas que Guillaume pense que j'éprouve de la haine pour son père. Alors je m'accroche à un espoir : que tout de même, l'influence de son compagnon qui, lui, a certainement la fibre paternelle, le conduise à s'intéresser à son fils autrement que par des cadeaux assortis de paroles creuses. Un espoir qui n'est pas totalement sans fondement, puisque Xénia m'a rapporté que Vincent Lambert lui a dit que si la paternité de Philippe avait été pour lui un coup très dur, il était néanmoins curieux de connaître son enfant. Ce n'est pas rien.

— Et cohérent avec tout ce que l'on a pu apprendre sur lui. Sachant que le désir d'avoir un enfant est sans doute indépendant de l'orientation sexuelle. Et vous ne verriez, je suppose, aucun inconvénient à ce que votre fils fréquente cet homme.

— Aucun, en effet. Mais mon espoir est faible. Je crains qu'il ne soit déjà trop tard.

— Venons-en aux courriers. Mis à part les convocations en justice, il y a deux lettres recommandées de mademoiselle Manolios. Il y a d'abord celle qu'elle a adressée à votre mari pour se plaindre de son comportement, qualifié « d'inapproprié », mais dont la description autorisait déjà la qualification de harcèlement. Elle exigeait bien entendu sa cessation immédiate et se réservait la possibilité, le cas échéant, de saisir la justice. Ce qui était habile, car ça lui ménageait la possibilité de faire valoir qu'elle avait, en quelque sorte, accordé à son harceleur une dernière chance de se raviser et de s'excuser. Ce que je n'ai pas manqué de plaider. La plainte est rédigée sur une feuille qui fait aussi office d'enveloppe, pour, à l'évidence, éviter qu'on puisse prétendre que l'enveloppe était vide.

Ce qui est, par contre, à première vue, incompréhensible, c'est que votre mari n'ait pas répondu à une telle lettre. Il a un avocat et n'importe quel avocat, même peu porté sur le droit social comme Salvin-Lagrezette, ne pouvait manquer de lui conseiller de répondre immédiatement pour rétablir la vérité ; ou en tout cas, pour se réserver des moyens de défense dans le procès qu'annonçait l'initiative de la salariée. Ne pas répondre dans une telle situation, est immanquablement interprété, à tort ou à raison, comme un aveu. Dans ses conclusions puis à la barre, votre mari a prétendu ne pas l'avoir reçue, sans pour autant pouvoir contester la preuve de son envoi et la signature du récépissé par son insoupçonnable assistante. Ce qui a produit un effet assez calamiteux sur les juges prud'homaux, salariés et patrons confondus, qui ont eu l'impression qu'on les prenait pour des imbéciles.

— C'est pourtant vrai qu'il ne l'a pas reçue. Xénia m'a expliqué que c'est madame Larieux qui va chercher le courrier à la boite postale avant son arrivée. Elle dispose d'une procuration. Elle le dépose, sans l'ouvrir, dans un compartiment en dessous du comptoir à l'accueil. Vincent arrive toujours un peu plus tard que Philippe, même quand ils ont passé la nuit et voyagé ensemble. Dans ce cas, il va prendre un café dans un bistrot. C'est toujours Philippe qui ouvre le courrier. Philippe arrive avant Vincent, mais c'est Xénia qui arrive la première.

— Je commence à comprendre.

— Après l'envoi de la lettre, elle a surveillé discrètement l'arrivée du courrier et quand elle a vu que sa lettre, qui était facilement reconnaissable, était dans le lot, il lui a suffi d'attendre que la vaguemestre parte vaquer à ses occupations, pour agir.

— Pour la subtiliser, toujours aussi discrètement.

— En faisant mine de consulter l'agenda des rendez-vous posé sur le comptoir.

— Mais l'accusé de réception ayant été signé par madame Larieux, votre mari a dû tout de même lui demander comment elle expliquait la disparition de la lettre entre cette signature et son arrivée au cabinet ; l'hypothèse d'une perte en chemin entre la poste et le cabinet étant peu vraisemblable en présence d'une employée modèle qui le transporte toujours dans un sac hermétique.

— Je suis persuadée que pour Philippe, il était hors de question qu'il en parle à madame Larieux, non seulement parce qu'il n'avait aucune raison de la soupçonner de négligence et encore moins de collusion avec Xénia, mais parce qu'il ne voulait, en aucun cas, la mêler, à quelque moment que ce soit de son déroulement, à cette histoire.

— Il a donc renoncé aussi, à lui demander l'attestation qui lui aurait au moins permis de décrédibiliser indirectement les accusations portées contre lui. Une attestation dans laquelle l'intéressée aurait pu décrire l'excellente ambiance qui régnait au cabinet et le constant comportement de gentleman de son patron à l'égard de tous et en particulier, de sa collaboratrice. Ce genre de choses. Une telle attestation l'aurait évidemment contraint à s'expliquer sur la discordance entre une telle demande et un départ soi-disant motivé par le désir de la jeune praticienne ambitieuse, de voler de ses propres ailes.

— Sans compter qu'en plus des confidences qu'il aurait dû faire à madame Larieux, il aurait fallu qu'il lui demande de ne pas en parler à son associé. Ce qui aurait ouvert une nouvelle ère dans leurs rapports, sur la base d'une certaine complicité. Ce qui n'aurait pas été sans danger. Et ce qui est en fait totalement impensable pour un Delcourt. L'ancienneté et l'excellence des services rendus par son assistante et son mari, ne les ont pas fait changer de statut. Chacun doit toujours demeurer à sa place chez ces gens-là. Xénia qui connaît la famille de longue date, le savait évidemment.

— Au demeurant, il est vrai que ç'aurait été assez peu probant. Hormis la suspicion liée au lien de subordination, pour ne pas dire de servilité dans le contexte grand-bourgeois néo-aristocratique de l'affaire, on sait que les harcelées dissimulent le plus souvent, par honte, culpabilité ou crainte de ne pas être crues, leur martyr. Comme cela est d'ailleurs rappelé, très opportunément, dans le certificat de Levaillant. Et, de leur côté, les harceleurs s'arrangent toujours pour agir en l'absence de témoins potentiels ; comme, cette fois, cela ressort si bien de votre attestation où vous décrivez l'extrême surprise de votre mari, de vous voir surgir là où il vous attendait sans aucun doute, le moins.

— Du « cousu main » !

— Encore une citation de votre grand-mère paternelle, couturière à ses heures, je suppose ?

— Elle a beaucoup compté pour moi. Elle n'avait cure des conventions et amusait volontiers la galerie avec ses expressions populaires— cette fois, comme le disait ma mère.

— Je vois. Venons-en maintenant à la lettre de rupture.

— Xénia m'a dit que c'est vous qui l'avez rédigée.

— C'est pourquoi il n'y a pas grand-chose à en dire, bien qu'elle soit essentielle. Il faut simplement savoir que dans les affaires de ce genre, quand le client a la bonne idée de le consulter suffisamment tôt, l'avocat rédige avec grand soin la lettre dans laquelle le salarié prend acte de la rupture de son contrat de travail. Il s'agit de pouvoir plaider le moment venu avec un maximum d'efficacité, que cette rupture qui est la conséquence directe des manquements graves de l'employeur à ses obligations, doit produire les effets d'un licenciement abusif ; et non d'une démission. Vous avez remarqué qu'elle fait référence à la lettre dont votre mari est censé avoir eu connaissance précédemment, lui enjoignant de cesser immédiatement ses agissements. Les griefs qui y sont énumérés, correspondent bien entendu aux pièces. Ainsi, hormis la lettre volée, le vrai-faux témoignage de madame Dufresne à propos de faits survenus lors de son dernier jour de travail, le vendredi qui a précédé le retour de congé de maternité de l'assistante titulaire.

— Vrai parce qu'elle est sincère.

— Comme vous l'avez été vous-même. Mais faux, puisque l'agression qui est rapportée, n'a pas eu lieu. Elle a décrit ce qu'elle a cru entendre et voire : entendre, venant du cabinet de Xénia Manolios, des bruits et des paroles interprétées comme caractéristiques d'une agression sexuelle. Du côté de Xénia Manolios : des « non, non, je ne veux pas ! ; je vous ai pourtant prévenu que je ne me laisserai pas faire ! ; arrêtez, vous n'avez pas le droit de me toucher, sortez !». Du côté de votre mari : « t'es quand même une belle salope ! », suivi d'un claquement de porte par un homme manifestement furieux et oublieux de ce que, dans le coin détente, devant la machine à café, il y a un témoin auditif potentiel. On est en fin de journée, un vendredi, donc, jour où madame Larieux part plus tôt pour aller poster le courrier et déposer les espèces et les chèques de la semaine à la banque, sans repasser au cabinet. Quant à Vincent Lambert, il est à Paris pour subir des examens médicaux prévus de longue date. Tout avait été soigneusement réfléchi et mis en scène. L'agressée vous a-t-elle expliqué comment elle a réussi à piéger votre mari ?

— C'est elle qui lui a demandé de passer la voir après son dernier client. Cela faisait un bon moment qu'elle… J'allais dire le harcelait— et non le contraire— à propos de son départ qu'elle voulait négocier.

Elle savait qu'il ne tiendrait jamais ses promesses, qu'en particulier elle ne serait jamais associée et qu'elle continuerait à lui servir de paravent. Il ne faut pas oublier que depuis qu'elle a été invitée par Philippe à son arrivée en France, lors du raout dont je vous ai parlé, elle passe toujours pour une partie du gratin de la ville, pour sa maîtresse. Le fait qu'elle soit célibataire ne pouvant que renforcer le soupçon d'une liaison clandestine. Mais vu ses revendications, il voulait s'en débarrasser et si possible qu'elle retourne d'où elle venait. Et j'en viens au décryptage : « non, non, je ne veux pas », répondait à la dernière proposition de Philippe, de la faire entrer comme conseillère scientifique, grâce à Alexis Vassiliki dont je vous ai également déjà parlé, dans une usine située dans la périphérie d'Athènes, qui fabrique du dentifrice.

— Alexis Vassiliki, c'est le directeur de la filiale grecque qu groupe Delcourt, le grand ami d'Henri-Marc et père de Cloé, la grande copine de lycée de Xénia Manolios.

— C'est bien ça. Le « je vous ai pourtant prévenu que je ne me laisserai pas faire » signifiait : « je vous ai pourtant prévenu qu'il n'était pas question pour moi d'accepter autre chose qu'un pactole suffisant pour que je puisse m'installer en France sans avoir besoin d'emprunter » ; ou quelque chose d'approchant. Et c'est à ce moment que Philippe lui a saisi le bras, sans réfléchir et sans réelle violence, comme pour la ramener à la raison. Ce qui a permis à Xénia qui ne manque pas de présence d'esprit, de s'écrier : « arrêtez, vous n'avez pas le droit de me toucher, sortez ! » avec, dans la voix, le bon dosage de panique et d'imploration. Ce qu'il a fait en proférant avec violence un aggravant « t'es quand même une belle salope », avant de sortir et de claquer la porte à en faire trembler le chambranle.

— Ce qui ne lui ressemble guère, je crois. En général il est plutôt dans le sang froid, la maîtrise ; non ?

— J'avais dit à Xénia que, néanmoins, il m'avait parfois fait un peu peur. Il ne supporte pas qu'on lui résiste et on ne sait jamais… Elle a fait ce qu'il fallait pour qu'il soit excédé, car les « pourparlers » duraient depuis plusieurs semaines, et il a bien compris qu'elle le menait en bourrique.

— Comme aurait dit…

— Là, non, plutôt ma copine de Boulogne-Billancourt chez laquelle je suis censée aller quand je vais chez Xénia qui a son cabinet pas très loin de chez elle.

— Le témoignage de madame Dufresne, qui est sans aucun doute sincère, m'a permis de plaider que les violences décrites dans votre propre témoignage, n'étaient pas isolées, comme l'avait affirmé la « victime ». Un témoignage de l'antériorité des violences, évidemment précieux en matière de harcèlement. Un témoignage assez courageux, car, bien que dégagé du lien de subordination, son auteur pouvait quand même subir des pressions de son ex-patron. Et Xénia Manolios pouvait craindre que l'ancienne assistante remplaçante pendant plusieurs mois de l'attachant Vincent Lambert, reprenne son contact et l'informe de l'incident. Ce qu'elle ne voulait à aucun prix.

— Sans doute, mais Xénia a su l'en dissuader. Elle s'est arrangée pour la rencontrer très vite et il ne lui a pas été bien difficile de la convaincre de ce que, en informer Vincent Lambert, c'était prendre le risque d'un clash dont il ne sortirait pas indemne. Et de lui faire savoir qu'à la prochaine agression qu'hélas, elle savait inéluctable et proche compte tenu de l'aggravation constante de la situation, elle démissionnerait, ouvrirait son propre cabinet et la prendrait comme assistante. Sachant qu'en attendant, elle se faisait fort de lui trouver un poste chez l'un de ses copains de promo.

— Je vois. Et l'évènement prédit, inévitablement déclencheur de la démission, n'a pas trop tardé à se produire. On en vient au chef d'œuvre de Xénia Manolios : votre imparable attestation.

Elle soupire.

— Ne m'accablez pas !

— Comment contester la sincérité du témoignage de l'épouse en l'absence de tout conflit conjugal connu et à plus forte raison, de toute demande en divorce en cours.

— C'est vrai que, vue de l'extérieur, notre vie mondaine inexistante pouvait aussi être interprétée comme une preuve de la vitalité de notre couple ; de son autosuffisance. C'est d'ailleurs ce que ma belle-mère ne manquait jamais de répondre à qui s'étonnait de notre ermitage ; avec, bien entendu, l'air attendri et nostalgique qui convient à qui se souvient de sa propre félicité. Elle était loin de penser que tout cela, finalement, servirait à rendre, comme vous dites, imparable, mon témoignage.

Dans le train, je n'ai pas cessé de penser à la réflexion désabusée du docteur Janin.

— *« Le témoignage, vous savez ! Comment être certain de ce qu'on a vu ? »*

— Oui. Je vous ai dit que ça m'avait profondément troublé. En fait, j'étais tellement bouleversée que je ne parvenais plus à me concentrer. Je ne savais plus ce que j'avais exactement écrit. C'était un peu comme si l'on venait de m'apprendre que j'avais commis un crime en état de somnambulisme.

— Il avait raison. La fragilité du témoignage est proverbiale. Ce qui n'empêche cependant personne de s'ériger en toute occasion en témoin et, ce qui est plus regrettable et grave, sans que cela n'empêche non plus la justice d'en faire un usage immodéré et sans grandes précautions : les aveux et les témoignages, de préférence à une enquête un peu fouillée, jugée trop fastidieuse et coûteuse. Il y a bien les menaces de sanctions, mais elles sont parfaitement inefficaces. Aussi lourdes soient-elles, elles n'ont jamais dissuadé personne. Ni le criminel en puissance, toujours persuadé qu'il ne se fera pas prendre contrairement à tous les autres ; ni le témoin, qui croit dur comme fer, être, par exception, préservé des faiblesses de jugement communes.

Vous avez crû en toute bonne foi, comme madame Dufresne, assister à l'agression de la jeune femme méritante qui vous est chère, par votre grand bourgeois de mari dévalorisé depuis longtemps à vos yeux ; alors qu'en réalité, vous avez assisté à la mise en scène minutieusement préparée par la première au préjudice du second. Vous avez été aveuglée par la solaire Xénia Manolios, et conditionnée par ses soins, à tomber dans le piège des apparences. La clarté était nécessairement de son côté et l'ombre du côté de votre mari. Vous avez vu ce qu'il était logique que vous voyiez compte tenu de ce que vous saviez ou croyiez savoir.

— Ce n'est quand même pas très brillant. Xénia qui me téléphone le matin pour me dire qu'elle craint d'être encore une fois agressée par mon mari, le soir après le départ du personnel, - ce que je n'ai pas mentionné dans mon attestation - et moi qui me rends au cabinet le soir pour assister à peu près à la même scène que celle décrite par Madame Dufresne. Tout de même !

— C'est surtout très humain. Je suis, hélas, assez bien placé pour le savoir. Et puis, c'est souvent très difficile, quand on arrive au milieu d'une échauffourée, de distinguer le geste agressif du geste défensif. J'ai été confronté maintes fois au problème en correctionnelle ou aux assises. Pourtant, en l'occurrence, ce qui est encore moins brillant de la part d'un professionnel averti, je n'y ai pas songé un seul instant. Ni pensé que vous aviez pu être aidée activement dans votre effort de remémoration, au moment de la rédaction de l'attestation. Ce qui a bien été le cas, n'est-ce pas ?

— Oui. Tout en me demandant pour chaque phrase : *« c'est bien ce que tu as vu ? »*.

— Et tout porte à croire qu'elle avait fait de même avec Madame Dufresne. Votre mari était pieds et poings liés. Lui et les siens ont avalé la couleuvre financière. Mais avec, au final, une transaction et non un jugement définitif ; ce qui autorise toutes sortes d'interprétations.

— Selon celle de ma belle soeur et d'Henri-Marc, leur fils et frère a été la victime d'une sorte d'aguicheuse croqueuse de diamants ; non pas de diamants dentaires dont Philippe s'est fait, entre-autres, une spécialité, mais une croqueuse des sous du praticien lui-même. Une intrigante dont ils ont préféré se débarrasser pour quelques ducats. L'honneur à tous égards, demeurait sauf.

— La démonstration, une fois de plus, de ce que le plus grand pragmatisme— qui peut le cas échéant nécessiter certains arrangements avec la vérité— est compatible avec la prétention à la plus grande rigueur spirituelle et morale. Tout, plutôt que le scandale. *« Malheur à celui par qui le scandale arrive »*.

— Saint Luc.

— Bravo !

— Je n'ai pas de mérite, j'ai fait le secondaire à l'Immaculée Conception.

— Et moi j'ai fait un simple passage chez les Jésuites, mais ça marque quand même.

— Pour ma belle-famille le jésuitisme est une seconde nature.

— Néanmoins leurs manœuvres sont parfois assez grossières. Et je doute que Vincent Lambert ait gobé la version du clan.

— Non, bien sûr. Philippe a dû en inventer une autre pour lui et pour madame Larieux. Pour la fidèle assistante et épouse du non moins fidèle administrateur de l'immobilier Delcourt, il ne pouvait y avoir de difficulté. Pour l'associé et amant, il y avait plus à craindre d'une explication qui pouvait paraître un peu courte : un coup de tête de la bouillante Xénia. Après plusieurs refus à sa demande d'association, elle aurait posé un véritable ultimatum, auquel Philippe aurait opposé un refus catégorique et définitif. Elle aurait alors, immédiatement pris la porte. Il est possible que Vincent Lambert ait un peu douté de cette version, et il est certain que le départ de Xénia l'a peiné. Mais elle présentait l'avantage d'évoquer une rupture pour une raison « purement objective ». Et elle était cohérente avec leur pacte d'association, qui excluait d'intégrer un tiers dans la société professionnelle. Étant entendu que, bien qu'ils soient à parts égales, c'est toujours Philippe qui prenait les initiatives et les décisions importantes, sans véritable concertation préalable.

— C'est lui qui avait en sous-main, payé les parts de son amant.

— C'est plus compliqué. Philippe aime dominer, et je crains que Vincent n'y trouve son compte. Je pense que la seule chose qu'il ne puisse accepter de lui, c'est qu'il le trompe. C'est pourquoi Philippe a tout fait pour qu'il soit tenu à l'écart de ses démêlés avec Xénia. Mais le danger n'est pas totalement écarté ; je vous l'ai dit, cela tracasse toujours beaucoup Xénia.

— Puisque le départ précipité de Xénia Manolios l'a peiné, il a peut-être cherché à la joindre par la suite ?

— Il lui était difficile, en effet, de penser qu'elle ait pu partir sans même lui dire au revoir. Il l'a appelée pour la rencontrer. Ce qu'elle a refusé, tout en l'assurant de ce qu'elle avait été heureuse de travailler avec lui. Il a essayé d'en savoir tout de même un peu plus, mais sans succès. Elle ne voulait pas lui mentir. Il a renoncé, sans doute un peu déçu de son attitude, mais au fond, d'accord avec elle pour considérer qu'il n'y avait plus rien à faire et que leur rencontre ne pouvait qu'être sans lendemain. Il fallait tourner la page. Mais ce qui, évidemment, aurait pu le contraindre à revenir en arrière, c'est le procès. Dont, apparemment, il n'a jamais eu connaissance. Xénia à ce propos, m'a parlé d'un « dépaysement », mais je n'ai pas très bien compris. Je ne savais pas que c'était possible de choisir son juge.

— Dans certains cas précis, il est possible de récuser un juge ou d'aller devant un autre tribunal que celui qui est territorialement compétent. Pour aller vite, il s'agit d'éviter qu'une des parties puisse avoir des copains ou des ennemis personnels parmi les juges ou, lorsqu'une des parties est avocat ou magistrat, qu'elle soit jugée là où elle exerce sa fonction. Je n'ai pas manqué de faire valoir que votre mari était conseiller prud'homal.

— Comme vous-vous en doutez certainement, ce n'est pas lui qui a souhaité le devenir : c'est une initiative de son grand patron de grand frère qui veut avoir des hommes à lui un peu partout où il y a du pouvoir. Lui-même est juge au tribunal de commerce.

— Je sais, mon associé qui fréquente assidument la brillante juridiction consulaire du ressort, m'en parle souvent. Le président Delcourt, quand il siège, s'emploie par tous les moyens procéduraux à sa disposition, à lui faire payer son association avec le bolchévique que je suis pour lui. Et pire encore, nous savons par quelques indépendants, qu'en coulisses il fait tout ce qu'il peut pour dissuader les clients commerciaux du cabinet, d'y demeurer. Le salaud ! Excusez-moi.

— Je vous en prie.

— Au Conseil de prud'hommes, on ne voit pratiquement jamais votre mari. Je pense qu'en effet, ça ne l'intéresse guère et qu'il s'arrange pour ne pas siéger. Il n'empêche que son frère y dispose d'une certaine influence. Je sais que le Président général du Conseil de prud'hommes lui-même, est un fournisseur du groupe et que dans la composition de la section normalement compétente pour juger l'affaire Manolios, hormis les deux conseillers patronaux qui auraient été naturellement favorables au défendeur, il y avait encore un conseiller salarié suspect pour avoir bénéficié d'un coup de pouce d'Henri-Marc pour obtenir un siège au Comité économique et social régional. Je tiens cela d'une source syndicale sûre.

Autant dire que mon adversaire avait tout intérêt à ne pas bouger et que si nous n'avions pu aller devant un conseil de prud'hommes limitrophe et de ce fait moins sensible aux mauvaises influences, le sort du procès était scellé. Ledit adversaire n'ayant même pas à craindre de défrayer la chronique, puisque, comme vous le savez, Henri-Marc est très proche du PDG du groupe Gersant qui possède, directement ou indirectement, tous les titres locaux. Au demeurant, puisque Xénia aurait été déboutée, les Delcourt drapés dans leur dignité offensée, n'auraient pas manqué de la traîner dans la boue.

— Je comprends mieux encore, maintenant, le soulagement de Xénia, de voir le procès s'éloigner du champ de mines.

— Le procès a été dépaysé, mais un risque subsistait. Je pense à madame Larieux, dont le mari a un certain accès aux dessous des affaires des Delcourt.

— Xénia avait tablé sur sa fidélité, adossée à une conscience claire de son intérêt. Je vous l'ai dit, elle et son mari doivent tout aux Delcourt. Philippe n'avait pas besoin de s'assurer de son silence. Il lui était acquis d'emblée. D'autant plus que sa relation à Philippe, comporte une certaine dimension sentimentale : elle a débuté très jeune sa carrière avec lui et, aux dires de Xénia, elle n'a jamais été insensible à son allure de play-boy ; qui contraste, il faut bien le reconnaître, avec l'allure de petit bourgeois rondouillard de son mari.

— Reste Vincent Lambert.

— Xénia tenait le risque pour négligeable. Il habite Paris et du fait de sa quasi interdiction de séjour dans notre bonne ville, la probabilité qu'il apprenne quelque chose de fâcheux est en effet quasi nulle.

— Et le « qu'en-dira-t-on », avec la clientèle du cabinet ?

— Il faut savoir que sa partie la plus prestigieuse, la clientèle à réseaux et volontiers à ragots, la seule qui puisse s'intéresser à l'affaire, est exclusivement traitée par Philippe. L'autre partie, le tout-venant, est dévolue à Vincent Lambert l'humanitaire ; une clientèle dont les motivations sont exclusivement dentaires, qui ne pourrait s'intéresser aux règlements de comptes à OK corral, pour rigoler un peu, que si la presse s'en faisait l'écho ; ce qui n'est pas le cas. On imagine mal au demeurant, un client profiter de sa station sur le fauteuil du praticien, pour demander des explications sur un différant survenu en interne entre les membres du cabinet.

— N'est-ce pas un peu ce qui s'est produit avec vous au cabinet du docteur Janin ?

— Pas vraiment, puisque c'est lui-même qui a suscité ma curiosité.

Il regarde sa montre une nouvelle fois.

— Si ça continue, de détour en détour, de bordée en bordée, on va réussir, effectivement, à y passer la nuit.

Elle prend un air sceptique.

— Vous faites comme si vous vous étiez laissé entraîner, mais en fait, c'est votre méthode.

— Une méthode, c'est peut-être beaucoup dire. Je pense qu'un peu d'imprévu, de spontanéité, d'ouverture, quelques pas de côté, un peu de temps laissé aux impressions pour s'imprimer et à la réflexion pour s'enclencher, permettent, à chacun, de tirer un meilleur profit de l'entretien. On peut avoir l'impression de perdre du temps, de s'éloigner du sujet, mais en réalité, cela permet d'avoir une compréhension globale de l'affaire dès son démarrage et d'aller, de ce fait, plus vite et plus sûrement par la suite ; en étant en quelque sorte prémuni contre d'éventuelles surprises.

— À la condition, bien entendu, d'être sincère des deux côtés. Ce qui, sans doute, n'est pas toujours le cas.

— L'affaire Manolios en est la preuve. Nous avions besoin, vous et moi, d'y voir clair avant d'aller plus loin. Je crois que nous y sommes parvenus. Peut-être encore quelques mots pour bien comprendre pourquoi, les Delcourt ont accepté une transaction, certes financièrement très favorable à ma cliente, mais aussi aux Delcourt, d'un autre point de vue, plus important pour eux. Elle leur permettait en effet, de prétendre qu'il y avait une incertitude sur l'issue du procès ; sinon, pourquoi transiger ? Ce n'est pas la justice qui a en définitive tranché, ce sont les parties qui ont trouvé un compromis entre deux thèses également soutenables. Celle des Delcourt consistant à faire valoir qu'en fait de harcèlement, il n'y rien eu de plus qu'une cour un peu trop assidue de la part d'un homme un peu trop viril, un peu trop amateur de femmes, piégé par une belle étrangère et aventurière.

— La chair est faible et le pêcheur qui se repent doit être pardonné. *Amen.* Peut-être même qu'Hélène irait jusqu'à laisser entendre que s'il avait été plus heureux à la maison, il n'aurait pas été tenté au cabinet.

— C'est bien possible. On peut facilement broder sur le sujet et, par petits glissements successifs, un peu comme dans les dessins d'Escher où l'on ne sait pas exactement comment et où, on est passé d'un motif à un autre, d'un régiment de grenouilles à un vol de colombes, passer de la figure du coupable à celle de la victime ; vous voyez ce que je veux dire ?

— Ô combien !

— On peut y voir aussi une farce où les rôles, les masques, s 'échangent : Philippe Delcourt en harceleur ou victime d'une sombre machination, Dom juan ou gay ; Xénia Manolios, en harcelée ou aventurière, franche camarade ou menteuse ; vous, en épouse outragée ou faux témoin ; moi, avocat chevalier blanc ou quasi-complice d'une escroquerie au jugement.

Il s'interrompt quelques instants.

— C'est tout de même un peu surprenant, que vous ayez renouvelé votre confiance à celle qui l'a conçue et mise en scène.

— C'est vrai, mais je lui dois d'avoir repris espoir. Ce qui n'est pas rien. Avant, j'avais l'impression d'avoir vendu mon âme au diable et, ce qui est plus grave encore, que la malédiction allait se reporter sur Guillaume qui ne connaîtrait jamais la vraie vie ; celle qu'on choisit. Après sa naissance, j'avais essayé de me convaincre et de convaincre Philippe, qu'à défaut de former un véritable couple, nous pourrions nous efforcer d'être de bons parents.

— C'était louable.

— Mais totalement irréaliste. Il m'a répondu que pour l'instant, c'était un bébé qui avait surtout besoin de sa mère ; une mère qui disposait de toutes les aides possibles et notamment d'une nurse, bien entendue choisie par ma belle-mère. Il a fallu que je bataille ferme, pour limiter les interventions de l'une et de l'autre et pouvoir m'occuper, sans trop d'entraves, de mon fils.

— Guillaume a grandi, mais rien n'a changé ?

— Je n'ai jamais vu son père le prendre dans ses bras. Ce qui, en fait, a changé, c'est que, lors de ses brèves visites, Philippe s'est montré de plus en plus odieux. D'autant plus que je savais bien que ses sarcasmes n'étaient pas totalement dénués de fondement. Aux reproches devant son indifférence à l'égard de Guillaume qui grandissait, il a répondu par des arguments contractuels. Chacun devait respecter ses obligations : j'avais obtenu la vie dorée dont je rêvais, je devais en contrepartie jouer à la bonne épouse et mère. Mais, si je suis parvenue à ne pas simplement « jouer à », la bonne mère, quand Guillaume était petit, la situation a changé quand il a atteint l'âge de raison qui pour le clan, est l'âge où un enfant, surtout mâle, doit commencer à y prendre sa place. Il est devenu parfaitement clair que l'on considérait que ma mission de génitrice et d'aide puéricultrice, était achevée. Il était temps de transférer mes prérogatives maternelles à l'épouse-mère idéale d'Henri-Marc ; lequel avait déjà récupéré celles du père, laissées en jachère.

— A l'instar de l'oncle qui prime sur le père, dans certaines tribus africaines

— Je ne suis pas certaine qu'il apprécierait la comparaison.

— On est un petit peu raciste, chez les Delcourt ?

— On est pour l'évangélisation, mais il ne faut pas confondre l'égalité devant dieu et l'égalité devant la loi et les richesses.

— Mais, si j'ai bien compris ce que vous m'avez dit précédemment, les intérêts de la captation sont aussi, disons, affectifs.

— Je ne doute pas, en effet, qu'ils aiment Guillaume à leur façon ; et réciproquement. Ce qui n'est pas sans compliquer la situation. Surtout que Marie-Pierre, la femme d'Henri-Marc, se comporte sincèrement vis-à-vis de Guillaume, comme elle le ferait à l'égard d'un petit ravisé au sexe providentiel qu'elle aurait porté. Ce sont de grands bourgeois catholiques avec tout ce que cela peut comporter d'exaspérant, mais je ne peux pas dire que ce sont pour autant de mauvais parents. Ils aiment Guillaume comme leurs filles et je ne doute pas qu'ils lui veuillent tout le bien possible.

— Un peu les Le Quesnoy dans *La vie est un long fleuve tranquille.*

— Je ne suis pas madame Groseille, mais il m'arrive de douter que je suis la mieux placée pour faire le bonheur de Guillaume. Et d'autant plus, qu'actuellement, je dois lutter contre son désir d'être le plus souvent possible auprès de ses cousines qui le considèrent comme leur petit frère et lui comme de grandes sœurs charmantes. Il est normal qu'il préfère une vie de famille chaleureuse à un tête-à-tête permanent avec maman. A part Xénia, que Guillaume connaît à peine, je n'ai pas d'amis et je n'ai plus de parents proches. Il n'a pas de grands-parents maternels.

— Un sentiment d'abandon, de dépossession ?

— Une réalité. Mais je résiste.

— Vous refusez de devenir le parent qui ne dispose que d'un droit de visite, chez lequel l'enfant va passer rituellement quelques heures, le temps d'un bon goûter, d'une sortie au cinéma pour aller voir le dernier Walt Disney, de quelques tours de manège avec croustillons et barbe à papa, et autres promenades dans le square d'à côté.

— Mais plus je résiste, plus j'aggrave mon cas. Ce n'est pas de la paranoïa. Vous savez, ma belle-mère a parfaitement compris que je pense au divorce et que j'y pense avant tout pour que Guillaume n'ait pas l'avenir tout tracé qu'on lui destine. Ce qui pour elle, est évidemment hérétique. Je mérite le bûcher. Elle voudrait bien pouvoir m'excommunier de l'église dont elle est la papesse, mais elle est prudente.

— Et sur l'autre front ; celui, disons, de votre vie personnelle ?

— Pour l'instant, c'est marée basse ; je campe sur l'estran.

— Et l'écriture ?

— Je ne sais toujours pas aujourd'hui si j'ai le moindre talent. Ce qui est certain, c'est que rien de ce que j'ai entrepris, n'a abouti.

— Absence de talent ou blocage ?

— *What is the question* !

Elle se renverse en arrière.

— Je ne peux plus continuer à vivre comme ça. En fait, vous l'avez compris, ce que je veux, ce n'est pas régler des comptes, incriminer Philippe et sa famille ; ils sont ce qu'ils sont et au fond, je ne me sens pas autorisée à les juger. Même si j'estime, sur un autre plan, leurs privilèges exorbitants— et c'est une aristocrate dont les siens ont été abolis dans la fameuse nuit du 4 août, qui vous parle.

Elle se penche en avant.

— Ce que je veux, c'est reprendre ma vie en main, vous comprenez ?

— Je crois. Et c'est Guillaume qui vous a, en quelque sorte, rappelé à cette exigence.

— Quand on m'a déposé le bébé dans les bras à la clinique, ce que j'ai éprouvé était assez loin de la joie simple attendue de la primipare. Je crois que sans être capable, à ce moment, d'y réfléchir clairement, j'ai acquis la certitude qu'il ne me serait plus possible de tricher.

— En somme, une double délivrance.

— Mais il m'a fallu pas mal de temps pour que je me décide à en tirer toutes les conséquences. Il faut dire que maintenant, tout m'y incite.

Elle semble hésiter à poursuivre.

— Je vous ai dit que je m'étais un peu confiée à Jacques Grandin avant mon mariage, à propos…

— De Guy, le jeune architecte parti aux États-Unis. C'est de lui que vous hésitiez à me parler ? Il y a du nouveau ?

— Je sais qu'il est revenu en France ; à Paris. Je l'ai appris dans des conditions un peu particulières. Je suppose qu'Hélène, en prévision d'un éventuel contentieux, a cherché à en savoir un peu plus sur mon passé. Et qu'elle a réussi à tirer les vers du nez de mon ex employeur ; et peut-être aussi de mon cher oncle Julien. En tout cas, elle a fini par retrouver sa trace.

— Comment ?

— Grâce à Léa Gayet, une fille qui a fait archi avec Guy. Je la connaissais bien. Ils ont fait équipe pour leur projet de fin d'études. Les derniers temps, ils ne quittaient plus leur planche à dessin jusqu'à des heures impossibles et la plupart du temps, elle restait dormir le reste de la nuit sur le vieux canapé de notre studio, au pied de notre lit ; ça crée des liens.

Elle soupire, l'air attristé.

— Mais le temps a passé. D'après ce qu'elle m'a raconté, elle a tenté sa chance à Paris, mais sans grand succès. Puis, après une assez longue période de chômage, elle est revenue au pays pour intégrer l'agence d'architecture qui s'occupe localement des bâtiments industriels du groupe Delcourt. Le monde est petit ; surtout en province. Vous voyez, pas très loin de chez vous, rue des cordeliers, un ancien garage transformé en bureaux.

— Je vois, une façade très *design*. Dans votre souvenir, cette Léa était une amie, mais, comme vous dites, le temps a passé.

— Sans doute du fait de son éloignement, elle n'avait pas entendu parler de mon mariage. Elle l'a appris par monsieur Larieux. C'est lui qui avait été chargé de retrouver la piste de Guy, compte tenu de ce qu'il est en contact régulier avec les architectes ; ceux d'ici et ceux de Paris où la famille possède également de nombreux immeubles. Le fidèle serviteur avait pensé que, puisqu'elle avait fait ses études sur place, elle pouvait avoir connu Guy et peut-être même, avoir maintenu un contact avec lui. C'était bien vu. Il n'a pas fait mystère de sa mission et Léa a parfaitement compris que les intentions de la commanditaire n'étaient pas très nettes. Mais vu, entre–autres, l'importance de la clientèle concernée pour l'agence, elle lui a fourni tous les renseignements qu'il pouvait souhaiter. J'ai appris tout cela il y a peu, à l'occasion d'un rendez-vous qu'elle m'avait donné dans un café. Je passe sur sa joie de me revoir et ses craintes d'avoir commis, sans le vouloir, quelques indiscrétions. J'ai appris qu'elle avait toujours correspondu avec Guy et qu'elle allait le voir de temps en temps à Paris où il travaille depuis un peu plus de six mois pour le bureau parisien de l'agence de Chicago. Ce qui, en fait, ne m'a pas vraiment étonnée. Je savais qu'elle en pinçait un peu pour lui. Un peu plus que je ne le pensais, en réalité.

— Il n'a pas cherché à vous joindre ?

— Il avait chargé Léa, justement, de se renseigner sur ce que je devenais, mais elle s'était bien gardée de le faire. Elle n'est pas mariée et je crois que le retour de Guy lui a redonné un peu d'espoir. Après l'entrevue avec Larieux, elle lui a fait part de mon brillant mariage, en pensant certainement que ça le dissuaderait définitivement de chercher à me revoir. Elle m'a dit qu'il ne l'a d'abord pas crue, qu'il pensait que je ne pouvais pas avoir changé à ce point. Elle lui a proposé de me rencontrer pour essayer d'en savoir plus. D'où le rendez-vous. Une manière, à mon avis, de garder une certaine maîtrise de la situation.

— Et que lui avez-vous appris de plus, sur vous ?

— Rien d'important. Il n'était pas question d'entrer dans son jeu. J'ai d'ailleurs écourté notre entrevue. Depuis, je n'ai plus de nouvelles. Sur Guy, j'ai tout de même pu apprendre qu'il était séparé d'une collègue américaine avec laquelle il avait vécu trois ou quatre ans. Ce qui, sans doute, explique, au moins en partie, son retour en France.

— Et où en êtes-vous de vos réflexions ? Pardonnez-moi, mais il va de soi que tout cela peut avoir de l'importance pour la suite, si nous engageons une procédure de divorce.

— Je comprends. Je n'ai pris et je ne vais prendre, aucune initiative, aucun risque, pour le moment. Il y a le divorce, mais il y a surtout Guillaume. J'ai bien entendu ce que vous m'avez expliqué. Et puis, j'ai très peur de la réaction de Guy quand il apprendra que j'ai avorté.

— Léa Gayet n'est pas au courant ?

— Non ; heureusement. Elle est partie à Paris en même temps que Guy partait à Chicago.

— Vous pensez que votre belle-mère est persuadée que vous allez, un jour ou l'autre, quitter votre mari pour aller rejoindre votre amour de jeunesse avec votre fils dans les bagages ?

— J'en suis certaine. Depuis que mon mari a eu connaissance de l'attestation que j'ai rédigée pour Xénia, je suis en quarantaine. On ne m'adresse plus la parole que pour régler des questions purement pratiques. Je suis tenue à l'écart de tout. On est persuadé que je suis plus que la complice, l'instigatrice du complot destiné à favoriser mon évasion. Je suis en permanence surveillée. Je sais que sous couvert de rangement, la bonne fouille dans mes affaires. Je l'ai surprise et j'ai voulu lui donner congé. Elle n'a pas bougé. Elle s'est foutue de moi. J'en ai parlé à Philippe, qui a refusé d'en entendre parler. Vous imaginez l'ambiance à la maison !

— Je vois qu'en citant Hitchcock, je n'étais pas très loin.

— C'est très déstabilisant. Je suis persuadée que la stratégie de ma belle-mère consiste, désormais, à m'acculer à la dépression ; et pourquoi pas, à terme, avec une fille médecin et d'excellentes relations un peu partout dans l'administration et la justice, achever le travail par une hospitalisation. Avec, évidemment, l'aval de Philippe qui ne verrait, cela va de soi, aucune objection à ce que Guillaume soit confié officiellement au couple de son frère aîné ; Marie-Pierre étant de surcroît sa marraine, ce qui, chez les Delcourt, n'est pas rien.

— Qui est le parrain ?

— À la demande empressée de ma belle-mère, mon bienveillant oncle Julien, qui, à coup sûr, tout en gémissant sur mon sort, trouverait qu'il ne peut y avoir de meilleure solution.

— Je dois admettre que le piège est redoutable.

— C'est pour cela que je suis décidée à faire quelque chose, quoiqu'il m'en coûte. C'est une question de survie, je n'exagère pas. Je ne veux pas que Guillaume qui n'a pas de véritable père, se retrouve sans véritable mère ; comme orphelin. Je ne vous l'ai pas encore dit, mais avant l'histoire de harcèlement de Xénia et avant de penser à vous, à un moment où je n'allais vraiment pas bien, j'ai consulté une avocate.

— Ah bon ! Qui ? Mais vous n'êtes pas obligée de me le dire.

— Maître Lévy.

— Vous la connaissiez ?

— Non. J'ai trouvé ses coordonnées dans le bottin. J'ai vu qu'elle était spécialisée en droit de la famille. J'ai pris rendez-vous, sous une fausse identité, par précaution. Mais j'ai vite compris, qu'elle n'avait aucun lien avec les Delcourt.

— Vous aviez fait un excellent choix. Esther Lévy que je connais bien, est une bonne spécialiste du droit de la famille. Et elle est en particulier très investie dans la défense des droits des enfants. Que vous a-t-elle dit ?

— En l’absence de toute possibilité de divorce amiable, elle ne s’est guère montrée optimiste à l’égard de l’épouse d’un Delcourt plutôt isolée. Qui accepterait de témoigner du désintérêt du mari pour sa femme et son fils et de ses frasques ? Je risquais fort de mettre inutilement en péril l’équilibre de l’enfant transformé en enjeu majeur, et le mien. Si je voulais à toutes forces faire quelque chose, je pouvais peut-être envisager d’avoir recours à une officine spécialisée. Ce qui ne semblait pas l’enthousiasmer. Mais c’est ce que j’ai fait.

— Et je suppose, puisque vous n’avez pas évoqué jusqu’à présent cette démarche, que ça n’a rien donné d’exploitable.

— J’ai disposé, en tout et pour tout, du relevé exhaustif des déplacements de Philippe, c’est-à-dire, si l’on excepte les visites à des amis au-dessus de tout soupçon et à la famille, essentiellement à Paris, à l’adresse de Vincent Lambert. Une adresse qui, je l’ignorais, est aussi, celle d’une certaine Juliette Morange, censée être sa compagne. Une sorte de « top model ». Maître Lévy m’a dit qu’on pouvait faire valoir que la fréquence de ses soirées parisiennes était incompatible avec une vie familiale normale, mais qu’il ferait sans doute valoir, avec à l’appui quelques attestations de son entourage amical et familial, bien senties, qu’étant très malheureux auprès d’une épouse hautaine et revêche— je traduis— il recherchait tout simplement un peu de réconfort au foyer accueillant de son associé et meilleur ami.

Un argument qui, en l’absence du moindre indice contraire, avait de bonnes chances de prévaloir. Surtout qu’on pouvait s’attendre à ce qu’il jure ses grands dieux être prêt à réintégrer quotidiennement le domicile conjugal, pour peu que l’épouse y mette du sien. Philippe n’a commis aucune imprudence. Il devait se douter que je préparais quelque chose. Quand il sortait avec Vincent Lambert, il n’avait jamais d’attitude équivoque. Il dispose, il est vrai, d’une longue expérience du camouflage. Tout ce que le rapport prouvait, finalement, c’est que je faisais suivre mon mari, et sans aucun doute, pour de mauvaises raisons. Bref, le mieux était d’en rester là. J’en suis resté là, à ce moment.

Elle s’interrompt, semblant avoir encore quelque chose à dire sur l’avant.

— Il y a autre chose ?

— Xénia ne vous l’a sans doute pas dit mais, elle aussi, a vu un avocat avant de venir ici.

— Non, elle s'en est bien gardée.

— Lorsqu'elle a prétendu, très tôt, que mon mari la harcelait, elle m'a parlé d'un de vos confrères qu'elle avait consulté pour connaître ses droits. Elle m'avait dit quelque chose comme : *« maintenant, je sais ce que j'ai à faire ».*

— Elle vous a dit son nom ?

— Je sais seulement que c'est un parisien. Il me semble qu'elle a parlé de la rue de Rivoli.

— Je suppose que la visite rendue à ce parisien, correspond à la phase expérimentale et documentaire du projet de ma future cliente. Compte tenu de ce que je sais maintenant, je ne crois pas qu'il soit délirant de penser qu'elle l'a consulté en lui racontant, comme s'il était effectif, le harcèlement dont elle comptait accuser votre mari.

— Elle voulait s'assurer que l'histoire lui apparaissait crédible.

— Plus précisément, que les faits qu'elle décrivait comme réels, pouvaient être qualifiés de harcèlement sexuel. Et voyant que c'était le cas, pour compléter son information, elle lui a demandé quelles preuves, *a minima,* il lui fallait rapporter. Ça me rappelle un film dont j'ai oublié le titre, dans lequel un homme qui était passé à l'acte après s'être informé auprès d'un avocat comme je le présume Xénia, mais en matière criminelle, l'accusait d'avoir piloté le crime et exigeait, pour ne pas le dénoncer, qu'il lui obtienne l'acquittement soi-disant promis.

— Le cas de Xénia est tout de même moins diabolique.

— Elle a tout de même trompé, outre le parisien, un pauvre avocat provincial et un brave psy.

— En ce qui concerne Levaillant, Xénia n'a pas eu besoin de recourir à un autre psy à « titre documentaire ». Elle s'est tout simplement procurée la littérature de Levaillant lui-même qui, en effet, est très prolixe sur toutes sortes de sujets, y compris celui du harcèlement. Après une étude attentive de ses écrits, elle a préparé ses réponses aux questions qu'il ne manquerait pas de lui poser, afin que son diagnostic corresponde, au plus près, à ce qu'il fallait qu'il soit, pour peser, lourdement, en sa faveur.

— Je ne crois pas avoir vu quelque chose d'équivalent, depuis mon inscription au Barreau. Elle a pensé à tout, ou presque. Elle voulait, en me chargeant de son dossier, un avocat qui plaide en étant sincèrement persuadé, autant de la bonne foi de sa cliente— dont il ne connaissait presque rien— que de la mauvaise foi d'un adversaire habituel dont il connaissant déjà beaucoup, et, en particulier, la fourberie. Il lui fallait, pour cela, cloisonner.

— C'est pour cela qu'elle aurait préféré que je choisisse un autre avocat. Pour me dissuader, elle m'avait dit que vous ne vous occupiez plus personnellement des divorces ; que c'est une jeune avocate sans expérience, qui s'en occupait.

— Je me garderai bien de rapporter ce propos à ma jeune collaboratrice qui est très compétente et très pugnace. Mais dites-moi, par qui avez-vous su que ne n'avais pas complètement renoncé au droit de la famille ?

— Par madame Lémann.

— La gynécologue ?

— La mienne. Il n'était évidemment pas question que je prenne la sœur de mon mari. Vous imaginez la situation.

— En effet. J'ai fait une exception parce qu'elle est également la gynéco de ma femme.

— Serais-je votre seconde exception ? Pour une toute autre raison, bien sûr.

— La raison à laquelle vous pensez compte, mais il y a aussi le fait que nous sommes allés assez loin dans ce qui aura été un peu plus qu'une simple consultation. À plusieurs reprises on aurait pu croire que l'entretien était terminé et pourtant, il a repris. C'est sans doute parce qu'une certaine confiance s'est instaurée entre nous, que nous avons voulu que rien d'essentiel, ne reste dans l'ombre.

Il lui semble que dans le regard de celle qu'il a vu venir à lui depuis sa fenêtre, vient se mêler, à l'acquiescement, un certain trouble ; qu'elle a tôt fait de maîtriser. Elle regarde sa montre.

— C'est certain que chez un autre avocat, je serais rentrée chez moi depuis longtemps.

— Le jugement Manolios en mains, après avoir pris quelques notes d'état civil et biographiques indispensables, il vous aurait expliqué sommairement la procédure et donné quelques conseils sur l'attitude à adopter en attendant l'audience de conciliation ; puis vous aurait accompagné jusqu'à la sortie, après avoir sollicité la provision d'usage. Alors qu'il va nous falloir nous efforcer, sans trop perdre en efficacité, c'est-à-dire sans risquer le dénouement injuste que serait votre maintien en servitude et votre dépossession de vos droits maternels, de trouver une voie de navigation judiciaire juridiquement et, disons, moralement, acceptable. Sachant que s'il y a eu du mensonge du côté de Xénia Manolios, il y en a eu aussi du côté Delcourt. Il faut que je réfléchisse un peu.

Il se lève.

Elle se lève à son tour, manifestement éreintée. Elle fourre son mouchoir brodé dans une poche du manteau qu'elle enfile avec une certaine difficulté, tente sans succès de relever sa mèche rebelle, prend son sac et lui tend la main. Une main dans laquelle il sent qu'elle a concentré ses dernières forces. Il la raccompagne jusqu'à la porte. Sur le palier, elle fait deux pas et se retourne.

— Pardonnez-moi, j'ai oublié de vous demander combien je vous dois pour tout ce temps, déjà.

— Nous parlerons d'honoraires plus tard.

De s'être levée et d'avoir fait quelques pas, semble lui avoir redonné un peu de vigueur. Elle le quitte en le gratifiant d'un ultime et charmant sourire, comme une révérence, et se dirige vers l'escalier. Il referme la porte et s'y adosse un instant. Il se retient d'aller se replacer à la fenêtre de son bureau pour regarder celle qui, désormais, a non seulement un nom, mais une présence et une histoire ; celle qui va sortir de l'immeuble, traverser la rue, s'engager dans l'allée de tilleuls qui traverse la place, et bientôt disparaître au pied de la mairie d'où elle avait émergé deux heures et demie plus tôt ; en parfaite inconnue. En retournant à son bureau, il se dit qu'elle va certainement appeler dès qu'elle sera rentrée ou dès demain matin, sa déconcertante amie, pour lui rendre compte de l'entretien. En quels termes ? Que dira-t-elle, que diront-elles, de lui ? Il enfouit le dossier *Manolios c/ Delcourt* dans le grand cartable à soufflets de Luc, relique du lycée affectée au transport des dossiers volumineux, et passe au secrétariat prendre le dossier de la SOVARCO avec celui qu'il doit plaider à Rennes, qu'Édith a placés sur le comptoir à l'accueil. Un comptoir qui doit étrangement ressembler à celui du cabinet Delcourt où l'assistante du patron dépose quotidiennement le courrier. Un instant, il voit Lise sa jeune collaboratrice en habit d'intrigante, profitant de l'absence d'Édith pour passer derrière le comptoir, se saisir calmement du paquet de lettres qui lui sont destinées pour en extraire celle qu'elle lui a adressée en recommandé pour se plaindre d'il ne sait quoi ; puis replacer le paquet expurgé de la lettre mystérieuse sous le comptoir, et s'en aller vaquer tranquillement, détendue, souriante, à ses occupations habituelles.

C'est convaincu qu'il n'est immunisé contre rien de ce qui arrive aux autres, qu'il s'apprête à quitter les lieux après un rapide tour des bureaux pour vérifier que toutes les lampes sont éteintes. Ce qui est le cas à l'exception, courante, de la salle polyvalente où un étalement caractéristique de bouquins, revues et autres jurisclasseurs, abandonnés sur la grande table ovale, témoigne du passage de Luc, venu sans doute fourbir les arguments d'un délicat dossier en chantier. Il espère le voir demain soir avant de recevoir à nouveau Marion Delcourt, pour recueillir son avis sur les implications de ses révélations. Il éteint, garde le doigt sur l'interrupteur et rallume un instant. C'est ici, un soir, après le départ des secrétaires, que son ami lui a annoncé la découverte de son cancer ; au milieu d'une de ces discussions dont ils sont friands à cette heure, à propos d'une certaine absurdité, parfois drolatique, parfois dramatique, dont le fonctionnement de l'appareil judiciaire peut être un lieu privilégié. Où en est-il, que disent les médecins ? Il ne veut pas en parler. Il s'absente selon un rythme qui lui semble plus resserré depuis quelque temps. Il appuie derechef sur le bouton et referme la porte.

Dans l'escalier, il se demande si la Cour de Rennes et le confrère adverse ont été avisés de ce qu'il souhaite plaider en fin de matinée compte tenu de la distance. Il a oublié d'en parler à Édith. Il l'appellera le plus tôt possible demain matin pour le vérifier et probablement, se voir reprocher d'avoir pu douter qu'elle en ait pris l'initiative. Avant de partir, à l'aube, il va devoir relire le dossier et classer les pièces dans les cotes de plaidoirie. Il réfléchira à sa prestation à l'aller. Le midi, il relira l'arrêt de la Cour de cassation concernant la SOVARCO et au retour, il aura « tout loisir » de penser au dossier Manolios et désormais Delcourt. S'il dispose d'un peu de temps avant de quitter Rennes, il fera un saut au musée des beaux-arts pour y admirer, pour la troisième fois, *Le nouveau-né* de Georges de La Tour, son peintre préféré du dix-septième siècle.

Sur le trottoir, il pense que non seulement l'hypothétique bon film à la télé est terminé depuis longtemps, mais qu'il est probable qu'Hannah sera couchée et endormie.

DEUXIÈME PARTIE

SCP Mauduit & Duquesne Avocats

—

Dossier n° 81/69

—

Lambert c/ Ministère public et Delcourt

—

Dossier en rapport avec les affaires
Manolios C/Delcourt et Delcourt C/Delcourt

Jeudi 19 février/4h50.

Il se tourne vers le bord du lit bas en s'efforçant de ne pas trop tirer à lui la couette, pour voir l'heure sur le cadran du réveil posé à même la moquette. 4h 5O. Encore dix minutes. Il écrase l'alarme et reprend la position allongée sur le dos, les yeux au plafond, qu'il n'a pratiquement pas quittée depuis le coucher. Il entend le souffle régulier d'Hannah qui lui a demandé au milieu de la nuit pourquoi il ne dormait pas ; si ça allait. Le soupire qui a suivi le « ça va, dors » rituel, lui a semblé venir de très loin. Elle lui tourne le dos. L'arrondi qui s'appuie sur sa taille le fait hésiter entre se lever immédiatement comme il le devrait, ou prolonger un peu son séjour dans le lit. Il hasarde une main sur une hanche nue qu'il caresse avec précaution sans susciter de rejet. Encouragé, il pivote et s'ajuste au plus près pendant que la main libre migre sur les seins et le ventre sous le tee short qu'elle lui a emprunté, pendant qu'il pose ses lèvres sur le cou parmi les chers frisotis.

— Paul il fait chaud ; je suis fatiguée.

Elle l'a dit, à peine plus éveillée qu'au cours de la nuit, en enveloppant cependant son rejet à peine audible, d'une insupportable bienveillance. Il rétracte la main égarée et reprend sa position hiératique de gisant, d'un même bref mouvement, en s'efforçant de contenir la fureur stérile que provoque, immanquablement depuis quelques temps, tout refus, aussi circonstanciel et provisoire soit-il. Malgré les volets roulants électriques qui ne laissent passer aucune lumière, le cinéma du plafond a été permanent. Il y a eu l'enquête qu'il s'est jusqu'à présent refusé à mener, prise en charge, à son insu, par son imagination, sur la vie d'Hannah en dehors de l'hôpital et de la maison ; une vision de Luc à l'agonie, à laquelle il s'est efforcé de substituer des images rassurantes de guérison ; puis le défilé des affaires en cours ou qui devraient l'être, toutes perdues d'avance. Avec pour la première fois, parmi ces futurs échecs, un ancien succès, comme si plus rien n'était acquis. Hannah se retourne et l'enlace la tête contre son bras allongé, comme si elle regrettait de l'avoir repoussé, mais toujours endormie.

Quand il est rentré du bureau à presque 23h00, elle ne dormait pas. Elle n'était pas couchée. Elle l'attendait en lisant, allongée sur le canapé. Il s'est approché pour l'embrasser. Elle l'a laissé faire sans bouger. Il s'est excusé pour l'heure. Elle n'a pas répondu. Elle a poursuivi sa lecture quelques instants, puis elle s'est levée pour aller réchauffer une pizza dégelée pendant qu'il allait déposer le lourd cartable dans le bureau à l'étage. Il a proposé de faire un plateau. Elle a répondu qu'il était préférable, vu l'heure, de souper dans la cuisine. Au bout d'un long silence, il lui a demandé ce qu'elle avait fait dans la journée.

— « J'ai emmené les enfants au parc d'attractions et après, on est passé chez ma mère qui voulait les voire.

— Et demain ?

— Tu sais bien que je travaille, le jeudi !

— Le matin, mais l'après-midi ? »

Elle a paru surprise. Elle l'a regardé sans gêne manifeste, mais avec insistance, comme pour tenter de deviner le sens exact de sa question. Il s'était pourtant efforcé de la poser sur un ton aussi neutre que possible.

— J'ai prévu d'aller en ville.

— Avec ta grande copine, Marlène ?

— Non, pas avec ma « grande copine », comme tu dis.

Il n'a pas osé lui demander : alors avec qui ?

Depuis l'étage, lui parvient la sonnerie à peine audible du second réveil que, par précaution les jours de grand déplacement, il positionne dans le bureau. Il soulève doucement le bras d'Hannah, gagne le bord du lit en se dégageant comme un spéléologue d'un boyau étroit, sort les jambes l'une après l'autre puis le buste, en soulevant la couette à bonne hauteur pour éviter à la fois, un enroulement et un appel d'air frais qui risqueraient de la réveiller.

Il gagne la salle de bains pour quelques ablutions d'attente, descend à la cuisine prendre un premier café bouillant, puis, une seconde tasse à la main, se rend au bureau pour préparer sa première intervention du jour. Non sans quelques instants de contemplation, lumière éteinte, du tableau naturel qu'encadre la fenêtre contre laquelle le grand plateau de bois blanc sur tréteaux, est disposé. Le jardin et le petit bois qui le prolonge, traversé par un sentier herbeux propice, les dimanches sans sortie extérieure, sans réception et sans travail particulièrement urgent, à de longues promenades par tous les temps, avec les enfants. Un paysage de nuit aux mystères plus accentués que combattus par la lune, aux allures de radioscopie, où vient se mêler en surface, son propre reflet. De la même fenêtre, certains matins ensoleillés, c'est un certain paysage féminin mouvant et émouvant, qui a sa préférence. La voir planter, déplanter, sarcler, s'accroupir, se relever, aller d'un massif à un autre, ne le laisse jamais indifférent. Elle le sait. Elle dit de son bureau, suivant l'usage qu'il en fait, qu'il est son affût ou sa tour d'ivoire.

Il sort le dossier de son antique fourreau de cuir élimé, le dépose devant lui, l'ouvre et constate avec satisfaction que les pièces ont été classées dans les cotes de plaidoirie par les bons soins d'Édith ; et qu'il va donc lui suffire de réviser sa leçon. Il est tenté un instant de retourner auprès d'Hannah, mais y renonce, raisonnablement. Il tourne, l'une après l'autre, la trentaine de cotes que contient le dossier de plaidoirie, sans vraiment parvenir à se concentrer. La tête enfoncée entre les mains comme un coin dans une bûche, il se contraint à lire lentement et attentivement une fois chacune d'elles et les pièces qui y sont rangées, avant de replacer le dossier dans le cartable et d'en retirer un autre. Il hésite entre le dossier de la SOVARCO et le dossier Manolios.

Il opte pour ce dernier. Ce qu'il n'a pas revu hier soir, ce sont ses notes de rendez-vous de l'époque. Elles sont regroupées dans une chemise dédiée. Selon sa méthode de travail, elles ont été enregistrées au dictaphone après les entretiens avec la cliente et tapées par Édith en suivant une présentation standard, proche des dialogues d'une pièce de théâtre. Ce qui la ravit. Il compte neuf rendez-vous. Rien dans ce qu'il lit, ne trahit l'existence d'un soupçon un tant soit peu consistant. Il a foncé tête baissée. Seul un compte rendu de rendez-vous téléphonique avec Salvain-Lagrezette, après le jugement et avant la signature de la transaction qu'il avait pour objet de mettre au point, mentionne une amorce de questionnement : *« Pourquoi SL m'a-t-il dit à la fin de l'entretien : « mon client se couche, mais sachez que dans d'autres circonstances, je lui aurais conseillé de déposer plainte. C'est bien joué, il est coincé, mais j'espère tout de même que ce n'est pas vous qui avez monté le coup comme il en est persuadé. » Je n'ai pas eu le temps de lui demander de s'expliquer. Il a raccroché et quand j'ai rappelé, sa secrétaire, elle a prétendu qu'il était déjà parti. Qu'est-ce que cela veut dire ? »* Le lendemain, il est passé à autre chose et peu après, la transaction a été signée séparément par chaque partie dans le cabinet de son avocat. Il referme le dossier et passe dans la salle de bains.

19h00.

Il croise Édith dans l'escalier du cabinet.

— Vous partez déjà ?

— Pour une fois !

— C'est ce que vous dites.

— Vous pensez que je m'attarde uniquement quand vous êtes là ?

— Comment voulez-vous que je le sache ? Ce que je sais, c'est que vous ne décrochez jamais après dix-neuf heures ?

Ce que je vois, moi, c'est que vous avez l'air épuisé ; mais que ça ne vous empêche pas d'être mauvais.

— Vous voir me stimule.

— Passons. Comment ça s'est passé à Rennes ?

— J'ai eu un peu de mal à dérider la présidente.

— Elle était ridée ?

— Revêche. Une vieille peau fardée ; une peau de poulet rôti mal plumé, tendue par la cuisson ; jaune, avec des grains noirs, prête à craquer.

— Vous n'avez pas honte ! Vous pensez que c'est perdu ?

— Non, on a encore nos chances. La tête et l'attitude du juge sont parfois trompeuses, dans les deux sens.

— Au fait, j'ai tapé ce que vous m'avez donné hier soir.

— Parfait. Ça vous a paru cohérent ?

— Je pense qu'on a nos chances, là aussi. J'ai l'impression que vous allez une fois de plus vous faire des copains en face. « *Les coupeurs de bourse »,* tout de même !

— Ce ne sont pas des voleurs, peut-être, ces suppôts du grand capital ?

— Vous voilà communiste maintenant ; vous n'êtes plus socialiste ?

— Et le programme commun de la gauche, vous l'avez oublié ?

— Commun, ça reste à voir. En tout cas, j'ai vu que vous la soigniez, votre grande bourgeoise : deux rendez-vous en deux jours !

— Est-ce qu'elle a téléphoné ?

— Quelqu'un a téléphoné pour elle.

— Qui ?

— Je ne sais pas, une femme. Elle n'a rien voulu me dire, sinon qu'elle rappellera à l'heure du rendez-vous, en espérant que vous serez rentré et qu'elle pourra vous parler.

— Autrement dit, il y a peu de chances que le rendez-vous tienne. Ce qui m'étonne beaucoup. Vous qui êtes très sensible aux voix, celle de l'inconnue ne vous a rappelé personne ?

— Je n'en suis pas certaine, car la personne s'efforçait de dissimuler sa voix, mais j'ai bien cru reconnaître…

— Xénia Manolios, évidemment. Qui d'autre qu'elle, pourrait appeler pour Marion Delcourt le lendemain de son rendez-vous au cabinet ? Qu'est-ce qu'elle va bien pouvoir me raconter ?

Il réfléchit quelques instants.

— Bon, on verra. Est-ce que Luc est encore là ?

— Oui, il a fini son dernier rendez-vous il y a environ un quart d'heure.

— Vous passerez au cabinet demain avant de partir à l'expertise ?

Il acquiesce d'un clignement d'yeux.

— Alors vous pourrez me dire ce qui s'est passé ; moi aussi je suis curieuse de savoir ce que la Manolios a bien pu manigancer.

Il prend un air offusqué.

—Allez, rentrez chez vous. Bonne soirée.

Elle lui fait un signe de la main en guise de renvoi du bonsoir et reprend sa descente. Lui, son ascension quatre à quatre. Parvenu à l'étage, il franchit d'un trait le couloir, pénètre dans son bureau en poussant la porte du pied, laisse choir la robe et le cartable sur le fauteuil, jette un œil sur le cahier des appels téléphoniques puis sur la pile de courrier, et passe sans plus tarder dans le bureau d'en face, dont la porte entrouverte indique que son occupant l'attend.

Luc lui apparaît entre deux piles de dossiers au-dessus desquelles flotte un cumulus de fumée grise. Il a les traits tirés, mais il a néanmoins son air goguenard des bons soirs. Il s'apprête, manifestement, à lui raconter, en arrière sur son fauteuil et les jambes à l'horizontal, sans cesser de tirer sur sa pipe, l'un des deux cent huit épisodes et plus, des Shadocks de la planète judiciaire.

— Assieds-toi.

— Il faut que je te parle.

— Moi d'abord !

— Bon, vas-y.

— Tu sais que j'avais une audience de commerce assez lourde en début d'après-midi, mais ce que tu ne sais pas, c'est qu'on est venu me chercher après l'appel des causes, pour prendre une affaire en correctionnelle. Marie a laissé passer une « com'd'off' ». On ne pouvait pas t'appeler, puisque t'étais à Rennes. Il a bien fallu que je me démerde.

— Tu n'as pas essayé de la repasser à quelqu'un ?

— Il n'y avait que Talandier sur place, et il a dédaigneusement refusé.

— C'est vrai que ce fils de paysans cossus du pays de Caux, n'est pas vraiment la réincarnation de notre Saint patron breton.

— Tiens, c'est la première fois que je t'entends évoquer notre bon Yves Héloir de Kermartin ! Te serait-il apparu lors de ton pèlerinage à Rennes ?

— Non, et je ne sais pas grand-chose sur lui, sinon qu'il s'intéressait au sort des pauvres, lui.

— *Advocatus erat, sed non latro, res mirabilis populo.*

— Tu peux traduire ?

— Tu n'as pas fait une UV de droit romain avec moi ?

— Si peu.

— C'est vrai que j'assistais aux cours pour deux. *« Il était avocat, mais pas voleur, chose admirable pour les gens. »*

— C'est comme pour la messe dite en latin, il n'est pas toujours avantageux d'en comprendre les paroles.

— N'en profite pas pour assouvir ton anticléricalisme primaire.

— Allez, raconte la suite.

— J'ai fait le forcing au commerce pour passer assez rapidement mes dossiers, avant d'aller jouer ailleurs les Paul Mauduit. Il ne fallait pas que j'arrive trop tard, compte tenu de ce que notre pauvre, était annoncé vers 16 heures.

— Il était donc détenu.

— En effet, pour « autre cause ». L'escorte devait pouvoir repartir le plus vite possible. Mais j'ai dû me cramponner à la barre. Il y avait ce vieux beau, ce donneur de leçons de Lavergne, qui prétendait me souffler la priorité ; et il avait évidemment la faveur du président, du fait de mon inconvenante association avec toi.

— Henri-Marc Delcourt.

— Lequel, comme tu le sais, a une fâcheuse tendance à confondre la présidence du tribunal avec celle de son conseil d'administration. J'ai dû menacer d'aller chercher le bâtonnier pour obtenir satisfaction. Mais je dois dire que j'ai été récompensé de mes efforts. Je comprends mieux maintenant pourquoi, tu fréquentes assidument la correctionnelle, mon salaud ! Je ne savais pas que ça pouvait être aussi marrant.

Il rallume sa pipe et tire quelques bouffées.

— Finalement, quand je suis arrivé en correctionnelle, on en était encore à des questions de procédure et de retenues. Un confrère plaidait un renvoi auquel s'opposait le parquet. Je m'étais affolé pour rien. Ce qui est pardonnable pour un novice. J'ai même dû attendre que l'on passe une première affaire, mais qui, heureusement, contrairement à la mienne, s'est révélée intéressante en raison de la présence d'un vieux cheval de retour du braquage bancaire, particulièrement pittoresque. Comme quoi, l'attente a parfois du bon. La cinquantaine ravinée, rogue, gouailleur, titi parisien, sans doute ancien boxeur recyclé dans le porte flingue. Un second couteau, mais qui devait avoir du métier, à la manière des seconds rôles du cinéma d'autrefois, genre Dalban ; tu vois ?

— Oui, mais compte tenu de ta description, je verrais plutôt un André Pousse transcendé par ton dialoguiste préféré des *Tontons flngueurs*.

— Tu as raison. J'avais pensé à Dalban à cause du pif en éteignoir, mais en effet, l'ancien cycliste ferait l'affaire dans le rôle. Bref un modèle du milieu façon Dédé les diams, Tony le stéphanois ou Bébert l'enjôleur, amené par la même escorte que mon client, pour une histoire de confusion de peines. Au moment du prononcé, il s'est levé avec l'air détaché de l'initié que rien ne saurait surprendre, puis s'est rassis la lecture achevée, sans broncher.

— Avec une certaine dignité.

— Je dirais même, une certaine grandeur, et ce d'autant plus, qu'aux dires du confrère qui l'assistait, le rejet de sa requête renvoyait la question de sa libération à un âge proche de celui de la retraite.

— *« Et, sans daigner savoir comment il a péri. Refermant ses grands yeux, meurt sans jeter un cri. »*

— Là, c'est peut-être un peu exagéré. À la réflexion, je crois qu'il n'était pas mécontent, parce que son extraction lui avait au moins permis de faire une belle balade depuis la centrale de Clairvaux et qu'en définitive, la condamnation dont il avait initialement écopé ne devait pas excéder ses prévisions éclairées.

— En somme, il avait présenté une requête par acquit de conscience, pour éviter de stériles regrets, mais aussi pour satisfaire une certaine appétence pour le tourisme judiciaire.

— Oui, on était sans doute dans la moyenne raisonnable du tarif, il n'avait pas à se plaindre et il était plutôt satisfait de sa journée. Sauf que l'addition allait tout de même comporter un supplément.

— Une peine complémentaire insoupçonnable ?

— Non, pire que ça !

— Tu veux dire une atteinte à la bienséance, voire à l'honneur ?

— Oui et tu vas voir comment. Il y a eu un temps mort dû à un changement d'assesseur et le remplaçant s'est fait attendre. Celui qui est resté, sans doute pour tuer le temps, a cru pouvoir plaisanter impunément aux dépens de notre bonhomme. On ne sait pas exactement ce qu'il a dit à l'oreille du président, mais ils ont eu l'air de bien se marrer et les coups d'œil répétés en direction du box, ne pouvaient laisser aucun doute sur l'identité de la tête de Turc.

— Alors, qu'a fait Soliman le magnifique ?

— Compte tenu de ce que pour lui, les comptes avec l'institution judiciaire étaient réglés, je ne dirais pas qu'il batifolait vu ses entraves, mais en tout cas, il était détendu. Il profitait naïvement du spectacle de l'audience. Il ne s'est pas rendu compte tout de suite du manège ; mais, quand il s'en est aperçu, son sang n'a fait qu'un tour.

— L'indignation, le bon droit bafoué, la colère du juste !

— Exactement. Il s'est levé d'un bond, entraînant avec lui le pandore qui lui avait repassé les pinces, et il est venu se coller contre la rambarde du box, le buste en avant à croire qu'il allait passer par-dessus, les yeux braqués comme un fusil à canon scié sur l'assesseur à la coupe de cheveux de concours de coiffeur.

— Détail important. Je vois évidemment de qui il s'agit.

— J'ai noté précisément les paroles du sieur Crassemeule, c'est le nom de l'offensé, ça ne s'invente pas.

Il pose sa pipe et sort de sa poche un morceau de papier un peu froissé.

— Tu comprends, je ne voudrais pas trahir l'auteur. Ouvrez les guillemets : *« Toi la pédale de droite, fais-pas le con, j'tai à l'œil ; c'est pas parce que j'suis en cabane pour encore sept plombes, que tu peux te payer gratis une tête de veau ; fais gaffe, j'connais du monde dehors qui pourrait bien te faire avaler ce qui te reste de couilles. »* Fermez les guillemets.

— Sur la forme, il n'y a rien à dire, ça fleure bon la tradition ; sur le fond, ça frise la légitime défense.

— C'est ce que tous les esprits avertis ont pensé.

— Et alors, comment ont réagi les hauts magistrats ?

— Assez bassement, je dois dire. Jo Dalton était crédible ; on ne sait jamais. Après un moment de sidération puis de concertation silencieuse qui aurait pu, en droit, déboucher sur des poursuites pour outrage, et alors que tout le monde s'attendait au pire pour l'intéressé, le soufflé est retombé. Le président s'est contenté de demander à l'escorte de ramener immédiatement le grossier, au bercail.

Il vide sa pipe et la bourre à nouveau.

— Je dois dire que cette saynète palatine a égayé ma journée. Et toi ?

— Moi, j'ai surtout beaucoup roulé.

— Combien d'excès de vitesse ?

— C'est un peu tôt pour le savoir.

— Tu n'as pas profité du voyage pour faire une petite visite au musée local ?

— Si, une visite éclair pour voir un tableau.

— *Le nouveau-né* de Georges de La Tour.

— Comment le sais-tu ?

— Tu m'en as assez parlé.

— Une pure merveille. Un de ces tableaux qui te feraient croire en Dieu. Je parle pour moi, évidemment ; toi, tu n'as pas besoin de ça.

— Au fond tu es un agnostique à balancier. Tantôt tu penches d'un côté, tantôt tu penches de l'autre.

— Je te remercie. C'est plus aimable que de dire que je suis un faux cul.

— Je ne me permettrais pas mon bon Émile. Je te crois simplement honnête. A défaut d'avoir la foi, il te reste la raison, mais une raison toujours plus ou moins soumise aux fluctuations de l'humeur et des circonstances. L'équilibre des plateaux de la balance de l'agnostique est, comme celui de la justice, nécessairement instable. Sinon, tu retomberais dans le dogmatisme que tu exècres.

— C'est bien dit. Mais je penche quand même, le plus souvent, du côté du rien.

— Je sais, et ça me désole assez. Mais à part ça, à Rennes, c'est bien l'affaire du Comité d'Entreprise de la SCORMA que tu plaidais ?

— Oui. Malgré une présidente qui m'a conforté dans l'idée que la féminisation de la magistrature n'améliorerait pas nécessairement le visage de la justice, on peut dire que ça ne s'est pas trop mal passé. Je crois que le délit d'entrave tient à la colle.

— Mais ce n'est pas de ta prestation bretonne que tu veux me parler.

— Non, plutôt d'une affaire grecque.

— Je n'en connais qu'une : l'affaire Manolios. Notre renommée est certes immense, mais notre percée sur le marché Grec est tout de même encore assez réduite.

Il fronce les sourcils.

— Mais à ma connaissance, elle est terminée depuis un certain temps. Ne me dis pas qu'elle s'est poursuivie en privé.

— Que vas-tu imaginer ?

— Moi ; rien, mais tu m'as assez parlé de cette affaire qui n'avait pourtant à première vue rien d'exceptionnel, à part, disons, la personnalité de ta cliente, pour que je m'inquiète des effets de ton imagination volontiers débordante. Il y avait aussi le fait, c'est vrai, que, pour la première fois, tu agressais directement la famille d'Henri-Marc Delcourt ; ce qui, même si les Delcourt ne sont pas corses, me vaut d'être inclus dans la vendetta.

— Donc tu te rappelles à peu près de l'histoire.

Il opine du chef.

— Eh bien, en gros, il faut lire tout le dossier à front renversé. C'est Xénia Manolios qui a piégé Philippe Delcourt.

— Tu blagues ?

— Non.

— Tu lui aurais donné le bon dieu sans confession. Mais c'est vrai qu'avec toi, un tel don n'engage à rien. Enfin, tu ne demandais qu'à la rassurer, la protéger, lui témoigner toute la sollicitude dont tu es capable.

— Fous toi de moi !

— C'est tout de même incroyable. Alors, elle t'a fait un fameux cinéma, ta Mélina Mercouri !

— Deux mises en scène impeccables : l'une, pour faire croire aussi bien aux témoins qu'aux médecins qu'elle a été harcelée— je passe sur les détails— ; l'autre, pour me faire avaler la couleuvre jusqu'à la queue.

— Tu aimes trop le cinéma et le théâtre ; tu es trop bon public. Et comment tu l'as su ?

— Par Marion Delcourt, la femme de Philippe Delcourt, le prétendu agresseur, que j'ai reçue hier soir en vue d'un divorce.

— Tu repiques au divorce ? Et en plus, cette fois, pour porter le fer jusque dans la chambre à coucher d'un Delcourt.

— Non, je ne fais plus de divorces ; on a une collaboratrice pour ça, qui s'en occupe très bien.

— Sauf exception, donc, comme avec madame Lémann. Et en l'occurrence, la cliente a estimé, vu tes brillants états de service, que tu étais le mieux placé pour ouvrir ce nouveau front. Et comment cette gente dame, car je l'imagine avoir les nobles manières auxquelles tu es si sensible, a-t-elle découvert le pot aux roses ?

— Sur la gente dame, tu ne crois pas si bien dire. Marion Delcourt est née De la Tour Lansac, avec un monceau de quartiers de noblesse.

— La fascination de l'avocat prolétaire pour les beaux quartiers ! Alors, ce pot aux roses ?

— Madame encore Delcourt, a appris incidemment par quelqu'un qui a bien connu son mari, qu'il était à n'en pas douter, un homosexuel pur sucre. Amant exclusif de son associé Vincent Lambert.

— Tiens ! En somme, le délit impossible. Et il n'y a vraiment pas de doute ?

— Non. Le fait a d'ailleurs été confirmé par Xénia Manolios elle-même.

— Elles étaient complices ?

— Non. Elles sont désormais de grandes amies, mais l'innocence de Marion Delcourt est certaine. Xénia Manolios lui a, après coup, expliqué en détail son ingénieux mode opératoire.

— Alors là ! Mais tu ne m'avais pas dit que la femme de Delcourt avait délivré une attestation à Xénia Manolios ?

— Si, mais elle l'a fait en toute bonne foi. Elle a cru décrire une agression et en fait, elle a lu un scénario.

— Une fois de plus la réalité dépasse la fiction, là où l'on s'y attend le moins ; comme dirait ma concierge.

— D'habitude tes références sont plutôt du côté des prophètes que des concierges. Il n'y a d'ailleurs pas de concierge à ma connaissance, à l'entrée de ta résidence.

— Non, mais tu sais, chacun trimbale en soi une concierge ; même un prophète.

— C'est à méditer.

— Mais dis-moi, comment est-il possible que notre excellent confrère Salvin-Lagrezette, ton homologue du camp adverse, ait pu l'ignorer ?

— Il ne l'a jamais ignoré.

— Alors tu vas me dire que les Delcourt, qui sont des calotins de première, et c'est moi qui le dis, ont préféré reconnaître le harcèlement, plutôt qu'on découvre dans le cabinet dentaire de la grande bourgeoisie locale, un avatar de Sodome ?

— Tu as tout compris.

— Tout, non. Je ne vois pas pourquoi, si madame Delcourt a l'intention de se servir du jugement Manolios au soutien de son divorce, elle a cru bon de te révéler la machination ? C'était évidemment prendre le risque que tu refuses son dossier en comprenant que tu avais été l'instrument d'une escroquerie, appelons un chat un chat ; et ce, alors qu'elle pouvait le confier à n'importe qui d'autre.

— Continue.

— Donc, elle cherche à sortir par le haut, moralement et juridiquement parlant, d'une situation fausse à tous égards ; et elle compte sur toi qui a été comme elle, abusé, pour y parvenir. C'est plutôt louable et flatteur, mais ça te place dans une situation déontologiquement inconfortable.

— Attends, je n'ai encore rien décidé, puisque je viens te demander ton avis.

— Jures moi que dans le tournoi qui s'annonce, tu n'as pas déjà accepté que la belle dame, car je l'imagine aussi, d'une tournure plutôt agréable— porte tes couleurs ?

— La courtoisie m'obligeait à faire quelque chose pour elle.

— En la dirigeant, par exemple, sur un autre cabinet, munie de ta chaleureuse recommandation ?

— Non.

— Donc, c'est bien ce que je pensais. Ce que tu viens en fait me demander, c'est une caution.

— Non, un point de vue extérieur. Tu es mon associé, mais ta rigueur est proverbiale.

— Flatteur ! Le jugement Manolios est sa seule cartouche ?

— Oui.

— Et pour les Delcourt, grands lecteurs de Matthieu, *« Ce que Dieu a uni, que l'homme ne le sépare pas. »* Autrement dit, pas question de divorce.

Il le regarde en faisant une moue sceptique.

— Je ne vois pas de solution.

Il replie ses jambes, se rapproche du bureau, y pose les coudes, joint ses mains contre sa bouche, et réfléchit un moment, le regard de côté.

— À moins peut-être de jouer la carte de la vérité ? *« Vous connaîtrez la vérité, et la vérité vous affranchira. »* Ne me demande pas de préciser la citation, je ne m'en souviens plus.

— Je crois bien que nous avons la même idée. Continue.

— Tu pourrais écrire, confidentiellement, à Salvin-Lagrezette pour l'informer de ce que tu as reçu madame Delcourt en vue d'un divorce pour fautes, et qu'à cette occasion, tu as appris, comme elle il y a peu, la supercherie de Xénia Manolios. Que tu t'étonnes de ce qu'il n'ait pas déposé de plainte à l'époque, alors qu'il ne pouvait ignorer que son client, homosexuel intégral, ne pouvait avoir commis les faits qui lui étaient reprochés. Que madame Delcourt envisage de faire éclater au grand jour la vérité et demander le divorce, non en raison du harcèlement, mais de l'orientation sexuelle de son mari qui lui a été dissimulée, tant par lui-même que par sa famille. A moins qu'une solution amiable ne puisse être trouvée, en ce qui concerne le divorce. C'est peut-être un peu « limite chantage », mais, dans le contexte, ça devrait aller. Il y a quand même aussi, ce qui s'apparente à la dénonciation d'une ancienne cliente, certes, dans une lettre confidentielle …

— Je pense qu'il n'y aura pas de problème pour obtenir son accord, compte tenu de ce que m'a dit Marion Delcourt de son état d'esprit actuel. Ton idée ne pourrait que la séduire. Une idée qui rejoint celle qui a émergé de mes cogitations routières. J'ajouterai dans la lettre, pour être parfait, qu'à défaut de solution amiable, je ne pourrais bien entendu occuper pour madame Delcourt ; que dans ce cas, je la dirigerai vers un autre cabinet. Comme ça, il comprendra que dans cette hypothèse, il n'aura plus aucune maîtrise de la situation ; il ne pourra pas jouer sur mon « malaise personnel ». Et tout cela, alors que Philippe Delcourt ne veut à aucun prix que son associé apprenne l'existence du jugement.

— Là, je ne vois pas bien ?

— Vincent Lambert est persuadé que son amant, en fait, est bisexuel, et qu'il est à l'occasion « bi-infidèle ». Or Philippe Delcourt craint énormément ses réactions, bien qu'il prenne à l'occasion un plaisir quelque peu pervers, à le rendre jaloux avec les deux sexes.

— Toute cette histoire est complexe, à tous égards, y compris au plan déontologique. Mais je pense que tu es clean en ce qui concerne la précédente affaire, puisque tu ignorais la duplicité de ta cliente. À condition peut-être qu'elle ne prétende pas le contraire si d'aventure, elle devait avoir à rendre des comptes.

— *A priori,* je n'ai pas à le craindre.

— Alors, ce n'est pas à toi que je vais apprendre que la culpabilité s'apprécie au moment des faits. En ce qui concerne la seconde affaire en gestation, tu restes dans les clous dès lors que, pour obtenir un jugement favorable à dame Delcourt, tu ne t'appuies pas, sciemment, sur l'escroquerie au jugement commise par Xénia Manolios. C'est de la dentelle, mais c'est soutenable. Maintenant, d'un point de vue éthique, pour obtenir le divorce tu vas, certes, invoquer une louable exigence de vérité, mais pour parvenir à cette fin, tu vas user de moyens qui le sont moins, louables. Et en incitant Philippe Delcourt à persévérer dans son mensonge à l'égard de son imprévisible compagnon.

— Ce qui va lui permettre de maintenir leur relation dans la vérité de leur amour commun. C'est ce qu'on appelle un pieux mensonge, non ?

— Laisse la piété de côté, s'il te plaît.

— Il s'agit aussi d'inciter Philippe Delcourt à accepter de délier son épouse d'un mariage fondé sur la dissimulation de son homosexualité ; et de la libérer du joug de son clan. Non seulement, évidemment, il n'assume pas son rôle d'époux, mais il n'assume pas non plus son rôle de père et il laisse sa famille s'accaparer l'enfant. Le but est donc de mettre un terme à une situation injuste. On a les mains dans le cambouis, mais je crains qu'on ne puisse faire autrement. La justice est peut-être à ce prix ?

— Je t'ai connu plus idéaliste.

— C'est vrai que je donne plus, aujourd'hui, dans un certain bricolage tous azimuts, que dans l'idéal absolu.

— Je te concède que dans notre difficile métier, on est bien obligé de faire preuve de souplesse, d'adapter notre interprétation de la loi, quelle qu'elle soit, à la diversité infinie des cas individuels ; au risque de certaines contradictions avec les principes. Mais, néanmoins, sans les perdre de vue. C'est ce qu'on appelle, en théologie, les incertitudes de la casuistique et ce que toi, tu appelles bricoler. Mais au fond peu importe si, dans les faits, la justice y trouve plus et mieux son compte.

— Je vois que le théologien et le mécréant se rejoignent.

— N'en profite pas. Au fait, tu la revois quand, ta cliente ?

Il regarde sa montre.

— Elle devrait être là, mais elle ne viendra pas.

— Ah bon ! On a disserté pour rien ? Tu l'as peut-être découragée ? Tu te poses peut-être trop de questions ? Elle avait pris rendez-vous avec un avocat et elle s'est retrouvée en présence d'un moraliste. Pour la plupart des gens, il y a de quoi surprendre.

— Je suis persuadé que ce n'est qu'un contretemps. Je la sais très déterminée. Je vais d'ailleurs, bientôt, en savoir plus, puisqu'on doit me téléphoner.

— Tu me tiendras au courant.

Son sourire malicieusement amical, se fait soudain grave.

— Au fait, je ne sais plus si je te l'ai dit, je ne serai pas là demain ?

— Tu vas à l'hôpital ?

— Oui. J'ai vu avec Marie pour la journée. Il ne devrait pas y avoir de problème.

— Comment tu vas ?

— Ça va. Enfin... Disons que la sainte providence se fait attendre !

— Et Isabelle ?

— Elle prie. Et Hannah, comment va-t-elle ?

— Bien.

Ils restent quelques instants silencieux.

— Je vais rentrer ; je suis fatigué.

Ils se lèvent en même temps et se quittent en se tapant sur l'épaule.

Il regagne son bureau. Il voit Luc sortir du sien, courbé, les yeux baissés pour ne pas croiser son regard.

Le téléphone sonne. Il décroche.

— Édith ?

— Je savais que vous seriez encore là. Vous avez entendu la radio ?

— Parce qu'il m'arrive d'écouter la radio au cabinet, peut-être ?

Excusez-moi, je suis un peu troublée.

— Qu'est-ce que vous avez entendu de si extraordinaire à la radio pour que vous m'appeliez de chez vous ? Une guerre atomique est déclenchée ?

— Ils viennent de parler de Philippe Delcourt.

— Ah bon ?

— Il a été assassiné.

Il s'assoit.

— Assassiné ; mais par qui ?

— Par son associé.

— Vincent Lambert ?

— C'est ça.

Il pose l'appareil.

— Allô ?

Il reprend l'appareil.

— Excusez-moi. Ils ont dit dans quelles circonstances ?

— Au cours d'une dispute, à Paris. Il a tiré dessus.

— Pourquoi ?

— Ils ont dit que c'était incompréhensible puisque les deux hommes étaient des amis de très longue date et en plus des associés apparemment sans histoires. La police pense que ce serait peut-être une histoire de femme.

— Ça m'étonnerait !

— On vous a appelé ?

— Pas encore. À moins le quart, je m'en vais.

— J'ai bien réfléchi, maintenant je suis certaine que c'est Xénia Manolios qui a appelé.

La touche de la seconde ligne s'allume.

— Je vais bientôt le savoir, on m'appelle sur la seconde ligne. Je raccroche.

— Bonsoir maître. Vous me tenez au courant.

— On en reparlera demain. Bonsoir Édith, merci d'avoir appelé.

Il respire profondément pour évacuer le trouble provoqué par une nouvelle dont son cerveau tente déjà d'évaluer les conséquences. Il prend la ligne.

— Maître Mauduit, s'il vous plaît.

Il reconnaît immédiatement la voix, quoi qu'elle trahisse un tremblement inédit chez celle qui donnait l'impression de devoir toujours dominer ses émotions.

— Bonsoir mademoiselle Manolios.

— Ah ! Vous avez reconnu ma voix.

Il résiste à la tentation de lui dire qu'il est particulièrement sensible aux accents, surtout dans leurs versions féminines ; et que le sien est associé à des vacances inoubliables en Crète avec Hannah et les enfants, pas si loin de la villégiature des Vassiliki.

— Vous appelez pour Madame Delcourt, pour me dire qu'elle ne viendra pas au rendez-vous, je suppose ?

— Vous avez entendu la nouvelle à la radio ?

— Moi non, mais on vient de m'en aviser.

— C'est terrible ! Je voudrais vous dire…

— Pour moi, votre affaire est définitivement close et archivée, mademoiselle.

— Je crains que pour moi, elle ne le soit pas vraiment.

— Madame Delcourt vous a-t-elle demandé de me transmettre un message ?

— Elle m'a appelé à défaut de pouvoir vous joindre dans la journée ; elle savait que vous étiez à Rennes. Elle venait d'être appelée par la police. Elle ne m'a rien dit de votre conversation, si ce n'est… Enfin, elle se demande ce qui va se passer maintenant. Elle est un peu affolée de devoir répondre aux questions de la police. Elle craint évidemment de devoir parler de mon affaire. Je suis vraiment désolée… Elle se demande…

— Si elle doit dire la vérité ?

— Oui.

— Quel conseil lui avez-vous donné en mon absence ?

— Moi ?

— Vous êtes son amie et vous ne manquez, ni d'initiative, ni d'imagination.

— Ne m'accablez pas. Je lui ai dit qu'à mon sens, il fallait qu'elle s'en tienne à ce qui est officiel ; au jugement, quoi ! Ce n'est pas le conseil que vous lui auriez donné ?

— C'est bien possible. Elle doit me rappeler ?

— Oui, demain, dès qu'elle le pourra. Mais vous ne serez peut-être pas à votre cabinet ?

— Elle peut m'appeler entre midi et treize heures ou en fin d'après-midi, à partir de dix-sept heures trente.

— Vous savez, j'avais l'intention de vous recontacter.

— Je ne vois pas pourquoi. Je vous le redis, votre dossier est clos, classé, archivé.

— Vous m'en voulez ?

— Je ne crois pas que ce soit la question.

— Croyez-vous que je serai interrogée, moi aussi ?

— C'est probable. J'ignore ce qui s'est passé, mais d'après ce que ma secrétaire a entendu à la radio, le mobile du crime ne paraît pas évident. La police va devoir fouiller.

— Je ne sais pas ce que je dois faire.

— Vous souhaitez une consultation ?

— Je suppose que vous refuseriez de me recevoir.

— En effet. Mais, compte tenu de ce que sais maintenant de vos relations avec madame Delcourt, il me semble aller de soi qu'en conseillant l'une, de fait, je conseille l'autre.

— Je vois. Merci. Bonsoir maître.

— Bonsoir mademoiselle.

Vendredi 20 février/12h50.

Il rentre d'expertise. Il va directement à la salle polyvalente où il sait trouver à cette heure Édith et ses collègues. Il frappe et entre. Elles sont attablées en compagnie de Lise. Les Jurisclasseurs et revues en cours de consultation par Luc, ont été remisés à un bout de la grande table ovale. Elles interrompent leurs discussions à son entrée.

— Bon appétit !

Il s'adresse à Édith.

— Madame Delcourt a-t-elle téléphoné ?

— Pas encore. Avez-vous déjeuné ?

— Non.

— Marie a fait une grande salade. Si ça vous tente.

Il hésite. Il doit revoir une dernière fois le dossier de la SOVARCO avant le rendez-vous de l'après-midi à la bourse du travail avec les représentants syndicaux.

— Mais vous ne voulez peut-être pas manger à la cantine avec le petit personnel ?

— Vous êtes bien placée pour savoir que je suis un patron très social.

— Je suis surtout bien placée pour savoir que c'est de ce genre de patron qu'il faut le plus se méfier. Au motif qu'ils sont sociaux, comme vous dites, ils vous font faire deux journées en une.

Marie dodeline de la tête, semblant trouver que sa collègue exagère.

Édith à qui cela n'a pas échappé, la toise courroucée.

— Alors maintenant, tu fayotes ?

Lise qui continuait de picorer dans son assiette l'air distrait, pose sa fourchette et regarde tour à tour Édith et son patron.

— Vous formez quand même un drôle de binôme ! De toutes façons, je ne connais pas d'autre cabinet comme ça.

Édith la regarde étonnée.

— Comme ça quoi ?

— Comme ça, avec ce genre de relations. Mes copains de promo dans les autres cabinets, me disent que c'est plutôt froid ; même entre les associés. Alors je ne vous dis pas, avec les collaborateurs et le secrétariat !

Édith retient ostensiblement un ultime persiflage.

— Bon, alors, cette salade, vous en voulez oui ou non ?

— D'accord, vite fait.

Il fait le tour de la table et s'assoit à côté de Lise. La secrétaire de Luc lui apporte le couvert. Il lui prend le bras.

— Comment trouvez-vous Luc en ce moment ?

Son visage s'assombrit.

— Très fatigué. Mais vous le connaissez, il ne dit jamais rien. Je pensais que vous en saviez plus que moi ?

— Il n'y a pas deux Luc. Il n'est pas plus bavard sur lui avec moi qu'avec vous. Ce que je constate, c'est qu'il s'absente de plus en plus souvent. Je me demande si je ne devrais pas songer à recruter un deuxième collaborateur pour l'aider et nous soulager un peu, Lise et moi. Qu'est-ce que vous en pensez ?

— Je ne sais pas comment il le prendrait.

— Et vous, Lise ?

— Je suis comme Marie, je crains qu'il l'interprète comme...

— Je sais bien, mais le problème, c'est que nous sommes débordés et que ça ne peut plus durer très longtemps comme ça. Même si Luc fait tout ce qu'il peut pour éviter de nous surcharger, et ce qu'il fait, c'est beaucoup trop pour le peu de forces dont il dispose en ce moment, on court à la catastrophe. Je vais essayer de lui en parler.

— Tout le monde baisse la tête quelques instants, puis Édith lui tend le saladier. Il se sert, avale sans appétit le contenu de son assiette en silence et va se servir une tasse de café sur l'armoire basse de rangement où la cafetière est allumée en permanence. Le téléphone sonne. Édith décroche.

— Oui, il vient de rentrer, je vais vous le passer dans un instant ; ne quittez pas.

— C'est elle, mais prenez le temps de boire votre tasse.

Il l'avale d'un trait, passe dans son bureau, ferme la porte et décroche.

— Bonjour maître. Merci d'avoir accepté de parler à Xénia hier soir. Je n'ai qu'elle pour m'aider ; à part vous, bien sûr.

— Comment ça va ?

— Me voilà veuve alors que Philippe était si peu mon mari ! J'ai l'impression d'avoir perdu tout au plus un ancien copain et Guillaume, je ne pas qui exactement. Guillaume qui va certainement devenir un enjeu encore plus vital pour ma belle-mère et une source d'attention accrue pour Henri-Marc et Marie-Pierre.

— D'un autre côté, vous disposez désormais, seule, de l'autorité parentale. Votre belle famille est privée du soutien du père légitime et, aussi puissants que puissent être les Delcourt, pour obtenir que vous soyez dessaisie de vos prérogatives maternelles, il en faudra beaucoup ; surtout si vous êtes décidée à vous défendre ; ce dont en fait, je ne doute pas. Mais pour se battre, il faut que vous preniez soin de vous ; c'est désormais un impératif.

— Je vais avoir besoin de conseils et peut-être que vous m'assistiez si on engage quelque chose contre moi.

— Rassurez-vous, je serai là. D'où me téléphonez-vous ?

— D'une cabine téléphonique en ville. J'ai réussi à sortir de chez moi. Maintenant, je dois aussi éviter les journalistes. Je m'attends à les trouver devant chez moi. Ils ont déjà appelé.

— Vous ne faites évidemment aucune déclaration. Il faudra que d'ici quelques semaines, vous déménagiez ; pour cette raison et d'autres. Je suppose que vous-vous passerez volontiers de domestiques ?

— Volontiers, en effet.

— Matériellement, quelle est votre situation ?

— Les Delcourt, comme vous vous en doutez sans doute, ont pris soin de me faire signer, juste avant notre mariage, un contrat de séparation de biens.

— Vous avez une copie du contrat ?

— Non.

— Vous me préciserez le nom du notaire, je m'informerai. En tout état de cause, votre belle-famille aura le souci d'assurer de bonnes conditions de vie à Guillaume et donc, nécessairement, à vous-même.

— Je compte bien retravailler.

— En attendant, je pense qu'il va falloir négocier vos nouvelles conditions de vie.

— Comment ?

— Par l'intermédiaire des conseils.

— Je veux le moins possible.

— Ce sera d'autant plus facile de trouver un accord. Il faudra qu'on se revoie pour cela et aussi pour les suites judiciaires du meurtre, puisqu'il semble s'agir d'un meurtre.

Il l'entend soupirer profondément.

— Avez-vous été entendue par la police ?

— J'ai été avisée de la mort de Philippe, je dois dire avec un certain ménagement, par un policier en civil du commissariat de mon quartier, dépêché par celui du 16ème. Il m'a d'abord téléphoné pour s'assurer que j'étais chez moi, m'annoncer la nouvelle et me prévenir de sa venue pour me poser quelques questions de routine, selon son expression.

— Quelles questions ?

— Si je connaissais l'appartement parisien de l'avenue Rodin où le meurtre a été commis. Je lui ai répondu que je n'y suis jamais allée, mais que je sais que c'est l'adresse de l'associé de mon mari qui ne faisait pas mystère d'y passer assez fréquemment des soirées ; et même des nuits. J'ai devancé la question qu'il n'allait pas manquer de me poser en ajoutant que cela ne me faisait évidemment pas plaisir qu'il découche ainsi, mais que, malheureusement, je n'y pouvais rien. Que j'avais compris que le mariage ne l'avait pas guéri de ses démons ; sans plus de précisions. Il m'a demandé si je connaissais Vincent Lambert. Je lui ai répondu que je le connaissais uniquement pour l'avoir croisé à l'occasion de mes très rares passages au cabinet dentaire. Il a eu l'air, globalement, un peu perplexe, mais il n'a pas insisté.

— Il n'a pas parlé de Juliette Morange ?

— Si, pour tirer de lui-même les conséquences de ce que je venais de lui dire : *« Donc vous ne connaissez pas la femme de monsieur Lambert et vous ne savez pas si le meurtre peut avoir un rapport avec elle. »* Je me suis contentée de hausser les épaules. Ce qui a semblé le décevoir. Il a alors modifié sa question en pensant, manifestement, me mettre en difficulté : *« Voyez-vous une autre explication possible ? »*

— Second haussement d'épaules ?

— Oui, et cette fois l'inspecteur n'a pas pu cacher son agacement.

— Il n'a pas cru à la version de la femme naïve ou résignée. Mais il n'est pas chargé de l'enquête et il est probable qu'il a reçu des ordres pour procéder avec des pincettes.

— Il m'a prévenu que j'allais être très prochainement convoquée à la « PJ » de Paris, mais avec un sourire entendu.

— Il a voulu vous faire comprendre qu'il n'était pas dupe.

— Qu'une grande bourgeoise comme moi, n'avait pas à craindre de subir des interrogatoires, disons, un peu poussés.

— Un petit inspecteur besogneux et peut-être aussi un peu envieux, qui aurait bien aimé pouvoir profiter de l'occasion pour briller un peu aux dépens de la caste que vous êtes censée représenter.

— En tout cas, il n'a pu s'empêcher de me demander, après avoir rangé son carnet de notes, si mon beau-frère connaissait personnellement le Préfet de police. Je me suis contentée d'un neutre *« c'est bien possible »* ; mais je ne doute évidemment pas qu'en effet, il dispose de nombreux cordons de sonnettes.

— Autrement dit, malgré son extrême chagrin, Henri-Marc a commencé à passer quelques coups de fil et la police semble devoir s'en tenir au plus vraisemblable : une histoire d'amitié qui vire au drame à cause d'une femme.

— Une histoire à la *« Jules et Jim »* ?

— C'est peut-être un peu trop compliqué pour la police. Disons plutôt, une pièce de boulevard qui vire au drame.

— Avez-vous pu tout de même, obtenir quelques renseignements sur le déroulement des faits ?

— Selon l'inspecteur qui, je crois, m'a dit à peu près tout ce qu'il savait, Philippe et Vincent Lambert sont rentrés à Paris avant la fin du congrès de Marseille. Ils se seraient disputés violemment, selon un voisin de palier dont l'attention aurait été attirée par des éclats de voix à la sortie de l'ascenseur, puis dans l'appartement situé en face du sien ; suivis quelques minutes après, d'un coup de feu.

— Un coup de feu ?

— Je suis comme vous, j'ai du mal à imaginer le Vincent Lambert qu'on m'a décrit, avec un pistolet. Mais ça ne fait aucun doute qu'il en avait un et qu'il a tiré sur mon mari. L'inspecteur m'a en effet précisé que le voisin, qui est un ancien militaire et qui n'avait eu aucun doute sur la nature du bruit, est allé sonner immédiatement chez lui, et, en l'absence de réponse, la porte n'étant pas fermée à clef, est entré. Il l'a trouvé au salon, le pistolet à la main, prostré devant le corps de Philippe qui gisait sur le tapis. Il a vérifié qu'il était mort et a appelé les secours. Il semble qu'il ait reçu la balle en plein cœur. Il n'y avait personne d'autre dans l'appartement. Voilà !

— Il est probable qu'à ce stade, la police parisienne n'en sait pas beaucoup plus. C'est peu, mais il y a quand même, déjà, de quoi gamberger. On peut, par exemple, supposer, vu la tournure prise par la dispute, qu'elle a démarré beaucoup plus tôt ; dans la voiture et même peut-être, avant, à Marseille. Et il est également possible, puisque l'inspecteur a parlé de Juliette Morange, que la police imagine qu'elle en a été l'objet.

— C'est en effet plausible.

— Et si c'est le cas, l'affaire Manolios pourrait venir conforter l'hypothèse d'un Philippe Delcourt séducteur sans limites.

— Vous pensez que la police en sera informée ?

— D'une manière ou d'une autre, ce n'est guère douteux. Vous n'y avez pas déjà pensé ?

— Si, et d'ailleurs en votre absence, après le coup de fil de l'inspecteur qui m'annonçait sa venue, j'ai appelé Xénia pour le cas où il aborderait le sujet. Elle m'a dit que vous m'auriez certainement conseillé de m'en tenir à la version officielle. Vous confirmez ?

— Oui, et je suis à peu près certain que tout le monde fera comme vous. Les raisons de se taire sont diverses, mais l'intérêt est commun. Heureusement, en tout premier lieu, pour votre amie !

— Vous croyez qu'il peut y avoir un lien entre la mort de Philippe et son affaire ?

— Je n'en sais rien, mais c'est vous-même qui m'avez informé des craintes de Xénia Manolios quant à de possibles dommages, disons, collatéraux. Nous n'en avons pas parlé lorsqu'elle m'a appelé à votre demande, mais j'ai bien senti qu'elle n'était pas à l'aise.

— C'est peu de le dire et ce n'est en effet, pas nouveau. Au point, que j'en viendrais presque à croire qu'à force de penser à la possibilité du malheur, de le redouter, elle a fini par le provoquer.

— Une culpabilité que bien entendu, vous portez à son crédit. Mais vous avez raison. Et je ne serais pas étonné qu'elle cherche par je ne sais quel moyen, à aider Vincent Lambert, dont évidemment, on ignore comment il va réagir quand il va avoir pris pleine conscience de son geste. Il ne peut être exclu qu'il s'abandonne au désespoir, mais il ne peut pas non plus être exclu, qu'il décide de révéler la vérité de sa relation avec votre mari. Qu'a-t-il encore à perdre maintenant ? Ce qui n'aurait pas pour conséquence nécessaire, de démentir la possibilité qu'il ait harcelé sa collaboratrice, puisque Vincent Lambert lui—même, si j'ai bien compris, est persuadé qu'il était bisexuel ; mais ce qui, tout de même, modifierait le profil du dossier.

— Il faudra compter aussi, avec ce que dira Juliette Morange.

— C'est certain. On verra bien, de près ou de loin.

— Ce qui est acquis en tout cas, c'est que tout est désolant dans cette histoire. Xénia ne vit plus tranquille, Vincent Lambert est au plus mal et Philippe est mort. Je suis sincèrement triste de sa disparition, surtout dans de pareilles circonstances. Je vous l'avais dit, j'espérais qu'en me libérant de l'emprise de sa famille, je l'inciterais à s'en libérer lui-même. Maintenant, sans être une veuve joyeuse, je ne vais pas jouer la comédie plus qu'il n'est nécessaire. Je vous remercie d'ailleurs de m'avoir épargné la présentation de vos condoléances. Reste que si je n'ai plus à affronter un divorce, je vais devoir affronter un veuvage qui n'est peut-être pas moins à craindre dans le contexte, et alors que je suis plus décidée que jamais à conquérir mon indépendance et celle de mon fils. Je vais vraiment avoir besoin de vous.

— Il y a trois questions : l'enquête, la succession, votre subsistance et celle de votre fils. On va essayer de les traiter aussi calmement que possible. Le plus urgent sera sans doute l'enquête, puisque vous allez être convoquée très prochainement au 36, quai des Orfèvres.

— Je voudrais éviter de dire des bêtises. Je ne veux nuire à personne.

— Je ne crois pas à l'existence d'un tel risque, mais je suis bien entendu d'accord pour que nous-nous revoyions dès que vous aurez reçu la convocation. Vous appelez et ma secrétaire qui sera prévenue, s'arrangera pour vous donner un rendez-vous à temps. On en profitera, bien entend, pour faire le point sur tout. D'ici là, vous ne parlez à personne, et surtout pas aux journalistes.

— Et Xénia ?

— On est dans une période d'incertitude pendant laquelle la plus grande discrétion est de rigueur. À bientôt, donc.

À bientôt maître, et merci.

Il raccroche. Édith frappe et entre.

— Alors ?

— Elle ne sait pas grand-chose. Elle reprendra mon contact dès qu'elle recevra une convocation de la police parisienne. Il faudra lui donner un rendez-vous prioritaire, pour que je puisse la conseiller en temps utile.

— Vous pourriez tout de même m'en dire un peu plus.

— Il faut d'abord que je me coltine l'arrêt de la Cour de cassation dont je vous le rappelle, je dois faire le commentaire dans moins de deux heures, devant un parterre de syndicalistes qui ne manqueront pas de me poser des tas de questions tordues.

Elle fait une moue boudeuse.

— C'est bon, je vous laisse.

— Avant, ça vous dérangerait de m'apporter un caoua, s'il y en a encore ?

Elle soupire.

— Un de plus ! Enfin, je vous aurais prévenu. Mais je vous l'apporte, vous êtes le patron.

Il se lève et va à la fenêtre en attendant le « coup de fouet » qui lui est indispensable pour se plonger dans la motivation abstraite d'une décision de haute cour, si haute et si lointaine, qu'elle semble avoir totalement perdu de vue les circonstances et les enjeux humains qui ont motivé le recours à la justice il y a plusieurs années. L'allée de tilleuls est désormais indissociable, au moins pour un temps, de l'image de Marion Delcourt. D'une image, d'une voix qu'il vient de quitter, mais aussi d'un dialogue dont un témoin trouverait peut-être qu'il a quelque chose d'artificiel, à la manière de certains dialogues des films d'Éric Rohmer qui, en réalité, procèdent, selon le mot d'un critique qui lui avait paru si juste, d'une sorte de *« spontanéité au second degré »*.

Mardi 1er septembre/11h15.

Il reconduit le dernier client de la matinée et passe prendre le dossier Delcourt au secrétariat. Edith le referme et lui tend.

— J'interromps votre lecture, peut-être ?

— Plaignez-vous, je vous l'ai remis en ordre. Je ne sais pas comment vous faites, mais à chaque fois que vous prenez un dossier, on retrouve tout mélangé. J'ai reclassé les courriers et les projets d'actes. Il y en a un paquet. Depuis six mois ça n'a pas arrêté entre vous, Salvin-Lagrezette et le notaire des Delcourt. Mais rien en ce qui concerne le meurtre.

— Madame Delcourt n'est qu'un témoin indirect dans l'affaire. Il n'y a aucune raison pour que j'intervienne directement dans le dossier pénal.

— Mais elle est aussi une victime. Elle ne se constitue pas partie civile ?

— Elle ne veut rien faire qui puisse nuire à Vincent Lambert.

— C'est quand même lui qui a tué son mari ; enfin, son mari...

— Eh bien ! figurez-vous que c'est en un certain sens par fidélité à la mémoire de ce mari qui n'en était pas vraiment un, qu'elle ne veut rien faire contre Vincent Lambert. C'est beau, non ?

— C'est plutôt un peu tordu, non ?

— Non, pas du tout si vous-vous rappelez ce que je vous ai expliqué.

— Leur histoire de... Leur histoire d'amour entre hommes. Je vois, pour vous, c'est un crime passionnel.

— Il faut se méfier de cette expression qui bien souvent masque un certain machisme. Disons plutôt, un « crime d'amour » au sens d'un crime commis dans un contexte d'extrême tension amoureuse.

— Vous n'êtes pas avocat pour rien. Vous ne pouvez jamais dire les choses simplement. Il faut toujours que vous compliquiez tout.

— Je ne complique pas, je nuance, ma chère Édith ; ce n'est pas pareil.

— Et le petit dans tout ça ?

— Vous savez bien que pour préserver les intérêts de Guillaume, j'ai fait en sorte qu'un administrateur *ad hoc* soit désigné. Il avisera.

— Et la Manolios ?

Il renonce à jouer les moralisateurs en exigeant qu'elle désigne plus respectueusement en leur absence, les clients et clientes qui n'ont pas l'heur de lui plaire.

— Son dossier au cabinet est refermé ; j'espère définitivement. Je n'ai plus eu de contact avec elle depuis le drame. Je sais seulement que madame Delcourt continue à la voir.

— Vous ne trouvez pas leur relation un peu bizarre ?

— Pourquoi bizarre ?

— Pour rien. Est-ce qu'on vous reverra ce soir ?

— Le rendez-vous chez le notaire risque d'être un peu long. On s'est à peu près mis d'accord, mais dans une pareille affaire, on ne sait jamais comment ça peut tourner. Je vous appellerai en sortant.

12h00.

Il ne savait pas si Hannah serait encore à la maison à midi. Il constate que l'Austin Mini est là. Il se gare à côté, heureux d'avoir gagné son pari. L'idée de venir la rejoindre lui est venue en sortant du cabinet, sur le trottoir, en passant du morne et froid éclairage de l'escalier, à un inattendu doux et chaud soleil d'été indien avant l'heure. Le jardin à l'anglaise dans lequel est enchâssé la maison californienne de leurs rêves, auquel elle a consacré la majeure partie de son temps libre les premières années, ne la retient plus guère ; mais comment aurait-elle pu résister à une atmosphère aussi propice ? En descendant le chemin pentu qui mène du parking à la maison en contrebas, il parcourt d'un regard circulaire le jardin pour vérifier qu'elle n'y est plus. Ce que confirme le seau en plastique vert rempli de ses petits instruments aratoires et de ses gants en caoutchouc, laissé sous l'appentis de l'annexe, au pied du bois destiné à la cheminée. Il entre. Pas un bruit au rez-de-chaussée. Il gravit les marches de l'escalier en colimaçon en quelques bonds légers. La porte de la salle de bain est, aux trois-quarts, ouverte. Face au grand miroir mural, elle lisse énergiquement ses cheveux. La brosse s'enfonce dans la masse souple et noire, y creuse de profonds sillons et s'en extrait prestement d'un geste circulaire et rapide. La tête s'incline, mais résiste vaillamment aux assauts. Il ignore si elle s'est aperçue de sa présence. Elle fredonne un air qu'il reconnaît immédiatement— *« destinée »* de Guy Marchand, la radio ce matin pendant qu'il se rasait et qu'elle remettait un peu d'ordre dans leur chambre. Elle est à demi nue. Souveraine. L'inclinaison de la tête, l'éventail dense et léger de la chevelure déployée, les épaules rondes, l'arc souple du torse sur des hanches hautes et pleines, la cambrure des reins et la convexité parfaite qui la prolonge. Elle s'interrompt et se redresse. Un coup de tête et quelques retouches en rafale pour parfaire la mise en place. Elle pose la brosse sur le rebord de la vasque en grès et lui sourit sans se retourner.

— Tu savais que j'étais là ?

— Je t'ai entendu passer sur la route et te garer. Au bruit du moteur et au crissement des pneus, ça ne pouvait pas être la voisine. Je n'ai d'ailleurs pas vu sa 2CV sur le parking.

Il ne peut détacher son regard de ses formes.

— Tu ne serais pas un peu voyeur ?

— Si !

— Bravo l'avocat !

— Ça me rend plus compréhensif pour défendre certains déviants.

Il s'approche. Devant eux, dans la glace, un autre couple un peu étrange, proche et lointain. Il enveloppe de ses mains des épaules charnues. Elle ne bouge pas. Les mains descendent jusqu'à la taille et se ferment comme une boucle sur le ventre. Elle ne bouge toujours pas. Il est contre elle.

— Je ne savais pas que tu devais rentrer ce midi.

— Moi non plus. J'ai eu envie de te revoir.

— On s'est quitté il n'y a pas plus de quatre ou cinq heures.

— Le temps paraît plus ou moins long, tu sais.

Elle se retourne en pivotant et glissant, entre ses mains maintenues sur ses hanches.

— Tu as raison. Tu as bien fait.

— Elle se détache et se saisit prestement du soutien-gorge posé sur le bord de la baignoire. Surpris et déçu, il fait un pas en arrière.

— Je ne sais pas.

Elle ne répond pas.

— Tu veux bien m'accrocher les bretelles ?

Il s'exécute d'un geste qu'il veut, détaché.

— Merci monsieur.

Pendant qu'elle ajuste les balconnets, elle s'efforce de ne pas croiser son regard dans la glace. Elle se retourne.

— Il ne faut pas trop tarder.

Il s'écarte. Elle passe dans la chambre pour s'habiller. Devant le miroir déserté, d'un geste comme un tic, il défait puis replace une mèche qui ne demandait rien, avant de dévaler furtivement l'escalier comme le chat qui l'a monté ; cette fois, pour fuir. *« Il ne faut pas trop tarder »* ! Il n'a aucun doute sur le fait que ce n'est pas parce qu'elle suppose qu'il est pressé, mais parce qu'elle est attendue. Il la retarde. Il tend l'oreille au pied de l'escalier. Elle téléphone. Elle se décommande pour midi. Il est tenté d'aller décrocher le poste du bas pour écouter, mais y renonce. Il passe à la cuisine mettre le couvert, où elle le rejoint habillée d'une robe ample, légère et claire assortie au temps. Elle le frôle. Il capte un peu de son parfum vanillé. Elle ouvre le frigo et s'arrondit dans une lumière blanche de flash comme s'il la prenait en photo.

Elle dépose un demi poulet sur le comptoir avec un paquet de chips. Ils s'assoient en vis-à-vis avec un parfait synchronisme, comme deux inconnus qui, par politesse ou timidité, se règlent l'un sur l'autre. Il décortique la carcasse avec une précision de chirurgien. Elle l'observe.

— Quelque chose ne va pas, tu as des soucis ?

Il hoche négativement de la tête et lui tend le plat.

— Tu es sûr ?

— Laisse-moi !

— En ce moment, je ne comprends pas tes réactions.

— Ce n'est pas plutôt le contraire ?

— Comment le contraire ?

— C'est moi qui ne comprends pas tes réactions ; ce qui se passe depuis maintenant… pas mal de temps.

L'étonnement qu'il lit dans son regard, le stupéfait.

— Tu trouves que tout est comme avant ? Tu…

Le téléphone sonne.

— C'est pour moi.

Elle se lève et, contrairement à ce qu'il attendait, se dirige vers le poste du bas, à proximité. Il l'entend décrocher et confirmer que c'est elle. Elle reste silencieuse quelques instants, puis raccroche après un simple « d'accord ! ». Elle revient souriante, sans doute à la pensée de ses projets de l'après-midi, se rassoit et avise le plat comme si de rien n'était.

— Je peux prendre le pilon ?

Il acquiesce machinalement. Elle se saisit prestement du morceau et lui tend le plat.

— Sers - toi, il ne faut pas trop tarder.

L'explication n'aura pas lieu. Il embroche un morceau de blanc qu'il dépose dans son assiette, découpe et mâchonne sans appétit. Elle est en face de lui, manifestement ignorante de son désarroi, appliquée au dépeçage méthodique du pilon qu'elle maintient fermement, mais délicatement, aux deux extrémités, entre le pouce et l'index, pendant que ses incisives de nacre coupante attaquent à petits coups précis la chair blanche, qu'un bout de langue rouge agile, empêche de s'égarer. Il ne peut s'empêcher de sourire. Les scènes les plus prosaïques de la vie, quand il s'agit d'Hannah, non seulement ne sont la source d'aucune gêne, mais au contraire l'émeuvent toujours autant. Il se souvient d'une longue promenade en bord de Seine sur un ancien chemin de halage, deux ou trois mois après leur rencontre, où elle s'était soudain arrêtée pour lui dire à l'oreille, comme s'ils étaient au milieu d'une foule alors qu'ils n'avaient encore rencontré personne : *« Il faut que je fasse pipi »*. La fille de quinze ans l'avait dit tout de go au garçon de seize ans, romantique comme on peut l'être à cet âge, sur le ton de la confidence. Loin d'être choqué, il en avait été au contraire profondément touché. C'était la première fois qu'une fille lui parlait d'un tel embarras. Il y avait vu une incomparable marque de confiance. Ils avaient cherché ensemble un endroit discret bien que le lieu soit désert, et il avait fait, amusé, le guet, pendant qu'elle disparaissait derrière une haie.

— Pourquoi tu souris ?

— Je te regarde, c'est tout.

— C'est tout, tu es sûr ?

Il détourne son regard du sien.

Elle dépose l'os blanchi dans son assiette et tamponne ses lèvres délicatement ourlées.

L'idée l'effleure de profiter de la question pour tenter de réamorcer la discussion espérée, escamotée sans qu'elle paraisse même s'en rendre compte.

— Tu plaides cet après-midi ?

Il y renonce.

— Non, j'ai un rendez-vous chez un notaire.

— Les avocats vont chez les notaires ?

— Ça leur arrive. Dans le cadre de la succession de Philippe Delcourt, on devrait signer, après des mois de tractations, un protocole d'accord en ce qui concerne les droits de la veuve et de l'orphelin.

Il se demande pourquoi il donne de pareils, et dans le contexte, dérisoires, détails.

— J'espère que c'est eux que tu défends. Mais Delcourt, ça me dit quelque chose. Ce n'est pas ce dentiste qui a été assassiné par son associé au début de l'année ?

— C'est bien ça. Un héritier du groupe industriel éponyme.

— Je vois. La veuve et l'orphelin, mais sans la misère.

— Non, de ce côté-là, ça devrait aller si tout se passe bien, avec ce qu'on va signer. Maintenant, c'est une histoire très compliquée.

— Avec les avocats, ce n'est jamais simple.

— Qu'est-ce que ça veut dire ?

— Ça veut dire que tu as bien choisi ton métier.

— Et toi l'infirmière pour qui tout est simple, que fais-tu cet après-midi ?

Il l'a dit sans réfléchir et sans pouvoir dissimuler une certaine ironie. Elle fronce les deux arcs fins et noirs de ses sourcils.

— Excuse-moi, tu vas évidemment où tu veux.

— Tu crois ?

— Qu'est-ce que ça veut dire ?

Elle se lève.

— Je vais faire du café.

— Tu as le temps ?

— Je n'ai pas dit que j'étais pressée.

Il se lève à son tour. Il la regarde charger en poudre et eau la machine à café, soudain repris par le puissant désir qu'il éprouvait en montant l'escalier tout à l'heure : l'enlacer, l'étreindre, l'embrasser— briser avec le corps à défaut d'y parvenir avec les mots, la paroi de verre qui s'est subrepticement glissée entre eux et ne cesse d'épaissir.

— Je te laisse débarrasser la table. Je vais finir de me préparer. Bois ton café, je n'en prends pas.

Il s'empare des couverts, les dépose dans le lave-vaisselle, allume une cigarette et n'attend pas que la machine ait achevé son office pour avaler un premier puis un second jus, denses et amers. Elle revient parée d'un châle brun violet foncé qui tranche heureusement sur le gris bleu léger de sa toilette. Elle tient d'une main son sac et de l'autre son dernier livre de chevet, *La vie mode d'emploi.*

— Tu as fini de le lire ?

— Oui. Tu voulais le lire ?

— Non. Enfin, plus tard, peut-être ?

Il renonce à lui demander si elle l'a acheté ou emprunté et, si elle l'a emprunté, à qui ? Certainement pas à Marlène, dont la lecture est réduite à *Elle* et *Cosmopolitan*. Marlène qui déclare volontiers à qui veut l'entendre, que pour elle *« il n'y a pas de différence entre coucher ou manger un yaourt à la fraise ».*

— On y va ?

— Je reprends un café et j'arrive.

— Je vois que tu prends toujours autant de café. Avec le tabac, le débordement et le stress, dans dix ans, peut-être moins, c'est l'infarctus garanti.

En pensant à Édith qui lui prédit à peu près le même sort, il fait un geste de la main pour signifier qu'il s'en fout ; ou plus exactement qu'il doute que son avenir puisse encore l'intéresser. Une attitude qu'il sait parfaitement puérile et stérile.

— Je t'attends dehors.

Il avale d'un trait un fond de tasse tiède, met en route le lave-vaisselle, attrape sa veste et sa serviette et sort. La lumière est franche, mais il fait un peu frais. Elle resserre son châle sur sa poitrine.

— Viens voir ce que j'ai fait ce matin dans le jardin.

Elle lui montre ses plantations de part et d'autre des premières marches de briques sur sable posées ensemble il y a presque trois ans.

— Tu refais du jardin ?

— Parce que j'ai arrêté d'en faire ?

— Moins qu'avant.

— Enfin, voilà, c'est fait.

Elle entreprend sans plus s'attarder, l'ascension des larges paliers qui mènent au parking. Il s'encorde au roulis froufroutant de la jupe ample qui le devance de peu, la tête vide. Parvenue au sommet, elle se retourne, pose ses lèvres sur les siennes serrées, ouvre la portière de la Mini, s'arrondit pour s'asseoir en pivotant, rassemble gracieusement sa jupe et son jupon sous le volant, referme la portière, tourne la clef de contact et démarre. Le toit rouge disparaît très vite derrière la haie de noisetiers de la voisine. Il ne la voit plus, mais il entend que, comme toujours, elle accélère, débraye et change de vitesse en dehors de toute nécessité. Puis le rugissement décroît et, sur le plat, fait place à un régime moins sauvage. Elle est déjà loin. Il attend de ne plus rien entendre pour monter dans l'Alfa.

18h15.

Après le rendez-vous chez le notaire, la perspective de retourner au cabinet lui a paru assommante. Il a franchi la porte du bistrot plutôt miteux devant lequel il s'était garé à cheval sur le trottoir, dans une petite rue étroite, parallèle à la prestigieuse avenue Adolphe Thiers où sont situés l'hôtel particulier d'Hélène Delcourt et l'étude de son notaire. Il a signé il y a quelques semaines, une pétition initiée par l'opposition de gauche à la mairie, pour que cette avenue au cœur de la ville, soit rebaptisée Giuseppe Garibaldi, le grand républicain, aux lieu et place du massacreur de la Commune de Paris. Ce que n'ignoraient lors du rendez-vous, ni le tabellion au mobilier second empire, ni l'admiratrice d'Eugénie de Montijo selon la gazette paroissiale dont il est, sans doute par erreur, régulièrement destinataire.

Fidèle à une habitude qui remonte à l'adolescence, il a choisi dans le bistrot un recoin, une table isolée dans un angle au fond de la salle, à trois ou quatre mètres dans le prolongement du comptoir en zinc, derrière lequel le patron donne la réplique à la fine fleur de son fonds de commerce. Au cabinet, Édith l'attend pour lui faire part des petits emmerdements du jour : les récriminations des clients qui s'inquiètent de l'avancement toujours trop lent de leurs dossiers et qui veulent un rendez-vous sur l'heure ; les conclusions qu'on aurait déjà dû adresser au confrère adverse depuis plusieurs jours ; un délai d'appel qui va expirer incessamment ; une demande de renvoi problématique ; une affaire nouvelle qui vient bouleverser l'agenda du lendemain ; etc. Il allume une cigarette.

— Qu'est-ce qu'il veut ?

Il lui faut quelques secondes pour réaliser que c'est à lui que le patron s'adresse depuis le comptoir.

— Café !

Il tire sur sa cigarette jusqu'à ce qu'elle lui brûle les doigts et écrase nerveusement le mégot dans un cendrier crasseux, pendant que le cafetier dépose la tasse devant lui sans ménagement. Étrange journée. En attendant l'heure du rendez-vous, il a parcouru une cinquantaine de kilomètres sur l'autoroute en poussant l'Alfa GTV aux limites de ses possibilités, puis il est revenu sur ses pas, dégrisé, à la vitesse d'une voiture sans permis.

Chez le notaire, c'est le pilote automatique qui a pris le relais pendant la phase, en quelque sorte préliminaire, de la discussion, consacrée à l'historique du rendez-vous. Avec le sentiment d'une sorte de dédoublement ; d'être en même temps assis et en lévitation au-dessus d'un décor suranné de meubles d'antiquaires. Ce qui n'a pas échappé à Marion Delcourt qui, devant son inhabituel peu d'engagement, face à une présentation de la genèse de l'affaire manifestement orientée, lui a lancé un *« mais enfin maître !»* de détresse, qui l'a comme douché à l'eau froide. Au moment où, agréablement surpris de l'inattendue modération de son adversaire, et convaincu qu'il pouvait en profiter, Salvin-Lagrezette s'apprêtait à remettre en cause le volant financier de l'accord de principe trouvé au terme du long et confidentiel échange épistolaire entre les conseils.

Il a alors éprouvé comme une sorte de débridement, de fureur, dont la cause ne tenait sans doute pas exclusivement à l'affaire pour laquelle il se trouvait là. A succédé alors à son attitude de quasi spectateur, un quart d'heure de pilonnage systématique des objections d'arrière-garde d'un Salvin-Lagrezette décontenancé et, au-final, désavoué par ses mandants, conscients de l'impasse dans laquelle il les conduisait. Le notaire à la calvitie lustrée, devant son prétentieux bureau en marqueterie boulle rehaussée de bronze, qui avait sans doute eu des sueurs froides devant la reviviscence d'un contentieux auquel il n'avait, es-qualités, aucun intérêt, n'a pas manqué d'invoquer l'adage, surtout populaire dans sa corporation pour cette raison, selon lequel « un mauvais arrangement vaut mieux qu'un bon procès. » Maladroitement, compte tenu de ce que, pour les Delcourt, eu égard à la tournure prise par la discussion, il ne faisait pas de doute qu'ils allaient devoir, présentement, assumer l'essentiel du « mauvais » de l'arrangement.

Après la signature, dans la rue, Marion Delcourt manifestement soulagée, lui a proposé de faire quelques pas ensemble. Il a eu l'impression qu'il n'aurait pas fallu beaucoup pour qu'elle lui prenne amicalement le bras. Elle lui a fait part, d'un seul jet : de la location d'un appartement sur la rive gauche ; de la reprise de l'usage de son nom de jeune fille ; d'un premier contact téléphonique « avec Guy » qui a presque complètement apaisé ses craintes ; mais aussi des difficultés qu'elle ne cesse de rencontrer avec son fils depuis le décès de son père, plus présent mort que vivant.— *« Il faut dire que ma belle-famille s'emploie à lui en donner une image plutôt flatteuse. Ce qui n'est pas nécessairement mauvais, mais ce qui se fait à l'évidence à mon détriment. J'ai de bonnes raisons de penser que Guillaume croît que je suis responsable de la désertion de son père et pourquoi pas aussi, de sa mort. Et je ne sais pas comment faire pour contrer cette offensive insidieuse sans entrer dans des explications impossibles. »*

Il a eu alors la surprise d'apprendre qu'elle avait entrepris de consulter un autre psychiatre, un certain docteur Aronstein récemment installé, qui a fait son internat à Pierre Janet et continue d'y effectuer des vacations en pédopsychiatrie. Il ne lui a pas échappé que ces précisions avaient éveillé sa curiosité. *« Vous le connaissez ? » / « J'en ai entendu parler. Il est bien ? »* Elle a haussé les épaules.*« En tout cas, je ne vois pas de résultat. Je suis d'ailleurs passée à son cabinet avant notre rendez-vous dans l'espoir de le voir pour lui en parler ; mais ça n'a pas été possible. » / « Il n'était pas là ? » / « Si, mais il n'en finissait pas de dire au revoir à une cliente. Fort jolie d'ailleurs. » / « Vous pensez que ça explique la longueur du « au revoir » ? » / « Ce que sais, c'est qu'au moment de me donner un rendez-vous du fait que je ne pouvais attendre plus longtemps, la secrétaire m'a lâché un « c'est toujours comme ça avec elle », sur un ton qui en disait long sur son agacement. Et j'ai même eu droit à une petite entorse au secret professionnel. » / « Elle vous a dit qui était la cliente privilégiée ? » / « Seulement que c'est une infirmière de Pierre Janet. »* Il n'a pu dissimuler une certaine émotion, *« Vous pensez à quelqu'un ? Oui, je vois bien que vous pensez à quelqu'un.» / « Vous pouvez me la décrire ? » / « Cela me gêne... Ce n'est pas un secret professionnel pour moi, je suis cliente, mais tout de même... Enfin, si vous y tenez : une jeune femme très brune, un peu, comment dire ? Orientale. Élégante, à la fois fine et... » / « Je vois. Une toilette claire, gris bleu, avec un grand châle ? »*, Elle a acquiescé à regret, *« Rassurez-vous, vous ne trahissez rien ni personne. Il se trouve simplement que la description correspond à une cliente qui est venue me voir ce matin, une infirmière, qui m'a indiqué, incidemment, qu'elle consultait un jeune médecin fraîchement installé en ville. La coïncidence est amusante, c'est tout. »* Elle ne lui a pas semblé convaincue par une explication peu en rapport avec le trouble qu'elle avait à juste titre décelé, mais elle a eu le tact de ne pas insister et d'en revenir, comme si de rien n'était, à sa situation personnelle.

Puis, sans transition, comme si elle en faisait partie, à l'affaire Lambert, dont il n'avait plus entendu parler après qu'elle ait été entendue successivement par la PJ de Paris et le juge chargé de l'instruction, *« Vous ne le savez sans doute pas, mais Xénia a pris contact avec les parents de Vincent Lambert ? » / « Non, en effet. Mais je n'ai aucun moyen, ni aucune raison d'ailleurs, d'être au courant. Et pourquoi l'a-*

t-elle fait ? » / « Pour essayer de les aider. Ils sont âgés et désespèrent de voir un jour leur fils sortir de prison. Il paraît que pour lui, ça se présente très mal. » / « Et que compte-t-elle faire pour les aider ? « Elle leur a conseillé de venir vous voir. » / « Quoi ? » / « Ce n'est pas parce que l'idée vient de Xénia qu'elle est mauvaise. » / « Vous me permettrez tout de même, d'être un peu sur mes gardes. « Si je comprends bien, compte tenu de son talent de persuasion, il est quasi certain que ces braves gens ne vont pas tarder à prendre rendez-vous ; si ce n'est déjà fait. » / « Vous allez les recevoir ? » / « Je ne sais pas. » / « Vous allez faire comme avec moi, vous allez réfléchir ? » / « Vous êtes vraiment diaboliques toutes les deux ! »

Il avale son café presque froid et téléphone à sa secrétaire.

— Je ne vais pas passer au bureau, Édith.

— Vous sortez de chez le notaire ?

— Oui, c'est signé, à peu près comme prévu ; plutôt mieux, même. On fera parvenir à la cliente un exemplaire du protocole d'accord dès que le notaire nous l'aura transmis ; et le dossier sera clos ; enfin, je l'espère.

— Vous avez bien raison de rentrer chez vous pas trop tard, pour une fois ; votre épouse va être contente.

— Rien de spécial ?

— Non, à part un coup de téléphone qui va vous étonner et peut-être vous faire douter de ce que vous en avez vraiment fini avec le fameux dossier ; à rallonges.

— Je suppose qu'il s'agit des parents de Vincent Lambert ou de quelqu'un pour eux.

— C'est vrai que vous étiez avec madame Delcourt.

— Madame De la Tour Lansac.

— Elle n'est déjà plus la veuve Delcourt ? Elle va se remarier ?

— Comme vous y allez ! C'est simplement que pour être la veuve, il aurait d'abord fallu qu'elle soit la femme. Je crois qu'elle est en train de réinvestir son passé. Le lointain, celui de la lignée, et celui d'avant son pseudo mariage avec Philippe Delcourt.

C'est toujours comme ça avec ces gens-là.

— Qu'est-ce que vous voulez dire ?

— Je me comprends.

— Bon ! Qui a appelé, précisément ?

— Madame Lambert mère, mais de la part de qui vous savez.
— Que vous a-t-elle dit ?
— Elle est convaincue que son fils n'est pas bien défendu.
— Qui s'en occupe ?
— Un avocat commis d'office. Vous-vous rendez-compte !
— Je me rends compte surtout que vous avez oublié nos débuts, quand on n'avait à peu près que des commissions d'office à se mettre sous la dent. La plupart des confrères qui les pratiquent font leur boulot avec cœur et compétence. Au demeurant, j'imagine que les parents ont les moyens de payer un avocat prestigieux à leur fils, s'ils le veulent.
— C'est lui qui ne le veut pas. En fait, il ne veut pas du tout se défendre. Il a même fait une tentative de suicide. Elle pense que vous êtes le mieux placé pour comprendre la situation, le persuader de réagir et tenir tête au clan Delcourt qui, évidemment, profite de la situation pour dire et faire ce qu'il veut. Ce qui, j'en suis certaine, ne peut que vous énerver.
— Je vous vois venir avec vos gros sabots.
— On ne peut pas laisser une mère dans la détresse.
— Hum ! Leur avocat dans cette affaire est bien entendu celui avec lequel j'ai passé l'après-midi.
— Le même. Madame Lambert semble lui attribuer des pouvoirs exorbitants. Je ne me suis pas permis de lui rapporter, pour la rassurer, en les modérant, certains propos que vous tenez volontiers à son sujet.
— Il y a autre chose ?
— Il paraît que dans le dossier, l'affaire Manolios a refait surface.
— Le contraire serait étonnant.
— Vous leur avez donné rendez-vous pour quand ?
— Un rendez-vous sous condition.
— Quelle condition ?
— Pardi, que vous me donniez votre accord.
— Depuis quand vous souciez-vous de mon accord ?
— Depuis toujours. Parfois j'anticipe un peu, c'est tout. Mais là, je me suis dit que c'était peut-être un peu délicat. Je dois rappeler madame Lambert demain matin pour confirmer ou annuler le rendez-vous.
— Demain matin ? Vous leur avez donné un rendez-vous à confirmer pour quand ?
— Pour demain soir. C'était urgent.

— Mais je suis à Amiens ?

— La dernière fois que vous y êtes allé, c'est vous-même qui m'avez dit que vous aviez réussi à faire le trajet en moins de deux heures. Comme vous êtes de l'extérieur, vous allez plaider en début d'audience, et vous serez donc à coup sûr de retour pour 19 heures. Comme vous le voyez, j'ai compté assez large.

— Vous ne manquez pas d'air. Vous m'exhortez à lever le pied et vous n'hésitez pas à me surcharger quand votre sensibilité de midinette est excitée. Sans compter qu'on ne sait jamais comment une audience, surtout pénale, peut se dérouler. Il peut y avoir par exemple, je vous le rappelle, une escorte pléthorique ou d'autres confrères plus extérieurs que moi.

— Il n'y a rien de tout ça, j'ai appelé le greffe. Ça devrait aller. Et maintenant, midinette ou pas, je vais rassurer la maman.

— Attendez, je ne vous ai pas dit que j'étais d'accord.

— Bah si ! Vous ne m'avez pas demandé d'annuler le rendez-vous. Et puis, les recevoir ne vous engage à rien.

— C'est ça ! À demain.

Mercredi 2 septembre/19h30.

Il grimpe quatre à quatre l'escalier. Il est en retard d'une demi-heure. Il a téléphoné du palais à Amiens pour qu'Édith prévienne les Lambert de son retard. Elle lui a dit qu'ils étaient arrivés presque une demi-heure en avance. Il se dirige droit vers son bureau où il est immédiatement rejoint par sa secrétaire qui a eu juste le temps de lever la tête pour le voir passer.

— Hé oui, justement aujourd'hui, je n'ai pas pu bénéficier de la priorité de passage ; il y a eu une comparution immédiate qui a duré un temps infini. Le dossier était évidemment, comme d'habitude, mal ficelé et il a fallu que le président refasse l'enquête à la barre. Enfin, je suis là. Le père est donc venu, lui aussi, contrairement à ce que vous avait dit sa femme quand vous l'avez rappelée.

— Les femmes sont moins compliquées que les hommes. Elles savent mettre de côté leur orgueil quand il s'agit de sauver leurs enfants.

— Quel orgueil ?

— Un fils assassin ! Et puis il doit savoir maintenant que son fils et Philippe Delcourt…

— Ce n'est pas certain du tout.

— En tout cas, autant j'ai bien senti que la mère était prête à tout entendre, autant le père m'a paru très coincé. Elle a dû certainement batailler pour le traîner jusqu'ici.

— Vous savez quelque chose sur ces gens-là ?

— Pour les faire patienter, j'ai pris quelques renseignements administratifs. Je leur ai dit que ça vous permettrait d'aller plus vite à l'essentiel.

Elle lui tend une fiche dactylographiée.

— C'est très complet.

— Je me suis inspirée de vos notes.

— On pourrait peut-être généraliser le système.

— Je ne demande pas mieux.

— Ils sont retraités.

— Vous avez vu, le père était inspecteur général des finances. C'est haut placé ça ?

— L'inspection des finances, c'est ce que choisissent le plus souvent les mieux placés à la sortie de l'E.N.A. Ça promet ! Bon ! il faut y aller. Rentrez chez vous. Merci.

— Ne soyez pas trop dur avec eux.

— Pourquoi voulez-vous que je le sois ?

— Parce que je vous sens très tendu.

— Pas tendu, fatigué et en retard, à cause de vous.

— Alors là ! Je ne m'attendais vraiment pas à prendre un coup de pied au dernier moment. Comme quoi, il faut toujours se méfier.

— Il ne faut jamais baisser la garde ; vous devriez le savoir. Mais j'espère quand même que ça ne vous empêchera pas de dormir.

— Y-a-pas de risque.

Il dépose sa serviette et son manteau sur le troisième fauteuil en retrait près de la fenêtre et se dirige vers la salle d'attente. Les Lambert qui l'ont entendu venir, sont debout.

— Je vous prie de bien vouloir m'excuser pour le retard ; j'arrive tout droit d'Amiens. Une audience plus longue que prévu.

Madame Lambert le dévisage franchement, sans doute avide d'une première impression favorable. Il s'efforce de rassembler les forces qui lui restent pour ne pas la décevoir. Il serre une main spontanément tendue, avec fermeté, et répond à son regard insistant par de la bienveillance dans le sien. Son mari est resté en retrait — un retrait excessif, discourtois. Il est là contre son gré, traîné par sa femme chez cet avocat de province dont il n'a certainement jamais entendu parler auparavant et qui ne figure, donc, dans aucun bulletin mondain. Il est impeccable dans son costume de bon faiseur bleu roi, grand, mince, le teint et les yeux clairs, les cheveux blancs encore abondants coupés courts, contrairement à celui qui lui tend la main ; une main qu'il prend à regret en le toisant avec condescendance. Il n'attend, lui, raisonnablement, rien du rendez-vous.

Celui qui le lui a donné, s'efface avec une ostentation un tantinet ironique et lui désigne le chemin. Madame Lambert qui n'a rien vu de la passe d'arme muette, le gratifie au passage d'un sourire douloureux, assorti d'un discret soupire, avant de s'accrocher au bras de son mari. Elle marche difficilement, semblant souffrir d'une hanche. Petite et menue, elle est, elle aussi, très élégante dans son tailleur Chanel vert amande. Ils s'arrêtent à la porte du bureau.

— Je vous en prie, entrez et asseyez-vous.

Madame Lambert s'exécute avec difficulté, mais sans manière. Son mari jette un coup d'œil circulaire et hautain sur le lieu, s'assoit comme distraitement, croise les jambes le dos appuyé sur le dossier et affecte de toute sa personne, d'attendre l'inévitable confirmation de l'inutilité du rendez-vous. C'est un ancien haut fonctionnaire, membre d'un grand corps de l'État, qui n'a guère d'estime, du haut de son cheval orné de garde républicain, pour la piétaille judiciaire libérale, de surcroît provinciale. Laquelle pourtant, pense le fantassin judiciaire, contribue significativement au financement de ses privilèges. Il se retient par égard pour la mère de Vincent Lambert, de reconduire sans plus attendre la rosette rouge d'officier de la Légion d'honneur à la porte du cabinet — la même du point de vue des mérites, que celle épinglée sur les robes rouges ou noires d'à peu près tous les magistrats d'un certain niveau hiérarchique.

— Qu'il soit tout d'abord bien clair que si, à l'issue de cet entretien, vous décidiez de me confier le dossier de votre fils, je me réserve d'emblée, de le refuser.

Le visage de madame Lambert se fige. Son mari lève un sourcil tandis que l'autre semble collé à un invisible monocle, à la manière d'un vieux colonel prussien.

— Pour être plus précis, je considère que c'est d'abord à vous de me convaincre de l'intérêt de mon intervention.

Madame Lambert se cabre.

— Mais maître ?

— J'ai quatre bonnes raisons madame Lambert, de douter de l'existence d'un tel intérêt. Premièrement, votre fils a déjà un avocat dont je n'ai aucune raison *a priori* de douter de l'efficacité ; et surtout pas au seul motif qu'il a été commis d'office. Deuxièmement, si je ne connais pas votre fils, je connais par contre assez bien, quoi qu'évidemment indirectement, la victime et sa famille ; et je dois dire que la perspective de devoir, une fois de plus, me colleter à ce clan pour qui j'éprouve une certaine aversion, ne m'enthousiasme guère. Je crains en outre, de ce fait même, de manquer du minimum d'objectivité requis pour porter un jugement lucide sur l'affaire, alors qu'évidemment, c'est la condition *sine qua non* d'une défense pertinente et donc efficace. Troisièmement, je ne suis pas certain de pouvoir disposer du temps nécessaire pour les déplacements à Paris, à la maison d'arrêt et au palais, sans compter les entretiens que je devrais vous accorder. Je suis en effet déjà débordé de travail. Enfin, je n'aime guère prendre le train en marche, surtout qu'il doit être assez près d'arriver à destination. Voilà, à vous !

Madame Lambert qui s'est progressivement tassée au fond de son fauteuil, tente maintenant de mettre de l'ordre dans ses idées pour essayer de faire face à une situation qu'elle n'avait manifestement pas imaginée. Son mari s'efforce quant à lui, de ne pas paraître surpris, alors qu'il l'est à l'évidence tout autant que sa femme. Mais, alors que cette dernière se prépare au combat, lui hésite manifestement entre, en rester là et se lever, ou attendre encore un peu pour ne pas risquer de devoir affronter un reproche de désertion dès le premier feu, de son épouse ; de la sortie du cabinet jusqu'au retour à Paris et probablement bien au-delà. Le temps de réfléchir, il dévie son regard vers la reproduction d'un De Staël accrochée à la gauche de son vis-à-vis. Sa femme qui ne parvient pas à rassembler ses idées, se tourne vers lui.

— Bertrand, répond à maître Mauduit !

Il consent à quitter Agrigente.

— Pourtant, pour vous, c'est une très belle affaire.

— Bertrand !

Il se tourne et se penche vers sa femme, et, presque à l'oreille, à la fois comme en confidence et suffisamment fort pour que leur hôte l'entende.

— Écoute Catherine, tu sais bien que je n'étais pas d'accord. Je ne vois pas pourquoi Vincent changerait d'avis, alors que je lui ai proposé l'un des meilleurs avocats de Paris ; Ducolard que j'ai connu au ministère des finances, un ami de Jeandron, le ministre. Tu sais que je suis allé le voir et qu'il était d'accord pour prendre en main le dossier.

— Vous devez le connaître ou du moins, avoir entendu parler de lui ?

— Bien, je vois !

Il se lève et s'adresse à madame Lambert.

— Madame, vous avez le choix : ou bien vous invitez votre mari à retourner dans la salle d'attente, ou bien nous en resterons là. Je vois bien que c'est vous qui avez pris l'initiative de ce rendez-vous et que pour vous, seul importe l'intérêt de votre fils ; ce qui me touche. Sinon, il n'y aurait pas d'alternative, je vous inviterais tous les deux à quitter ce bureau sans plus tarder.

Monsieur Lambert se lève avec une étonnante rapidité ; blême. Mais il est stoppé dans son élan par son épouse qui lui a pris le bras.

— Bertrand je t'en prie, laisse-nous !

Il s'empourpre.

— Comment vous permettez-vous ?

— Je vous retourne la question cher monsieur. Je ne crois pas vous avoir démarché et je peux, figurez-vous, me passer sans inconvénient de votre brillante clientèle.

L'inspecteur des finances, tendu comme un arc, lève le menton et affiche un courroux de césar.

— Si le but recherché était de donner à l'affaire de votre fils le plus grand retentissement médiatique possible, je comprends que vous ayez pensé à Ducolard. Tout le monde sait qu'un avocat de sa qualité, ami de ministre comme vous l'avez vous-même souligné, n'intervient pas pour n'importe qui et n'importe quoi. Vous pouviez légitimement espérer qu'il fasse rentrer votre fils dans les annales judiciaires et journalistiques.

Madame Lambert s'est redressée. Elle est au bord de la crise de nerfs.

— Je ne te pardonnerai jamais, d'avoir placé ton orgueil au-dessus de tout !

— Il la regarde fixement et, contre toute attente, s'affaisse littéralement sur le fauteuil. Sa femme un instant décontenancée, se penche vers lui et pose une main sur son genou ; un geste d'évidente tendresse.

— Je te demande pardon. Je sais que tu aimes Vincent autant que moi et que tu as cru bien faire.

Elle se tourne vers celui en lequel elle a placé ce qui lui reste d'espoir, et, sans retirer sa main.

— Excusez mon mari. C'est tellement dur ! Moi, je suis certaine que vous êtes le mieux placé pour comprendre la situation et donner une chance à notre fils. Mademoiselle Manolios, en qui j'ai toute confiance, m'en a convaincue.

— Comment l'avez-vous rencontrée ?

— C'est elle qui nous a contactés. On était perdu, on ne savait plus quoi faire devant l'attitude, si déroutante, de notre fils. Elle s'est montrée très compréhensive.

Elle se tourne vers son mari qui s'est repris, mais semble néanmoins avoir remisé la morgue assortie à sa rosette.

— On a même été surpris de l'intérêt qu'elle porte à Vincent. On a compris qu'elle avait beaucoup d'estime pour lui. C'est vrai que c'est un garçon adorable, vous savez !

— Quand vous parlez de l'attitude de votre fils, que voulez-vous dire exactement ?

— Il ne veut pas se défendre. Il a même fait une tentative de suicide. Il s'est pendu au soupirail de sa cellule.

Elle prend sa tête dans ses mains.

— Mon Dieu !

Elle sanglote. Son mari lui tend un mouchoir, l'entoure d'un bras et se tourne vers lui.

— Excusez-moi pour tout à l'heure ; je ne sais plus que faire, que penser.

— N'en parlons plus. Vous le voyez régulièrement ?

— Jusqu'à il y a un mois, il ne voulait voir personne. Même pas ses parents. Les seules nouvelles que nous avions nous étaient données par maître Guillemain, l'avocat commis d'office. Vous ne le connaissez probablement pas ?

— Si, pour avoir plaidé il y a quelques semaines avec lui dans une affaire de stupéfiants à Versailles. Je n'aime guère porter de jugements sur mes confrères, sauf quand ils sont favorables ; ce qui est le cas. Il m'a paru talentueux et il connaissait parfaitement son dossier.

— C'est un jeune avocat sympathique et nous ne disons pas qu'il ne fait pas tout ce qu'il peut ; mais il a en face de lui un ancien bâtonnier et surtout, quelqu'un qui semble très introduit. Maître Guillemain a l'impression qu'il jouit d'un traitement de faveur de la part du juge d'instruction et qu'il a l'oreille du procureur. Il a été surpris de la rapidité avec laquelle le dossier a été bouclé, et dans le sens souhaité par la partie civile. C'est pour cela aussi, que j'avais pensé à Ducolard qui dispose d'un important réseau de relations ; et pas seulement au ministère des finances.

— Je comprends, mais les relations ne permettent pas de tout résoudre. À supposer que le garde des sceaux en personne se déplace à la maison d'arrêt, pensez-vous qu'il aurait plus de chances que vous, de convaincre votre fils de se défendre ? De même qu'au final, pensez-vous qu'un jury populaire serait nécessairement favorablement sensible au carnet mondain de l'accusé et de son avocat ? Mais je suis bien d'accord avec vous pour considérer qu'au niveau de l'enquête et de l'instruction, certaines influences sont possibles ; surtout lorsque l'accusé s'enferme dans un complet mutisme, et laisse ainsi le terrain libre à l'accusation. Mais je crains qu'il ne soit en tout état de cause un peu tard pour intervenir efficacement en amont des assises, si l'instruction doit être close prochainement. Ce qui est probable, en l'absence de contestation au cours de l'instruction, des faits tels qu'ils ont été recueillis et compris lors de l'enquête préliminaire.

Un même accablement se lit dans le regard des vieux époux.

— Ce qui ne veut pas dire qu'il n'y a rien à faire. Tant que le jury et la Cour ne se sont pas retirés pour délibérer, rien n'est définitivement joué ; ni dans un sens, ni dans l'autre. Et l'attitude radicale de Vincent a au moins l'avantage de réserver la possibilité d'un revirement tout aussi radical.

Madame Lambert se tourne vers son mari.

— Tu vois, tout espoir n'est pas perdu.

Puis vers lui.

— Ça nous touche que vous ayez appelé notre fils par son prénom. Je me trompe peut-être, mais j'ai l'impression…

— Sincèrement, je ne sais pas encore. En tout état de cause, il ne pourra y avoir de défense qu'avec son plein accord. Un accord pour le moment plus qu'hypothétique.

Monsieur Lambert se redresse.

— Ce que vous dites, si je comprends bien, c'est qu'avant de plaider pour Vincent devant les assises, l'avocat qui se chargerait de sa défense, devrait d'abord plaider devant lui pour le convaincre de l'utilité de son intervention.

— Exactement ! Il ne saurait être question de le défendre malgré lui, de parler pour lui, de passer outre à sa volonté ; quelle qu'elle soit. Et il ne s'agira pas pour cet avocat d'obtenir de son client un simple accord de principe, mais un accord sur le fond : sur l'explication à donner de son geste le moment venu devant la Cour d'assises. Sans faire de psychologie à bon marché, il me semble que s'il se tait, alors qu'il est tout le contraire d'un homme frustre, c'est certainement parce que cette explication l'engage au plus profond, au plus intime, de lui-même ; et qu'il est convaincu que, personne, ne peut le comprendre ; pas même ses parents. Pouvez-vous me dire ce que vous savez des faits ?

Madame Lambert qui elle aussi, semble avoir retrouvé une certaine énergie, mais que son propos a troublée, se tourne vers son mari.

— Explique à maître Mauduit, tu sauras mieux que moi.

— Ce que nous en savons, nous le tenons de maître Guillemain, c'est-à-dire ce qui correspond à la version retenue par le juge d'instruction, orientée par les Delcourt. Philippe Delcourt et Vincent sont allés ensemble à un congrès professionnel à Marseille en voiture. Ils sont rentrés plus tôt que prévu. Le garçon d'étage de l'hôtel où ils avaient leurs chambres, a déclaré les avoir entendu se disputer assez violemment avant leur départ ; mais sans comprendre à quel propos. On suppose que la dispute s'est poursuivie tout le long de la route et dans l'appartement de notre fils, où Philippe Delcourt l'a suivi.

— Quel aurait été l'objet de la dispute, selon le dossier ?

Madame Lambert se redresse, semblant vouloir répondre. Elle regarde son mari qui, d'un discret geste de la main, l'invite à le faire.

— Ce serait cette femme, cette Juliette Morange qui vit avec notre fils.

Monsieur Lambert fait une moue.

— Vous semblez sceptique, monsieur Lambert.

— Elle habite avec notre fils, c'est vrai, mais c'est bizarre...

— Qu'est-ce qui est bizarre ?

— Vincent n'est jamais venu avec elle à la maison, malgré, vous-vous en doutez, nos nombreuses invitations. Nous aurions été heureux de la connaître. Il est toujours venu seul. Il paraît que c'est une femme très indépendante et qui n'aime guère les conventions. Ce qui est certain, c'est qu'elle n'est pas une simple colocataire. Notre fils n'a pas besoin d'argent et l'appartement est mis à sa disposition gratuitement par les Delcourt. Vous savez sans doute qu'ils ont un très important patrimoine immobilier.

Il acquiesce de la tête.

— Vous ne lui avez jamais demandé ce qu'elle était exactement pour lui ?

Madame Lambert soupire.

— Si, bien sûr, mais Vincent a fini par nous dire que ça ne nous regardait pas. Ça nous a fait beaucoup de mal, mais on a cessé de le questionner pour ne pas le fâcher. On craignait qu'il ne vienne plus à la maison. Nous n'avons qu'un fils. Nous aurions tellement aimé avoir un petit enfant.

Le visage de monsieur Lambert s'assombrit. En croisant son regard, il mesure l'incompréhension au bord de la détresse de cet homme qui, jusqu'à l'événement qui le conduit ici, ne devait guère douter d'être, lui et les siens, par essence, du bon côté des statistiques.

— Quel rôle lui attribue-t-on dans l'affaire ?

— Maître Guillemain nous a dit que pour la police et le juge d'instruction, les deux hommes se sont disputés à son propos. Il a été établi que Philippe Delcourt venait très souvent chez Vincent et qu'ils sortaient ensemble.

— Il faut être clair, Bertrand. Ce que pense le juge d'instruction c'est que cette femme serait devenue la maîtresse de Philippe Delcourt, et que Vincent l'aurait appris lors de leur séjour à Marseille. Ce qui expliquerait qu'il a téléphoné de là-bas au responsable de son ONG, dans le but de repartir en Afrique. Il se serait senti doublement trahi, par sa compagne et par son meilleur ami. Maintenant, comment l'aurait-il appris ? On suppose que c'est Philippe Delcourt qui a profité de leur séjour à Marseille pour lui avouer sa liaison.

Monsieur Lambert hausse les épaules.

— Je veux bien croire que Vincent a eu l'intention de repartir en Afrique, puisque le juge d'instruction a vérifié l'existence du coup de fil donné le matin même de leur retour. Ce qui était médicalement possible, puisque les derniers examens avaient établi sa guérison définitive de la maladie qu'il avait contractée lors de ses précédentes missions. Ce que j'ai du mal à comprendre, c'est pourquoi Philippe Delcourt venait aussi souvent chez notre fils à Paris, alors qu'ils travaillaient ensemble ; et comment il est possible que Vincent ne se soit aperçu de rien auparavant. Selon l'explication donnée par sa famille, Philippe Delcourt n'était pas heureux en ménage ; mais tout de même !

— Savez-vous ce qu'a déclaré Juliette Morange ?

— Maître Guillemain nous a dit qu'elle n'avait pas nié avoir été la maîtresse de Philippe Delcourt. Mais elle a refusé de donner des détails. Ce qui l'a étonné, c'est que le juge d'instruction n'ait pas vraiment insisté pour en savoir plus.

Il se tourne vers sa femme.

— Admet que tout cela n'est pas normal.

— Tu as raison, mais tu vois une autre explication ?

Monsieur Lambert détourne la tête.

— En avez-vous discuté avec mademoiselle Manolios ?

Le visage de madame Lambert s'éclaire.

— Oui, bien sûr !

— Vous l'avez rencontrée souvent ?

— Elle est venue plusieurs fois à la maison. Elle nous a dit que Philippe Delcourt était un séducteur impénitent — c'est le mot qu'elle a employé— et qu'il pouvait se révéler très agressif quand il n'obtenait pas ce qu'il voulait, qu'on lui tenait tête ou même simplement, qu'on le contrariait. Elle est bien placée pour le savoir, et vous aussi. Elle est persuadée que Vincent n'a fait que se défendre.

— Vous voulez parler de légitime défense ?

— Oui !

— Pourtant, à première vue, si l'on s'en tient à l'explication, disons, officielle, c'était votre fils qui avait une bonne raison d'agresser son rival.

— C'est vrai, mais la réaction de Vincent a pu l'énerver. Je me suis même demandée si Philippe Delcourt ne lui avait pas proposé un ménage à trois. Avec cet homme, tout était possible. En tout cas, c'était certainement très pratique pour lui de voir cette femme sans risquer de se faire prendre en adultère ; et c'est peut-être parce qu'il avait cette idée en tête, qu'il avait mis l'appartement à la disposition de Vincent ? Il était très riche et il croyait sans doute pouvoir tout acheter. Il paraît que sa femme est une aristocrate désargentée qu'il a épousée sous la pression de sa famille, pour donner le change, pour la bonne réputation des Delcourt ; et aussi pour qu'il leur fasse un héritier.

— Catherine !

— C'est la vérité. C'est mademoiselle Manolios qui me l'a dit.

Il sourit intérieurement au constat, une nouvelle fois, du pouvoir quasi hypnotique qu'exerce sur des gens très différents, son étonnante ex-cliente.

— Qu'est-ce que l'on sait, au vu du dossier, sur les circonstances dans lesquelles le pistolet est apparu et que le coup est parti ?

Madame Lambert invite de nouveau du regard son mari à répondre, comme si, s'agissant d'arme, il avait naturellement vocation à le faire en tant qu'homme.

— Selon maître Guillemain, il n'y a pas de témoin sur ces deux points capitaux, puisque Juliette Morange avait quitté l'appartement avant l'altercation. Tout ce que l'on sait, c'est que Vincent a été retrouvé le pistolet à la main assis devant le cadavre.

— Connaissez-vous l'histoire de ce pistolet ?

— Oui. Vincent l'a ramené d'Afrique. Il lui avait été donné par un enfant soldat ; un gosse qu'il a soigné pour des problèmes d'infection dentaire gravissimes. C'était pour lui une marque de reconnaissance. Vincent déteste les armes mais ce pistolet, il l'avait conservé précieusement.

— Chargé ?

— Vincent nous l'avait montré fièrement. Jamais nous n'aurions pu imaginer, le connaissant, qu'il ait pu être chargé. Maître Guillemain nous a dit qu'il y avait une seule balle dans le barillet.

Madame Lambert semble hésiter à dire quelque chose, l'air à la fois grave, gêné et désolé.

— Vous voulez préciser quelque chose à ce propos, madame Lambert ?

— C'est-à-dire…

Elle se tourne vers son mari qui, ayant manifestement deviné ce qu'elle voulait dire, l'autorise à poursuivre d'un clignement d'yeux presque imperceptible ; sans doute soucieux, sans approuver franchement son initiative, de ne plus la contrarier.

— Nous n'avons pas osé en parler en revenant de chez Vincent le jour où il nous a montré ce révolver, mais je suis certaine que tu étais, comme moi, un peu inquiet.

Monsieur Lambert évite son regard.

— Vous savez, Vincent est très sensible, trop sensible et donc très fragile. Déjà, adolescent, il avait fait une tentative de suicide.

Monsieur Lambert hoche de la tête de gauche à droite.

— Il avait tout de même avalé mon tube d'anti dépresseurs.

Elle baisse la tête, consciente soudain, d'avoir franchi involontairement le seuil de tolérance dans la confidence, de son mari. Lequel, résigné, regarde dans le vague.

— Je n'allais pas très bien à l'époque ; j'avais un traitement.

Il hésite, puis renonce pour ne pas aggraver l'embarras de l'un comme de l'autre des vieux époux, à demander des précisions.

— Quel avait été le motif de son geste ?

— Rien de très grave en apparence. Il avait quinze ans. Il n'avait pas supporté de perdre son meilleur ami.

Une maladie, un accident ?

— Non, non. On n'a jamais su ce qui s'était passé. Il n'a jamais voulu en parler.

Elle se tourne vers son mari.

— Tu te rappelles, c'est à la suite de cette histoire qu'il a commencé à parler de s'engager dans l'humanitaire.

— C'est vrai qu'il a toujours été excessif dans ses sentiments. Sa mère et moi, nous avons essayé de le comprendre, mais nous n'y sommes malheureusement pas parvenus ; c'est le moins qu'on puisse dire, à en juger par ce qui nous vaut d'être ici.

— Ce qui vous vaut d'être ici, c'est encore une histoire d'amitié— ou plus— qui se termine mal.

Pour la première fois, en fronçant de conserve les sourcils, l'air un peu fâché, ils témoignent, à leur insu, d'une même impossibilité jusqu'à lors, d'envisager l'homosexualité de leur fils. Il lui semble prématuré d'aller plus avant sur le sujet.

— Il n'a pas recommencé ?

Ses vis-à-vis le regardent, comme soulagés de ne pas avoir à creuser le sens, volontairement ambigu, du « ou plus ». Monsieur Lambert fait un geste de la main vers son épouse pour éviter tout risque de relance du sujet, de sa part.

— Non, c'était une histoire de jeunesse, c'est tout.

L'empressement et le ton de la réponse ne laissent aucun doute sur le fait que la clôture vaut également pour l'avocat. Lequel sait maintenant à quel déni de réalité, il a affaire.

— Quelle explication a trouvé le juge d'instruction, en ce qui concerne le tir ? Sait-on s'il y a eu lutte ?

— Aucune trace n'a été relevée sur le corps de Vincent ni sur celui de Philippe Delcourt par le médecin qui les a examinés très peu de temps après l'arrivée des secours et de la police.

— Ce qui veut dire que s'il y a eu une empoignade, elle n'a pas été très violente.

Madame Lambert lève le doigt comme une écolière qui craint d'oublier la bonne réponse qu'elle vient de trouver.

— Il n'y a pas que les violences physiques.

— Vous avez raison, mais les violences morales sont en général plus difficiles à prouver que les violences physiques et, même prouvées, elles peuvent difficilement être invoquées au soutien d'une allégation de légitime défense.

— Philippe Delcourt a pu être odieux. Il a pu le menacer, lui faire peur.

Monsieur Lambert lève les yeux au plafond.

— On ne sait pas, Bertrand.

— On sait tout de même que le pistolet appartient à Vincent et tout porte à croire que c'est lui qui est allé le chercher dans la commode, et que c'est lui qui a blessé mortellement Philippe Delcourt. Ce n'est pas rien.

— Ce n'est pas rien, mais ce n'est pas tout. Il ne faut pas oublier que la charge de la preuve est du côté de l'accusation et que l'interprétation du passage à l'acte est toujours délicate. Bien souvent, c'est parce qu'on n'a pas suffisamment creusé les faits, qu'ils paraissent aller de soi. Ce n'est pas à un inspecteur des finances que je vais apprendre qu'il faut toujours se méfier de ce qui est présenté comme incontestable. En l'occurrence, à défaut de disposer d'éléments plus précis, on ne peut que recourir à une expérience de pensée.

Madame Lambert écarquille les yeux.

— C'est-à-dire en laissant de côté ce qui a pu être dit jusqu'à présent sur une scène finale sans témoin, s'efforcer d'en imaginer les différents scénarios possibles sans rien n'exclure *a priori*— pas même la légitime défense ou l'accident— jusqu'à ce que l'on parvienne à l'explication qui apparaît la plus plausible. Sans certitude, sachant que le propos n'est pas de parvenir à une certitude, mais de convaincre de l'incertitude.

Monsieur Lambert, que n'a pas laissé indifférent l'allusion à sa prestigieuse carrière et à la circonspection qui lui a été attachée, se tourne vers sa femme.

— Je n'ai pas voulu dire qu'il n'y avait rien à faire, mais seulement, qu'en effet, les apparences, mais seulement les apparences, sont contre Vincent.

— Je sais bien Bertrand.

Il constate à son sourire, que Madame Lambert n'est pas dupe du revirement de son mari, mais s'en félicite néanmoins, puisqu'il confirme qu'elle a bien fait de le traîner jusqu'ici.

— Ce qu'il faut, pour construire un scénario convaincant, c'est connaître la version détaillée de votre fils. Ce qui suppose un pénible effort de remémoration auquel, manifestement, il n'a pas encore consenti.

— Il faudrait pour cela, qu'il accepte d'abord de se défendre.

— Exactement, monsieur Lambert. Sans cela, on ne pourra rien faire. Il faut d'abord parvenir à le convaincre. Ce qui ne sera peut-être pas une mince affaire, puisqu'on sait que Maître Guillemain n'y est pas parvenu.

— Mais vous, peut-être…

— Avant de vous répondre, madame Lambert, je souhaite qu'on avance encore un peu sur le contenu du dossier ; je veux dire, sur ce que vous pouvez en savoir par l'intermédiaire de Me Guillemain. Et d'abord, savoir s'il vous a parlé de l'expertise de l'arme, à laquelle, normalement, le magistrat instructeur a dû faire procéder.

Il se tourne vers monsieur Lambert.

— Maître Guillemain nous a dit que l'expertise de l'arme n'avait révélé aucune anomalie. En particulier, la gâchette n'était pas particulièrement sensible, alors que le coup a été porté en plein cœur. Ce qui excluait, selon le juge d'instruction, toute possibilité d'accident. D'autant plus, toujours selon lui, que la commode dans laquelle était rangé le pistolet se trouve dans la chambre de Vincent et que le coup a été tiré dans le salon que n'aurait pas quitté Philippe Delcourt. Vincent serait allé le chercher et serait revenu pour le tuer, délibérément.

— La préméditation a donc été retenue ?

Madame Lambert s'empourpre.

— Il pense que notre fils est un assassin. Vincent un assassin, c'est complétement fou !

— Le juge va jusqu'à penser que c'est notre fils qui a incité Philippe Delcourt à monter à l'appartement alors qu'ils se disputaient depuis Marseille et qu'il avait certainement l'intention de rentrer chez lui.

Il se tourne vers monsieur Lambert.

— On ne peut pas nier que le silence de votre fils a quelque chose de suicidaire.

Madame Lambert, dans un sanglot.

— C'est aussi ce qu'a pensé Maître Guillemain.

Elle se tourne vers son mari.

— Tu ne peux pas dire le contraire. Il n'a pas réussi à se pendre dans sa cellule, mais si on ne fait rien, il va réussir à s'y murer ; ce qui ne vaut guère mieux.

— Tu as raison depuis le début. Tu vois, je crois qu'en fait, et c'est terrible à dire dans les circonstances présentes, c'est seulement maintenant que je découvre mon fils, notre fils. J'ai vu le garçon brillant, je n'ai pas vu, je n'ai pas voulu voir le garçon à la sensibilité à fleur de peau. Je n'ai pas compris, je n'ai pas voulu comprendre pourquoi, il s'est engagé dans l'humanitaire. Ni pourquoi, plus tard, il a renoncé à l'humanitaire pour suivre ce Philippe Delcourt qui était tellement différent de lui. Je ne crois pas que Vincent puisse être un assassin, mais une trop grande sensibilité peut être dangereuse, même en amitié.

— Qu'est-ce que tu veux dire ?

— Qu'on ne peut rien exclure, Catherine ; que l'irréparable peut être commis par le meilleur des hommes, sans qu'il soit pour autant un assassin. Maître Mauduit a raison, il est essentiel que Vincent s'explique au plus vite.

— Mais à nous, il ne dira rien. On a eu de l'espoir quand il a accepté il y a un mois, de nous voir, mais à part le bonheur de le voir, ça n'a rien donné.

Elle cherche nerveusement son mouchoir et se mouche sans ménagement.

— Il nous a tout de suite fait comprendre qu'il était inutile d'évoquer l'affaire. Nous n'avons même pas pu parler de sa tentative de suicide, de sa santé, de la prison. Alors, parler d'avenir ! Nous sommes restés presque tout le temps silencieux, presque gênés, alors que nous espérions tant pouvoir parler de tout. C'est lui qui a fini par nous demander comment nous allions, tout en s'excusant du mal qu'il nous faisait. C'était terrible ! Mais ce n'était quand même pas rien. Nous existions encore pour lui. Je pense qu'il ne dira rien non plus à maître Guillemain qui est intervenu en pleine crise. Il faut quelqu'un d'autre, maintenant. Mon mari a pensé à un ténor du barreau comme si la justice c'était de l'opéra, mais moi je n'ai jamais cru que Vincent accepterait de faire confiance à quelqu'un au seul motif que c'est une vedette. Bien au contraire. Il lui faut autre chose.

Monsieur Lambert opine de la tête comme un pénitent à l'écoute de ses péchés.

— Je dois admettre que l'entretien que j'ai eu avec Ducolard dans son cabinet de la rue de Rivoli, ne m'a pas convaincu. J'ai eu l'impression que ce que je lui disais, que ce soit sur Vincent ou sur ce que je savais du dossier, ne l'intéressait pas. Comme s'il savait déjà ce qu'il devait plaider. Je lui avais d'ailleurs fait part de mon étonnement. Il m'avait répondu par ce qui n'était peut-être qu'une boutade, qu'un véritable avocat n'est jamais aussi bon que lorsqu'il ignore à peu près tout du dossier et de son client ; mais ça m'avait tout de même choqué. Je lui avais demandé si, malgré tout, il comptait aller voir Vincent rapidement. Il m'avait répondu qu'il irait le voir quand l'affaire serait fixée et qu'en attendant, c'est son collaborateur qui s'en chargerait.

Il s'interrompt.

— En somme, le contraire de ce que j'entends ici.

Madame Lambert jette un regard reconnaissant et affectueux à son mari, manifestement soulagée de savoir que désormais, ils partageront un même espoir et une même volonté de changer le cours d'un destin auquel, lui, s'était trop vite résigné.

— Savez-vous qui, le juge d'instruction a interrogé ? Mis à part Juliette Morange qui n'a pas dit grand-chose, les Delcourt qui ont dit tout ce qu'ils ont voulu pour charger la barque de Vincent et Xénia Manolios qui a dit certainement tout le mal qu'elle pensait de Philippe Delcourt et tout le bien qu'elle pensait, au contraire, de son associé.

— Maître Guillemain a parlé des assistantes du cabinet. Elles auraient dit qu'elles n'avaient jamais rien constaté de particulier dans les rapports entre les deux associés, sinon qu'ils semblaient être de très bons amis. Elles auraient affirmé ne rien comprendre à ce qui s'est passé. Tu vois autre chose, Catherine ?

— Non, mais il a parlé aussi d'une « enquête de personnalité ». J'ai cru comprendre qu'il s'agissait de demander à des gens qui ont connu Vincent à différents moments de sa vie, ce qu'ils savent et pensent de lui.

— En gros c'est ça. C'est la règle en matière criminelle.

— Tout le monde aurait décrit Vincent comme un garçon sans histoires, sérieux, gentil et dévoué. Ce qui évidemment, ne nous a pas surpris.

— Savez-vous qui a été entendu dans le cadre de cette enquête ?

— C'est nous qui avons donné une liste, puisque Vincent a refusé de coopérer. Il s'agit de quelques enseignants, ses oncles et tantes, des cousins, quelques-uns de nos amis et le responsable de l'ONG où il a travaillé après la Fac. Nous avions donné une liste à maître Guillemain. Le juge n'a pas fait entendre tout le monde. Maître Guillemain nous a dit qu'il n'y avait pas de fausse note. Il a simplement mentionné que son prof principal de lycée l'année du bac, qui l'aimait beaucoup, a précisé qu'il lui avait toujours semblé « un peu trop sensible » et « à part », selon ses propres mots. C'est également ce qu'a dit sa marraine, ma sœur, à laquelle il est resté attaché.

— Est-ce qu'ils ont précisé un peu leur pensée ?

— Je ne crois pas. J'ai interrogé ma sœur. Elle m'a seulement dit qu'elle avait ajouté devant l'enquêteur qui lui aussi avait souhaité en savoir un peu plus, que lorsqu'elle prenait Vincent chez elle enfant et même adolescent, ce qui était fréquent, elle pouvait parler avec lui de tout, qu'il l'aidait volontiers et qu'il ne semblait guère intéressé par ce qui intéressait ses deux fils au même âge. Il faut dire que mes neveux ont été des enfants turbulents et des adolescents plutôt, disons… précoces.

— À ce propos, parmi les personnes entendues, ne semble figurer aucune relation féminine du temps du lycée ou de la Fac.

Monsieur Lambert se tourne vers sa femme.

— C'est vrai. On connaissait l'existence de Philippe Delcourt dont la réputation était selon ce qu'on nous a dit, celle d'un « coureur de jupons ». Ce qui nous a semblé curieux.

— Vous voulez dire que vous voyez mal comment votre fils qui est un garçon délicat, a pu s'accommoder d'un Don Juan comme Philippe Delcourt.

— On peut le dire comme ça. Délicat lui va bien. On peut dire aussi, discret et même secret.

Il se tourne vers sa femme qui baisse la tête.

— On n'a jamais compris pourquoi, il ne nous a jamais présenté personne ?

— Hormis la réputation de « coureur de jupons », en avez-vous appris un peu plus sur Philippe Delcourt au travers du dossier dont vous a, manifestement très fidèlement, rendu compte maître Guillemain ?

Le visage de monsieur Lambert semble soudain exprimer une sorte de dégoût profond.

— C'était le phénix. Il était brillant à tous égards, et s'il avait un certain penchant pour les belles femmes, il faut dire qu'il était très séduisant et qu'elles lui couraient volontiers après ; surtout qu'il était très riche. Me Guillemain nous a dit qu'en ce qui concerne l'affaire de mademoiselle Manolios, la famille de Philippe Delcourt a plus qu'insinué qu'elle avait joué de ses charmes et qu'il s'était fait piéger. Qu'il fallait lire la transaction : du côté de la pseudo-victime, comme la reconnaissance de ce qu'elle était bien consciente de risquer de perdre le procès en appel ; du côté du pseudo-agresseur, comme un bon moyen pour lui, de se débarrasser, sans plus tarder et définitivement, d'une intrigante qui pouvait nuire gravement à la réputation du cabinet et de sa famille. On a trouvé ça très injuste et très offensant pour la jeune femme que nous connaissons bien maintenant ; et que nous apprécions. Sa sollicitude totalement désintéressée pour Vincent et pour nous, démontre assez qu'elle ne peut pas être l'espèce d'aventurière décrite par les Delcourt. Elle nous a dit que vous lui aviez conseillé d'accepter cette transaction pour ne pas prendre de risque inutile ; bien qu'elle ait été très choquée par le comportement de son patron. Mais vous craigniez qu'en appel, les Delcourt puissent user de leur influence.

Il fait intérieurement une fois encore le constat de ce que, si l'aplomb des Delcourt est remarquable, celui de son ex-cliente ne l'est pas moins.

— Bon ! Je crois que nous avons fait le tour du dossier tel que vous pouvez le connaître.

L'anxiété se lit dans le regard de madame Lambert, mais également, bien que plus contenue, dans celui de son mari.

— Il va falloir, d'abord, selon les usages de ma profession, que maître Guillemain m'autorise à lui succéder ; ce qui ne devrait pas faire de difficulté. Ce qui est plus incertain, c'est que votre fils accepte expressément de me confier sa défense. Il a accepté de vous revoir, ce qui est plutôt de bon augure, mais ce qui l'est moins, c'est son refus persistant de discuter de l'affaire. On verra. Si ces deux conditions sont remplies, j'irais le rencontrer à la maison d'arrêt et je me ferais communiquer son dossier.

Un certain soulagement se lit sur les visages de ses interlocuteurs.

— Bien entendu, si la situation évolue favorablement, nous-nous reverrons et vous serez informés de la suite ; sachant que si votre fils accepte que je l'assiste, cela ira à mon avis de pair avec votre intégration dans sa défense. Mais qu'il soit bien clair qu'au final, il faudra, pour que je l'assiste aux assises, qu'il partage totalement mon point de vue sur le système de défense à adopter. Il faut que la confiance soit mutuelle.

Monsieur Lambert

— Côté client, je vois bien la nécessité de la confiance, mais côté avocat ?

— Monsieur Lambert, que peut faire l'avocat qui découvre en écoutant, stupéfait, son adversaire, à un moment où il est trop tard pour faire utilement marche arrière,par exemple à l'audience avant la clôture des débats, qu'il a été trompé par son client. Qu'il a raisonné, construit, une attaque ou une défense juridique, souvent sophistiquée, sur des affabulations ? Un adversaire qui a bien entendu sciemment attendu le dernier moment pour révéler la tromperie et ainsi, à la fois, le déstabiliser, le dévaloriser puisqu'on pensera toujours plus ou moins qu'il le savait, rendre impossible une parade et au final, gagner le procès. L'avocat abusé par son client, peut tout au plus, s'il a du métier et du réflexe, tenter une pirouette brillante qui, éventuellement, fera illusion dans le public, mais certainement pas auprès du tribunal.

Madame Lambert fronce les sourcils.

— Je pensais qu'on se confiait à un avocat un peu comme à un confesseur.

— Catherine, ce que tu peux être naïve parfois ! Je ne crois pas que beaucoup de gens aient encore un confesseur, mais en tout cas, je crois qu'aujourd'hui, plus personne ou presque, ne fait confiance à personne ; pas plus à un curé, une espèce en voie de disparition, qu'à un médecin ou à un avocat. On peut le regretter, mais c'est comme ça.

— D'accord Bertrand, mais pourquoi mentir à son avocat, puisque comme maître Mauduit vient de l'expliquer, cela peut conduire à perdre le procès ?

— Parce qu'il n'est pas rare, madame Lambert, que le client estime, à tort ou à raison, que sa cause est perdue d'avance ou en tout cas, qu'elle a peu de chances de prospérer s'il s'en tient à la réalité. Qu'il convient donc de la cacher à son avocat à qui il va raconter une histoire que celui-ci croira ou non. S'il y croît et si elle lui apparaît cohérente et soutenable, il construira en toute bonne foi sa stratégie de défense sur la base de cette histoire. Dans le cas contraire, l'alternative sera entre « faire comme si » ou refuser l'affaire. Si la première branche de l'alternative n'est pas nécessairement contraire au droit, bien que le serment de l'avocat mentionne, entre autres, des devoirs de dignité et de probité, elle peut l'être par contre, sans nuances, à l'éthique indissociablement personnelle et professionnelle de l'avocat ; de celui qui refuse de souscrire à ce que sa conscience ne soit, comme le dit Montaigne dans *Les Essais,* qu'une « conscience de louage. » L'avocat n'est jamais obligé de plaider ce que veut son client et en cas de désaccord, il doit se démettre.

Dans son for intérieur, il pense à la stupéfaction que produirait chez la « brave dame » son « aveu » d'avoir été grossièrement berné par celle dont elle serait prête à demander la béatification, sinon la canonisation. Et de ce qu'il va sans doute devoir composer avec le produit de ses mensonges

Un petit sourire déplaisant affleure aux lèvres de monsieur Lambert qui semble avoir retrouvé, pour un instant, un peu de sa morgue coutumière.

— Mais il faut bien vivre, et je suppose qu'il ne doit pas être si difficile de trouver un avocat susceptible d'accepter de plaider les élucubrations de son client. Après tout, s'il doit y avoir un préjudice, c'est surtout le client qui l'assumera. Celui de l'avocat ne peut être qu'essentiellement moral. Non ?

— Il est vrai que ma profession ne bénéficie pas d'une garantie d'emploi à toute épreuve comme celle des fonctionnaires. Nous autres libéraux, nous n'avons même pas droit au chômage lorsque nous sommes contraints, pour des raisons extérieures à notre volonté, de mettre la clé sous la porte. En l'absence de toute rente, il faut donc bien, effectivement, gagner sa vie. Mais pas nécessairement à n'importe quel prix. Y compris moral. Ce qui ne veut pas dire que ceux qui ne sont pas prêts à tout, sont pour autant des saint François d'Assise. Il y a aussi un bénéfice au respect de certains principes, hormis l'estime de soi, ce qui n'est déjà pas rien. Si cela rend certainement impossible de faire fortune, cela n'interdit pas pour autant de gagner correctement sa vie. La crédibilité qui y est attachée auprès des juges et d'une certaine clientèle, a aussi son prix.

Madame Lambert affiche une mine désolée devant la récidive de son mari, sur fond d'une profonde lassitude.

— Je ne voulais pas vous froisser.

— Comprenez-moi bien monsieur Lambert. Je n'ai ni le culte de la vérité, ni le culte de la loi parce qu'à mon avis, ni l'une ni l'autre, ne garantissent la justice, c'est-à-dire pour moi, dans chaque cas, la recherche de la solution humainement la plus souhaitable ou la moins préjudiciable. Ce qui peut me conduire à certains arrangements ou compromis, comme vous voudrez. Vous voyez que je ne me pose pas en dragon de vertu.

Madame Lambert qui fait effort pour ne pas pleurer, se penche vers lui.

— Vous savez, Vincent n'a rien d'un tricheur.

— J'en sais déjà assez sur lui, madame Lambert, pour en être persuadé. Allez ! Je pense que nous allons en rester là.

Il se lève. Après quelques instants de flottement, le vieux couple se lève à son tour.

— Vous retournez voir votre fils bientôt ?

— Samedi matin.

Ils ont répondu en chœur.

— Vous allez lui rendre fidèlement compte de cet entretien et l'aviser de ce qu'il va recevoir une lettre de ma part courant de la semaine prochaine. Il serait bon qu'il y réponde le plus vite possible. Je vais à toutes fins utiles prendre le contact de maître Guillemain dès demain par fil. Je vais l'aviser de votre démarche qui ne le surprendra probablement pas, et lui demander s'il accepterait de travailler avec moi. On ne sera pas trop de deux, si votre fils donne une suite favorable à ma lettre. Je dirigerai le dossier, mais je crois que ce sera très utile d'avoir quelqu'un sur place pour les démarches administratives courantes, compte tenu de mon éloignement ; en plus, quelqu'un qui a suivi l'instruction depuis le début et connaît bien le milieu judiciaire local. Sans compter que ses avis peuvent s'avérer pertinents. Si vous en êtes d'accord, je lui demanderais de renoncer à la commission d'office pour qu'il puisse recevoir une juste rémunération.

Monsieur Lambert opine de la tête.

— C'est vous qui reprenez notre contact ?

— Oui. Ma secrétaire a pris tous les renseignements nécessaires. Je vous appellerai dès que j'aurais reçu une réponse de votre fils.

— Et pour vos honoraires.

— Si je prends en charge le dossier, je vous ferais un devis, suivi, s'il vous convient, de la signature d'une convention d'honoraires.

— J'ignorais que ça se faisait dans votre profession.

— Vous verrez, on gagne beaucoup à la connaître ; en tout cas, telle qu'elle est pratiquée par l'immense majorité de mes confrères, en province comme à Paris.

Jeudi 3 septembre/8h45.

Il sort de l'autoroute. La circulation en ville est dense. On avance pare-chocs contre pare-chocs. Il ne sera pas au cabinet avant une vingtaine de minutes. Il repense au rendez-vous de la veille avec les parents de Vincent Lambert. Il ignore le motif à l'origine de la dispute entre ce dernier et Philippe Delcourt ainsi que les circonstances précises du départ du coup de feu, mais il sait déjà, ce qui n'est pas rien, qu'il s'agit, « au pire », d'un crime passionnel et non crapuleux au sens large. Pas nécessairement « passionnel » au sens journalistique, mais en tout cas au sens d'un mobile enchâssé dans une histoire d'amour. Ce que très certainement Ducolard qui s'en est fait une spécialité, mais sur un mode un peu suranné, avait dû flairer. Sans cependant se douter de la nature des relations des deux hommes en dehors de leur aspect professionnel et amical. S'il avait estimé inutile de rencontrer le client et de se lancer dans un laborieux examen de son dossier, au plus vite, c'est parce qu'il dispose d'une batterie de plaidoiries bien rôdées dont l'une d'elles, au bénéfice de quelques adaptations, peut toujours faire l'affaire. Ducolard ne lui est pas inconnu en dehors de sa célébrité médiatique. Il a eu l'occasion de l'entendre, il y a quelques mois, dans une affaire qui précédait la sienne, à la chambre du Tribunal de Grande Instance de Paris spécialisée dans les affaires de diffamation. Il plaidait contre un journal à scandales qui, selon lui, avait porté des accusations mensongères sur un client dont il avait obtenu l'acquittement au bénéfice du doute. Il avait détesté le personnage : sa façon de lever le menton comme un Mussolini d'opérette, le buste en avant et le rabat relevé sur un estomac dilaté, ses intonations de tragédien d'avant Vilar et l'enflure de l'argumentaire. Les trémolos du ténor, qui était d'ailleurs plutôt un baryton, avaient peut-être porté devant un jury populaire, mais ils étaient à coup sûr inutiles devant les juges.

Il approche du centre-ville à la vitesse du vieux monsieur qui l'accompagne sur le trottoir depuis une dizaine de minutes de rue en rue, à croire qu'il a rendez-vous au cabinet. Quel peut être le mobile du crime, s'il y a bien eu crime, en dehors de l'argent qui n'a évidemment rien à voir dans l'histoire ? La jalousie, la trahison ? Philippe Delcourt aurait trahi un amant possessif ? Avec qui ? Il ne croit guère à la « candidature » de l'unique personnage féminin du drame, censé partager sa vie. Il lui semble par contre probable que si la victime est avant tout victime d'elle-même, quelqu'un d'extérieur au trio a joué, éventuellement contre son gré, un certain rôle. Le vieux monsieur rentre dans une boulangerie. Vu le chemin parcouru, il faut croire que le pain qui y est vendu est excellent. Ce doit être celle où Édith, certains matins, sans autre raison que sa bonne humeur retrouvée après avoir oublié pourquoi elle l'avait perdue, achète des croissants pour tout le monde, des croissants tenus pour « les meilleurs du coin » .

Il se gare à la seule place libre à proximité du cabinet, devant la porte cochère du pharmacien bardée de toutes les interdictions et menaces possibles, warnings allumés. En verrouillant la voiture, il se dit que maintenant, si Vincent Lambert refusait son concours, il serait déçu. Il occupe déjà une place dans sa vie. Il existe. Son sort ne lui est plus indifférent. Ni d'ailleurs celui de ses parents. Il gravit l'escalier en quelques bonds et s'engouffre dans le couloir à la suite de Luc qui a laissé la porte ouverte.

— Tu m'as entendu ?

— Difficile de faire autrement. Une véritable avalanche.

— Une avalanche qui remonte la pente, ce n'est pas fréquent.

— Tu passes ton temps à contredire les lois, quelles qu'elles soient.

— La gravitation, tout de même !

— Avec toi, on peut s'attendre à tout.

— Je ne sais pas comment je dois prendre ça ?

— Comme un compliment.

— Je n'en suis pas certain.

— Un compliment de confrère.

— Je vois !

— De confrère et d'associé.

— Ce n'est guère plus rassurant.

— De confrère, d'associé et d'ami.

— Là, ça va. Es-tu là ce soir ?

— Tu veux me causer ?

— Oui, je t'expliquerai.

— As-tu des audiences ce matin ?

— Non, cet après-midi, mais je dois partir vers onze heures et demie. Je plaide à Beauvais à 13h30.

— Viens plutôt me voir avant de partir. Je ne serai pas là cet après-midi. J'ai rendez-vous à l'hôpital. Je t'expliquerai, moi aussi.

Ils pénètrent dans le secrétariat où leurs deux secrétaires sont en pleine discussion. Luc s'avance.

— Qu'est-ce que vous complotez ?

Il se tourne vers lui.

— Ce n'est pas étonnant qu'elles se disent débordées, avec le temps qu'elles passent à bavasser.

Les deux femmes s'interrompent l'air ostensiblement courroucé, et se regardent pour savoir laquelle va répliquer. Marie se lance.

— À propos de débordement, nous parlions du paiement de nos heures supplémentaires.

Luc fronce les sourcils.

— Vous ne manquez pas d'air ! Vous voulez qu'on vous paie les heures que vous passez à parler de vos affaires de cœur ou de vos derniers achats à *La redoute* ? Quelles heures supplémentaires ? Je vous rappelle que vous êtes au forfait !

Édith arbore un grand sourire.

— Ça, c'est un aveu ou je ne m'y connais pas.

En catimini.

— Tu t'es fait avoir, mon cher Luc. On voit que tu ne fais pas souvent de droit social.

Édith qui n'a pas entendu, mais qui a compris le parti qu'elle pouvait tirer de la réponse maladroite de Luc, fixe son patron l'air étonné, puis indigné.

— Il me semble avoir lu dans certaines de vos conclusions que le forfait ne devait pas défavoriser le salarié par rapport au paiement normal des heures supplémentaires. On est bien d'accord ?

— C'est bien ça. Mais vous n'êtes pas défavorisées, puisque vous bénéficiez de compensations.

Les deux femmes se regardent, offusquées. En chœur :

— On voudrait bien savoir lesquelles ?

— Quand vous avez besoin d'une heure ou d'un jour ; par exemple, vous, Marie mardi dernier, et vous, Édith, la semaine dernière.

Édith, les mains sur les hanches :

— Dois-je vous rappeler qu'en général quand vous défendez un salarié dont l'employeur ou ancien employeur emploie ce genre d'argument, vous pouffez.

— Je pouffe ?

— C'est le mot, le vôtre !

Luc à son tour en aparté :

— Le grand spécialiste n'est pas plus brillant que le néophyte.

— Tu sais, lui donner accès à mes dossiers, c'est un peu comme lui refiler la clef de l'armurerie.

S'adressant aux deux secrétaires :

— On reparlera de tout ça plus tard, si vous le voulez bien.

Édith s'adressant à sa collègue, puis aux patrons :

— Plus tard, c'est-à-dire à l'occasion de la prochaine augmentation générale. Sachez dès maintenant qu'on est d'accord pour transiger sur une augmentation de 4%.

Luc, sans réfléchir :

— Y compris, je suppose, l'augmentation générale de 2% envisagée par les partenaires sociaux ?

— On pensait à 4% en plus, mais bon !

Il le regarde en écarquillant les yeux. Tout bas, à l'oreille :

— Elle te parle de transaction, alors qu'on n'a pas encore formulé de proposition ?

Luc baisse la tête. Il lui tape sur l'épaule. Et, toujours à l'oreille :

— On est baisé mon vieux. On est très mauvais. Cordonnier ou avocat, même combat ; toujours perdu.

Tout haut aux deux femmes goguenardes.

— Bon, au boulot !

Luc à Marie :

— Venez avec moi.

Édith et lui les regardent aller vers le bureau, Luc voûté, Marie qui freine son pas pour se maintenir un peu en retrait.

— Je trouve maître Duquesne vraiment très fatigué. Vous savez, en fait, on ne parlait pas principalement de salaires avec ma collègue. On parlait surtout de lui. Elle est très inquiète. Vous avez vu comment il est essoufflé ? Vous savez quelque chose ?

— Je n'en sais pas beaucoup plus que vous.

— Ah ! Vous avez vu les Lambert ?

— Oui.

— Alors ?

— J'ai accepté.

— C'est bien. Comment ils sont, finalement ?

— Malheureux.

— J'imagine ; c'est affreux pour des parents, mais je suis certaine que vous allez trouver le moyen de les aider.

— Votre confiance m'honore, ma chère Édith.

— Ne vous moquez pas de moi.

— Je suis sérieux. Je sais que vous n'êtes pas du genre flatteur. Mais vous savez, les difficultés ne vont pas manquer dans cette affaire. Et d'abord, qu'il accepte que je le défende.

— Je suis sûre qu'il va vous prendre ; et que lui, il ne racontera pas d'histoires.

— Vous pensez à l'affaire Manolios, évidemment.

— Je ne sais pas trop pourquoi ni comment, mais…

— Vous pensez que le lien entre les deux affaires est peut-être plus étroit qu'il n'y paraît. Moi aussi, mais je ne sais pas trop, si c'est bien le cas, comment je vais pouvoir manœuvrer. Je vais en parler à Luc.

— Vous êtes marrants tous les deux.

— Marrants ?

— Ce que je veux dire…

Elle se détourne, prend un mouchoir et s'essuie les yeux.

— Excusez-moi.

— Je suis comme vous, j'imagine mal le cabinet sans Luc.

— Espérons.

— Espérons, oui.

— Vous me préviendrez quand Marie sera sortie de son bureau. Je vais essayer d'en savoir un peu plus sur le malade. On en reparle après.

— D'accord.

— Elle tire de dessous le comptoir un dossier volumineux et lui tend.

— Tenez, voilà le dossier de cet après-midi.

— Rien de spécial ?

— J'en ai fait le tour. Il me semble prêt. Ah si ! Le client veut absolument vous parler avant l'audience. Il sera sur place à treize heures pétantes.

— Quel casse pied ! Il veut pouvoir vérifier que j'ai bien appris par cœur le énième argumentaire qu'il m'a adressé avec son dernier courrier. Un pensum ! Cinq pages d'une écriture serrée dont mon confrère adverse, à n'en pas douter, ferait son miel. Je vais essayer de le convaincre de la boucler en espérant que le président ne lui posera pas de questions après ma plaidoirie. Il est capable de lire sa prose et de foutre en l'air toute ma stratégie. Il n'a toujours pas compris que plus on insistera sur l'étendue de son désaccord avec le PDG sur la politique industrielle de la boite, moins on a de chances de passer.

— C'est pourtant un ingénieur de haut niveau ?

— Psychorigide. Sa promotion au comité de direction lui a été fatale. Au sommet, il faut de la souplesse, de la diplomatie. Je m'efforce de faire admettre au juge que mon client, en tant que cadre supérieur, avait le devoir d'éclairer son patron sur les conséquences possiblement calamiteuses de ses choix, mais que, pour autant, il n'a jamais prétendu se substituer à lui.

— Ce qui n'est pas tout à fait vrai ?

— Pas tout-à-fait, en effet.

— Mais il avait peut-être raison ?

— Sans doute, mais ce n'est pas la question.

— Quand il vient, il me fait un peu peur. Il nous regarde comme si on était ses ennemis. Il se méfie de tout. On est pourtant là pour l'aider. Il n'est pas un peu fou ?

— Délirant. Il est complètement immergé dans son histoire. C'est vrai qu'il faut avoir une santé mentale au-dessus de la moyenne pour ne pas perdre pied dans un procès qui dure des années.

— Je crois qu'il n'a toujours pas retrouvé de travail.

— Non, il est grillé. Au fil du temps, il est devenu son adversaire le plus acharné. On dirait qu'il s'ingénie à ressembler au portrait que fait de lui la partie adverse.

Il s'empare du dossier qu'il cale sous le bras gauche et reprend sa serviette avec la main droite.

— J'ai placé le courrier en retard sur votre fauteuil pour être sûre que vous le voyiez avant de vous asseoir. Ça commence à faire un gros tas.

— Vous avez vu des urgences, des problèmes de délais ?

— Monsieur Gringoire demande qu'on fasse appel de son jugement. La lettre est sur le dessus de la pile. Dites-moi si je dois m'en occuper ce matin ou si vous préférez revoir le client avant.

— Non allez-y, c'est plus prudent ; je le verrai après, on pourra toujours se désister. Vous n'oubliez pas de m'appeler dès que maître Duquesne est libre.

10h15.

Édith frappe à la porte en l'ouvrant, selon son habitude.

Le client de maître Duquesne vient de partir. Marie m'a dit que le prochain n'est pas encore arrivé. Il faut que je vous dise…

— Quoi ?

— Marie…

— Quoi Marie ?

— Elle pleurait en sortant de son bureau. Je crois que ça ne va pas bien. Elle venait de lui passer l'hôpital.

— J'y vais !

La porte de Luc est fermée, contrairement à l'habitude quand il est seul. Il frappe. Le silence l'inquiète un peu plus encore. Il n'a pas entendu le « entrez » un peu bourru habituel, prononcé sans retirer la pipe de la bouche. Il entrouvre la porte. Il a la tête entre les mains, le regard fixé sur l'exécrable sous-main en cuir vert bordé d'arabesques dorées choisi par sa femme. Il s'avance.

— Luc !

— Je crois bien que je suis foutu, Paul.

Il l'a dit sans bouger, d'une voix étouffée et pourtant chargée d'une infinité d'échos discordants, d'étonnement encore, de révolte, de résignation. Il s'assoit en face de lui et attend, tétanisé. Quelques secondes interminables passent avant qu'il ne relève la tête.

— J'ai rendez-vous demain matin à 9h00 avec le professeur Martinelli. Il vient de m'appeler. Je vais rentrer tôt pour passer un bon moment avec Élisabeth et les enfants. Les résultats du labo sont mauvais ; très mauvais ; tellement, qu'ils ont appelé Martinelli. Je suis à peu près certain d'être hospitalisé demain. Après ?

Il se cabre avec l'intention de protester contre ce qui s'apparente à une condamnation à la peine capitale par une cour anonyme sur le fondement d'un code inaccessible ; sans cependant trouver les mots.

— Ne dit rien et ne m'en demande pas plus. J'en ai avisé Marie. Je vais essayer de mettre un peu d'ordre dans mes affaires avant de partir… Je veux dire, pour le moment, du bureau. Je te tiendrai informé depuis l'hôpital. Si ça se présente trop mal, tu passeras me voir en début de semaine prochaine.

— Mais Luc…

— Il n'y a vraiment rien à dire mon vieux. Je te remercie de ne pas m'avoir accablé de questions ces derniers mois. Je sais que je t'ai donné beaucoup de travail supplémentaire.

— Luc, merde !

— N'insiste pas, Paul. On se connaît assez ; on n'a pas besoin de parler.

Il lui sourit en s'efforçant de gommer l'effort que lui coûte ce sourire, puis extrait la bande magnétique de son dictaphone et se lève.

— Ne bouge pas, je reviens.

— Il l'entend donner des instructions à Marie et revenir pour s'asseoir en Luc de tous les jours.

— Tu voulais me parler d'une affaire, je suppose.

Il doit attendre quelques secondes avant que sa gorge se dénoue.

— De l'affaire Lambert.

— Lambert, l'associé et meurtrier de Philippe Delcourt ; ce qui n'est évidemment pas incompatible.

— Mais là, *l'affectio societatis* n'est pas en cause. Une affaire qui se présente un peu comme une troisième mi-temps de l'affaire Manolios.

— À propos de laquelle tu m'avais déjà sollicité.

— Exactement. J'ai rencontré les parents Lambert hier soir.

— Tu vas prendre l'affaire si le fils te désigne et si c'est le cas, tu crains de devoir sans doute, t'en tenir, en ce qui concerne cette affaire, à ce que t'a fait avaler sous hypnose ton serpent à sonnettes grec. Autrement dit, que tu vas devoir t'abriter derrière la vérité judiciaire dont chacun sait, à l'exception notable du grand public, qu'elle n'a pas grand-chose, parfois, à voir avec la vérité sans épithète.

Il s'interrompt.

— C'est quand même curieux, à quel point ça te tracasse. C'est sans doute tout à ton honneur, mais je ne vois pas en quoi, ce serait nuire à qui que ce soit maintenant. Et ce Vincent Lambert il mérite d'être défendu, non ?

— J'en suis convaincu.

— Alors va en paix le défendre, mon bon Émile, tu as ma bénédiction. Blague à part, il risque sûrement très cher, vu la personnalité de la victime et le poids économique et social des ayants droit. Heureusement, il ne risque plus la peine de mort, c'est déjà ça ; Dieu soit loué !

— Et surtout Badinter, peut-être inspiré par le dieu de la nouvelle alliance— après tout, Jésus qui en est l'artisan, était juif ; mais en tout cas, avoir présenté un projet de loi et obtenu un vote favorable malgré des sondages défavorables, inspiration divine ou pas, ça ne manque pas d'allure.

— Je te l'accorde. Ce qu'il faut espérer, c'est que le jury populaire ne prenne pas sa revanche, surtout en présence d'une affaire qui pourrait faire penser à l'ancien testament, beaucoup moins tolérant que le nouveau.

— Tu as raison. Bien que le mythe de Sodome et Gomorrhe ne dise plus grand-chose à la plupart des gens, on peut craindre que les condamnations morales qui y sont associées, ne perdurent encore. Tu sais, Vincent Lambert est suicidaire et il ne supporterait probablement pas, une peine de prison qui excèderait ce qu'il a déjà fait en provisoire. Une condamnation qui ne ferait qu'assouvir le désir de vengeance d'une caste dont l'hypocrisie est largement responsable de la situation. Une condamnation qui ne ferait qu'ajouter du malheur au malheur.

— Si je te suis bien, il faudrait que tu obtiennes son acquittement.

— On peut rêver ! Hélas, ce que je sais déjà du dossier, n'est pas très encourageant.

— Mais tu ne sais pas tout.

— Non, mais ce n'est pas dans le dossier que je peux espérer trouver du biscuit. Notre confrère commis d'office en a fourni l'essentiel aux parents Lambert. Le dossier est indigent, mais je pense que ce handicap est convertible en avantage.

— Je vois poindre le stratège. Un renversement au bénéfice d'une manœuvre hardie. Austerlitz.

— Ou Waterloo. Mais je ne vois pas d'issue favorable sans une contre-attaque là où je ne serai pas attendu. Il n'est pas difficile de deviner ce que vont plaider et requérir, de concert, la partie civile et l'avocat général, persuadés de savoir ce que, moi-même, je vais soutenir.

— Et tu penses trouver l'inspiration auprès de ton client ; à la condition, bien entendu, qu'il accepte de se défendre et de se confier à toi.

— Exactement. Tu as raison de parler d'inspiration. Cette affaire m'inspire. Comme tu as pu le constater, elle me dérange un peu au plan des principes, mais en même temps, elle m'interpelle quelque part au plan sociétal, comme on dirait à France Culture. Il me semble que, quelles que soient les circonstances précises du coup de feu, Vincent Lambert est d'abord la victime de la tartuferie d'un monde révolu ; ou qui devrait l'être.

— Tu ne crois pas que les Delcourt, les pharisiens que tu vises plus particulièrement dans ce « monde révolu », sont un peu aussi, à leur manière, des victimes ? *Nous sommes tous des victimes,* ce n'est pas le titre d'un film ?

— Non, c'est *Nous sommes tous des assassins,* Cayatte 1962. Remarque, ça revient un peu au même. Je pense plutôt que la bonne référence pour toi, c'est : « Pardonnez-leur, car ils ne savent ce qu'ils font ». Ce que je veux bien, mais sans tendre l'autre joue pour se prendre une seconde baffe. Il faut d'abord, avant de pardonner, rentrer dans le chou des méchants.

— On est bien d'accord. Mais tu n'envisages pas une « plaidoirie de rupture », tout de même ?

— Non. Je ne crois pas que Vincent Lambert le permettrait, ne serait-ce qu'en mémoire du mort, qui était tout de même un Delcourt. C'est le clan qui l'a rejeté, pas l'inverse. Et ça ne pourrait sans doute que lui nuire.

— Mais le fait de garder un certain sens de la mesure, ne t'empêchera pas de mettre les pieds dans le plat.

— Il s'agit, en amont de l'explication du coup de pistolet, de rétablir la vérité de la relation entre l'accusé et sa victime présumée. Ce qui ne peut se faire sans causer quelques dégâts des deux côtés de la barre. Du côté des Delcourt qui n'ont eu de cesse de la salir, cette relation, avec leurs regards malsains ; mais aussi du côté des parents Lambert qui n'ont toujours pas accepté de l'envisager pour ce qu'elle est. Mais eux, sont en bonne voie. La mère aime sans restriction possible le « gamin » et sous le costard du grand commis de l'État, il y a un père. Je suis persuadé que si l'affaire pouvait connaître l'évolution que j'envisage de favoriser activement, le vieux couple finirait par tout comprendre et tout admettre.

— Ce que tu envisages, c'est une sorte de Catharsis.

— Du côté Lambert seulement. Les Delcourt, eux, sont incapables de virer leur cuti. Tant pis pour eux !

— Mais ton « opération vérité » n'est possible que si ton client en accepte le principe et les modalités.

— Une opération en même temps, de sauvetage. Sa mère pense, à mon avis à juste titre, que son refus de se défendre équivaut à un suicide.

— Il pense qu'il n'a plus d'avenir.

Son visage s'assombrit. Il n'échappe pas à son vis-à-vis qu'il vient, en évoquant l'avenir incertain de Vincent Lambert, de penser à l'hypothèque qui pèse de plus en plus lourdement sur son propre avenir. Il se reprend.

— En tout cas, dans le mensonge. Mais la vérité en question ne peut pas être totalement la vérité avec un grand « V ». Il faudra que cette vérité majuscule s'accommode d'une certaine vérité minuscule, judiciaire. Que Vincent Lambert demeure dans l'ignorance de la duperie de la demoiselle Manolios. Si j'osais, je dirais qu'entre toi et les Delcourt, son affaire est devenue une sorte de secret de famille.

— De famille, mais façon « Famille je vous hais » où tous les coups sont permis. Il se pourrait à cet égard, que Salvin-Lagreztte ait fait un peu de lobbying auprès de la Chancellerie pour que raisonne le chant des sirènes de la promotion jusqu'au cabinet du jeune juge en bois plutôt tendre que brut, chargé de l'instruction.

— Un Ulysse de l'Odyssée judiciaire qui ne se serait pas fait attacher au grand mât de l'indépendance du siège, pour y résister ; comment le croire ?

— En ouvrant son dossier et en constatant qu'il est exclusivement à charge. Ce que ne saurait excuser le mutisme de l'accusé ; bien au contraire pour un juge probe qui instruit en toutes circonstances à charge et à décharge.

— L'instruction est close ?

— Pratiquement.

— Et si je te suis bien, tu n'as pas l'intention de demander, *in extremis,* des auditions, confrontations et autres expertises complémentaires.

— Non, et je vais même sans doute me déclarer après le renvoi de l'affaire devant la Cour d'Assises.

— C'est gonflé et risqué, tout de même.

— Je suis persuadé qu'on a tout intérêt à quitter un terrain qui nous est définitivement hostile. Personne ne reviendra sur ses déclarations, tout le monde étant parfaitement cornaqué, et le juge se comportera « naturellement » en défenseur du « dossier d'avant moi ». En le laissant en l'état je serais beaucoup plus libre pour tirer dessus à boulets rouges.

— Tout se jouerait donc à l'audience.

— Mais d'abord à la prison, si Vincent Lambert accepte ma venue. Il faut qu'il soit d'accord sur tout. Il ne faut pas que ma défense soit bancale. Ce sera un peu de la haute voltige, mais ça doit quand même rester simple.

— Tu ne crains pas une certaine incompréhension sinon même hostilité, d'une cour naturellement encline à un certain corporatisme, et qui risque de ne pas apprécier que l'on mette en cause la transparence du travail accompli par l'un des leurs ? Qui viendrait s'ajouter à une *vox populi* peu favorable à l'évolution des mœurs appelée de tes vœux, dont le jury se ferait, tout aussi naturellement, l'écho.

— On peut le craindre, en effet. Mais les juges ne forment pas une corporation si homogène que ça. Et en ce qui concerne le jury populaire, je crois possible de persuader des jurés qui ne sont ni homosexuels, ni bisexuels, ni des beaufs, que ce qui importe le plus, ce n'est pas le genre, mais la profondeur de l'attachement. En tout cas, on peut espérer y parvenir.

— Donc, la ligne de défense est claire.

— Elle ne l'était pas, mais c'est vrai, il suffit que je vienne m'asseoir en face de toi pour qu'elle le devienne.

Il lui sourit. Un sourire d'enfant et de vieillard, d'espérance et de renoncement. Il pense comme lui, que c'est peut-être une des dernières fois qu'au travers du métier, leur amitié commencée sur les bancs de la fac, a trouvé à s'exprimer sans se dire. Il regarde sa montre.

— Ne tarde pas si tu dois être à treize heures à Beauvais.

— Luc, tu sais...

— Je t'appelle.

Il se lève. Il se retient pour ne pas passer derrière le bureau, le prendre dans ses bras et pleurer ensemble.

— Tu me promets de m'appeler.

— Je te le promets.

Mardi 15 septembre/9h00.

Il arrive à hauteur du boulevard Arago. Il cherche une place pour se garer. Il trouve une opportunité à l'angle de la rue de la santé, là où furent commises les dernières exécutions publiques à la guillotine mentionnées dans *Mort à crédit*. Il réussit tant bien que mal, à insérer l'Alfa entre une camionnette de plombier « en visite » et une moto entravée au moyen d'une épaisse chaine, péniblement déplacée des quelques centimètres indispensables. Le temps est gris. Les jambes sont en flanelle et la tête est à la fois creuse et bourdonnante. Il a conduit près de deux heures, embouteillage compris, sans parvenir à rassembler efficacement ses idées. Il compte sur l'effet cumulatif de l'air frais du matin, de la marche et d'un café-croissant, pour retrouver un peu de tonus physique et intellectuel. Il sait que les impressions que Vincent Lambert retiendra de leur premier entretien seront déterminantes. Ou bien il réussira à lui communiquer un peu d'espoir ou autrement dit de confiance en lui et donc en l'avenir, ou bien, faute d'y être parvenu, il le remerciera avant qu'il ait pu faire quoi que ce soit. Ce que laisse craindre sa lettre.

Le climat du dossier est lourd. Il a reçu le permis de visite seulement hier après avoir dû le réclamer à deux reprises. Maître Guillemain qui a accepté de le seconder, l'a tenu informé de la réaction hostile du magistrat instructeur à l'intervention d'un nouvel avocat et particulièrement, comme il le pense lui aussi, de celui qui est précédé de la plus mauvaise réputation qui soit chez les Delcourt. Il craint sans doute qu'il sollicite de nouvelles investigations, sources de toutes sortes de complications inutiles alors qu'il s'apprête à clore un dossier limpide. À tort, puisque l'intention de l'intempestif est au contraire de laisser filer. Il a pris soin en demandant le permis de préciser qu'il n'était pas certain d'occuper pour Vincent Lambert qu'il n'avait pas encore rencontré. Ce qui devrait inciter le petit juge à précipiter les choses avant une éventuelle confirmation de son mandat et, de son côté, devrait lui permettre d'arguer le moment venu en cas de besoin, de ce qu'il était trop tard pour intervenir dans le cours de l'instruction. Il est en effet bien décidé, s'il parvient à convaincre Vincent Lambert de se battre, à tirer parti du bâclage de l'instruction et d'un certain effet de surprise à l'audience.

La marche, contrairement à ce qu'il espérait, ne le réchauffe pas. L'air est humide et la sensation de froid qui persiste, confirme plus encore à Paris qu'à la campagne qu'il a quittée à l'aube, l'arrivée prochaine de l'automne. Il remonte le col de sa veste sur l'écharpe blanche en soie maladroitement enroulée autour du cou en fraise encombrante.

Il pense que si Hannah était là, elle ne manquerait pas de remettre en place de façon plus élégante son dernier cadeau d'anniversaire. Une odeur de café qui filtre d'une brasserie le replace, quelques instants piazza San Marco où son demi-sommeil de la nuit l'a conduit. Un voyage mémorable il y a trois ans. Une semaine de liberté à deux dans l'urbanité florentine entre deux voyages de nuit en couchette privative, délicieusement exigüe et mobile, au rythme du *« chant des chemins de fer »*. Ils attendent dans un bar l'ouverture du musée. Il sent et il voit l'expresso puissant coiffé d'une mousse dorée dégusté au comptoir pendant qu'Hannah boit à la petite cuillère un chocolat onctueux. Fra Angelico les attend. Aujourd'hui, une prison et un détenu.

Il entre. L'intérieur le déçoit. Il aurait dû se méfier du panneau « changement de propriétaire » accroché sur la porte. S'il avait précisé après, « et d'époque », il ne serait pas entré. Les dégâts sont apparents. Les banquettes parcheminées ont cédé la place à des fauteuils violets trivialement *design* et la précieuse patine des murs a disparu sous un gris perle anonyme dont on devine qu'il salira sans jamais vieillir. Le bistrot en général et parisien en particulier, est une exception définitive à sa préférence pour les intérieurs contemporains. Circonstance aggravante, il pensait en posant la main sur la clenche, aux scènes de polars tournées *« À la bonne santé »* en face de la prison éponyme.

Il commande en passant un petit noir serré à la modernité patronale en polo bleu pâle et crocodile vert en sautoir embusqué derrière un comptoir en inox abrasé, probable vestige de l'ancienne et regrettée ambiance. Puis se cale dans un demi cylindre en similicuir au fond de la salle et sort de sa serviette le dossier qui n'a pas encore de visage. Seulement une écriture— celle de la lettre de Vincent Lambert reçue quelques jours après la visite de ses parents. Une écriture qu'il se refuse à interpréter, un peu par principe du fait du peu de crédit qu'il accorde en général à la graphologie, mais surtout pour ne pas perdre le bénéfice du premier contact avec son client ; de la première impression spontanée qu'il compare volontiers au premier fumet d'une mijotée. Il ne peut cependant méconnaître que rien dans la forme du texte ne trahit une hésitation qui pourrait faire douter de la fermeté de la résolution qu'il contient.

« Mes parents m'ont exhorté à prendre votre contact en m'assurant que cela ne m'engagerait à rien. Ce qui n'est pas tout-à-fait vrai

puisqu'il s'agit de vous rencontrer, alors que je ne veux voir personne. Vous n'êtes évidemment pas en cause, puisque je ne vous connais pas.

Mais pourquoi rencontrer un avocat, alors que le procès en question n'est pas le mien ? La justice fera ce qu'elle voudra, mais sans moi. Mon histoire avec Philippe ne regarde que moi ; que nous.

Si j'accepte néanmoins de vous voir, c'est que je ne veux pas que mes parents pensent que leurs efforts pour m'aider sont totalement vains. Mes parents, mais aussi mademoiselle Manolios dont la sollicitude m'a beaucoup touché et surpris, même si j'ai pu par le passé déjà, apprécier sa gentillesse et son écoute. Sans bien m'en rendre compte sur le moment, je crois que j'étais allé assez loin dans la confidence. Je me l'étais reproché. A tort, car j'ai aujourd'hui la preuve que c'est une véritable amie. Je m'en veux de n'avoir rien vu, rien deviné, du harcèlement odieux que lui faisait subir Philippe. Et qu'elle n'ait pas eu assez confiance en moi pour que la confidence soit réciproque, me désole. Mais elle a sans doute craint ma réaction.

En fait, le meilleur service que vous pourriez me rendre, puisqu'elle semble avoir une grande confiance en vous, serait de lui expliquer les raisons de mon attitude, ainsi bien entendu qu'à mes parents. »

Le patron dépose la tasse au bord de la table d'à côté en silence respectueux et retourne prestement derrière son comptoir pour servir un parnassien chenu qui entrait pendant qu'il le servait. Il avale une gorgée d'une tasse qui ne doit guère en autoriser plus de deux, et se dit en la reposant dans la soucoupe qu'il ne va pas lui être facile de convaincre le signataire de la lettre que le procès qu'on lui fait est bien le sien. Et que ce procès est le moment ou jamais de sortir de l'anonymat l'amour qui le liait à Philippe Delcourt, réciproque en son fond ; d'en affirmer la valeur à la face du monde.

Un signataire qui n'est déjà plus un inconnu, mais qui cependant n'a pas encore de visage et de voix. Depuis qu'il doit le rencontrer, il ne peut empêcher son imagination de travailler à la déduction d'un portrait, de ce qu'il sait ou croît savoir de lui, à la manière dont elle le fait à son insu lorsqu'il lit un roman. Un portrait qui a fort peu de chances de correspondre à la réalité, comme le portrait de l'acteur qui interprète le rôle du héros du roman porté à l'écran, ne correspond jamais à l'image qu'on s'en était fait à la lecture. Il vide la tasse d'un trait, en commande une seconde en langage des sourds muets profitant d'un regard en biais du patron, puis revient à la lettre.

La confiance que son auteur accorde à celle qui est peut-être, indirectement, la cause de son geste irréparable, donne l'impression d'une grande naïveté. Mais rien il est vrai, ne lui permet de soupçonner en l'occurrence la pureté de la démarche de sa solaire consœur. Et peut-être, qui sait, devra-t-il en quelque façon son salut à son esprit tortueux ? Édith dirait que tout est « cul par-dessus tête ».

Il passe au dossier d'instruction pendant que le cafetier Lacoste procède à l'échange des tasses. Aucune déposition ne contredit ses prévisions. La rusée athénienne comme le personnel— lui avec le plus de tact possible— ont décrit, en se gardant bien de la qualifier, la singulière relation et proximité des deux hommes, malgré des personnalités et des comportements presque opposés. Marion Delcourt a, quant à elle, confirmé le contenu de son attestation dans l'affaire Manolios et les absences régulières de feu son mari, qu'elle soupçonnait d'avoir une double vie. Interrogée sur ce point, elle a remis au juge le rapport du détective privé qu'elle avait engagé en vue d'un éventuel divorce, précisant qu'elle n'y avait pas donné suite sur le conseil de l'avocat qu'elle avait consulté à l'époque— maître Levy— en l'absence de preuve formelle d'une relation adultère. Le rapport établissant cependant, de façon certaine, que son mari préférait la compagnie de son ami et associé et de sa femme, à la sienne ; ajoutant encore, qu'elle avait peu de points communs avec lui et que leurs relations s'étaient très vite distendues, malgré la présence de l'enfant. L'enquête de voisinage a confirmé les assiduités parisiennes de Philipe Delcourt. Sa mère et son frère, après avoir laissé entendre, sans cependant adresser de grief trop explicite à l'épouse, qu'il n'avait pas trouvé auprès d'elle le bonheur qu'il espérait et avait sans doute recherché un peu de réconfort chez son ami, ont reconnu que cette situation n'était pas sans danger compte tenu de ce qu'il avait, il fallait bien le reconnaître, une très forte attirance pour les jolies femmes. Servant ensuite au juge d'instruction complaisant, à propos du harcèlement dont il avait été accusé, la soupe du piège dans lequel les charmes de l'intrigante collaboratrice l'avait fait tomber ; et de la transaction qui prouvait qu'en réalité, judiciairement, rien n'était joué.

L'interrogatoire de Juliette Morange a, malgré son apparente importance, été, lui aussi, assez vite expédié :

« — Le juge : avez-vous eu une relation intime avec Philippe Delcourt, alors que vous viviez avec Vincent Lambert ?

— Le témoin : oui.

— Le juge : depuis quand ?

— Le témoin : depuis... environ un an et demi avant sa mort.

— Le juge : Il est établi que Philippe Delcourt venait régulièrement chez vous bien avant.

— Le témoin : Au début il venait voir son ami.

— Le juge : Pourtant ils se voyaient toute la semaine, puisqu'ils travaillaient ensemble ?

— Le témoin : Au cabinet, ils n'avaient pas le temps de se parler. C'est un gros cabinet. Ils n'arrêtaient pas. C'est ce que me disait Vincent.

— Le juge : comment votre relation a-t-elle commencé ?

— Le témoin : Vincent a été hospitalisé. Il a contracté une maladie en Afrique quand il travaillait dans l'humanitaire. Philippe est venu pendant son absence. Ce qui m'a d'abord un peu surprise, mais il m'a dit qu'avec sa femme, ça n'allait plus.

— Le juge : Vous pouvez préciser ?

— Le témoin : Il ne couchait plus avec elle, quoi ! Il s'est fait très pressent. Il ne m'avait pas échappé qu'il était très séduisant. Voilà ! J'ai cédé. Mais je ne dis pas que je n'y suis pour rien.

— Le juge : Vous avez précisé que c'est arrivé pendant que Vincent Lambert était à l'hôpital. Étiez-vous plus ou moins séparés ?

— Le témoin : Vous savez, pour moi ce n'était pas le grand amour. J'aimais bien Vincent, mais on n'était pas mariés, non plus.

— Le juge : Et lui, il tenait à vous ?

— Le témoin : Je ne sais pas. Oui, certainement. Mais Il tenait surtout beaucoup à l'amitié de Philippe. Il fallait qu'il ait confiance en lui pour le laisser venir quand il voulait. Que je sois là ou non, d'ailleurs. J'ai des horaires un peu élastiques. Ma patronne me demande assez souvent de rester le soir quand elle est à la bourre pour son émission.

— Le juge : Est-ce que votre liaison avec Philippe Delcourt s'est poursuivie jusqu'au jour du meurtre ?

— Le témoin : oui. Et ça embêtait Philippe.

— Qu'est-ce que vous voulez dire, par « embêter » ?

— Le témoin : Bah ! Vis-à-vis de son copain, quoi.

— Le juge : vous-voulez dire qu'il avait des scrupules ?

— Le témoin : oui, c'est ça ; enfin, je crois.

— Le juge : savez-vous comment Vincent Lambert a appris votre liaison ?

— Le témoin : non.

— Le juge : qu'avez-vous vu et entendu le jour du meurtre et dans quelles circonstances ?

— Le témoin : je m'apprêtais à partir au travail, il était environ 8h30. Je mettais mes chaussures dans l'entrée quand j'ai entendu l'ascenseur s'arrêter à l'étage. Il est assez bruyant. J'ai immédiatement reconnu les voix de Philippe et de Vincent sur le palier. Ça m'a beaucoup surpris. Je ne les attendais pas. Ils ne devaient rentrer que le lendemain dans la soirée et encore, ce n'était pas certain. Vincent m'avait dit qu'ils feraient peut-être un tour sur la côte avant de rentrer.

— Le juge : ils se disputaient ?

— Le témoin : en fait, je n'ai entendu que Philippe. Je n'ai pas compris ce qu'il disait à Vincent. Je suis allée à la porte pour ouvrir. Vincent est entré le premier. Il m'a regardé l'air furieux, mais n'a rien dit. Je me suis écartée pour le laisser passer. Il était blême. Philippe l'a suivi au salon en passant devant moi comme si je n'existais pas. Il semblait vouloir dire quelque chose à Vincent qui refusait de l'écouter. Il y a une porte coulissante entre le couloir d'entrée et le salon. Je crois que c'est Vincent qui l'a fermée, mais je n'en suis pas certaine. En tout cas, j'ai bien compris que ce n'était pas le moment que je pose des questions. Je suis donc partie. Surtout que je devais être impérativement à 9h00 à la maison de la radio. J'assiste Mylène de Lorentis dans son émission « Brises matinales ».

— Le juge : avez-vous eu néanmoins le temps d'entendre quelque chose quand ils étaient dans le salon ? »

— Le témoin : Juste après la fermeture de la porte, j'ai entendu Vincent dire : « t'es un salaud, tu as profité que j'étais à l'hôpital, il n'y a rien d'autre à dire ! ». Après, ils ont dû aller plus loin dans le salon, et puis, de toutes façons, je suis partie très vite.

— Le juge : vous pensez qu'il était question de votre relation ?

— Le témoin : Quoi d'autre ? »

— Le juge : pourquoi, à votre avis, Vincent Lambert ne vous a pas demandé immédiatement des explications, puisque vous étiez présente ? Au moins quand ils sont arrivés.

— Le témoin : je ne sais pas. Il était très en colère, mais une colère froide. Je pense qu'il en voulait plus à Philippe qu'à moi. Et puis, je suis partie très vite. Si j'étais restée un peu plus, il serait peut-être venu me demander des comptes ; mais ce n'est même pas sûr.

— Le juge : qu'entendez-vous par « une colère froide » ?

— Le témoin : on voyait bien qu'il était furieux, mais qu'il était quand même assez maître de lui.

— Le juge : vous voulez dire qu'il paraissait déterminé ?

— Le témoin : On voyait bien que ce n'était pas la peine d'essayer de le faire changer d'avis.

— Le juge : vous semblez douter de ce que, même si vous étiez restée, Vincent Lambert vous aurait demandé des comptes. Pourtant, vous avez dit tout à l'heure qu'en entrant, il vous avait regardé l'air furieux. N'est-ce pas contradictoire ?

— Le témoin : J'ai dit qu'il m'avait regardé l'air furieux, mais je n'ai pas dit que c'était après moi qu'il était furieux. C'était peut-être après moi qu'il en avait, mais je crois plutôt que c'était après Philippe.

— Le Juge : vous l'aviez tout de même trompé.

— Le témoin : c'est vrai, mais je crois quand même qu'il en voulait surtout à Philippe.

— Le juge : c'est tout ce que vous savez ? Vous ne voyez rien d'autre à ajouter ?

Le témoin : non.

Il regarde sa montre. L'heure des visites est arrivée. Il range le dossier dans sa serviette en constatant, à la difficulté de la boucler malgré la très relative épaisseur du dossier pour un dossier criminel, la montée d'une certaine fébrilité ; elle, par contre, supérieure à la moyenne. Il dépose le prix de la consommation au comptoir et sort sous une bruine crasseuse, dans l'indifférence générale. Il regrette, comme d'habitude, de ne pas avoir pris la précaution d'emporter un imper. Il est bientôt devant le 42 de la rue où, jadis, dixit Luc qui aime l'histoire, Anne d'Autriche avait fait construire une « maison de la santé ». C'est la troisième fois que ses affaires lui donnent l'occasion de visiter ce monument parisien littéraire et cinématographique, autant que judiciaire. Mais c'est la première fois qu'il va y rencontrer un détenu du VIP, le *« quartier des particuliers »*, où Vincent Lambert doit certainement à son corps défendant, aux relations ministérielles de son père, d'avoir été dirigé. Il ne peut s'empêcher de penser, cette fois spontanément, en présentant son permis de visite à l'aubette puis en passant de couloir en couloir et de porte en porte comme l'Achéron du royaume des vivants au royaume des morts, à Guillaume Apollinaire, Jean Genet ou Gabriel Péri— de préférence à d'autres célébrités moins stimulantes, qui séjournèrent ici. L'attente au 1, rue Messier dédié aux parloirs, est longue. Il est invité à entrer dans une pièce exigüe, mal éclairée et décrépite. Le gardien qui l'a conduit repart sans refermer la porte ; preuve que même dans les profondeurs pénitentiaires, par privilège, il demeure un homme libre.

Il s'assoit et pose sa serviette sur la table étroite qui, avec deux chaises branlantes, compose le mobilier monacal de ce relatif espace d'extraterritorialité. Il ne sortira le dossier que si Vincent Lambert lui demande de l'assister et il a la ferme intention de le contraindre à se décider sur l'heure. Soit il est ferré, soit il est perdu pour son conseil putatif autant, sans doute, que pour lui-même. Il n'est pas question de s'engager dans un échange épistolaire censé éclairer le choix définitif mais qui en réalité confinerait, il en est convaincu compte tenu de l'état d'esprit de l'intéressé, au pourrissement de la situation.

Il ferme les yeux quelques instants pour se détendre un peu avant ce qui s'apparente à un premier combat : celui que souvent l'avocat doit livrer contre les vains calculs, les chimériques bonnes idées, les illusoires espérances ou au contraire les redditions prématurées voir comme en l'occurrence, les abandons au désespoir, de ses propres clients. Le silence se peuple très vite de cliquetis, de bruits d'ouvertures et de fermetures de portes incessants et assourdis, d'appels de gardiens et de détenus entremêlés, indistincts— tout résonne dans un espace-temps à la fois proche et lointain, infinitésimal et incommensurable. Il voit les cellules de 4 m de long sur 2,5 de large à un, deux ou trois occupants, qui bordent l'infini labyrinthique des couloirs de la loi. Il est *K.* dans *Le château.*

Un bruit de pas. Il rouvre les yeux. Un homme est projeté dans la minuscule ambassade. Deux tours de serrure et le pas du gardien s'éloigne. Le personnage réel s'encadre dans la silhouette que l'imagination avait provisoirement dessinée, sans qu'il puisse dire immédiatement, à part la taille, s'il y a ou non correspondance. Il ne le voyait pas si grand. Entre 1m 85 et 1m 90. Beau, autant qu'il puisse en juger. L'épreuve de la détention, la culpabilité et le désespoir ont prématurément vieilli et décharné l'éphèbe qui flotte dans un teeshirt délavé flamant rose et un pantalon de flanelle grisâtre. Une tenue incongrue dans le « quartier des personnalités » où jusqu'à leur jugement, les pensionnaires sont autorisés à porter leurs complets de bon faiseur. Sans doute une manière de protestation contre l'octroi d'un privilège imposé. Il se lève pour lui serrer la main. Il ne peut empêcher son cerveau de fouiller dans sa cinémathèque portable pour y trouver une référence. Elle s'impose : Anthony Perkins, la version d'Orson Welles du *Procès*. Il lui tend la main.

— Paul Mauduit. Asseyez-vous, je vous prie.

Une invitation polie qui, dans ce lieu censé par la présence de l'avocat, se transformer en cabinet bis, sonne un peu factice. Ils se font face de part et d'autre de la table qui est non seulement étroite et bancale, creusée et blanchie comme un bois flotté, mais malodorante ; plutôt blanchie à l'eau de Javel qu'à l'eau de mer. Ils s'observent. Qui va prendre l'initiative de la parole ? Il se lance.

— Si vous le voulez bien, je vais d'abord répondre à votre lettre. Et ensuite, vous me direz si l'on peut essayer d'aller plus loin.

Il laisse passer deux ou trois secondes.

— Ce qui est loin d'être certain, de votre point de vue comme du mien.

Son interlocuteur redresse spontanément la tête, les yeux écarquillés ; puis s'efforce, immédiatement, de contrôler un premier effet de surprise.

— Ce que nous avons en commun, pour l'instant en tout cas, c'est d'avoir accepté le principe de cette rencontre à la demande de vos parents et de mademoiselle Manolios. Mais sachez tout de suite que pour autant, il est totalement exclu que je me fasse votre avocat auprès d'eux pour leur expliquer les bonnes raisons que vous pourriez avoir de ne pas vous défendre. Si je dois être votre avocat, c'est au contraire pour vous défendre devant la Cour d'assises. Je ne suis pas un médiateur familial ; encore moins un ami de la famille.

Vincent Lambert qui l'a écouté les coudes posés sur la table et la tête entre ses mains jointes, recule et, le dos arrondi, les fait passer sous la table, avec un air de potache victime d'une sèche. Il lui semble avoir marqué un second point.

— Pour être plus précis, je n'ai nullement l'intention de tenter de vous persuader de vous défendre. Vous avez déjà un « avocat d'office ».

— Alors, pourquoi… ?

— Pourquoi je suis là ? Parce que, tout de même, vous m'avez écrit pour me demander de venir. Il est vrai à l'instigation de vos parents et de mademoiselle Manolios pour lesquels vous avez des égards, mais il n'en demeure pas moins que ce n'est pas rien, comme d'ailleurs vous le remarquez vous-même, très justement, dans votre lettre. Vous dites plus précisément je crois : *« Mes parents m'ont exhorté à prendre votre contact en m'assurant que cela ne m'engagerait à rien. Ce qui n'est pas tout-à-fait vrai puisqu'il s'agit de vous rencontrer alors que je ne veux voir personne. »*

Il se félicite d'avoir appris par cœur ces deux phrases. Il sait que le client est toujours favorablement surpris de constater que le destinataire de sa prose en a pris connaissance avec le plus grand soin.

— Je ne crois pas que vous ayez accepté de me rencontrer uniquement dans l'espoir de me faire jouer les portevoix auprès de vos proches. Vous n'avez pas besoin de moi pour ça. Vous êtes un homme intelligent, sensible et cultivé, parfaitement capable de trouver les mots pour leur faire comprendre pourquoi vous souhaitez le pire. Et même si vous n'avez pas le courage de le faire vous-même, vous pouviez le demander à Maître Guillemain dont, j'en suis certain, vous avez apprécié la délicatesse.

Vincent Lambert déjà pâle, blêmit. Il lui semble avoir marqué un troisième point. Ce qui ne veut cependant pas dire que c'est gagné.

— Ce à quoi votre lettre vous engage en réalité, c'est pour le moins, à réfléchir.

— Réfléchir à quoi ?

Il hésite à porter l'estocade un peu brutalement. Il le regarde droit dans les yeux.

— Allons, monsieur Lambert !

Il détourne le regard.

— Ne me dites pas que l'idée que votre attitude pourrait être égoïste vis-à-vis de ceux qui vous aiment, ne vous a pas effleurée. Ne me dites pas non plus, ce qui est sans doute plus grave, qu'il vous a échappé qu'en refusant de vous défendre vous permettiez au clan Delcourt de trahir Philippe Delcourt en travestissant la réalité de votre relation. Alors que votre comparution devant la cour d'assises sera le dernier, l'ultime moment d'affirmer à la face de tous, qu'elle n'était pas moins légitime, moins bonne, moins belle que toute autre relation amoureuse profonde, du seul fait qu'elle était celle de deux hommes.

Le récepteur de ce qui s'apparente à un uppercut, redresse la tête le cou tendu à l'extrême. Son regard fiévreux en dit long sur l'âpreté du combat qu'il mène contre lui-même depuis des mois. Peut-être va-t-il se lever et demander au gardien de le reconduire à sa cellule.

— Pardonnez-moi d'être aussi franc, mais je pense que ce qui vous arrête encore a peut-être à voir avec l'orgueil.

Il ne bouge plus, comme pétrifié.

— Comprenez-moi bien, je ne parle pas d'un orgueil médiocre. Je crois avoir compris à quelle hauteur vous aviez placé votre relation avec Philippe Delcourt. Je parle de l'impérieuse obligation que vous avez ressentie après le drame qui vous vaut d'être ici, de ne rien dire, de ne rien faire, qui puisse en abaisser le souvenir. Avec cette certitude que la vie ne peut plus rien vous apporter ou pire, que vous êtes déchu du droit à la vie.

Il se cabre.

— En quoi est-ce de l'orgueil ?

— En ceci que, refuser de s'expliquer devant les hommes, c'est d'abord se placer au-dessus d'eux, considérer qu'ils sont incapables de comprendre vos sentiments et ce qui vous est arrivé ; c'est ensuite, en laissant filer son désespoir, prétendre qu'on sait mieux que la vie ce qu'elle peut encore avoir à nous dire. Vous admettrez que ça manque de modestie.

Il se laisse aller en arrière, le corps dévertébré, les épaules basses et les bras ballants. Puis soupire profondément.

— Je ne sais plus quoi penser.

— Je crois, décidément, que si ! Il faut simplement que vous acceptiez de reconnaître que vous êtes vivant et que ce n'est pas un scandale.

Et que ce n'est pas incompatible avec une certaine fidélité. Une fidélité qui passe par l'affirmation d'une certaine vérité.

— Vous êtes un drôle d'avocat.

Il note avec satisfaction un petit sourire diffus sur son visage, annonciateur du retour, avec la vie, de l'humour.

— Parce que vous en connaissez beaucoup, d'avocats ?

— Non, mais je n'imaginais pas qu'ils puissent être aussi, disons, psychologues.

— Ce n'est pas la première fois qu'on me dit ça. À tort. Je ne suis, surtout pas, psychologue. Je n'en ai ni les compétences, ni le goût ; ce qui est en fait, peu dire, car je crains même de nourrir à l'égard de cette honorable profession, quelque chose de comparable à un anticléricalisme assez primaire. Disons simplement que j'ai acquis un peu d'expérience. Mais dans votre cas, il y a plus.

Il fronce les sourcils.

— Je ne sais pas encore avec exactitude ce qui s'est passé à votre retour de Marseille, mais en tout état de cause, je pense que vous êtes injuste envers vous-même.

Il fronce derechef les sourcils.

— Le dossier d'instruction est indigent en raison de votre attitude et de la complaisance manifeste du juge d'instruction à l'égard des parties civiles. Mais il se trouve que je connais assez bien le contexte de votre affaire au travers de différents procès engagés contre les Delcourt ; et en particulier, évidemment, de l'affaire de harcèlement de mademoiselle Manolios. Et puis je vous connais tout de même un peu au travers de quelques témoignages directs et indirects, assez peu nombreux, mais importants.

— Mes parents, Mademoiselle Manolios, le personnel du cabinet, je suppose ?

— Pas seulement !

— Qui d'autre ? Et que savez-vous de moi, au juste ?

— On en parlera plus tard ; peut-être ?

— Si je vous demande de me défendre ?

— En effet, si vous cessez de vous défendre de vous défendre. À défaut, je n'ai aucun titre à approfondir quoi que ce soit et d'abord, à poursuivre cet entretien. Si par contre vous décidez d'agir, il faudra tout me dire, jusque dans le détail et bâtir un système de défense ; un autre système de défense.

— Pourquoi, un autre système de défense ?

— Parce que, pour la justice, l'attitude de l'accusé s'analyse toujours en termes de système de défense. Refuser de parler, de s'impliquer dans la procédure, de « se défendre », est un système de défense parmi d'autres. Il exprime un choix. Qu'il soit bon ou mauvais, est une autre question. Quant à l'interprétation, elle est en général variable. Par exemple dans votre cas, votre mutisme peut être vu, certes comme un aveu de culpabilité, mais aussi comme une tactique.

— Une tactique ?

— Oui, pour diverses raisons. Entre autres, le fait que cela vous évite d'avoir à répondre à des questions qui peuvent être gênantes ; et que vous laissez, quelle que soit l'interprétation donnée à votre silence, irrémédiablement planer un doute sur la vérité de l'affaire.

— Une vérité qui n'existe pas.

Il l'a dit avec un sourire à la fois mal assuré et provoquant, qui lui fait, de nouveau penser à Anthony Perkins.

— En quittant la salle des délibérations des assises, après une longue et minutieuse procédure, les juges, qu'ils soient populaires ou professionnels, aiment à caresser l'idée qu'ils sont parvenus, grâce à leur sérieux et à leurs louables efforts, au plus près possible de cette vérité qui n'existe peut-être pas ; mais sans laquelle il n'est pas facile de penser la justice et de se rassurer sur la valeur de ses verdicts. Alors il arrive qu'en présence d'un accusé mutique, un président scrupuleux se fasse l'avocat du diable aux lieu et place du pauvre diable d'avocat, évidemment sans voix dans une telle situation ; et se mette à douter méthodiquement de tout.

— Si mon silence n'est pas tactique, il peut donc se faire que je sois défendu contre mon gré.

— Et même à votre insu. Vous avez vu Le film 12 hommes en colère de Sydney Lumet ?

— Oui, avec Philippe.

— L'affaire n'est pas du tout la même, mais il peut toujours y avoir un juré n°8 qui doute, contre l'apparente évidence de la culpabilité, de la solidité des preuves. Reste que le silence est, tout de même, extrêmement risqué. Le modèle de président ou de juré évoqué, n'est pas le plus courant. Ce que fait plus volontiers un Président moyen en présence d'un accusé qui refuse de coopérer, c'est un surinvestissement palliatif dans la procédure. Dans son esprit, une certaine perfection de la forme, supplée une certaine déficience de fond. Mais surtout, dans votre cas, je vous l'ai dit, je suis persuadé que parler est un devoir. Même Marion Delcourt est persuadée que votre souhait le plus cher aurait été de pouvoir vivre au grand jour avec son mari ; son pseudo mari.

Le visage de son vis-à-vis s'éclaire.

— Elle vous l'a vraiment dit ?

— C'est une femme sensible et intelligente aussi bien côté cerveau que côté cœur. Elle sait que vous étiez son seul véritable amour, même s'il a pu parfois vous en faire douter. Elle ne vous est pas hostile ; bien loin de là. Je crois même être autorisé à vous dire qu'elle n'aurait pas vu de mal à ce que vous connaissiez Guillaume, s'il n'y avait eu ce mur d'hypocrisie érigé autour de vous ; si vous aviez pu vivre ensemble sans faux semblants.

Il lui semble qu'il rosit comme un adolescent surpris à lire ou écrire une lettre d'amour.

— Alors, vous savez tout !

— Tout, certainement pas. Mais l'essentiel du point de vue de la genèse du drame qui nous vaut d'être ici ; que l'on peut résumer ainsi : d'un côté, le vôtre, une indéfectible fidélité, et de l'autre, celui de Philippe Delcourt, une irréductible incapacité à la fidélité. Je sais que si votre engagement dans une ONG a répondu à une profonde aspiration humaniste, il est aussi la conséquence du constat que vous aviez fait, que jamais, vous ne pourriez le changer. Mais que, malgré tout, alors que vous étiez il est vrai en situation de faiblesse, vous avez voulu croire en un miracle. Au point d'accepter, contre vos valeurs, une association en manière de cadeau de mariage dans un cabinet mondain, une résidence dans une cage dorée du 16ème et, pour couronner le tout, la participation à une sorte de sinistre vaudeville. Ce que je sais encore, c'est l'onde de choc produite par la nouvelle d'un mariage suivi de la naissance d'un enfant, qui venait contredire la renonciation miraculeuse à l'infidélité d'un Philippe Delcourt en fait bisexuel. Suivie coup sur coup de la découverte d'une liaison avec Juliette Morange et du harcèlement de mademoiselle Manolios qui vous avait été soigneusement dissimulé ; quelqu'un pour qui, de surcroît, vous aviez beaucoup d'estime et de sympathie.

Il constate, ce qui était le but recherché en mentionnant l'affaire Manolios, qu'il ne dément pas en avoir été informé avant le drame. Le visage de son interlocuteur exprime maintenant quelque chose d'infiniment douloureux.

— Il y avait effectivement de quoi perdre confiance.

— Et même tuer, c'est ce que vous pensez !

— Les faits que je viens d'énumérer pointent une tension, non un mobile. Mais restons-en là pour le moment. Je vous l'ai dit, je n'ai pas l'intention d'entrer dans le dossier pénal avant d'être mandaté.

— Il faut que je réfléchisse.

— D'accord, mais maintenant.

— Vous voulez dire tout de suite ?

— Oui.

— Ce n'est pas possible !

— Vous avez eu tout le temps de réfléchir depuis que vous m'avez écrit.

— Mais je ne vous avais pas rencontré.

— C'est fait !

— Moins d'une heure !

— Vous pensez pouvoir vous décider après combien de visites ? Et en fonction de quoi, en dehors de l'impression bonne ou mauvaise que je peux produire sur vous ?

Il hésite.

— De ce que vous pourriez me proposer comme défense.

— Parce que vous pensez que je pourrais vous proposer une défense clef en main ? Il n'en est bien entendu pas question. Si vous décidez de me confier votre défense, nous aurons à la construire ensemble.

— Et si l'on ne parvient pas à un accord ?

— C'est simple, on en reste là. Je m'efface et maître Guillemain qui m'a donné son accord pour intervenir à mes côtés, assurera dès lors seul, comme auparavant, votre défense ; si, bien entendu, tel est votre souhait.

Antony Perkins prend un air boudeur d'adolescent attardé.

— Vous me faites un peu violence, non ?

— Je ne crois pas, dans ce genre de situation, à l'efficacité de longues délibérations intérieures dans lesquelles, en réalité, on finit toujours par s'enliser.

— Décidément, avec vous, ça ne se passe pas comme je l'avais prévu.

— Tant mieux !

— Que voulez-vous dire ?

— Rien que de très banal ; qu'il y a heureusement toujours de l'imprévu ; qu'on croit trop vite trop souvent que les dés sont jetés.

— Vous m'avez dit tout à l'heure que j'avais des devoirs envers Philippe. Ça m'a surpris, mais vous n'avez peut-être pas tort ?

— Vous avez peut-être plus précisément des devoirs envers votre couple.

— Mais est-ce que je ne l'ai pas seulement rêvé, ce couple ?

— Sincèrement, je ne crois pas. Personne ne doute, pas même la sainte famille qu'il a dû tout de même affronter pour vous, de ce qu'il ne pouvait vivre, sans vous. Je ne crois pas que ses frasques, ses débordements, contredisent le fait que vous étiez l'amour de sa vie. Son conjoint pour la loi et mademoiselle Manolios, entre autres, n'en doutent pas. Philippe Delcourt a eu beaucoup de torts à votre égard, mais il vous aimait et vous êtes le seul à pouvoir empêcher qu'on persiste, y compris après sa mort, à le taire ; à le faire taire.

La première chose à faire comprendre à la Cour d'Assises, avant de porter la focale sur le coup de feu, c'est qu'on n'est pas dans la médiocrité, le sordide, que ce soit du côté de l'accusé ou de la victime. À moins d'être un naïf définitif, chacun sait que l'amour c'est en fait toujours compliqué et toujours possiblement dangereux. Qui, parmi ceux qui aiment ou ont aimé un peu trop fort, n'a jamais fait l'expérience d'un de ces instants de flottement où tout peut arriver, basculer ; et ne s'est dit, après coup, que si le pire a pu être évité, c'est uniquement par chance, parce que, par exemple, le téléphone a sonné ou que quelqu'un est survenu inopinément. Ça rend indulgent.

— C'est encore un système de défense ?

— On peut choisir un système de défense qui déguise ou au contraire dévoile, la vérité. La dire, judiciairement, c'est toujours un choix ; jamais une obligation. Mais la dévoiler ne consiste pas à la livrer toute nue au regard des juges, que ça peut aveugler. Il faut au contraire, sans la farder, la rendre présentable, la donner à voir, avec tout ce que cela implique de travail ; comme en art au fond. D'ailleurs, je suis de ceux qui pensent que la justice est bien plus un art, qu'une science.

Sous la patine de sept mois sans air frais, sans diversion, sans ouverture, sans sommeil, sans chaleur humaine, sans hygiène et sans espoir, se lit sur le corps entier qui peine à se maintenir droit, une lassitude proche de l'abandon.

— Comment fait-on ?

Il estime que la fermeté inattendue du ton, le dispense de lui demander de lui confirmer qu'il vient de lui confier sa défense.

— Il faut qu'on parvienne à composer ensemble, à partir du dossier qui est dans ma serviette, c'est-à-dire celui de la police, grossièrement paraphrasé par le juge d'instruction, au besoin en le complétant, un récit aussi cohérent, convainquant et aussi propice que possible à votre sortie, le plus vite possible, de ce cul de basse fosse. Voilà le chantier et sa finalité.

— Mais mon dossier est ce qu'il est ; on ne peut pas lui faire dire autre-chose que ce qu'il dit ?

— Ne croyez pas cela.

— Les faits matériels sont incontournables.

— Mais néanmoins interprétables et ré-interprétables. Présentés autrement, éclairés par d'autres faits, mis en perspective, ils peuvent avoir une toute autre signification.

— Je pensais que la justice était plus rigoureuse.

— J'ai parlé d'art. Ce qui n'exclut pas la rigueur, mais une rigueur qui, même si on parle d'art dentaire, ne peut pas être identique à la vôtre en tant que professionnel. Un dossier judiciaire, c'est un peu comme une partition en musique, dont le rendu va assez largement dépendre de l'interprète. Il ne faut pas confondre, en matière de justice, la rigueur avec une interprétation désincarnée, mécaniste, de la loi, et de faits isolés, coupés de leurs tenants et aboutissants humains. Tenez, je vais vous donner un exemple en rapport direct avec notre affaire, d'un changement radical de perspective provoqué par une simple confidence. Celui que je tiens de Marion Delcourt qui a rencontré fortuitement l'un de vos amis en allant consulter dans la plus parfaite ignorance de ce qu'il l'était et pour une simple carie dentaire, l'un de vos confrères.

Il se redresse.

— Qui ?
— Le docteur Janin.
— Janin ! C'est incroyable !
Il attend, manifestement un peu inquiet, la suite.
— C'est par lui qu'elle a compris, qui son mari aimait vraiment et donc, pourquoi, elle n'avait jamais été et ne serait jamais sa femme. Les mêmes faits, ceux de toute sa vie depuis son mariage, trouvaient soudain une toute autre explication qu'un libertinage de privilégié inconséquent. Sachez qu'il vous a conservé toute son amitié et qu'il ne demande qu'à vous aider.
— Vous croyez vraiment que la révélation de ce que nous étions réellement l'un pour l'autre, Philippe et moi, pourrait servir ma cause ?
— Je sais que malgré Mai 68 et une certaine libération des mœurs, il reste aujourd'hui très difficile d'expliquer certaines choses à des juges, qu'ils soient professionnels ou non, d'ailleurs. À l'exception, sans doute, chez les juges professionnels, des adhérents au Syndicat de la Magistrature, les plus progressistes mais aussi les moins nombreux. On peut dire que le gros de la population, toutes catégories socio-professionnelles confondues, n'est pas prêt à admettre, spontanément, que des êtres de même sexe puissent s'aimer comme peuvent s'aimer des êtres de sexe opposé. Mais cela ne veut pas dire qu'il sera impossible de passer outre aux préjugés probables de tout ou partie de la cour et du jury devant lesquels vous comparaîtrez. Cela veut dire qu'à moins de tomber sur une cour d'assises d'avant-garde, ce qui est très improbable, il faut s'attendre à devoir ramer, mais avec conviction.
— Les Delcourt vont charger au maximum notre barque.
Il note avec satisfaction le « notre ».
— J'espère bien.
— Vous êtes vraiment déroutant.
— Dans mon métier, il faut savoir, quand c'est possible, surprendre l'adversaire convaincu de sa toute puissance, et profiter de l'effet de surprise pour retourner comme une crêpe, ce qu'il tenait, jusques là, pour un argument-massue. Le fait que vous acceptiez de parler à l'audience après un total silence devant la police et le juge d'instruction, a de fortes chances de vous valoir une écoute particulièrement attentive. Le président fera sans doute savoir, dans un premier temps, qu'il estime regrettable votre attitude passée qui aura en quelque sorte faussé

le processus judiciaire, mais la cour et le jury n'en seront pas moins intéressés et attentifs à découvrir la face cachée de l'affaire. À sortir, à l'occasion de ce qui se présenterait comme un rebondissement totalement inattendu, de l'examen d'un dossier qui, en l'absence de contradiction, ne peut qu'être sans relief. L'adversaire qui croyait venir pour une dernière formalité, étant contraint de s'adapter dans l'urgence. Ce qui ne pourrait manquer de provoquer contre nous à l'audience, l'ire de l'avocat de la famille

— Nous ?

— Je dis, *nous,* bien que je n'aie pas l'habitude d'employer la première personne du pluriel comme certains de mes confrères, pour marquer leur engagement aux côtés de leurs clients, comme si une éventuelle condamnation devait les conduire à partager leurs cellules. Je veux dire que je m'attends à quelques attaques personnelles. Vous savez, je suis la « bête noire » des Delcourt et de leur conseil le bâtonnier Salvin-Lagrezette qui fait un peu partie de la famille ; vous êtes sans doute un peu au courant ?

Il acquiesce de la tête.

— C'est sans doute cette proximité qui explique qu'il se sente personnellement attaqué à chaque fois que je fais un procès directement ou indirectement aux Delcourt, ce qui, il est vrai, est assez fréquent. Il est vrai aussi que je n'ai guère de sympathie pour le clan auquel il est inféodé, ce qui doit parfois s'entendre. Mais avec lui, ça tourne un peu à l'obsession. Alors quand ils vont réaliser que j'ai l'intention de parler de votre relation amoureuse avec Philippe Delcourt, une relation qu'ils se sont toujours efforcés et par tous les moyens, de dissimuler, vous le savez mieux que quiconque, ils vont effectivement se déchaîner. Mais justement, je pense qu'ils vont en faire beaucoup trop. Vous serez là. Les jurés vous verront, vous entendront, entendront parler de vous, et on s'arrangera à cet égard, pour faire venir à la barre les témoins qu'il faut. Ils se diront, du moins peut-on l'espérer, que ce que dit la partie civile et l'avocat général, la présentation qu'ils font de la situation et de vous, ça ne peut pas coller avec la réalité. Je compte, autrement dit, sur un effet de boomerang. Ce qui ne manquera pas non plus d'exciter nos adversaires, c'est le doute que je compte bien instiller, sur le fait que le coup de feu vous soit imputable.

Il se raidit.

— Comment ça ?

— Les circonstances dans lesquelles le coup de feu est parti, ne sont pas claires.

— Pourtant !

— Pourtant, vous aviez bien le doigt sur la gâchette ; c'est vrai, mais est-ce suffisant pour établir votre culpabilité ? Il va falloir voir cela de plus près.

— Maintenant ?

— Je vois bien que vous êtes exténué, mais si vous pouvez tenir encore un peu, je voudrais simplement, très rapidement, vous amener à réfléchir en vue de notre prochain rendez-vous, sur cette question évidemment très importante.

Son regard trahit un trouble profond. Il a parfaitement compris qu'il est question de mettre en doute ce qu'il considérait, jusqu'à présent, comme le moins contestable parce que le plus factuel, de sa culpabilité.

— D'accord.

Il pose les deux mains sur la serviette fermée.

— J'ai amené le dossier pour faire sérieux, mais en fait, il n'est pas indispensable de l'ouvrir. Vous l'avez lu ?

— Non, je n'ai pas voulu, mais maître Guillemain a tenu à m'en lire l'essentiel. J'ai bien compris qu'il espérait me faire réagir. Je n'ai pas voulu être désagréable avec lui alors qu'il faisait manifestement tout ce qu'il pouvait pour m'aider, mais je me suis refusé à tout commentaire. En fait, je n'ai pas vraiment écouté.

— Il faut donc que je commence par vous résumer la version qu'on y trouve, conjointe aux Delcourt, au juge d'instruction et au parquet ; en assortissant le propos de quelques observations critiques de bons sens. La thèse est en quatre points.

Premièrement, un mobile des plus classique : la trahison dont vous êtes la victime. Une double trahison : celle de votre meilleur ami et celle de votre compagne présumée, qui ont profité de votre hospitalisation pour coucher ensemble. Or tout se passe, sans que cela n'éveille le moindre soupçon de la part du juge d'instruction, comme si seule comptait vraiment la trahison de Philippe Delcourt, l'autre étant tenue pour négligeable. Vous ne semblez pas éprouver le besoin de demander des comptes à Juliette Morange, alors qu'elle est présente à votre retour de Marseille et que c'était évidemment l'occasion d'une explication à trois ; et, elle, de son côté, ne paraît pas plus affectée par la mort de son amant que par l'emprisonnement de celui avec lequel elle était pourtant censée partager sa vie depuis un certain temps. Elle a plutôt le comportement d'une colocataire que d'une compagne et maîtresse.

Deuxièmement, la préméditation. Un huis clos de plusieurs heures dans la voiture où la tension est à son comble, où alternent disputes et lourds silences pendant lesquels vous ressassez votre infortune et où aussi, émerge, se développe et bientôt s'impose, l'idée d'une vengeance. La tension est vraisemblable, mais la vengeance beaucoup moins au regard de votre parcours et des témoignages recueillis sur vous. Il n'est pas nécessaire d'être un grand psychologue pour comprendre que la vengeance ne colle pas avec votre personnalité, comme l'ont d'ailleurs démontré vos réactions antérieures aux frasques de Philippe Delcourt, et notamment, votre engagement dans l'humanitaire. Convertir son malheur en élan vers les plus démunis, dénote un état d'esprit sensiblement différent du vengeur.

Troisièmement, la détermination avec laquelle, arrivé sur place, vous passez à l'acte. Tout va très vite parce que vous avez eu le temps de tout prévoir dans la voiture et que vous ne voulez laisser aucune chance à l'impardonnable ami que vous avez entraîné chez vous comme dans un piège. Vous fermez la porte du salon pour lui barrer une éventuelle fuite et pour dissuader Juliette Morange de venir vous rejoindre et éventuellement s'interposer. Juliette Morange que vous n'avez, pas un seul instant, l'idée de tuer et qui donc, compte effectivement pour du beurre. Puis vous allez chercher dans la commode de votre chambre l'arme que vous savez chargée et vous revenez abattre froidement Philippe Delcourt dans le salon où il vous attendait sagement. Autrement dit, on est à la fois, singulièrement, dans le crime passionnel et dans le crime prémédité avec une victime qui ne voit rien venir malgré le stress accumulé pendant presque une journée.

Quatrièmement, votre silence et votre tentative de suicide qui, selon la doxa policière et judiciaire, valent bien des aveux. Mais de quoi, en réalité, sinon d'un désespoir peu compatible avec l'idée d'une vengeance accomplie méthodiquement ?

— C'est fou !

Il constate que la fatigue qui semblait, il y a peu, insurmontable, a fait place chez son vis-à-vis qui s'est redressé, à une encourageante concentration.

— On ne tue pas qu'avec un pistolet. La justice aussi, peut servir des visées criminelles. Mais vous avez compris que tout cela est grossier et bien peu cohérent. A nous de démontrer que c'est invraisemblable. Je pensais limiter mes questions au coup de feu, mais vous me semblez avoir retrouvé un peu de tonus. Je vais donc en profiter pour vérifier que j'ai bien compris la situation et vous, pour compléter mon information. On est bien d'accord, vous êtes homosexuel, alors que Philippe Delcourt était bisexuel.

— Oui. C'est important ?

— Vous verrez. Je continue. Le prétendu couple que vous formiez avec Juliette Morange permettait de désamorcer tous les soupçons : aussi bien celui d'une relation homosexuelle entre vous et Philippe Delcourt, puisqu'elle était là, que celui d'une relation adultère de ce dernier avec elle, puisque vous étiez là. Vous ne l'avez sans doute pas su, mais Marion Delcourt avait, vainement, engagé un détective privé.

— Je l'ignorais en effet.

— La contrepartie, pour Juliette Morange, c'était sans doute un hébergement gratuit dans un appartement du seizième ; outre, éventuellement, quelques avantages annexes.

— L'appartement est un magnifique duplex dans lequel elle occupait l'une des chambres. Il était suffisamment vaste pour que nous ne nous gênions pas. C'est une fille qui a des revenus très irréguliers. Ça l'arrangeait bien, en effet, d'être logée gratuitement. Elle est plus ou moins journaliste à la télé. Philippe l'avait pistonnée auprès de Mylène De Lorentis, la productrice et présentatrice de « brises matinales », une émission débile sur la Une. C'est une lointaine cousine du côté de son père, qui s'appelle en réalité Michèle Lorent.

— Juliette Morange n'était pas votre compagne, mais elle n'a pas pour autant été étrangère à votre dispute.

— Elle en faisait partie, en effet.

— Xénia Manolios aussi ?

— Oui. Le comportement de Philippe à son égard, ajouté à sa liaison avec Juliette, c'était vraiment trop.

— Expliquez-moi précisément comment, vous avez appris que Philippe Delcourt avait une liaison avec Juliette Morange et comment, vous avez été informé du harcèlement de Xénia Manolios, alors qu'elle avait pris toutes les précautions possibles pour que vous n'en ayez jamais connaissance, craignant, à juste titre, vos réactions.

— La délicatesse de Xénia m'a beaucoup touché. C'est à Marseille que j'ai tout appris. Philippe avait réservé deux chambres, par précaution. Nous sommes arrivés le samedi en fin de matinée. Nous n'étions pas partis très tôt, mais Philippe avait une Porsche 911 Carrera ; et dieu sait qu'il aimait la vitesse.

Il s'interrompt, au bord des larmes.

— Excusez-moi. Pendant que Philippe garait la voiture au parking en sous-sol, je suis allé à la réception pour demander les clés des chambres retenues par *monsieur Delcourt*. Le réceptionniste en a déduit que j'étais, monsieur Delcourt. J'allais rejoindre Philippe quand il m'a rappelé.— *« Monsieur, le téléphone ! »*. J'ai pris l'appareil. J'ai entendu— *« Bonjour docteur, je suis la remplaçante de la secrétaire de maître Salvin-Lagrezette. Votre assistante m'a dit que je pouvais vous joindre à ce numéro. Je voudrais savoir où je dois adresser le dossier Manolios, puisque l'affaire est terminée. Maître Salvin-Lagrezette qui est en congés, a noté sur le dossier de ne pas vous le retourner avant de vous avoir eu personnellement au téléphone. »*

—Vous avez une bonne mémoire.

— Vous savez, je n'ai pas arrêté de tout ressasser. J'ai immédiatement compris qu'il y avait quelque chose d'anormal. Selon Philippe, mademoiselle Manolios avait quitté le cabinet pendant mon hospitalisation parce qu'il lui avait fait savoir qu'elle ne serait jamais notre associée. Je lui avais fait part de mon étonnement, d'abord, parce qu'il n'avait pas jugé utile de me demander mon avis, et ensuite, parce que j'avais du mal à admettre qu'elle ait pu partir sans me dire au revoir.

— Vous auriez pu envisager de l'associer ?

— Ce n'était pas notre idée au départ, mais, outre qu'elle est très compétente, j'aimais bien sa compagnie et elle m'inspirait confiance. Je sais, maintenant de façon certaine, que je n'avais pas tort. Elle sait ce qu'elle veut et j'étais persuadé que Philippe avait compris qu'il ne l'intéressait pas. Quand il avait des vues sur quelqu'un, que ce soit un homme ou une femme, je le sentais. Là, curieusement, ça m'a totalement échappé, bien qu'il ne puisse échapper à personne, pas même à moi, que c'est une beauté. Alors, pourquoi pas l'intégrer ? Surtout qu'elle est un peu de la famille. J'ai essayé de la joindre, mais je n'ai rien pu savoir.

— Il y avait aussi la clause de confidentialité de la transaction.

— J'ai vu, et j'imagine que ça n'a pas été facile pour vous de la faire accepter par quelqu'un d'aussi fier et droit que mademoiselle Manolios. Mais c'était sans doute prudent.

— En effet.

— Sans réfléchir, j'ai demandé à la secrétaire d'adresser le dossier à l'hôtel. Ce qu'elle a fait. J'avais avisé le réceptionniste de ce que je tenais à ce qu'il n'en avise personne d'autre que moi, pas même la personne qui m'accompagnait, et qu'il devrait me le remettre en mains propres quand je serai seul. C'est ce qu'il a fait, moyennant une petite rétribution, le mercredi soir. J'ai dû attendre le lendemain matin pour le lire sans que Philippe, qui ne m'a pas quitté, s'en aperçoive. On aurait dit qu'il s'en doutait. Je l'ai trouvé particulièrement attentionné, tendre…

Son visage se défait. Il prend sa tête dans ses mains et pleure quelques instants. Puis, fait effort pour se ressaisir en inspirant et expirant profondément ; sans oser le regarder.

— Vous allez trouver que je suis stupide !

— Certainement pas. Moi aussi j'aime quelqu'un. Que ce soit une femme, ne change rien. Alors, je suis capable de comprendre.

— Merci.

Pendant que son client se mouche, l'avocat se dit que d'ailleurs, lui aussi a un « problème » et qu'après tout, dans certaines circonstances, il serait peut-être capable, lui aussi, de tuer. Comment être assuré de la parfaite fiabilité, en toutes circonstances, de son « surmoi » ? Vincent Lambert fait le geste de replacer le mouchoir dans sa poche, mais se ravise et le conserve, replié et serré dans sa main.

— Je suis allé dans la salle de bains avec le dossier pendant qu'il dormait encore. J'ai tout lu. Les correspondances, le jugement et les preuves : les vôtres, très éloquentes, et celles de Philippe, quasiment inexistantes ; à l'exception d'une attestation de Juliette Morange qui ne l'était pas pour moi, inexistante. J'ai compris qu'il n'avait rien de sérieux à opposer à sa victime ; qu'il était indiscutablement coupable.

Comment pouvait-il m'aimer sincèrement en ayant un tel comportement ? Je ne pourrai plus jamais le croire. Il n'avait en réalité jamais cessé de me tromper. Maintenant, il était évident que je ne lui suffisais pas ; que je ne lui avais jamais suffi. Ce qu'il m'avait raconté sur son mariage et sa paternité, ne tenait plus.

— Vous avez parlé d'une attestation de Juliette Morange ?

Il s'interrompt, surpris.

— Vous en ignoriez l'existence ?

— Cette pièce ne m'a jamais été communiquée. Que pouvait-on y lire ?

— Elle expliquait en substance, que Philippe, qui n'était pas heureux en ménage, venait très souvent se réfugier à la maison ; qu'elle-même n'était plus très heureuse avec moi et qu'à l'époque du harcèlement, ils vivaient une véritable passion amoureuse ; qu'il lui paraissait donc impossible qu'il ait pu avoir, en même temps, le comportement que lui prêtait mademoiselle Manolios, tellement contraire au demeurant, à celui qu'il avait avec elle.

Il marque un temps d'arrêt, s'essuie machinalement le nez avec son mouchoir et baisse la tête.

— C'était affreux ! Vous-vous rendez compte, j'apprenais coup sur coup le harcèlement de Xénia Manolios et la liaison de Philippe avec Juliette Morange chez moi, chez nous, pendant que j'étais sur un lit d'hôpital. Je ne pouvais pas en vouloir vraiment à Juliette, pour qui je n'étais en fait à peu près rien. Et je suis bien placé pour connaître le talent de séducteur de Philippe. J'ai compris que j'avais maintenant des preuves définitives de son infidélité chronique et que je ne pourrai plus vivre avec lui. C'était fini.

Il relève la tête.

— Mais pourquoi n'en avez-vous pas eu connaissance, ni, je suppose, le tribunal ?

— J'imagine que Philippe Delcourt n'a pas voulu prendre le risque qu'elle vous tombe un jour ou l'autre, entre les mains, malgré le luxe de précautions déployé pour vous maintenir dans l'ignorance du procès. On ne sait jamais. Et le risque existait également du côté de l'épouse, à qui l'attestation aurait fourni un motif de divorce en or massif. Il savait qu'elle avait fourni une attestation à Xénia Manolios et que donc, elles avaient eu et pouvaient toujours avoir, des contacts. Il n'était pas exclu, et même assez probable, que les deux femmes aient convenu de s'entraider.

— Mais pourquoi, si elle n'a pas servi au procès, la laisser au dossier ; ne pas la détruire ?

— Un avocat hésite toujours à détruire une pièce. On ne sait jamais comment peut évoluer un procès. L'affaire pouvait aller en appel. Mon confrère n'avait peut-être pas définitivement renoncé à s'en servir et en attendant, l'avait sans doute prudemment remisée au fond du dossier. Évidemment, rétrospectivement, cela apparaît plutôt imprudent. Mais il y a eu, comme l'on dit, un malheureux concours de circonstances. On sait que Salvin-Lagrezette n'était pas là et sa secrétaire habituelle non plus, au moment de l'envoi. Il est probable que la secrétaire titulaire a chargé sa remplaçante de différents petits travaux, tels que retourner les pièces aux clients dans les dossiers qui doivent être archivés. En général, les secrétaires attendent d'avoir un paquet de dossiers à archiver pour le faire et souvent, parce qu'elles ont des tâches plus urgentes à accomplir, retardent ce moment indéfiniment. C'est le cas chez moi aussi. La remplaçante a d'ailleurs bien fait son boulot, puisqu'elle a téléphoné préalablement au cabinet dentaire pour avoir Philippe Delcourt personnellement, comme mon confrère l'avait demandé. Et en son absence, elle a normalement demandé à son assistante où l'on pouvait le joindre, sans lui préciser pourquoi elle l'appelait, puisque c'était confidentiel. L'appel venant de son avocat, ladite assistante a probablement estimé que ce pouvait être urgent et elle lui a donc donné le numéro de l'hôtel où il avait été prévu que vous descendiez. C'est vous qui avez répondu, sans qu'elle puisse le savoir, puisqu'elle ne pouvait connaître la voix de votre associé. Ce qui est surprenant, c'est que la fameuse attestation ne figure pas au dossier d'instruction. Pourtant, elle devait être là au moment des faits, dans vos bagages qui ont dû être minutieusement fouillés.

— Je l'ai déchirée et jetée dans les toilettes de l'hôtel. J'étais hors de moi. Je me suis senti floué, trahi une nouvelle fois, idiot d'avoir pu croire qu'il avait changé. Vous savez, je n'ai jamais eu aucun ressentiment à l'égard de sa femme qui n'y est évidemment pour rien ; et encore moins, évidemment, à l'égard de son fils. Mais c'était le maximum que je puisse admettre. Là, c'était vraiment, vraiment trop ! Je l'ai littéralement sorti du lit, insulté, frappé ; je ne voulais rien entendre. J'ai voulu rentrer immédiatement en train. Je me suis habillé, j'ai bourré ma valise et j'ai fait appeler un taxi, qui m'a conduit à la gare. Il n'y avait pas de train pour Paris avant une heure. Il m'a rejoint, on s'est quasiment battu dans le hall de la gare et il a finalement réussi à me traîner jusqu'à la voiture. J'ai essayé d'en sortir, il m'a bouclé et il a démarré en trombe. J'ai compris à sa façon de conduire, et à la vitesse où nous roulions, qu'il avait l'intention de nous tuer. Je ne sais pas pourquoi il ne l'a pas fait ? Il m'a assailli d'explications auxquelles je ne comprenais rien. Je ne voulais rien entendre. Il a fini par se taire. J'attendais l'embardée fatale.

Quand nous sommes arrivés à Paris, je lui ai interdit de monter. Mais il est passé outre. Il n'arrêtait pas de dire ou plutôt d'hurler des banalités qui sonnaient faux sur ses sentiments à mon égard, sur nous, et sur le fait que je me trompais complètement, qu'il voulait que je lui donne au moins une chance de s'expliquer. Je n'ai rien voulu entendre. En entrant dans l'appartement, il a voulu prendre Juliette à témoin. Je me souviens qu'elle a dit *« ce n'est pas mes affaires, je m'en vais, je ne veux pas être en retard pour ça »*. Pour ça !

— Ce n'est pas exactement ce qu'elle a déclaré au juge d'instruction, mais ce n'est pas très important. Ce qui semble certain, c'est qu'elle n'a pas assisté à la suite. Venons-en à l'épilogue sans véritable explication dans le dossier.

Il inspire et expire de nouveau profondément.

— J'ai dit à Philippe de se taire ; qu'il n'était plus crédible, qu'il n'avait en fait jamais cessé de me mentir, que je ne retournerai pas au cabinet et que j'allai repartir en Afrique. Il m'a giflé violemment. Jamais il ne m'avait frappé. J'aurais pu riposter, vous voyez que je suis de taille, mais je ne sais pas me battre ; et puis j'ai horreur de ça. Je ne peux pas vous dire ce que j'ai ressenti. Je crois qu'il a été aussi surpris que moi par son geste. On s'est regardé quelques instants, comme pétrifiés, avant que je me précipite dans la chambre. Il connaissait l'existence du révolver. J'ai à peine eu le temps d'ouvrir le tiroir et de sortir l'arme, qu'il était déjà sur moi.

— Vous aviez l'intention de tirer sur lui ?

— Sincèrement, je n'en sais rien. Je me suis posé mille fois la question en prison, sans pouvoir y répondre définitivement. Me tuer ou le tuer, c'était peut-être la même chose dans ma tête ?

— Il n'y avait qu'une seule balle dans le barillet. Pourquoi le révolver était-il chargé, et d'une seule balle, alors qu'on a retrouvé dans la commode une boite qui en contenait une dizaine ?

Il hésite à répondre.

— Je pense que vous n'avez jamais exclu la possibilité du suicide, notamment si vous deviez vous retrouver une fois encore dans une impasse. Une fois de trop. C'était l'Afrique ou le révolver. Vous avez envisagé dès le matin, de repartir en Afrique, mais après des heures en enfer et la gifle, il ne restait plus que le suicide ; en sa présence.

Il ne parvient pas à savoir si le regard éperdu que lui jette Vincent Lambert, confirme ou infirme son hypothèse.

— Dites mois simplement, sans plus réfléchir, ce qui s'est passé ensuite.

— Il a voulu se saisir de l'arme, j'étais contre la commode, il m'a tiré vers lui, je ne sais pas exactement ce qui s'est vraiment passé, tout est allé très vite, le révolver a dû se trouver pointé au cours de la lutte à hauteur de son cœur, le coup est parti, il m'a regardé les yeux écarquillés, il a reculé et il est sorti de la chambre en titubant pour aller s'effondrer sur le tapis du salon. Je suis resté prostré adossé à la commode un moment, incapable de prendre une quelconque initiative, puis je suis allé vers Philippe pour le secourir. A ce moment, j'ai entendu qu'on frappait à la porte que Juliette n'avait pas dû fermer à clef. Le voisin de palier s'est précipité vers Philippe. Je ne voyais plus rien. Je me suis affalé sur le canapé sans lâcher le révolver. Je l'ai entendu dire : *« il est mort, j'appelle la police. »*

Il se penche sur la table, la tête dans les mains.

— Le coup est parti parce que Philippe Delcourt a tiré sur le révolver alors que vous aviez le doigt sur la détente.

Il relève la tête et s'essuie les yeux.

— Vous croyez ?

— Oui. Je crois que c'est aussi simple que ça et que ça n'a rien à voir avec la fable sordide que se prépare à plaider l'adversaire. Si j'en juge en tout cas par les dépositions de la mère et du frère de Philippe Delcourt, éclairées et complétées par quelques réflexions imprudentes de Salvin-Lagrezette dans le couloir de l'instruction, surprises par Guillemain. En gros, vous devez tout à Philippe Delcourt qui vous a pris sous son aile dès l'école dentaire. A votre retour d'Afrique, il a fait jouer ses relations pour que vous soyez hospitalisé dans le service du meilleur spécialiste français de la maladie exotique dont vous étiez atteint. Une maladie, soit dit en passant, qui, pour grave qu'elle soit, pour les Delcourt, présente toutes les caractéristiques d'une maladie infantile. Pensez donc, s'engager dans une ONG quand on possède un diplôme en or comme le vôtre ! Pour eux, idéalisme et infantilisme sont bien entendu synonymes. Puis, dans la foulée, il vous a offert gracieusement la moitié de son prestigieux cabinet et la jouissance gratuite d'un superbe appartement dans le 16ème pour vous permettre de convoler avec une Juliette clinquante rencontrée grâce à ses relations dans le « tout Paris. » D'un côté donc, un ami comme un ange gardien, bienveillant, généreux, dont la sollicitude est sans limite et sans faille ; de l'autre, tout le contraire.

— C'est odieux, mais aussi incompréhensible : pourquoi toute cette générosité sans retour à l'égard d'un simple ami ?

— On peut imaginer avec les Delcourt, qu'ils fassent de Philippe un nouveau Saint Martin, mort en odeur de sainteté.

— Je l'aurais tué alors que je lui devais tout et que je continuais à lui devoir tout ?

— Pour le dire autrement, vous auriez tué la poule aux œufs d'or. Mais c'est là qu'Henri-Marc ce fin connaisseur de l'âme humaine, a estimé nécessaire de fournir au juge d'instruction le ressort psychologique profond du crime : l'ambivalence qui vire au ressentiment. Il s'est bien entendu empressé de s'expliquer sur ce qu'il entendait par ambivalence, afin qu'un esprit malveillant n'aille pas imaginer qu'il ait pu faire allusion à un désir de nature homosexuelle. Ce qui est visé selon le capitaine d'industrie psychologue, chez le destinataire des bienfaits, c'est un sentiment où s'entremêlent reconnaissance et humiliation ; un sentiment qui finit parfois, bien au-delà de l'ingratitude, par virer à la haine franche. On en veut parfois à mort à son bienfaiteur.

— C'est tordu.

— Pas tant que ça. Vous connaissez la pièce de Labiche, *Le voyage de monsieur Perrichon* ?

— Je sais seulement que cet auteur est connu pour avoir écrit des pièces à la limite de la farce, non ?

— Labiche lui-même ne se faisait pas d'illusions sur son théâtre, mais en tout cas, la pièce en question n'est pas aussi légère qu'il y paraît. En un mot, Perrichon est un bourgeois qui, paradoxalement en apparence, se met à détester l'un des deux prétendants à la main de sa fille auquel il doit de la reconnaissance du fait qu'en montagne, il lui a sauvé la vie. Alors qu'au contraire, il se prend de passion pour l'autre prétendant, après qu'il se soit trouvé dans la situation inverse, c'est-à-dire de le sauver d'un égal péril et d'être en droit d'attendre de lui une égale et éternelle reconnaissance.

— Je vois.

— La sœur de Philippe Delcourt, Salomé, y est allée également de son explication, plus particulièrement en ce qui concerne le passage à l'acte ; bien entendu en tant que médecin.

— Elle est gynécologue, pas psychiatre.

— Qu'à cela ne tienne. Selon elle, vos séjours prolongés sous les tropiques, votre maladie, ne seraient peut-être pas totalement étrangers à l'affaire. Il aurait été constaté assez souvent des troubles du comportement associés à certaines maladies tropicales. Des modifications de l'humeur, du caractère. Un individu jovial peut devenir taciturne. Il y aurait même eu des cas où le sujet se mettrait à commettre des délits sans raison apparente.

— C'est complétement débile. Ça ferait certainement rire le Professeur qui m'a suivi depuis mon retour d'Afrique.

— Sans doute, mais ça ajoute encore au tableau des problèmes que vous êtes censé trainer. Sournoisement, puisque ça semble être dit avec la distance du professionnel qui se contente d'avancer, sinon des faits, au moins des hypothèses cliniques plausibles. Et cela, apparemment, plutôt dans votre intérêt, puisque, sans aller jusqu'à suggérer une irresponsabilité, cela pourrait constituer une circonstance atténuante. Ce que veulent avant tout les Delcourt, quitte à lâcher un peu de lest, c'est que vous soyez condamné sur la base d'une explication favorable à l'image qu'ils veulent donner de la famille ; une explication qui voile autant qu'il est possible la réalité de vos rapports avec l'un des leurs. Il faut charger la barque, mais sans que cela se voit trop. Il faut donner l'impression, malgré l'émotion, de conserver une certaine mesure. Le propos doit être balancé. Comme on le voit ailleurs. Par exemple, dans la déposition de l'assistante dentaire de votre associé, madame Larieux, qui, après avoir dit tout le bien qu'elle pensait de vous, a tout de même ajouté qu'elle avait du mal à vous situer ; à interpréter votre comportement.

— Quel comportement ?

— C'est ce que le juge d'instruction, par ailleurs peu curieux, lui a tout de même demandé. Elle a répondu que c'était plutôt des impressions, des détails, des regards, des attitudes ; parfois même des réflexions.

— Est-ce qu'elle a pu en donner un seul exemple concret ?

— Plusieurs !

— Ah bon !

— Tenez, quand Philippe Delcourt s'est marié, elle a bien vu que vous étiez envieux, volontiers ironique, voire cynique ; vous avez même refusé de participer au cadeau du cabinet ; c'est dire ! Elle vous avait trouvé bien ingrat, en faisant là, évidemment, allusion aux conditions exceptionnelles de votre intégration dans le cabinet, qu'elle connaissait par son mari. Autre exemple, qui date de l'époque où Xénia Manolios travaillait avec vous. Elle vous avait surpris un midi en sa compagnie dans un restaurant en ville et avait constaté qu'au cabinet, vous « faisiez des messes basses ». Elle en avait déduit que vous « cassiez du sucre sur le dos » de votre associé. Les deux expressions sont d'elle.

— Je peux comprendre qu'elle ait pu être un peu jalouse de Xénia Manolios, vu son physique plutôt ingrat, mais je suis tout de même un peu déçu. Vous pensez qu'on lui a fait la leçon ?

— Vous savez qu'elle et son mari doivent beaucoup aux Delcourt et que leur avenir dépend toujours largement d'eux. Je pense qu'ils sont suffisamment intelligents pour adapter, sinon spontanément en tout cas sans qu'il soit besoin de leur faire trop explicitement la leçon, leurs déclarations aux vues de leurs bons maîtres.

— Et mon assistante, madame Mangin, qui était tout de même la mieux placée pour parler de moi et qui, elle, je suppose, n'a plus rien à attendre des Delcourt.

— Ni la titulaire, ni la remplaçante, n'ont été entendues.

— Je pensais surtout à la première ; l'autre, madame Dufresne, n'est pas restée très longtemps et en plus, pendant une période où j'ai été pas mal absent.

— Après les faits et la fermeture du cabinet, madame Mangin aurait assez rapidement quitté la France ; selon la partie civile, pour suivre son ingénieur de mari au Canada.

— Ça m'étonne. Quand elle travaillait avec moi, elle n'était pas mariée. Je ne sais même pas si elle était fiancée. Elle m'a bien parlé d'un « petit ami », mais sans plus.

— En tout cas, le juge d'instruction a estimé que c'était inutile de la faire rechercher, au motif qu'il disposait déjà de la déposition d'une des deux assistantes. A mon avis, il n'est pas exclu qu'elle ait pu bénéficier d'une belle indemnité de départ. Peut-être même d'un somptueux petit cadeau si elle s'est effectivement mariée ?

— Je vois qu'ils ont pensé à tout et que je ne suis pas très bien parti.

— En l'état actuel du dossier, je ne peux pas vous dire le contraire. Mais la situation provoquée par votre mutisme et l'inaction suspecte du juge d'instruction, n'est pas sans avantage pour la suite. À condition de faire très vite, je pourrais confirmer audit juge mon intervention et dans la foulée, lui demander de procéder aux diverses investigations que votre silence aurait dû l'inciter à mener spontanément pour éviter de transmettre à la Cour un dossier truffé de blancs. Mais je ne crois pas que cela donnerait un résultat profitable. Pour rester sur l'exemple de votre assistante qui pourrait être entendue sur commission rogatoire au Canada, on peut supposer qu'au mieux, elle botterait en touche et qu'au pire, qui est à craindre, elle confirmerait les dires sournois de sa collègue. Je préfère, le dossier étant clos, dénoncer l'incurie du juge d'instruction et remplir les blancs à ma guise. Nos adversaires, dans lesquels j'inclus un parquet complaisant, ont eu beau jeu, jusqu'à présent, d'occuper le terrain et d'orienter le dossier à leur profit ; mais ils ont aussi dévoilé leurs batteries. Alors que ce n'est qu'à l'audience, qu'ils prendront connaissance, avec votre revirement, qui est explicable, de notre ligne de défense ; de sa logique au regard de la réalité de vos relations à Philippe Delcourt, de vos personnalités respectives et des faits qui ont conduit à l'accident.

— Pour vous, l'accident ne fait donc pas de doute.

— Au final, non. Philippe Delcourt a compris, dès Marseille, qu'il avait dépassé les bornes et que dans l'état où vous étiez, le pire était à craindre. Il est possible que l'idée de se tuer avec vous en voiture lui ait traversé l'esprit, mais il n'était certainement pas suicidaire. Ce qu'il a voulu à tout prix éviter, c'est que vous vous retrouviez seul dans l'appartement où il savait que vous aviez une arme chargée. Non ?

— Si.

— Contrairement à vous, Philippe Delcourt était capable de violence quand on lui résistait. Non seulement il y a l'affaire Manolios, mais Marion Delcourt m'a confié qu'à plusieurs reprises elle avait craint qu'il en vienne aux mains, notamment quand elle lui a fait des reproches à propos de Guillaume et qu'elle l'a menacé de remettre en cause le statu quo. Sans compter l'histoire de la gifle, dont malheureusement il n'y a aucune trace dans le dossier, puisque vous n'en avez pas parlé aux policiers. Il a certainement paniqué en vous voyant vous diriger vers la commode où il savait que se trouvait le révolver, non pas parce qu'il a pensé que vous vouliez le tuer, mais bien parce qu'il a pensé que vous vouliez vous tuer ; et de surcroît, devant lui. Vous n'êtes ni petit ni fluet, mais lui avait une véritable carrure d'athlète et sans doute une poigne formidable. Il est facile d'imaginer avec quelle force et quelle rapidité, il a dû se saisir de l'arme. Ce que je dis n'est pas faux, non ?

— Non.

— Bon ! restons-en là. Vous me direz la prochaine fois qu'on se verra, si vous y voyez un peu plus clair sur le déroulement de cette scène cruciale. Mais, avant qu'on se quitte, vous pouvez sans doute, dès maintenant, m'éclairer sur le fait que le révolver était chargé d'une seule balle. Il me semble que si l'on a l'intention de se défendre ou de tuer, on remplit le barillet ; ce qui était possible puisqu'on a retrouvé une boite de munitions dans la commode. Pour être franc, cela m'a fait penser au sinistre jeu dit de « la roulette russe ».

Son regard se trouble.

— Après avoir appris le mariage de Philippe, puis la naissance de son fils, je ne savais plus où j'en étais, si je pouvais encore le croire quand il m'affirmait que j'étais le seul qui comptait pour lui, que c'était le prix à payer pour ne plus subir les pressions de sa famille. Il m'avait juré qu'il n'avait jamais été question de sentiments avec son aristocrate ruinée dont l'unique motivation était de redorer son blason et que d'ailleurs, elle connaissait mon existence depuis le début. Quant à son fils, il allait bénéficier d'un père de substitution actif en la personne de son frère aîné qui voyait déjà dans le garçon qu'il désespérait d'avoir, son successeur à la tête du groupe industriel. En fait, non seulement je n'étais pas convaincu, mais je trouvais tout cela assez moche. Un soir, devant mon indécision chronique, j'ai décidé de m'en remettre au hasard. J'ai placé une balle dans le barillet que j'ai fait rouler et le canon sur la tempe, j'ai actionné la gâchette. La balle n'était pas dans l'axe du canon, puisque je suis là. J'ai replacé le révolver dans la commode sans aller regarder dans quelle chambre du barillet, elle se trouvait.

— Et vous n'y avez plus jamais retouché.

— Il m'est arrivé de le ressortir, mais sans chercher à savoir si la balle était désormais en pole position.

— Vous en aviez parlé avec Philippe ?

— Non, mais je lui avais dit que s'il me trompait encore une fois, je le tuerais et que je me tuerais après. Il m'avait traité de fou en m'embrassant.

— Compte tenu de ce que vous venez de me dire et de ce que je sais de vous, je ne doute pas que vous étiez sérieux. Or si vous ne vous êtes pas tué après le coup mortel reçu par Philippe, c'est que vous n'étiez pas dans la logique du « je te tue puis je me tue » ; vous étiez dans la sidération.

— Mais en prison, j'ai essayé de me pendre ?

— Oui, mais bien plus tard. Après que Philippe se soit effondré sur le tapis du salon, vous étiez dans l'incompréhension de ce qui venait de se passer. Je dis bien « dans l'incompréhension », ce qui n'aurait pas été le cas si vous aviez voulu le tuer. Par la suite, vous n'avez pas essayé de vous suicider parce que vous auriez recouvré un courage qui vous avait manqué au moment des faits, mais parce que la mort de Philippe, que vous n'avez jamais envisagée, vous mettait au désespoir. Pour moi c'est très clair.

Il hésite devant l'expression du visage proche de l'hébétude et le relâchement du corps entier, qui traduisent une extrême fatigue, de poser à son client, une ultime question.

— Juste un mot encore. Comment étaient vos relations les derniers temps ?

Il s'efforce de se redresser.

— Je souffrais effectivement beaucoup de la clandestinité de notre couple imposée par sa famille et de la mascarade grotesque que constituait ma relation officielle avec Juliette Morange. Mais il y avait de bons moments. Je travaillais avec lui et, comme il venait souvent à Paris, nous avions tout de même une certaine vie commune. Et puis, depuis la naissance du petit Guillaume, qui a aujourd'hui sept ans, je n'avais jamais eu de raisons sérieuses de douter de la fidélité de Philippe comme cela avait été le cas par le passé ; même s'il lui était difficile de lutter contre un certain donjuanisme. Il avait tellement de charme ! Mais il me semblait qu'il faisait des progrès. J'avais retrouvé une certaine confiance. C'est pour cela que ce que j'ai découvert, m'a littéralement anéanti.

— Je comprends. On a déjà bien avancé.

— Qu'allez-vous faire maintenant ?

— Je vais donc d'abord attendre la clôture, qui est imminente, du dossier, pour me déclarer officiellement. Je reviendrai vous voir juste après. En attendant, c'est Maître Guillemain qui assurera la liaison. Son aide est précieuse. Vous verrez aussi vos parents. Il serait bon que vous soyez au clair avec eux.

— Ils ne savent pas… Ils n'ont jamais voulu savoir.

— Donc ils savent déjà en quelque manière. Pour refuser de savoir, il faut d'abord savoir ou à tout le moins, se douter de quelque chose ; non ? Il est des circonstances où les préjugés ne pèsent plus très lourd. Ils vous aiment, j'en suis témoin. Ils sont prêts à tout pour vous aider ; y compris à tout entendre. Mais je peux leur parler si vous le souhaitez ?

— Non, il faut que j'y arrive tout seul.

— Vous avez raison. Ils vont m'appeler ce soir. Ils vont être très heureux d'apprendre que vous avez décidé de vous défendre.

— Vous me direz comment ça se passe ?

— Devant la Cour d'assises ?

— Oui.

— Bien entendu. Je vous expliquerai très précisément le déroulement de la procédure ; comment il convient de vous comporter le plus efficacement et spontanément possible et comment éviter certains pièges que pourraient vouloir vous tendre la partie civile et l'avocat général ; mais aussi le président dont la mentalité, les opinions personnelles et l'attitude ne sont jamais à négliger, comme vous l'avez déjà compris. J'essaierai d'obtenir, le moment venu, des renseignements sur lui à toutes fins utiles. L'avocat de la partie civile, je le connais comme ma poche ; l'avocat général, compte tenu de l'estime que m'inspire sa fonction, ne peut que me surprendre agréablement. Quant aux jurés, on ne peut rien en savoir par avance ; on ne peut pas préjuger de leurs réactions.

— Surtout, je suppose, face à un pédé.

— Allons, n'en rajoutez pas. Je vous l'ai dit, il est probable que notre jury populaire qui est censé être un échantillon représentatif de la population, ne viendra pas à l'audience net de tout préjugé. Mais vous ne correspondez guère au désolant cliché du pédé, comme vous dites ; difficile avec vous, avec l'humanitaire que vous avez été, de penser à *La cage aux folles*. Et puis, encore une fois, placé devant la réalité, l'homophobe de service qui a déjà été amoureux et qui n'est pas complètement dépourvu d'imagination, peut en prenant un peu de distance comme l'y invite son serment de juré, admettre qu'entre deux hommes ou deux femmes aussi, il puisse être question d'amour. Ne soyez pas trop inquiet à ce sujet. Le retournement d'un handicap en avantage est toujours possible, et l'avantage que l'on peut en retirer est alors aussi avantageux que le handicap pouvait être handicapant. Pardonnez ce charabia qui dénote une certaine fatigue de ma part, aussi.

Il se lève, prend sa serviette et actionne la sonnerie du parloir pendant que son interlocuteur se lève à son tour. Ils échangent malgré la situation et la fatigue, un franc sourire. Le prisonnier chancelant, se tient à sa chaise. Un bruit de pas, un œil de maton dans le judas, un coup de clef nerveux dans la serrure, la porte s'ouvre en grinçant. Il se plante devant celui dont l'avenir dépend désormais en partie de lui pour un dernier face à face sans filtre, la main tendue ; qu'il lui prend sans réserve.

— À bientôt, monsieur Lambert. Vous venez de franchir une première étape essentielle et j'en suis sincèrement très heureux. Je suis aussi très sensible à la confiance que vous me faîtes, sachez-le. Là aussi, la réciprocité est importante. Maintenant, il faut absolument que vous dormiez. Il faut que vous abordiez la prochaine étape qui va engager votre avenir, en possession de tous vos moyens.

Sorti du royaume de Pluton, il regarde sa montre. L'agenda reprend son cours. Il est presque midi. Il a juste le temps d'avaler un sandwich et de rentrer pour être à quatorze heures à l'audience de la Cour. Il pense à Luc qui est à l'hôpital et qu'il n'aura sans doute pas le temps d'aller voir aujourd'hui.— « Demain sans faute ! »

Jeudi 26 novembre/8h15.

Édith n'est pas encore arrivée. Il a laissé la porte du cabinet ouverte. Marion Delcourt le rejoint comme convenu directement dans son bureau et s'assoit en face de lui après lui avoir serré la main pardessus le grand plateau de verre.

— J'ai compris que vous vouliez me parler de l'affaire Lambert. Mais dites-moi d'abord si les problèmes que vous m'aviez signalés, sont réglés.

— Depuis que vous êtes intervenu auprès de votre cher confrère pour rappeler qu'il n'était pas question que la chère mamie fasse participer son petit-fils à toutes les messes qu'elle fait dire à la mémoire de son père, ça va. Globalement, les Delcourt me foutent la paix.

— Et vous, comment ça va ?

— J'ai revu Guy. Je lui tout avoué. Ça l'a bouleversé. Je ne sais pas s'il m'en veut. C'était il y a trois semaines. Il m'a dit qu'il me recontacterait. J'attends.

— Et l'affaire Lambert, alors ?

— L'affaire Lambert ?

Il note que la simple évocation de ses retrouvailles, la trouble. Il fronce les sourcils et esquisse un sourire amusé, qui ne lui a pas échappé.

— Oui, évidemment, excusez-moi. Xénia m'a fait savoir que votre client allait être jugé au milieu du mois prochain. Vous n'ignorez pas qu'elle rencontre régulièrement ses parents.

— Au moins aussi régulièrement que moi. Ils ont en quelque sorte deux conseils : un officiel et un occulte, entre lesquels vous jouez un peu le rôle d'estafette ; n'est-ce pas ?

— Vous n'y étiez pas opposé.

— Et même favorable. Parfois, les gens les mieux intentionnés font encourir les pires dangers à leurs protégés, mais avec vous deux, je ne suis pas inquiet ; je sais que vous ne prendrez aucune initiative qui puisse contredire ce que j'ai l'intention de plaider.

— Sauf que depuis que nous savons que vous allez faire citer comme témoin devant la Cour d'assises, le docteur Janin, nous craignons de ne plus tout comprendre.

— Je vois. Votre étonnement tient au fait qu'il s'était montré plus que sceptique sur la possibilité que Philippe Delcourt ait pu harceler sexuellement sa collaboratrice, aussi désirable qu'elle puisse être, et que de même, il ait pu entretenir la liaison qu'on lui prête avec Juliette Morange. C'est bien ça ?

— C'est bien ça, en effet.

— En réalité, le docteur Janin pense qu'il s'était mal exprimé lors de votre rencontre. Une rencontre dont il préfèrera pour éviter toute nouvelle méprise, éviter de faire état. Il expliquera à la Cour que pour lui, votre mari était inconstant et bisexuel. Que d'ailleurs, étudiant, il séduisait autant des filles que des garçons. Tout le contraire de Vincent Lambert.

Elle sourit d'un sourire complice.

— Je comprends mieux maintenant. C'est moi qui, à l'évidence, avais mal interprété ses propos, aussi clairs qu'ils aient pu me paraître à l'époque. En fait, je ne suis même plus certaine de l'avoir rencontré.

— En tout cas, vous n'en avez pas parlé au juge d'instruction.

— Pas plus que de ma relation amicale de longue date avec Xénia. C'est fou comme on peut croire parfois, avoir vécu des choses qu'en réalité, on n'a fait qu'imaginer.

— Je suppose qu'en réalité, Janin vous aura contacté spontanément après avoir appris le drame par la bande ?

— C'est ça. L'affaire a fait beaucoup de bruit. Chez les arracheurs de dents comme chez les bonimenteurs de prétoire, les nouvelles vont vite.

— Tout est donc clair désormais. Vous souhaitez éclaircir un autre point ?

— Non, tout est clair en effet.

Elle se lève et prend congé d'un geste familier de la main.

— Ne vous dérangez pas, je connais aussi le chemin du retour. Très vite, la porte du cabinet s'ouvre et se referme. Il pense qu'elle fait partie de ces femmes qu'il aurait pu aimer. Il ne croit guère à la théorie de l'âme sœur, unique, que le destin ou les hasards de la vie, vous font ou non rencontrer ; la théorie de la part manquante, qu'évoque Platon dans *Le Banquet*. Penser qu'il existe dans le monde un nombre considérable de femmes plus que « compatibles », ne lui semble pas, raisonnablement, contradictoire avec le fait qu'il ne puisse un seul instant, imaginer ne pas avoir connu Hannah et vivre sans elle. Avec Marion Delcourt, le sentiment d'une certaine affinité, d'une certaine complicité, presque d'une amitié, sans doute limitée au temps des dossiers qui la concerne, a très vite donné à leur rencontre une saveur particulière. La porte d'entrée du cabinet s'ouvre et se referme à nouveau. Il reconnaît le pas décidé de Lise qui ne tarde pas à apparaître.

— Elle sortait de chez vous, la blonde platinée en tailleur Chanel que je viens de croiser ?

— Oui. Marion De la Tour Lansac.

— Mazette ! Quel cabinet.

— Vous voulez me causer ?

— Non, c'est vous. Édith m'a dit que vous vouliez me voir.

— Au fait, bonjour, Lise.

— Ah oui ! c'est vrai, on ne s'est pas encore vu aujourd'hui.

— Vu l'heure, je ne vois pas comment nous aurions pu nous voir plus tôt ?

Elle s'approche du bureau et lui tend une main douce, ferme et énergique à la fois. Elle est en col roulé blanc sous un imperméable vaguement gris, fripé, déboutonné et flottant, à l'allure, globalement, de cache-poussière.

— Vous avez vu récemment *« Il était une fois dans l'ouest »* ?

Elle ouvre de grands yeux clairs.

— Pourquoi vous me dites ça ?

— Votre accoutrement.

Elle s'examine.

— Quoi ? L'imper ? C'est à mon copain. J'ai oublié le mien au vestiaire du palais hier. Vous n'aimez pas ?

— Si, beaucoup. Bon ! Je voulais vous demander de jeter un œil sur le dossier Lambert, justement !

— Pourquoi, justement ?

— Parce que la femme que vous venez de croiser n'est pas étrangère à cette affaire.

Elle fronce les sourcils.

— Son nom d'épouse, ou plus précisément de veuve aujourd'hui, est Delcourt— Marion Delcourt.

— La femme du dentiste sélect assassiné ?

— Assassiné, comme vous y allez !

— Il ne l'a pas tué ?

— Entre l'homicide qui peut être involontaire je vous le rappelle, et l'assassinat qui suppose la préméditation, il y a de la marge.

— Il ne l'a pas fait exprès ?

— Qu'est-ce que c'est que cette expression de cour d'école ?

— Excusez-moi. Je ne connais pas grand-chose au pénal.

— Tout de même, vous devez bien avoir encore quelques souvenirs de la Fac ? La Fac, c'est déjà loin pour moi, mais pour vous, c'était hier.

— Vous savez j'ai fait un DEA en droit de la famille après une maîtrise où il n'y avait pas de droit pénal. Je suis resté sur des souvenirs un peu légers de licence. Mais je le regrette.

— Je le sais.

— Comment ça, vous le savez ?

— A votre avis ?

— Édith.

— Qui d'autre en effet ? En fait, votre ignorance m'intéresse. Je ne recherche pas l'avis d'un spécialiste, mais d'un cœur *« vêtu de probité candide et de lin blanc. »*

— N'exagérez pas non plus. C'est de qui ?

— Hugo. Sérieusement, ce que je voudrais, c'est que vous me fassiez part de vos impressions comme pourrait le faire un juré lambda qui, vous-vous en rappelez peut-être, arrive à l'audience tout nu.

Elle prend un air offusqué.

— Je suis peut-être ignorante, mais je sais quand même que les jurés n'ont pas accès au contenu du dossier avant de monter sur l'estrade ; s'ils ont eu la chance ou le malheur, selon leur idée de la justice, de ne pas avoir été récusés.

— Ne vous fâchez pas. Ce que je voulais dire, c'est que j'attends de vous que vous fassiez, comme si, vous étiez ignorante, sans perdre votre sens critique que je sais particulièrement aigu.

— Hum ! Votre dévouée secrétaire n'a pas tort de dire que vous soufflez volontiers alternativement le chaud et le froid, et *vice versa.*

— Je vois qu'on médit dans mon dos. Enfin bref, ce que j'attends de vous, c'est que vous me fassiez part de vos impressions, de ce que vous comprenez de l'histoire qui a conduit à la mort du « dentiste sélect », des acteurs du drame, de leurs relations ; mais aussi de ce qui, éventuellement, ne vous paraît pas coller avec la présentation des faits dans l'ordonnance de renvoi de Vincent Lambert notre client, devant la Cour d'assises.

— Vous pensez que quelque chose vous a échappé ?

— Pour des raisons que je ne vais pas vous donner maintenant, je vais faire une présentation de l'affaire à l'audience, radicalement différente de celle qui résulte du dossier d'instruction. Sachant que du fait du refus de notre client de se défendre jusqu'à sa clôture, la partie civile et le parquet ont pu l'orienter sans entrave. Normalement leurs interventions à l'audience ne devraient pas en dévier et donc me surprendre, mais je veux en être sûr.

— Vous voulez avoir le monopole de l'effet de surprise.

— Vous avez tout compris, ce qui ne m'étonne pas.

Il lui tend le dossier.

— Vous étiez dedans ?

— Non, pas vraiment.

— Qu'est-ce que ça veut dire, « pas vraiment » ?

— Ça veut dire qu'il était seulement posé sur mon bureau. Comme vous le verrez à l'expérience, un dossier d'assises, quand l'audience se rapproche dangereusement, ne vous quitte plus. Parfois même, ça vire à l'obsession. On n'arrête pas de se dire qu'on ne sera jamais prêt, même lorsque le dossier est exceptionnellement peu épais comme en l'occurrence pour avoir été bouclé dans un temps record. Ce qui en fait, paradoxalement, ne fait qu'augmenter votre angoisse. Ce que vous craignez dans ce cas-là, ce n'est plus d'avoir laissé échapper quelque chose d'essentiel dans le maquis touffu des procès-verbaux, mais la marge exorbitante d'incertitude qui en résulte. Je ne tiens pas Salvin-Lagrezette pour un grand imaginatif et l'avocat général qui est annoncé ne devrait pas non plus faire montre d'une créativité exceptionnelle, mais on ne sait jamais. Ce qui est terrible, c'est qu'il suffit parfois, par exemple, d'une simple déclaration à la barre d'un témoin bien ou mal choisi, pour que tout bascule. C'est un peu le battement d'aile du papillon qui batifole dans nos campagnes qui provoque une tornade en Nouvelle-Zélande. L'évident coupable soudain innocenté, ou l'inverse.

— Là, on est par hypothèse au-delà de ma mission.

— Oui, mais on peut quand même tenter de circonscrire au mieux l'imprédictible.

Il lui tend les dossiers Manolios et Delcourt qui étaient sous le dossier Lambert.

— Tenez, prenez-les aussi. Je vous en ai déjà parlé un peu précédemment. Je ne vous parle pas maintenant de la ligne de défense envisagée, mais leur lecture vous donnera sans doute quelques idées à cet égard. On en reparle lundi.

— O.K.

Elle sort et revient.

— Mais au fait, vous recevez la femme de la victime alors que vous êtes l'avocat de l'assassin. C'est normal ça ?

— Oui et non. Je vous accorde que déontologiquement, ça puisse paraître à première vue discutable. Mais c'est compliqué. Sachez pour vous rassurer en attendant d'en savoir plus, qu'elle n'a pas pris d'avocat et qu'elle n'entend pas se constituer partie civile. Ça vous rassure un peu ?

— Il faut que je réfléchisse.

— C'est ce que j'attends de vous.

— Mais, il n'y a pas d'enfant ?

— Ah, je vois poindre le nez de la spécialiste du droit de la famille. Oui, un enfant pour lequel un administrateur *ad hoc* a été désigné pour le procès. Ce qui laisse les mains libres à la mère. C'est tout ?

— Pour le moment.

14h00.

Il est dans la salle d'audience de la quatrième chambre correctionnelle. L'appel des causes va avoir lieu dans un quart d'heure. Il est occupé à classer les pièces dans les cotes de plaidoirie. La préposée à l'accueil vient le trouver. Un appel urgent. Le cabinet. Marie affolée au bout du fil.

— La femme de Maître Duquesne vient d'appeler de l'hôpital. Il faut que vous y alliez tout de suite. Je crois que c'est très grave.

— Il est toujours au même endroit ?

— C.H.U., Centre d'oncologie, 2e étage, chambre 23.

Il va voir le Président et l'avocat général pour obtenir un renvoi exceptionnel de son affaire. L'avocat général rechigne, parce que le prévenu est détenu et qu'il faudra l'extraire une seconde fois. Le Président rappelle que la décision est prise à l'audience. Il se contient avec difficulté et fait savoir qu'il va chercher le bâtonnier. Finalement, le principe du renvoi est admis. Il faut encore aller voir le client à la geôle pour lui expliquer la situation et demander à un confrère d'assurer le renvoi officiel. Le client qui est « détenu pour autre cause » est compréhensif. Un jeune avocat qu'il a eu en stage, accepte de lui rendre le service.

Il enfourne le dossier dans le vieux cartable à soufflets de Luc, traverse la salle des pas perdus en se dévêtant en marche de sa robe, franchit la cour pavée, passe sous le porche, s'engouffre dans l'entrée du parking, cherche de la monnaie, l'enfourne maladroitement dans la fente étroite, la fait tomber, la ramasse, l'enfourne à nouveau en s'efforçant au calme, retire le ticket de l'appareil, dévale l'escalier – 3e sous-sol. Il est au volant, en sueur.

— Est-ce que Luc sera mort quand je vais arriver ? La phrase lancée comme une bille de flipper, va frapper en rafale tout ce qui est encore debout dans son cerveau. Il essaie de lutter contre l'affolement qui le gagne. Il roule, la tête vide et saturée d'ondes multiples et contradictoires. Il se gare n'importe où et court à nouveau. L'ascenseur est occupé. Il cherche l'escalier. Une femme en blanc lui désigne le fond du couloir. Il est comme aspiré jusqu'au second étage. Il revêt la tenue aseptique complète de rigueur. Un sas. À droite comme à gauche la plus parfaite désespérance. La gentillesse de la jeune infirmière qui le conduit jusqu'à la chambre. Il pense à *La Véronique* de Rouault.

La chambre 23. L'arrêt devant la faiblesse au-delà de toute faiblesse du grand corps décharné qui paraissait si solide il y a quelques semaines encore, incapable du moindre mouvement, la tête sur le côté parce que la maintenir droite est un effort insurmontable. Les yeux révulsés. Élisabeth assise à côté du lit, lui tient une main. Elle lui désigne l'autre de la tête pour qu'il la prenne, en s'efforçant de ne pas montrer ce que cela lui en coûte de l'avoir fait appeler. Dans sa main, la main de Luc s'abandonne. Il ne perçoit plus, de loin en loin, que d'infimes vibrations ; puis la main se tait et se délie. Il regarde Élisabeth ; Élisabeth le regarde.

La mer s'est brusquement retirée, les découvrant seuls sur l'estran. Un temps indéterminable s'écoule. Puis la mer remonte doucement. Isabelle sanglote sans lâcher la main de Luc. Une infirmière arrive, appelle un médecin ; quelques gestes à l'allure de rituel, puis la confirmation du décès d'un simple regard, avant d'aller répondre à d'autres sollicitations du même ordre dans d'autres chambres. L'infirmière ferme les yeux de Luc et se retire à son tour en glissant sur le sol brillant comme une danseuse russe. Il la regarde passer le long du panneau vitré, puis disparaître dans le couloir. Il est tenté un instant de déposer un baiser sur le front de son ami, mais y renonce ne sachant comment la femme qui, maintenant, le pleure recroquevillée sur sa chaise étroite, la tête entre ses mains, interpréterait un tel geste.

Il fait sans réfléchir le tour du lit, se penche et lui prend les épaules. Elle se lève docile. Il la serre dans ses bras. Puis elle se reprend, se dégage brusquement, cherche un mouchoir, refuse celui qu'il lui tend, ouvre le paquet de Kleenex posé sur la table de chevet métallique et s'essuie nerveusement. Le rimmel qui n'a pas résisté, lui fait un gribouillis au fusain autour des yeux. Elle se mouche sans retenue puis se plante devant lui, le visage blême de malheur et de rage impuissante.

— S'il n'avait pas autant travaillé pour le cabinet de son grand copain, même malade, il aurait j'en suis certaine bien mieux supporté la chimio ; il s'en serait sorti. Maintenant, il est mort, mais je pense que tu vas lui trouver rapidement un remplaçant ; les candidats ne doivent pas manquer. Tu penses, s'associer avec Paul Mauduit, quel honneur ! Et Hannah qui trouvait toujours grâce à ses yeux ! Paul et Hannah, les grands amis de l'époque héroïque ! Le visage anguleux aux joues creuses, au nez un peu trop fin, long et droit sans avoir rien de Grec, serait écarlate si l'afflux de sang n'était voilé par le fond de teint et la poudre de riz. La volte-face le laisse coi.

Il a cru en la serrant dans ses bras qu'elle partageait avec lui l'évidence que la mort de Luc ne pouvait laisser place entre eux à d'anciens, unilatéraux et dérisoires griefs. Qu'elle avait en particulier, compris que si Luc se destinait étudiant à une carrière à heures fixes et linéaire de fonctionnaire, il n'avait rien fait pour l'inciter à se faire robin comme lui ; si ce n'est en lui offrant, sans contrepartie financière, la moitié du cabinet qu'il venait de créer. Un partage dans d'autres conditions que celui du cabinet de Philippe Delcourt, dont la veuve est à peu près l'antithèse d'Élisabeth. Il pense que désigner un coupable l'aidera peut-être à tenir debout. Peu importe la réalité d'un rapprochement dont elle avait en fait pris l'initiative devant les regrets que manifestait son mari, de ne pas avoir suivi la voie de son « grand copain ».

— Au revoir Élisabeth. Tu peux toujours m'appeler.

En se retournant, il se trouve face à une dame d'une soixantaine d'années qui marque un court temps d'arrêt, l'examine, comprend qu'il n'appartient pas au corps médical, fait un pas en avant pour qu'il s'écarte et se précipite vers celle qui est sans doute sa fille ; qui tombe littéralement dans ses bras. Il revient au vestiaire, y retire machinalement la tenue stérile et refait mécaniquement, comme à reculons, le chemin qui mène à la voiture.

Dehors, il est saisi par la banalité des bruits et l'indifférence des gens qui le croisent. Il accélère le pas vers le retrait que lui offrira l'Alfa. La tête posée sur ses mains crispées sur le haut du volant, il laisse aller ses larmes. Un fourgon de police s'arrête à sa hauteur, là où, il s'en aperçoit en levant les yeux, se trouve un panneau d'interdiction de stationner. Le policer lui désigne le panneau d'un coup de tête agressif et vulgaire. Il lui désigne du doigt l'enseigne *Cancérologie* et lui fait signe qu'il s'en va. Le policier le dévisage et semble hésiter devant son visage défait. Il s'efforce de contenir la colère qu'il sent irrésistiblement monter en lui. S'il descend, il n'est pas certain de pouvoir éviter l'outrage. Il montre ses clefs et actionne le démarreur. Le policier dodeline de la tête et redémarre.

Où aller maintenant ? Passer au cabinet ? Marie au téléphone était affolée. Il faudra raconter l'irracontable. Il n'en n'aura pas le courage, « Hannah ? Oui, Hannah ! ». Elle lui en voudrait de ne pas l'avoir prévenue immédiatement. La dernière fois qu'ils ont évoqué la maladie de Luc, elle lui a dit : *« tu sais, Luc, pour moi, c'est un frère »*. Et pour lui ? Sur le chemin de l'autre hôpital, il tente en vain de donner un sens à la proposition « Luc est mort ». En vain. Une impossibilité déjà éprouvée à la mort de sa mère, *« Il y a combien de temps ? »* Il compte sur ses doigts. Quatre ans et demi. Et maintenant ? Maintenant, sa mère est plus absente au sens juridique, que morte. Comme si elle avait disparu en mer et qu'on n'ait jamais retrouvé son corps. Pourtant, il lui a fermé les yeux. Parvenu à l'entrée, le portier lui demande le nom du pavillon où travaille Hannah. Il est incapable de s'en souvenir. Le bonhomme fronce les sourcils, suspicieux.

— Si vous ne connaissez pas le nom du service, je ne vais pas pouvoir appeler pour savoir si je peux vous laisser passer. Il y a une vingtaine de pavillons, vous comprenez !

— Fait chier ! Après le flic, le portier !

— Comment ?

— Rien, je réfléchis.

Le type le fusille du regard.

— C'est ça, réfléchissez, mais faites vite, il y a déjà une ambulance derrière vous ; vous bouchez le passage.

— C'est un pavillon de pédopsychiatrie… l'enfant sauvage, Victor de l'Aveyron…

— Je ne connais pas !

— Jean Itard ! Oui, c'est ça, pavillon Jean Itard.

— Bon, j'appelle la surveillante.

Le portier referme la petite fenêtre coulissante de sa loge pour téléphoner et la rouvrir en même temps que la barrière se lève.

— Vous pouvez y aller. Deuxième allée à droite.

C'est la première fois qu'il se rend sur le lieu de travail d'Hannah. Les rares fois où il est venu la chercher, il l'a attendue sur le parking extérieur de l'hôpital. En approchant du bâtiment en briques ternes qui semble tout droit sorti d'un livre d'histoire de la psychiatrie ouvert au chapitre de la grande loi de 1838 sur les aliénés, il éprouve une impression trouble qui, il le sait, est sans rapport avec le motif exceptionnel de sa venue. Il a souvent tenté d'imaginer Hannah dans son autre vie ; l'une de ses autres vies ; dans cet ailleurs dont il est exclu. Il pleut. Il se gare à proximité de la porte d'entrée que franchit un jeune homme en blouse blanche recouverte d'une capote bleu marine jetée sur les épaules. Le cliché de l'interne cher aux midinettes. Le regard qu'il croise dans le rétroviseur est encore humide et rouge. Il essuie et lisse son visage des deux mains. Il attend quelques instants et se décide à sortir, alors que l'averse redouble d'intensité. Il court. Le sas donne sur un couloir désert. Il va jusqu'à une porte qui laisse filtrer des voix et des rires. Il frappe. Un silence. Un bruit de chaise. La porte s'ouvre sur une matrone en blouse blanche déboutonnée et chignon broussailleux, qui le dévisage sans vergogne.

— Bonjour. Je souhaite parler à madame Mauduit.

— C'est vous le portier ?

Il hésite un instant sur l'interprétation à donner à la question.

— C'est pour vous que le portier a appelé ?

Il acquiesce. Elle se retourne sur une tablée de femmes d'âges divers.

— Qui sait où elle est, Hannah ?

Une jeune femme rousse qui ne lui semble pas inconnue, se lève.

— Elle est aux entrants avec Poinsot. J'y vais !

Elle avale un reste de café et attrape un trousseau de clefs et se dirige vers lui avec un sourire qui semble signifier : c'est donc vous, le mari d'Hannah ! Sans qu'il puisse savoir si l'exclamation muette est plutôt positive ou négative.

— Suivez-moi.

Le pas de la rousse longiligne est énergique. Le franchissement d'une porte puis d'une autre à l'aide d'un passe-partout, lui rappelle un autre lieu. Parvenus dans une petite pièce à usage probable de salle d'attente, elle lui fait signe de patienter. Seules quelques voix d'enfants qui lui parviennent de la pièce où est entré son guide et quelques dessins et peintures aux couleurs vives punaisés sur les murs, témoignent de la vocation particulière de l'endroit. L'estafette rousse ressort bientôt de la pièce et s'esquive après l'avoir de nouveau dévisagé, immédiatement suivie d'Hannah. Dans sa tenue hospitalière, elle pourrait sortir de la chambre de Luc. Mais tout aussi bien du tableau de la *Jeune fille juive de Tanger* sur lequel il est tombé en arrêt en feuilletant distraitement la monographie sur l'orientalisme, achetée chez un bouquiniste lors de son dernier déplacement parisien. Un tableau de Charles Landelle dont il ignorait tout, qui désormais fait partie pour lui, de l'album de famille. Elle le dévisage.

— C'est Luc !

— Comment le sais-tu ?

— Il faut que ce soit grave pour que tu viennes jusqu'ici.

Elle ne dit rien, lui prend la main et l'entraîne dans une salle de soins attenante. Elle referme la porte et se blottit sans retenue contre lui. Ensemble, maintenant, c'est, le sablier renversé, le témoin des débuts de leur intimité qu'ils pleurent. L'époque de l'étudiant boursier qui partageait ses nuits entre la cité universitaire et le lit de camping installé à demeure dans le séjour-cuisine. Luc est le premier mort de leur jeunesse et désormais, la cause inouïe de son inexorable éloignement. Une jeunesse à laquelle ils n'avaient jusqu'à présent aucune raison de penser, puisqu'elle avait encore cours, mais qui soudain, s'est détachée pour aller loger on ne sait où. Ils se laissent couler un temps non mesurable dans les profondeurs océaniques de la mémoire, jusqu'à ce que l'étreinte, précaire elle-aussi, fléchisse. Elle se détache, les joues rosies, les yeux embués. Il ne peut pas s'empêcher de constater une fois de plus, que sa beauté ne pâtit d'aucune émotion, qu'elle soit de joie ou de tristesse.

— Tu arrives directement du CHU ?

— Oui. Élisabeth était là. Elle m'avait fait appeler ; contrainte et forcée, évidemment. Mais c'est sans importance.

— Comment vas-tu faire sans lui ?

— Je ne sais pas.

— Moi non plus, mais pour toi, c'est encore pire. Je vais demander à la surveillante l'autorisation de sortir tout de suite. Attends-moi là. Il s'assoit sur le rebord du lit d'examen. Le pas d'Hannah, qu'il est capable de reconnaître entre tous, claque clair quelques instants sur le dallage, puis s'évanouit. L'endroit est silencieux, comme capitonné. La dérive reprend pour quelques instants. L'image de Luc qui s'impose est la plus originelle, celle de leur première rencontre, lors du premier cours à la fac de droit.

Il y a à vue de nez huit cents étudiants dans l'amphithéâtre. Il ne connaît personne. Il est arrivé le premier. Après avoir changé trois ou quatre fois de place, il s'est fixé à mi-hauteur. Il a l'impression d'être au spectacle, en attente de la levée de rideau ; étonné et heureux d'être là, débarrassé de l'armée, le bac philo préparé par correspondance en poche, la prophétie des oncles Grésillard de tous poils, conjurée. Il a trouvé un emploi de saute ruisseau chez un notaire. Il est prêt à travailler le jour et étudier la nuit. Hannah qui lui a ouvert l'avenir, est entrée à l'école d'infirmière. Lui ambitionne de devenir avocat, une profession libérale et de justice située aux antipodes de la soldatesque. Il a obtenu du clerc principal de l'étude de pouvoir s'absenter le temps limité de ce premier cours. Il espère trouver quelqu'un qui accepterait de lui prêter ses notes semaine après semaine. Mais soudain, un sentiment de découragement, de dégrisement, l 'envahit. Qui, parmi tous ceux qui sont ici et se ressemblent tant, qui s'interpellent, plaisantent, chahutent, qui se retrouveront tout à l'heure devant la machine à café, aux cours suivants auxquels il n'assistera pas, et partout où se déroule la vie étudiante qu'il ne partagera pas, sur le campus et en ville— qui pourrait être parmi eux cet improbable altruiste ? Il se pince les lèvres. Il n'est pas question de renoncer, de se résigner, d'opter pour l'étalement des études du régime salarié. Il ne veut plus perdre de temps.

Il réalise que son voisin de banc le plus immédiat l'observe, l'air à la fois intrigué et amusé, une pipe protubérante éteinte, à la bouche. Il se sent un peu ridicule. L'inconnu a l'air bienveillant, est atypique. Sa mère aurait dit qu'il fait « sérieux », mais aussi qu'il a mis son « costume du dimanche. » Il n'appartient probablement pas à la petite et moyenne bourgeoisie qui fournit le gros du bataillon de la fac de droit. Il n'est sans doute guère plus vieux que les autres, mais une impression de maturité se dégage de sa personne. Il se demande s'il ne s'est pas heureusement assis à côté de l'oiseau rare. Il se lance.— « Salut ! J'aurais un service à te demander. Je travaille, je ne vais pas pouvoir assister aux cours. Est-ce que tu pourrais me prêter tes notes en fin de semaine pour que je puisse les photocopier ? Je pourrais te les rapporter dès le début de la semaine suivante. Je pourrais aussi te dédommager si tu le veux. » Son interlocuteur le regarde avec une certaine insistance sans laisser rien paraître de l'effet produit par sa requête. Le prof vient d'entrer. Il se détourne de lui sans rien dire et s'apprête à prendre des notes. Ce qu'il fait avec application, sans se laisser distraire par les conversations à voix plus ou moins basse qui se poursuivent autour d'eux. Il fait bientôt comme lui en se délectant d'entendre un cours magistral après trois ans de travail solitaire en milieu hostile, le soir et parfois la nuit.

L'heure est déjà écoulée. Sans paraître prêter attention à son auditoire, le prof range son cours dans sa serviette et quitte la scène rapidement. Il est persuadé que son voisin a oublié sa demande. Il s'apprête à se lever. Le costume cravate reste assis et lui fait signe de faire de même. Il coupe soigneusement en deux une feuille arrachée à son cahier à spirale d'écolier, pour y inscrire avec application avec une écriture d'instituteur, son nom, son prénom, et les coordonnées de sa chambre à la cité universitaire. Il lui tend le papier, lui sourit, rallume sa pipe, se lève et lui tend la main.— « À samedi. » Puis, sans paraître voir l'air médusé de son vis-à-vis, se détourne, range son cahier et sa trousse comme s'il était encore au lycée, et rejoint sans s'y fondre, la file dense et bruyante des sortants.

Luc le boursier consciencieux était entré dans sa vie. Dans leur vie. Ils ne se sont plus quittés. De nouveau le pas d'Hannah. Elle a ôté sa blouse. L'imperméable rouge et la veste du tailleur gris perle sont entrouverts sur un chemisier blanc, fin et échancré, qui ne fait aucun mystère de ses seins. Le trouble qu'il éprouve depuis qu'il la connaît, est intact ; quelle que soit la situation. Un trouble qu'accompagne désormais une inquiétude. Il ne peut s'empêcher de penser à ce jeune médecin qu'elle rencontre régulièrement à son cabinet en ville, selon la confidence involontaire de Marion Delcourt. Un homme qu'elle a peut-être vu aujourd'hui même, puisqu'il a conservé une attache avec le service. Une remarque de Camus dans ses Cahiers, lui revient à l'esprit pendant qu'ils se dirigent vers la voiture : *« Au couvent, Ophélie ! Eh oui, car il n'est pas d'autre manière de la posséder que de faire en sorte que personne ne la possède. Sinon Dieu, dont on supporte aisément les avantages : ils ne touchent pas au corps. »*

Mercredi 16 décembre/16h45.

Il se dirige vers le distributeur de boissons et petits encas dont vient d'être doté, dans le cadre des récents efforts de convivialité de la chancellerie, la salle des pas perdus. La main sous la robe, il fouille désespérément ses poches à la recherche des pièces de monnaie requises. Parvenu au pied de la machine à sous flanquée sur le côté d'un ficus chétif et poussiéreux, il constate, sans surprise, qu'il lui manque la virgule. Il avise autour de lui un éventuel fournisseur d'appoint. Dans son palais un mardi à cette heure, il n'aurait que l'embarras du choix ; ici, il ne connaît personne. A l'autre bout de l'agora, une avocate sort de la salle d'audience, s'immobilise un instant dos à la grande porte à deux battants, semble chercher quelqu'un et, l'apercevant, lève un bras, agite une main et se dirige résolument vers lui en passant tout près du cercle des Delcourt en grande conversation avec Salvin-Lagrezette.

— Lise ? Mais qu'est-ce que vous faites là ?

Le rabat de côté et la robe d'audience déboutonnée sur un jean passablement délavé, recouvert en partie par l'immense col roulé écru qui semble devoir lui faire tout l'hiver, elle arbore un large sourire.

— Je n'ai pas pu résister. J'ai su par le collaborateur de Salvin-Lagrezette, que vous alliez plaider vers dix-sept heures. Je lui avais demandé de m'appeler en fin de matinée quand je serais rentrée des conciliations. Il y avait peu de chances pour que ce soit possible et puis, coup de pot ! Mes affaires de cet après-midi ont été renvoyées et Édith s'est arrangée pour mes trois rendez-vous du soir. J'avais un train, je l'ai pris.

— Vous auriez pu me demander !

— Vous auriez refusé. Vous détestez qu'on vienne vous écouter. C'est vous qui me l'avez dit.

— Vous êtes incroyable !

— Vous me l'avez dit « en général », mais pour moi, c'est différent ; ça fait partie de ma formation.

— Comment ça ? Vous n'êtes pas inscrite au grand tableau ?

— C'est tout de même bien vous qui m'avez demandé d'étudier le dossier et vous savez bien que je ne compte pas faire du droit de la famille toute ma vie.

— C'est Édith qui vous a fourré ça dans le crâne. Je me souviens encore d'une conversation sur le sujet, un soir. Tenez, justement, le soir du premier rendez-vous avec Marion Delcourt. Mais ce n'est tout de même pas elle qui commande.

— Vous m'aviez laissé entendre…

— Vous passez allégrement du « laissé entendre » à « il est acquis que ». Enfin, puisque vous êtes là ! Avez-vous vingt centimes ?

Elle se pince les lèvres.

— Non, mais ça ne doit pas être difficile à trouver.

Sans se déplacer, elle se retourne et tire, comme sur la corde pendante d'une cloche, sur l'épitoge d'un jeune confrère en train de déposer son gobelet en plastique vide dans le pot de terre du ficus à usage de poubelle supplétive. Il se redresse, fâché, puis ravi de découvrir l'identité de l'impertinent. Il est presque aussi débraillé qu'elle. Il reconnaît le jeune collaborateur de Salvin-Lagrezette.

— Alors t'es venue. T'es vraiment incroyable !

— Encore ! En tout cas, toi t'es vraiment un porc.

— Comment ça ?

— La plante !

Il proteste de son innocence d'un coup de menton en direction de la corbeille débordante.

— C'est tout ce que tu as à dire pour ta défense ? C'est nul.

Elle tend la main.

— T'es bon pour une amende. Vingt centimes !

— Je fais appel.

— J'ordonne l'exécution provisoire ; c'est urgent, c'est pour mon boss ici présent et qui va bientôt plaider. Tu le connais ?

— Je te rappelle que j'ai assisté à toute l'audience, moi.

Elle se retourne.

— Mais tout le monde n'a pas cette chance.

Le jeune avocat lui tend la main.

— Renaud Andrieux. Je suis désolé que mon patron, maître Salvin-Lagrezette, n'ait pas jugé utile de me présenter.

Il fouille ses deux poches de pantalon et en ressort une poignée de pièces.

— Tenez, je vous offre le café.

— Vous ne craignez pas que ce soit interprété comme un acte de collaboration avec l'ennemi ?

— Vous me défendrez.

— Volontiers.

— Je suppose que vous êtes de la promotion de Lise et que vous fréquentez habituellement les mêmes juridictions ; ce qui explique certainement qu'on n'ait pas eu l'occasion de se rencontrer jusqu'alors.

— Sans doute.

— Mais je suppose aussi, que vous avez eu l'occasion d'entendre parler de moi dans des termes peu flatteurs au cabinet. Excusez-moi, la question est un peu déplacée.

— Elle ne me gêne pas. C'est vrai que vous n'avez pas bonne presse auprès de notre principal client et de son conseil ; mais je ne suis pas certain que la situation contraire vous ferait plaisir ?

— C'est très bien vu. Ce qui ne veut évidemment pas dire que je n'ai aucune estime pour le bâtonnier Salvin-Lagresette.

— Évidemment !

Lise fait une moue en hochant de la tête.

— Si je suis « incroyable », vous, vous êtes deux beaux hypocrites.

— Lise, tu exagères.

— Je crains qu'elle ne soit incorrigible, vous savez. Je suppose qu'il ne vous viendrait pas à l'idée de traiter le bâtonnier d'hypocrite. Il va quand même falloir que je sévisse. On verra ça demain.

— En attendant, vous allez plaider après la suspension d'audience ; c'est bien ça ? J'ai hâte de vous entendre.

— Vous ne seriez pas vous-même un peu hypocrite ?

Il regarde sa montre.

— Dans une vingtaine de minutes, maintenant.

Renaud Andrieux semble hésiter à lui demander quelque chose. Il se décide.

— J'ai été étonné que vous demandiez une suspension d'une demi-heure. À la fin du réquisitoire de l'avocat général, j'avais l'impression que vous alliez bondir sur lui. Je voyais bien que derrière une apparente impassibilité, ça bouillait.

— Justement, je voulais me détendre un peu pour ne pas risquer d'apparaître aussi agressif que mes adversaires. Tenez, je vais vous révéler confidentiellement la trame de ma plaidoirie.

Lise le dévisage, stupéfaite.

— En fait, c'est basique, mais au pénal, on est toujours plus ou moins contraint à la caricature pour être compris et donc entendu. Je vais jouer le contraste. Ils ont traîné dans la boue mon client et mes témoins, ils ont raconté une histoire sordide et tout le monde a senti, sinon compris, qu'ils étaient assez franchement homophobes. Eh bien, je vais prendre sans faux semblants le contrepied de tout ça. Je ne vais dire du mal de personne— à part bien entendu de votre patron et du parquetier de service— et raconter une histoire d'amour. Les jurés se seront un peu détendus et n'en seront que plus réceptifs et attentifs à un discours tout de même un peu plus stimulant.

Il compte la monnaie restante.

— Je crains de devoir prendre mon second café à vos frais.

Son mécène inattendu, s'empresse de ressortir la monnaie de sa poche et introduit lui-même les deux pièces nécessaires dans la fente.

Ils attendent en silence que la machine ait fait son office, puis il sort le gobelet de sa niche et avale le second café d'un trait.

Lise fronce les sourcils.

— Combien, depuis ce matin ?

— Un certain nombre, mais c'est mieux que de prendre de la cocaïne.

— « Il faut mieux entendre ça que d'être sourd ».

— Faites pas votre Édith.

Il se tourne vers Renaud Andrieux.

— Je suppose que Salvin-Lagrezette ne fait pas d'excès.

— Je ne lui connais pas de défaut.

— C'est bien ce que je pensais. Moi, comme vous voyez je suis accablé par ma secrétaire et maintenant par ma collaboratrice. Mais je ne m'en plains pas.

À l'autre bout de la salle, Salvin-Lagrezette regagne la salle d'audience, suivi d'Hélène, Henri-Marc et Salomé Delcourt.

— Vous ne devriez peut-être pas rester là, monsieur Andrieux.

— Mon patron a raison, déjà que le tien ne voit pas d'un bon œil qu'on se voie ; alors !

— Bon, je vous laisse. À bientôt, j'espère. Il fait un petit geste affectueux de la main à l'adresse de Lise qui le regarde s'éloigner avec un certain attendrissement.

— Vous me paraissez avoir l'un envers l'autre, disons, une assez chaleureuse confraternité.

— Il est sympa. Très sympa même ; et plutôt pas mal. C'est un neveu du mari de Salomé Delcourt. Je crois qu'il s'ennuie un peu chez Salvin-Lagrezette qui l'a pris plus par obligation que par besoin, et qui lui laisse très peu d'initiative. Ce n'est pas comme moi.

— C'est une plainte ?

— Non. Je ne regrette pas que vous m'ayez laissé la bride sur le cou, mais dans un domaine où j'ai un peu l'impression de ronronner.

— Vous ne ratez pas une occasion d'enfoncer le clou. Mais ça ne me déplaît pas. Vous pourriez peut-être reprendre une partie des affaires de Luc avec un prolongement en droit pénal des affaires, par exemple.

— Un voile de tristesse recouvre soudainement son visage sans fard ; comme l'est son contact.

— Je n'arrive pas à me faire à l'idée qu'on ne le reverra plus.

Elle s'interrompt et le fixe.

— Je sais bien que c'est pour ça que vous ne recherchez pas très activement un nouvel associé.

— Vous n'avez pas tort. Mais avec vous, ce serait différent. Il vous aimait bien. Il était craint de ses adversaires et même un peu de ses clients, mais il suffisait de le connaître un peu pour comprendre ce qu'une certaine rugosité peut cacher de pudeur et de tendresse.

Ses beaux yeux noisette s'embuent. Il détourne son regard.

— Il ne va pas falloir trop tarder à y aller.

— Est-ce que vous pouvez me dire avant comment ça s'est passé jusque-là ? On ne vous a pas revu au cabinet ces deux derniers jours.

— Pas trop mal.

— C'est peu. L'accusation est restée fixée sur le dossier d'instruction ?

— Oui. Comme vous me l'aviez confirmé, il ne contenait rien qui puisse permettre à mes adversaires de me surprendre.

— Mais ils ont bien vu au cours de ces trois jours, que vous, par contre, vous aviez l'intention de vous en détacher.

— Bien sûr. Pour tenter de s'adapter, ils ont invoqué un complot ourdi par un avocat bien connu pour être de tous les mauvais coups portés à l'honorable famille Delcourt.

Elle écarquille les yeux.

— Ils vous ont mis en cause personnellement ! Ça, je ne l'avais pas prévu.

— Ils ont procédé par allusions, périphrases, insinuations, mais personne ne pouvait s'y tromper, et surtout pas la Cour. Vous savez, aux assises, tous les coups sont permis. C'est regrettable, mais c'est un fait. Il faut dire aussi que je l'ai bien mérité. Je n'y suis pas allé de main morte sur la connivence de la partie civile et du parquet. C'était parfois un peu limite.

— Vos témoins ont été bien ?

— Ils ont dit ce qu'il fallait, de façon très complète, mais sans débordements. Une retenue de bon aloi, en laquelle les juges ont tendance à voir une marque d'objectivité. Vous savez que mon atout principal dans ce dossier, c'est d'avoir des témoins intelligents, peu impressionnés par le décorum et donc très difficiles à déstabiliser. Xénia Manolios s'en est tenue pour l'essentiel à la version officielle de son affaire, sans sourciller, et le docteur Janin a été parfaitement clair sur les mœurs à géométrie variable de la victime. Quant à Marion Delcourt qui était peut-être finalement la plus exposée, elle a été épargnée. C'est tout de même la veuve de la victime et surtout, la régente indéboulonnable du dauphin. J'ai vu que lorsqu'elle a expliqué qu'elle n'entendait pas se constituer partie civile à titre personnel pour ne pas avoir, en quelque sorte, à trahir la mémoire de son mari, elle a, à la fois, fait enrager le clan, et fait grande impression sur les juges, d'occasion autant que de métier. Quelle dignité, quelle grandeur d'âme, quelle noblesse ! N'oublions pas que Marion Delcourt est une de La Tour Lansac, l'ultime maillon d'une prestigieuse lignée originaire du Puy de Dôme. Le président qui n'a pas de particule, mais appartient à une dynastie de juristes qui remonte au début du siècle précédent— ce qui pour lui équivaut sans doute à un certain cousinage— a eu pour elle des égards particuliers. Il est bien connu que les français sont à la fois régicides et monarchistes.

— Mais je ne vois toujours pas en quoi, elle aurait trahi la mémoire de son mari en se constituant partie civile. Vincent Lambert l'a tout de même tué ?

— Elle a expliqué que si elle ignore ce qui s'est précisément passé, en tout état de cause, maintenant qu'elle connait la nature, l'ancienneté et l'intensité de leur relation, elle aurait l'impression, en plaidant contre lui, de se comporter en rivale malheureuse ; de régler des comptes avec l'un comme avec l'autre. Ce qu'elle ne veut à aucun prix.

— C'est vrai que ça a de la gueule !

— Je ne vous le fais pas dire.

— Et les témoins cités par l'accusation ?

— Le plus scabreux, c'était évidemment Juliette Morange. J'avais misé sur le fait que si elle ne pouvait sans danger revenir sur ses précédentes dépositions, elle ne pouvait non plus, sans danger, les maintenir en l'état, compte tenu de l'évolution de la situation ; avec un accusé qui avait retrouvé la parole et qu'elle allait devoir affronter à l'audience. Mentir à propos d'un mort, c'est une chose, mais mentir à propos d'un vivant qui vous regarde et qui peut vous confondre, c'en est une autre. Elle allait devoir composer. La crainte tenait évidemment au fait qu'avec elle, l'intelligence n'était pas garantie. Mais, je me suis dit qu'on l'aiderait sans doute un peu à trouver un compromis.

— En somme, il fallait qu'elle veille à faire profiter tout le monde de son faux témoignage.

— Comme vous y allez !

— C'était un peu la quadrature du cercle ; et plutôt risqué, non ?

— Mais comment faire autrement ? Dès lors qu'elle et les consorts Delcourt ont compris où j'allais, ils ont compris qu'il fallait trouver une sorte de compromis : reconnaître qu'elle ne couchait pas avec mon client mais maintenir que par contre, elle couchait sans vergogne avec son ami et associé. Vous aviez justement remarqué qu'en ce qui concerne sa relation avec ce dernier, elle était restée au cours de l'instruction assez évasive. Il n'y avait donc pas de contradiction flagrante.

— Est-ce que Vincent Lambert s'est expliqué sur le départ du coup de feu ?

— Lorsque je suis venu le voir une première fois le 15 septembre, c'était encore très confus dans sa tête, mais au fil de nos entretiens, il a fini par se convaincre que le coup est parti accidentellement.

— « Se convaincre » ?

— Y voir plus clair, si vous préférez.

— Et il s'est présenté comment, à l'audience ?

— S'il y a un délit de sale gueule, il y a aussi un privilège de belle gueule. Il a tout pour lui.

— Sauf pour beaucoup encore, d'être homosexuel.

— Je crois que les jurés, quels que soient leurs préjugés, ont été globalement touchés par sa sincérité.

— Donc tout est clair et vous êtes prêt.

— On ne l'est jamais vraiment, vous savez. Il peut encore y avoir encore des surprises. Et puis, il faut toujours laisser de la marge pour l'improvisation ; la plaidoirie c'est un peu comme en jazz, il faut à la fois de l'imagination et des standards.

L'huissier d'audience s'approche d'eux, l'air fâché.

— Maître Mauduit, la cour vous attend. Elle est revenue depuis au moins une dizaine de minutes.

Lise se pince les lèvres.

— Mince, c'est de ma faute.

— Ne vous en faites pas, ce n'est pas mal de créer un peu d'attente et donc de tension avant que je prenne la parole. Boutonnez votre robe et suivez-moi.

— Pourquoi, je ne vais pas m'asseoir dans la salle avec le public ?

— Vous plaisantez ! Votre place est aux premières loges à côté de moi, avec la défense. Une jolie fille, ça ne peut pas nuire.

— Maître Mauduit !

— Vous verrez, j'ai classé les pièces utiles par rubriques indiquées au feutre, dans des chemises différemment colorées. Vous me passerez celles dont je vais avoir besoin, au moment opportun. Allons-y !

La cour et le jury sont en place. Il traverse l'allée centrale suivi de Lise, sous les regards exaspérés du ministère public et de l'avocat de la partie civile. Mais plutôt bienveillant du président, et presque amusé des jurés, avec, du côté des hommes, un petit frémissement provoqué par la présence inattendue à ses côtés d'une rosissante, mais fringante, jeune avocate. Il remarque encore au passage l'air empathique du troisième juré. Un type d'une quarantaine d'années au crâne rasé qu'il a failli récuser au motif que, sur la liste remise par la greffière à l'ouverture de l'audience il y a trois jours, il était donné pour agent de sécurité maître-chien. Il l'avait imaginé quand il s'était levé à l'appel de son nom les épaules en avant et le cou rentré, puis s'était avancé vers la cour en donnant l'impression d'avoir deux sacoches à révolver accrochées au ceinturon, affublé en d'autres occasions d'un blouson de cuir noir ouvert sur un tee short à l'effigie d'un quelconque groupuscule d'extrême droite ; prêt à « casser du pédé ». Il l'avait même soupçonné d'avoir revêtu une tenue un peu plus classique pour donner le change. C'est la conscience de commettre, lui l'avocat volontiers vent debout contre toutes les formes de discrimination, le fameux délit de faciès, qui l'a retenu. Fort heureusement, car il a pu constater qu'il suivait avec beaucoup d'intérêt et il en est certain, de compréhension, les débats.

Ils gagnent dans un silence quasi religieux la place de la défense en face d'adversaires dont l'un en robe rouge, semble obturer de sa ventripotence la menuiserie surélevée et creuse ; et l'autre, en contrebas, en robe noire, tapi comme une araignée au fond de sa toile, semble embusqué derrière l'empilement de ses dossiers, notes et codes. Il croise le regard inquiet de Vincent Lambert qui a dû craindre un instant sa défection. Un désarroi qui n'a pas échappé au septième juré, une dame d'une soixantaine d'années à l'air attendri pour cet encore jeune homme qui pourrait être son fils, en qui on dirait qu'elle voit une figuration du christ aux outrages. Il lui donne une petite tape sur l'épaule pour le rassurer. Lise lui tend sa main douce assortie de son plus beau sourire.

— Ma collaboratrice est venue en renfort.

Le sourire qu'il rend à son avocat est celui du patient au bloc, à l'adresse du chirurgien qui s'efforce de le rassurer sur l'issue d'une opération de la dernière chance, pendant que l'anesthésiste lui inocule un produit possiblement létal. Il fait signe de la main à l'huissier de venir le voir et lui demande d'aviser le président et l'avocat général que la jeune avocate qui l'accompagne est sa collaboratrice. Puis il place devant lui les quelques notes sélectionnées qui lui tiendront lieu de plan, pendant que Lise se prépare à la mission qui lui a été confiée en se livrant à un rapide repérage des chemises. Il se rassoit dans l'attente du coup d'envoi du Président.

— Maître Mauduit, vous avez la parole pour la défense de monsieur Vincent Lambert.

Il se lève lentement et balaie silencieusement du regard pendant quelques secondes, la cour et le jury.

« — Monsieur le Président, messieurs de la cour, mesdames et messieurs les jurés, pour obtenir la condamnation de Vincent Lambert à la lourde peine requise de vingt ans de réclusion criminelle, on a tenté de vous abuser au moyen d'un dossier instruit exclusivement à charge. Et en faisant quasiment abstraction des trois jours que nous venons de passer ensemble au rétablissement de la vérité. Une tentative menée dès l'origine par un sinistre quatuor : la police judiciaire, le juge d'instruction, l'avocat des intérêts particuliers de la partie civile et l'avocat dit général en ce qu'il représente, en principe, ceux de la société dans son ensemble. Des intérêts particuliers et généraux qui cependant, en l'occurrence, ont été confondus. »

L'avocat général qui donnait l'impression d'un certain désintérêt pour la suite de l'audience après son réquisitoire, d'un certain relâchement dans la posture – placé de côté sans son réduit, les fesses en bout de chaise et les jambes que l'on devine allongées derrière la menuiserie – se redresse.

« Lorsque, dès l'ouverture des débats, je me suis offusqué de ce que le dossier avait été instruit exclusivement à charge – et non à charge et à décharge comme il se doit – mes deux adversaires m'ont, en chœur, rétorqué que mes critiques ne devaient pas être adressées au juge d'instruction mais à mon client qui n'avait pas jugé utile de se défendre. Une réponse évidemment inadmissible pour moi comme pour vous qui savez, contrairement à eux, que la partialité est à la fois une faute morale et une faute légale majeure ; que l'obligation d'instruire aussi, à décharge, ne saurait dépendre de l'attitude de l'accusé ; que ne pas satisfaire en équilibre à cette obligation, revient à renoncer à chercher la vérité, et, de fait, à conforter ce qui au départ d'une inculpation, ne doit être qu'une hypothèse. »

C'est au tour de Salvin-Lagrezette de quitter sa posture de principe, d'ignorance du discours de celui qu'il considère comme un voyou. Maintenant, il tend l'oreille.

« Une hypothèse en l'occurrence évidemment fragile : comment concilier la description de l'homme froid et déterminé décrit par l'accusation, qui aurait ourdi sa vengeance pendant des heures de Marseille à Paris, avec celle de l'homme qui ne pense qu'à mourir et s'enferme dans un mutisme total ? Comment y voir un aveu implicite de culpabilité et l'effet d'un remord comme l'a encore soutenu ici le ministère public ? Vincent aurait une double personnalité ; il serait une sorte de Docteur Jekyll et Mister Hyde. Une déduction simpliste audible au comptoir du café du commerce, mais certainement pas dans cette enceinte de justice.

Dans les polars, bouquins ou films, lorsqu'on a affaire à un policier sérieux, honnête, intelligent et chevronné, sa première réaction face à une scène de crime où tous les indices pointent vers celui qui a le profil idéal du coupable, n'est pas de se réjouir de pouvoir boucler le dossier en un tournemain, mais de se méfier et de différer le déferrement du suspect jusqu'à ce qu'on ait pu procéder à toutes les investigations nécessaires. Il faut croire, avec notre affaire, que, dans la réalité, il arrive que le directeur de l'enquête préliminaire, puis le magistrat instructeur, se comportent en novices. Ce qu'ils ne sont pas et ce qui autorise donc à penser que l'explication de leur étonnant manque de curiosité, se trouve ailleurs. J'y reviendrai.

Pour l'instant il me suffit de noter que non seulement le mutisme de Vincent Lambert ne pouvait pas être tenu pour un aveu, mais devait au contraire inciter les professionnels de l'enquête à creuser les tenants et les aboutissants d'une affaire qui sort manifestement de l'ordinaire par les personnalités en présence et les circonstances qui ont conduit au décès de Philippe Delcourt. Sachant que le premier temps, pour quelqu'un qui n'est manifestement pas un criminel, peut être celui de la sidération : Vincent Lambert réalise soudain que son ami au sens le plus fort, au cours de l'action qui s'est déroulée dans l'appartement au retour de Marseille, vient de trouver la mort. Et que le second temps, peut être celui de la claustration, du désespoir de l'avoir perdu. Avec une tentative de suicide physique manquée de peu, puis de suicide judiciaire : du suicide qui consiste à ne plus rien dire puisque la vie ne vaut plus le coup d'être vécue et, en ne disant plus rien, à se laisser condamner à la plus lourde peine, qui n'est plus certes celle de la guillotine depuis la loi Badinter du 9 octobre 1981, mais celle qui ne vaut guère mieux pour un homme jeune, d'une incarcération pendant des décennies. Souvenez-vous à cet égard, de ce que l'expert désigné *in extremis* par monsieur le président, à défaut qu'il l'ait été par le juge d'instruction, a clairement confirmé : qu'il ne supporterait pas une détention prolongée au-delà de la détention provisoire.

Heureusement messieurs de la cour, mesdames et messieurs les jurés, vous êtes là. Heureusement il y a eu ces trois jours d'audience dont les acquis vont nous permettre, ensemble, d'éviter l'erreur judiciaire que l'on comptait bien vous faire commettre. Trois jours qui ont permis de faire la lumière sur les faits réels qui ont conduit à la mort de Philippe Delcourt. Trois jours de démonétisation des arguments étonnamment superposables de mes incurables contradicteurs, incurables puisqu'ils ont plaidé et requis comme si de rien n'était, comme si le dossier n'avait pas évolué depuis la clôture de l'instruction, depuis le retour à la vie de Vincent Lambert.

Je n'exagère pas en parlant de retour à la vie, puisque l'expert que j'ai déjà cité, a qualifié devant vous de *coma psychique*, l'état dans lequel la mort de celui qui comptait plus que tout pour lui, l'avait plongé. Et c'est bien en effet à une sorte de mort-vivant que j'avais rendu visite à la prison, lorsque je suis venu le voir pour la première fois pour tenter, à la demande de ses parents affolés, de le convaincre de sortir du silence dans lequel il s'était enfermé. Comme si la vie, son amour disparu, ne pouvait plus avoir de sens, et que, peu importait dès lors, qu'il soit ou non responsable devant la loi, de cette disparition.

Ce que je lui ai simplement représenté pour le faire réagir, c'est qu'en se taisant, il se trahissait et il trahissait avec lui celui qui n'est plus là pour dire la vérité de leur relation, de leur couple. Et, en élargissant la focale, qu'il trahissait tout ceux qui, comme eux, ont eu le malheur de ne pas être dans la norme imposée par des esprits étroits tournés vers le passé, fermés à l'évolution des mœurs en cours, incapables de voir dans la diversité des attachements humains, dans le détachement de l'amour de la reproduction, l'un des aspects majeurs de la richesse de l'espèce humaine. Il n'était pas de mon intention de l'inciter à jouer les porte-drapeaux des mouvements, heureusement de plus en plus visibles, qui luttent, avec de plus en plus de succès, pour la reconnaissance de la pluralité des orientations sexuelles des hommes et des femmes. Mais il ne devait pas être non plus exclu, d'apporter sa pierre à un combat qui a, aussi, sa place dans le prétoire. La justice doit, aussi, contribuer à l'adaptation du droit aux évolutions de la société dont à la fois vous faites partie et vous êtes, dans l'affaire que vous avez à juger, les représentants directs. Ce qui commande, en l'occurrence de reconnaître, contre les artifices grossiers de mes adversaires pour tenter jusqu'au bout de l'occulter, qu'au principe de l'histoire de Vincent Lambert et de Philippe Delcourt, il y a une authentique histoire d'amour. Une histoire d'amour qui est aux antipodes de l'histoire sordide, de rivalité et de jalousie que monsieur l'avocat général et celui de la partie civile, n'ont pas hésité, contre l'évidence des révélations faites à l'audience, à vous raconter. »

Il s'interrompt et balaie du regard la cour et le jury.Depuis le premier rang de la salle, Hélène Delcourt pointe vers lui son regard glaçant de gorgone, tandis que les regards d'Henri-Marc et de Salomé se perdent quelque part dans la fresque du plafond. En les observant pendant que Salvin-Lagrezette plaidait, il lui a semblé qu'ils faisaient avant tout acte de présence ; qu'ils avaient probablement volontiers abandonné à leur mère le soin de s'occuper seule de la préparation du dossier avec son « très cher ami » d'avocat. Il dirige son regard successivement vers ce dernier et l'avocat général.

« En vous écoutant, messieurs, je pensais à cette scène d'un vieux film de John Houston dont le héros est le célèbre peintre Toulouse Lautrec. Dans une galerie, un couple de grands bourgeois s'offusque bruyamment devant l'un de ses tableaux qui représente un autre couple dans une chambre, l'homme d'une cinquantaine d'années étant occupé dans le dos de la dame que l'on peut estimer plus jeune, l'air guilleret, à fermer son corsage. Ils n'ont pas réalisé que l'artiste est présent. Lequel s'approche pour leur expliquer qu'en réalité, la scène ne se déroule pas dans un hôtel de passe comme ils semblent le penser, mais dans un appartement privé dont les propriétaires représentés sur le tableau, se préparent joyeusement pour le mariage de leur grand fils. La morale de l'anecdote s'impose : il se peut que la vulgarité ne réside pas dans le tableau, mais dans le regard et donc dans l'esprit, du spectateur. Et elle est évidemment transposable, cette morale, dans bien d'autres domaines. Judiciaire par exemple, comme vous nous en avez, si brillamment, fait la démonstration tout à l'heure. »

L'avocat général et Salvin-Lagrezette se redressent et tournent leurs faces indignées vers le président qui, cependant, demeure impassible. Lise le regarde l'air inquiet.

« Pire, non content d'avoir dissimulé la réalité des liens qui unissaient Philippe Delcourt et Vincent Lambert depuis l'école dentaire, l'avocat particulier et l'avocat général de la puissante dynastie Delcourt qui ne pouvait l'ignorer, n'ont pas hésité, pour tenter de contrer les effets de sa révélation à l'audience, à me faire passer pour je ne sais quel machiavel du barreau sans foi ni loi. Ça n'a peut-être pas été dit aussi clairement, mais tout le monde a bien compris que j'étais censé avoir attendu sciemment la fin de l'instruction pour faire irruption dans l'affaire avec une histoire « cousue de fil blanc », pour reprendre l'expression couturière du ministère public, et traîner dans la boue « une fois de plus », la victime et sa famille. « Une fois de plus », faisant référence, d'un côté, au harcèlement de mademoiselle Manolios que vous avez entendue hier à cette barre, sanctionné par un jugement de condamnation avant de donner lieu à une transaction, et, d'un autre côté, à la suite ininterrompue des procès prud'homaux que ma clientèle syndicale m'a valu de conduire, en général avec succès, contre le groupe industriel Delcourt. »

Il échange un sourire discrètement complice avec le quatrième juré présenté sur la liste remise en vue d'éventuelles récusations, comme ouvrier métallurgiste, et dont l'intérêt suscité par l'évocation des procès prud'homaux, lui fait penser qu'il n'est pas impossible qu'il exerce un mandat de représentant du personnel ; voire de conseiller prud'homal. Puis il dirige ostensiblement son regard vers le bâtonnier Salvin-Lagrezette.

« Que voulez-vous mon cher confrère, tout le monde ne peut pas avoir le privilège inestimable, dans tous les sens du terme, d'être au service d'un tel empire ! »

Lequel Salvin-Lagrezette, cette fois se lève pour en appeler le menton en avant, le torse bombé, les bras ouverts et tendus vers le président, à un rappel à l'ordre de l'offenseur ; sans pour autant prendre le risque d'une interpellation directe qui provoquerait immanquablement un incident d'audience. Les jurés se tournent également vers le président qui, d'un même geste de la main, fait signe à l'un de se rasseoir, et à l'autre de modérer ses propos ; sans, cependant, sembler, ni croire à la possibilité de la modération, ni vraiment le souhaiter. Lise qu'il regarde de côté lui sourit, rassurée. Les jurés sont attentifs.

« Les attaques *ad hominem* dont j'ai été l'objet depuis trois jours, sont en vérité révélatrices de la faiblesse de votre position, messieurs les pseudo-offensés. Pensez-vous sérieusement que jeter le discrédit sur l'avocat de l'accusé, de surcroît de façon aussi manifestement gratuite et malveillante, puisse suppléer l'indigence de votre argumentation au soutien d'une demande de condamnation à vingt ans de réclusion criminelle, en soi, par sa démesure même, insignifiante ? J'ai en fait sincèrement le sentiment qu'en requérant et plaidant comme vous l'avez fait, en tenant des propos tellement outranciers et sans rapport avec l'accusé et la réalité des liens qui l'unissaient à Philippe Delcourt, vous avez déjà, avant même l'intervention de son avocat, contribué à sa défense. »

Il se place un peu de côté pour que son client assis dans le box des accusés derrière lui, puisse être mieux vu, et le désigne de la main.

« N'avez-vous pas éprouvé, quelle que soit votre place dans cette enceinte de justice, spontanément, une certaine sympathie pour lui, qui ressemble si peu au portrait grotesque qu'on en a fait ? »

Vincent Lambert, manifestement troublé par les douze paires d'yeux qui se sont mécaniquement tournées vers lui, se recroqueville sur sa chaise.

« Mais si l'impression que fait l'accusé à ses juges, n'est pas négligeable, puisqu' l'audience est faite, aussi, pour qu'ils aient en face d'eux, en personne, en chair et en os, celui qu'ils vont juger – pour qu'ils ne jugent pas un anonyme – cette impression n'est bien entendu pas suffisante pour justifier un acquittement. Il faut, pour le justifier, que les débats au cours de l'audience, n'aient pas fournis aux juges des éléments leur permettant d'être certains de la culpabilité de l'accusé. L'intime conviction n'est pas de l'ordre de la croyance, mais de la raison. Il faut qu'il n'y ait pas de doute raisonnable sur le fait que les faits reprochés à l'accusé ont bien été commis. La question de la hauteur de la peine, venant en second. Une seconde question à laquelle je me dispenserai de répondre, puisque, comme vous l'avez déjà compris, je considère qu'on n'a pas cessé de vous tromper : d'abord, sur les relations entre Philippe Delcourt et Vincent Lambert, ensuite sur ce qui s'est réellement passé en amont du drame et le jour même, du drame. »

Il marque un bref temps d'arrêt pour signifier qu'il va maintenant aborder sa propre version des faits

« Que vous a-t-on expliqué du côté de l'accusation ? Je vais le résumer en trois points, auxquels correspondent trois qualificatifs successivement accolés au meurtre supposé de Philippe Delcourt :

- Premièrement, un meurtre des plus classique. Classique sur le plan des mœurs, des ressorts affectifs, pour avoir été commis par un mari ou quasi mari jaloux, Vincent Lambert, sur la personne de l'amant de sa femme, Philippe Delcourt, dans un contexte de stricte amitié entre les deux hommes.

- Deuxièmement, un meurtre odieux. Odieux en ce qu'il a été commis par celui qui a sans doute le plus bénéficié de la générosité de la victime qui le considérait comme un frère. Que l'on songe notamment à cet égard, à l'accueil chaleureux que cette perle rare d'ami lui a fait à son retour d'Afrique, à l'aide qu'il lui a apportée pour qu'il se soigne dans les meilleures conditions possibles, aux parts qu'il lui a données de son prestigieux cabinet, ou encore à l'appartement somptueux qu'il a mis à sa disposition dans le 16ème arrondissement pour qu'il s'y installe confortablement avec sa compagne. Mais, comme vous l'a expliqué mon confrère Salvin-Lagrezette avec beaucoup de finesse et un juste trémolo dans la voix, il s 'avère qu'à la plus grande générosité, réponde parfois, hélas, la plus grande ingratitude ! Il arrive même, comme en l'espèce, qu'on ne pardonne pas à son sauveur d'avoir été sauvé et que cet étrange phénomène de conversion du sentiment naturel de reconnaissance en haine franche, conduise certains êtres particulièrement médiocres, au crime.

- Troisièmement, un meurtre froid. Un meurtre qui, sous son apparence passionnelle, a en réalité été commis avec une implacable détermination, si l'on veut bien considérer qu'entre la découverte de l'infidélité conjugale et le coup de feu, il y a eu le voyage de Marseille à Paris pendant lequel Vincent Lambert a eu largement le temps de murir sa vengeance. Arrivé à Paris, il n'avait aucune raison de laisser monter Philippe Delcourt à l'appartement, sauf s'il avait décidé de le tuer comme il l'a fait en allant, dès le départ de Juliette Morange, chercher son révolver dans la commode de sa chambre où il était prêt à l'emploi. Un meurtre dans lequel l'accident ne saurait avoir de part, puisque Vincent Lambert a visé juste du premier et unique coup. L'autopsie et la déposition hier de son auteur, le docteur Bertrand, ont montré que la balle a traversé les valvules sigmoïdes, ce qui veut dire que le coup a été porté en plein cœur et l'expertise balistique a, de son côté, d'une part, confirmé que l'arme était en parfait état de fonctionnement et, d'autre part, que la gâchette, non seulement n'était pas particulièrement sensible, mais en réalité plutôt dure.

Voilà, résumé en trois points, le dossier d'instruction que l'on espérait vous faire entériner en trois coups de cuiller à pot comme on dit chez moi en Normandie. Pour le dossier d'instruction, je parle sous le contrôle de monsieur le président qui le connaît parfaitement et pour les débats à l'audience, sous le contrôle de la cour et du jury, mais aussi du public dans la salle qui ne m'est pas à première vue, unanimement favorable : ai-je oublié dans mon résumé quelque chose d'essentiel ? Ai-je trahi la lettre ou l'esprit de l'accusation ? »

Il fait de nouveau lentement du regard en silence, le tour de l'assistance. L'avocat de la partie civile, l'avocat général et les Delcourt qui semblent de nouveau faire bloc, arborent un égal souverain mépris. Les époux Lambert au contraire le fixent avec une extrême concentration. Lise est tendue. Certains jurés prennent des notes. La cour attend la suite.

« Je suis donc en droit de considérer que si je parviens à démontrer que rien de tout cela ne tient, Vincent Lambert doit être acquitté. Alors reprenons dans cette heureuse perspective pour mon client, moi-même et la justice, chacun des trois chapitres de la mauvaise fable que vous avez contée à la cour, messieurs mes contempteurs, afin qu'il soit établi, une fois pour toutes, que si mon imagination n'est pour rien dans le rebondissement de cette affaire, vos manœuvres sont pour tout dans l'occultation de la vérité.

— Premier chapitre mensonger : celui du pur drame bourgeois, ou autrement dit, de l'escamotage puis du déni, de la relation homosexuelle très ancienne de Vincent Lambert et Philippe Delcourt, articulé sur les éléments suivants : le mariage de Philippe Delcourt et sa paternité, sa relation avec Juliette Morange, l'affaire de mademoiselle Manolios, l'absence de témoignage sur cette homosexualité jusqu'à hier où le docteur Janin a été entendu à ma demande. Première remarque d'importance : je n'ai jamais dit que Philippe Delcourt était exclusivement homosexuel. J'ai dit au contraire, qu'il était bisexuel. La nuance est en effet essentielle. Je vous ai fait passer ce matin une documentation réduite, mais sérieuse, sur le sujet. »

Lise lui tend le dossier correspondant, qu'il exhibe un instant.

« Comme vous avez pu l'apprendre si vous ne le saviez déjà, la bisexualité est très fréquente, même si, hélas, le phénomène est laissé dans l'ombre et est l'objet, encore aujourd'hui, d'un véritable tabou. Juste quelques indications pour mémoire : le phénomène existe dans le règne animal, par exemple chez les dauphins et les bonobos qui sont les singes génétiquement les plus proches de nous ; il est repéré depuis l'antiquité – que l'on pense à l'empereur Hadrien. Et il est de plus en plus reconnu comme « normal » en ce sens où, contrairement à ce que pensent ceux qui confondent la normalité avec leur étroitesse d'esprit, leur conformisme, leurs pratiques et leurs croyances personnelles, il ne constitue nullement une quelconque déviance biologique ou mentale. Ou alors, il faut considérer que Shakespeare, Goethe, Verlaine et Rimbaud, Colette, James Dean, Marlon Brando et une multitude de célébrités dans tous les domaines de l'art et de la pensée, étaient bons à enfermer. Freud considère qu'à la naissance, tout être humain porte en lui des dispositions à la fois féminines et masculines et un auteur, Wilhem SteKel, dès 1920, va même jusqu'à affirmer que tout être humain est par essence bisexuel ; et que ce serait l'hétérosexualité et l'homosexualité qui seraient toutes deux contre nature. Sans aller jusque-là, on doit simplement reconnaître qu'être bisexuel n'a rien d'exceptionnel et d'inquiétant, que beaucoup le sont sans le savoir ou sans oser se l'avouer et qu'il ne faut donc pas s'arrêter aux apparences que constituent un mariage, une paternité et une attirance possiblement brutale pour le sexe opposé ; comme le démontre assez, en ce qui concerne Philippe Delcourt, le harcèlement de mademoiselle Manolios. Pour qu'il ne puisse y avoir de doute dans votre esprit à ce sujet, vous vous rappelez que j'ai pris soin d'en demander hier matin la confirmation au docteur Picard, expert psychiatre ; lequel nous le verrons un peu plus tard, a rendu un rapport fort intéressant sur Vincent Lambert. »

Lise lui repasse ses notes d'audience.

« Qu'a-t-il dit précisément à propos de la possibilité de la bisexualité de Philippe Delcourt ? Je cite : *« S'il est vrai que la bisexualité est encore l'objet de controverses en l'absence, notamment, de données empiriques suffisantes, et qu'on ne dispose donc pas d'une véritable théorie scientifique, il est incontestable que le phénomène existe et qu'il est sans doute aussi universel qu'intemporel, même si ses manifestations sont plus ou moins visibles selon les lieux, les époques et les cultures. En ce qui concerne l'hypothèse de la bisexualité de monsieur Philippe Delcourt, je n'ai rien trouvé dans le dossier et dans les dires de monsieur Vincent Lambert, qui puisse en contredire la pertinence ».* C'est prudent, mais néanmoins parlant.

Oui Philippe Delcourt s'est marié, oui il a eu un enfant, oui il a harcelé mademoiselle Manolios, oui il a eu une liaison avec Juliette Morange, mais rien de tout cela n'excluait l'existence, en outre, d'une relation homosexuelle avec Vincent Lambert. Une relation non seulement possible en son principe, mais en fait démontrée, d'une part, au travers des déclarations des femmes qui sont censées la contredire et, d'autre part, des indications précises et formelles d'un témoin indiscutable, le docteur Janin, qu'un peu de recherche dans l'intérêt de l'accusé aurait permis au juge d'instruction d'entendre ou de faire entendre, puisque son nom avait été mentionné par ses parents sur la liste remise à maître Guillemain en vue de l'enquête de personnalité. Allez savoir pourquoi il a été omis sur celle remise aux gendarmes qui l'ont effectuée ?

Madame Marion Delcourt a clairement déclaré avant hier qu'elle soupçonnait depuis longtemps son mari, non seulement d'avoir des relations avec d'autres femmes, mais encore et surtout, une relation plus qu'amicale avec Vincent Lambert chez qui il passait la plupart de ses soirées et même de ses nuits et à qui il avait fait des cadeaux que la simple amitié pouvait difficilement expliquer ; tel que la moitié des parts de son cabinet. Elle avait d'ailleurs engagé un détective privé pour essayer d'y voir plus clair, mais en vain, la présence de Juliette Morange brouillant définitivement les pistes.

Une Juliette Morange qui n'était pas un objet de désir possible pour Vincent, mais pouvait l'être pour Philippe. Vous avez pu constater par vous-même ce matin, lors de sa comparution, qu'elle n'a en effet rien de repoussant pour quelqu'un de sensible à certains aspects visibles de la féminité. »

Il remarque un acquiescement discret de la tête de trois jurés masculins.

« Une comparution qui a permis de comprendre comment Vincent, qui n'éprouvait rien de sexuel pour elle, a pu rester aveugle au manège de sa pseudo-compagne avec celui qui lui avait pourtant juré qu'il n'aurait plus jamais de raison de douter de lui, de regretter de lui avoir refait confiance. Comment ils savaient être prudents en sa présence et comment ils profitaient de ses hospitalisations pour s'en donner à cœur joie. Monsieur le président vous a lu avant hier le récapitulatif des hospitalisations de Vincent Lambert établi par le bureau des entrées de l'hôpital Saint Antoine, qui permet de se rendre compte de leur fréquence.

Mademoiselle Manolios, elle, n'a jamais eu de doutes sur la nature des relations entre les deux associés. Elle vous a donné hier après-midi des détails sur leur comportement au cabinet : discret, mais avec des petits gestes, des regards, des attentions significatives. Ce qu'elle n'avait pas compris tout de suite et qu'elle va, hélas, découvrir avec le harcèlement dont elle sera victime, c'est que Philippe Delcourt était également attiré par ses charmes.

Il se retient d'ajouter : « qui sont encore bien plus évidents que ceux de mademoiselle Morange », dans la crainte que la remarque ne soit jugée déplacée ; mais il constate à leur sourire, que les trois jurés de tout à l'heure l'ont néanmoins entendue et approuvée. »

« Et comprendre qu'il n'aimait guère qu'on lui résiste. Ce qu'elle fera pourtant, contrairement à Juliette Morange. Le fait que Philippe Delcourt était un séducteur tous azimuts était en fait connu de tous ceux qui l'ont régulièrement fréquenté. Même les deux assistantes titulaires du cabinet qui se sont efforcées de rester aussi neutres que possible, n'ont pas pu le nier.

Il ne vous a pas échappé que madame Larieux à qui j'ai demandé si cette séduction s'adressait exclusivement aux femmes et comment elle comprenait la relation de son patron à son associé, s'est d'abord montrée fort gênée. On a compris qu'elle était tiraillée entre le souci de ne pas compromettre son avenir et celui de son mari qui gère le patrimoine immobilier des Delcourt, le désir de ne pas mentir ayant prêté serment et enfin un attachement sans doute teinté d'une certaine servilité, mais néanmoins sincère, à celui qui avait été jusqu'à sa disparition, son unique patron. Son hésitation n'a pas échappé à mon confrère de la partie civile qui s'est levé pour tenter d'obtenir le rejet de ma question au motif qu'elle était déplacée. On se serait cru aux États Unis— « objection votre honneur ! » Il savait que monsieur le président ne le suivrait pas, compte tenu de ce que le docteur Janin et mademoiselle Manolios précédemment entendus, avaient déclarés, mais il espérait bien que son intervention serait entendue par le témoin comme un rappel à l'ordre, c'est-à-dire aux déclarations qu'elle avait souscrites au cours de l'instruction. Des déclarations qui, en fait, n'étaient que des réponses convenues à des questions fermées. »

Salvin-Lagrezette lève les bras en signe de protestation, sans cependant se lever, donnant l'impression d'une certaine résignation.

« Mais, malheureusement pour vos mandants mon cher confrère, et contrairement à eux, madame Larieux a fait prévaloir la fidélité sur ses intérêts : la fidélité à son patron et donc au souvenir de l'attachement particulier et réciproque qui ne lui avait pas échappé, qui ne pouvait pas lui échapper compte tenu de sa position, entre les deux associés du cabinet. Elle n'a pas dit qu'il s'agissait d'amour entre les deux hommes, du moins aussi explicitement, mais elle n'a pas nié que leurs relations étaient… Quelle formule a-t-elle employée, déjà ? »

Lise lui tend ses notes d'audience.

« Voyons ? Voilà ! : *« étroites »* Je lui ai demandé de préciser : *« je veux dire plus... plus proches que ne le sont habituellement les relations entre de simples associés, ou même entre amis. »* Je lui ai demandé encore, à quoi se voyait cette proximité. Le second mot – oh combien juste ! – est arrivé spontanément : *« parfois, on aurait dit un couple ».* À la demande de précision, cette fois de monsieur le président, elle a expliqué qu'elle voyait bien que le comportement indistinctement charmeur de son patron, agaçait Vincent Lambert et que s'il se contenait, ses réactions de mauvaise humeur n'échappaient à personne au cabinet ; et ce d'autant moins que tout le monde s'est accordé au cours de cette audience, à le trouver, en dehors de ces moments de trouble, particulièrement facile à vivre. Elle évoquait donc, en clair, un sentiment de jalousie. Autant dire que la confiance de Vincent était souvent mise à l'épreuve. Et je crains qu'hélas, il n'ait cru un peu trop vite qu'à la maison au moins, il pouvait être tranquille.

Sa propre assistante madame Mangin, qui était censée avoir émigré au Canada et qui de ce fait, n'avait pas été entendue par le juge d'instruction, mais que j'ai pu retrouver à Boulogne-Billancourt au retour, en fait, d'un court voyage de noces au Québec, a parlé d'abord... »

Lise lui tend les notes correspondantes.

« D'une *« forte amitié. »* On a bien senti avec elle aussi, que sa liberté de parole n'était pas absolue. Vous avez dû comme moi remarquer qu'elle s'est tournée vers le banc des Delcourt lorsque je lui ai demandé si, comme cela avait été le cas pour madame Larieux, on l'avait un peu aidée à retrouver une situation. Elle a répondu que ce n'était pas la peine, car elle allait se marier et n'avait pas l'intention de retravailler tout de suite, son futur mari ayant une très bonne situation. *« Mais... a*-t-elle ajouté spontanément avant de se rendre compte qu'elle allait en dire un peu trop. *« Mais quoi, lui a demandé monsieur le président ? Je vous rappelle que vous avez prêté serment. »* Elle s'est alors tournée une nouvelle fois vers le banc des Delcourt qui bien entendu sont restés impassibles. *« Mais, on m'a donné une indemnité... »*

Mon confrère de la partie civile à ce moment s'est levé pour faire valoir que c'était tout à l'honneur de ses clients d'avoir eu le souci d'aider une employée du cabinet qui n'était évidemment pas responsable du crime commis par son patron direct. Je n'ai pas manqué, en tant qu'avocat habituel des syndicats et des salariés, d'abonder dans ce sens sur le principe de l'indemnité, mais en faisant cependant observer que la générosité dont témoignait le montant qu'elle a indiqué, toujours à la demande de monsieur le président, ne pouvait qu'inciter sa bénéficiaire à, disons, ne rien faire, ne rien dire, qui puisse être interprété comme de l'ingratitude ; un reproche récurrent dans la bouche des Delcourt.

Mais laissons cela, et revenons à « la forte amitié » évoquée par madame Mangin. Qu'entendait-elle par-là ? Elle l'a dit, non sans quelques réticences, mais en fait tout aussi instructives que ses révélations : *« Je veux dire que Philippe... enfin je veux dire le docteur Delcourt, par exemple... se tenait souvent entre deux clients, près du comptoir ou dans la pièce où l'on prend le café, très près de son ami, presque à le toucher ; sa manière de le regarder... On avait l'impression que si on n'avait pas été là... Vous pouvez préciser ? Je veux dire que... Qu'il... l'aurait peut-être pris dans ses bras, embrassé, quoi ! »* Je lui ai fait observer que c'était peut-être un peu plus que de l'amitié, même « forte ». Et puis elle a ajouté quelque chose d'instructif sur le comportement de Philippe Delcourt en qualifiant son comportement de parfois, *« un peu pervers »,* à propos du prédécesseur de mademoiselle Manolios, monsieur Louvet décrit comme un homme séduisant. On a, là encore, bien compris que l'attitude de Philippe Delcourt à son égard pouvait être pour le moins ambiguë, mais comme madame Mangin l'a précisé, je cite : *« surtout pour embêter mon patron. »*

Venons-en maintenant à la parisienne, Juliette Morange. »

Il marque un bref temps d'arrêt.

« Ah, Juliette Morange ! Citée, rappelons-le, à l'initiative du parquet. Je la vois, ce matin, venir du fond de la salle à petits pas, avec son petit ensemble rose pâle si seyant, si bien ajusté, et son petit sac de chez Hermès, s'avancer timidement vers la barre et manquer de tomber en butant sur la marche qui permet d'accéder à la barre ; j'allais dire au plateau. C'est sans aucun doute toujours très impressionnant de venir déposer pour la première et le plus souvent, unique fois, devant une cour d'assises ; et ce, même pour une journaliste de la télé-réalité. »

Il se tourne vers les jurés.

« Vous en avez fait vous-même l'expérience il y a trois jours quand vous avez dû vous lever à l'appel de votre nom pour rejoindre la cour sur l'estrade. Mais je suppose qu'après avoir pu mieux cerner son rôle dans l'affaire au cours de son audition, vous avez compris qu'elle n'était pas seulement impressionnée par le décorum et la solennité du lieu et angoissée à l'idée de devoir se remémorer le drame dans lequel elle a sa part. Vous avez compris que ce qu'elle redoutait avant tout, c'était de devoir parler un peu plus franchement qu'elle ne l'avait fait au cours de l'enquête préliminaire et de l'instruction, du trio ; de ce que, avec une élégance de langage qui tranchait quelque peu avec son élégance vestimentaire, elle a qualifié de *« ménage tuyau de poêle »*.

Jusqu'à cette audience, elle avait apporté en quelque sorte sa caution, qui s'avérera très peu morale, à la version officielle selon laquelle elle vivait en couple avec Vincent Lambert et avait été séduite à un certain moment par Philippe Delcourt. Monsieur le président lui a d'abord demandé si elle confirmait ce qu'elle avait déclaré à la police et au juge d'instruction, puis, devant son embarras, ses trous de mémoire subits, a lu les procès-verbaux correspondants avant de réitérer sa question. Devant le silence persistant de l'intéressée, je me suis permis de lui venir en aide. »

Il se tourne vers Lise dont il ne voit que le dos, occupée à récupérer ses notes tombées à terre. Elle se redresse et les lui tend, avec un évident soulagement.

« Voilà notre échange : « Mademoiselle Morange, avant de vous expliquer devant le juge d'instruction sur votre relation disons pour aller vite, sexuelle, avec Philippe Delcourt, vous aviez confirmé que vous viviez avec Vincent Lambert, mais sans plus de précision. On comprend à la lecture du dossier qu'il était acquis pour tout le monde, que « vivre avec » était équivalent à vivre en couple ou, toujours pour simplifier, pardonnez-moi la trivialité de la formule, « coucher avec ». Or Vincent Lambert m'a affirmé qu'il n'a jamais eu de relations physiques avec vous. Je vous demande donc de lui dire en face qu'il ment et le cas échéant, je vous invite à lui rappeler quelques détails intimes pour le confondre. Les amants ont toujours quelques petits secrets en partage. À moins que vous n'ayez pas exactement voulu dire en répondant « oui, je vivais bien avec lui » au juge d'instruction, que vous couchiez ensemble, mais que vous viviez ensemble en ce sens mineur où ce que vous partagiez, c'est l'appartement et quelques moments de convivialité ; ce qui impliquait il est vrai tout de même, une certaine communauté de vie. »

Mademoiselle Morange a bien compris que je lui offrais la possibilité, alors qu'il en était encore temps, de dire la vérité et ainsi, d'éviter de commettre un faux témoignage à l'audience après avoir prêté serment. Le « *C'est ça, c'est bien ça !* » qu'elle s'est empressée de répondre, voulait dire, à la fois, qu'elle ne vivait pas en couple avec Vincent Lambert et que sa présence à ses côtés était destinée, au moins dans un premier temps, à donner le change. Et elle n'a pas pu nier, à la fois, qu'elle avait compris la nature des relations qu'entretenaient les deux hommes dont elle partageait tout de même un peu l'existence, et que son charme n'en était pas moins opérant pour l'un des deux. »

L'avocat général s'agite.

« Je vous accorde sans difficulté, monsieur l'avocat général, qu'elle a indiqué n'avoir jamais été le témoin oculaire de scènes pornographiques, pour reprendre un terme que vous avez précédemment employé. J'imagine en effet très mal Vincent Lambert en exhibitionniste, même à la maison. En outre la colocataire a précisé que si dans le duplex, Vincent disposait d'une chambre en bas à côté de la sienne, il y en avait une autre en haut où pouvaient se retrouver les deux hommes ; une chambre à laquelle elle n'avait pas accès. Ce qui, soit dit en passant, n'est plus le cas aujourd'hui puisque nous savons, grâce à une question de monsieur l'assesseur de gauche, qu'elle bénéficie toujours des lieux gratuitement, mais désormais dans leur intégralité. J'espère pour elle que sa déposition à l'audience ne remettra pas en cause ces bienveillantes dispositions. »

Hélène Delcourt se lève. Henri-Marc tente un instant de la retenir par le bras, puis, devant sa détermination à quitter la salle, renonce et lui emboite le pas, suivi de Salomé. Ils se retirent sans un regard pour les jurés qui les suivent des yeux, étonnés que cela soit possible dans un tel moment. Leur avocat qui s'est levé, se rassoit impuissant. Il attend que l'attention des jurés lui soit de nouveau acquise, pour reprendre la parole.

« Le rôle de mademoiselle Morange dans l'affaire est donc parfaitement clair : elle a d'abord été le paravent des amours de Philippe avec Vincent, puis, tout en le demeurant, la maîtresse du premier, le second devenant alors, lui-même, sans le savoir, le paravent de leurs amours.

Je vais clore le premier chapitre de ma démonstration sur le nom et la caution du docteur Janin qui est venu hier soir, dans la plus parfaite indifférence aux tentatives désespérées de déstabilisation de mes contradicteurs, qui avaient bien compris qu'il allait ruiner définitivement leur thèse, confirmer la vérité des relations de Vincent Lambert et de Philippe Delcourt, telle que je me suis efforcé de vous la restituer.

Des relations dont le docteur Janin a été le témoin privilégié depuis la première année de l'école dentaire pour être le meilleur ami – ami, ami –, et confident, de Vincent, avec lequel il avait fondé et animé ce petit orchestre estudiantin dont il nous a parlé avec une nostalgie touchante. Mais sa déposition a été suffisamment claire et circonstanciée pour que je me dispense d'en rappeler le détail. Je me contenterai simplement, un peu plus tard, d'y faire ponctuellement référence en abordant d'autres points.

Pour l'instant, il suffit de noter comme étant définitivement acquis, que Vincent Lambert aimait d'un amour passionné et exclusif Philippe Delcourt, mais que du côté de ce dernier, il manquait l'exclusivité, tant du point de vue de l'orientation sexuelle que du point de vue de la fidélité. »

Il marque un temps d'arrêt.

« — Voilà mesdames et messieurs de la cour et du jury, rétablie, la réalité de la trame affective, humaine, de notre affaire. Passons maintenant au second volet de la fable racontée par l'accusation pour charger la barque de l'accusé, relatif aux circonstances et conditions de son retour dans la vie de Philippe Delcourt. Le volet de l'extrême ingratitude opposée à l'extrême générosité.

- Premier point : qui est à l'origine du rapprochement des deux hommes ? Commençons par l'éloignement. Le docteur Janin nous a expliqué que l'engagement de Vincent Lambert dans l'humanitaire dès l'obtention de son diplôme, n'était pas à rechercher ailleurs que dans la dissymétrie dont il a été question précédemment. »

Lise lui passe les notes relatives à l'audition du docteur Janin

« Alors que l'un ne vivait que pour l'autre, l'autre usait sans modération de son pouvoir de séduction aussi bien auprès des étudiants que des étudiantes. Un pouvoir de séduction augmenté du prestige que confère auprès de jeunes souvent désargentés, le statut de fils de famille « au train de vie flamboyant ». Selon les propres termes du docteur Janin, « Philippe trouvait un malin plaisir à déstabiliser Vincent » et, convaincu que le premier ne changerait jamais, il avait exhorté le second, à s'en éloigner le plus possible. Le docteur Janin a ajouté spontanément : « leur relation était toxique, il fallait qu'il sauve sa peau » ; en rappelant à la suite pour qu'on comprenne bien qu'il n'exagérait pas, qu'il avait dû le conduire de force un soir à l'hôpital pour un lavage d'estomac, après qu'il ait absorbé un tube entier d'antidépresseurs.

Vincent a heureusement suivi son conseil à l'époque et l'a tenu régulièrement informé de son parcours africain, mais aussi des relances constantes et implorantes d'un Philippe Delcourt repentant. Le docteur Janin a remis à monsieur le président l'une de ces lettres. Je ne doute pas qu'il était sincère en ce qui concerne la profondeur de son attachement à Vincent. Mais la suite a hélas démontré, qu'il était incorrigible. Vincent a résisté jusqu'à ce qu'il tombe malade et doive venir se soigner en France. C'est à ce moment que le docteur Janin va perdre son contact. La dernière fois qu'il a eu Vincent au téléphone, ils se sont un peu fâchés. Vincent lui a dit que Philippe Delcourt le pressait de rester en France et de revivre avec lui et que pour lui prouver que c'était sérieux et qu'il avait changé, il lui demandait de venir travailler avec lui. Le docteur Janin, plus que sceptique, a tenté de le dissuader. Mais il a vite compris que le feu de la passion avait continué de couver sous la cendre et qu'il était inutile d'insister. Il s'est effacé. Donc, pour conclure sur ce premier point, il est certain que, contrairement à ce que vous ont raconté mes contradicteurs, c'est Philippe Delcourt qui a tout fait pour faire revenir auprès de lui Vincent Lambert, et non l'inverse.

- Passons au second point : la générosité de Philippe Delcourt et l'ingratitude corrélative de Vincent Lambert. Si celui-là a fait cadeau à celui-ci de la moitié de ses parts dans le cabinet, ce n'est pas par générosité mais pour lui donner un gage d'amour et d'avenir, comme on offre une bague de fiançailles, avec un gros diamant si l'on est riche et une verroterie quelconque, si l'on est pauvre. Et c'est bien comme tel, que Vincent Lambert l'a reçu, non comme un quelconque profit. »

S'adressant à Salvin-Lagrezette :

« Et là, permettez-moi de vous dire, mon cher confrère de la partie civile, à quel point je trouve regrettable pour la mémoire de Philippe Delcourt, que vos clients n'aient pas compris le sens véritable de son geste et qu'ils aient quitté la salle avant que je puisse le leur expliquer. Il va de soi que pour un Delcourt, du strict point de vue financier, céder gratuitement la moitié des parts du cabinet, aussi lucratif soit-il, ce n'était pas un bien grand sacrifice. Il est évident autrement dit, que la valeur du geste était ailleurs. D'autant plus que Vincent Lambert n'était pas dans le besoin et que ses parents pouvaient les lui acheter, ces fameuses parts. Et je peux vous assurer qu'il l'aurait fait volontiers, puisque leur plus cher désir était de voir leur fils se fixer en France. Ils nous l'ont confirmé ici, et ici, personne n'en a douté un seul instant. Reste que le geste de Philippe, pour être celui d'un nanti, n'en n'était pas moins d'une grande portée symbolique, puisqu'il n'avait pas hésité à braver sa famille en l'installant avec lui au cœur du fief. Et c'est bien parce que Vincent a cru y voir le gage d'une vie en commun durable et suffisante, qu'il a accepté la proposition de Philippe. Pour cela et pour rien d'autre.

Quant à l'appartement qui est la propriété d'une société civile immobilière parisienne qui elle-même appartient en totalité à la famille Delcourt, il est acquis que Philippe ne va pas le mettre généreusement à la disposition de Vincent pour qu'il puisse convoler confortablement et sans frais avec Juliette Morange, mais pour abriter et dissimuler leurs amours clandestines derrière l'apparence d'un couple, disons, plus « classique ». Ainsi, sans méconnaître et dévaloriser les motivations de Philippe Delcourt, ne peut-on honnêtement parler de générosité de sa part, en tout cas, au sens étroit du terme – je veux dire financier –, où vous l'entendiez, messieurs.

Il est par contre légitime d'évoquer le sacrifice de Vincent Lambert. Le sacrifice de l'inestimable liberté, de l'inestimable joie, de l'inestimable gratification, que procure l'action désintéressée au service des autres. De cette liberté, de cette joie, de cette gratification, non monétisables, que recherchent certains jeunes hommes ou jeunes femmes, souvent de bonne famille, brillants, promis au meilleur avenir comme l'on dit en pensant aux gains que leurs diplômes peuvent rapporter, à aller soigner en prenant des risques physiques importants et même possiblement mortels, les plus démunis. Bien sûr, je n'oublie pas que Vincent Lambert s'est engagé à la suite d'un traumatisme amoureux, mais tous ceux à qui cela arrive ne s'engagent pas pour autant dans des ONG, et l'on sait par l'enquête de personnalité, quelle a été l'intensité de son engagement sur le terrain. Rappelez-vous encore ce que vous ont dit son père et sa mère hier sur le caractère et les idées de leur fils depuis l'adolescence. Travailler dans le cabinet de la grande bourgeoisie de la ville provinciale où règne la famille Delcourt, était à peu près aux antipodes de ses ambitions. C'était un peu renoncer à son âme. Un pacte quelque peu faustien, en somme. L'œuvre, dit Goethe, *« d'un être troublé par la passion, qui peut obscurcir l'esprit de l'homme. »*

Il a hésité à faire cette citation littéraire, mais la présence dans le jury d'un professeur de lettres et le langage très châtié du président qui semble confirmer une certaine fréquentation des « humanités », ont prévalu.

« Alors, que penser de la reconnaissance qu'il devait à Philippe ? Et de la haine qu'au contraire il lui aurait voué ? La mystification n'est-elle pas flagrante ? Est-ce à Vincent que l'on peut sérieusement reprocher de l'ingratitude ou bien plutôt à Philippe à qui il a tout sacrifié, à qui il a fait une seconde fois, pour son plus grand malheur, totalement confiance ? »

Il marque un temps d'arrêt de quelques secondes.

« — Passons maintenant au troisième chapitre de la démonstration : la prétendue froide détermination pour ne pas dire préméditation, avec laquelle le crime aurait été commis. Ce qui revient à examiner le déroulement de la journée du drame. Comment a-t-elle commencé, cette terrible journée qui a clos un séjour qui devait être heureux ? Les deux amants et associés sont en déplacement à Marseille où, officiellement, ils assistent à un congrès. Vincent Lambert vous a expliqué que ce n'était qu'un prétexte. Bien que l'accueil des congressistes ait été fixé à quatorze heures le lundi, ils sont arrivés sur la côte dès le samedi, avec la ferme intention de passer quelques bons jours de vacances et de liberté loin de la zone de contrôle et d'influence de la famille Delcourt. Ils avaient prévu de limiter leur présence au congrès à quelques communications précises.Pour mémoire, depuis qu'ils avaient repris la vie commune, il y avait eu une longue période de perturbation liée au mariage de Philippe Delcourt et, surtout, à sa paternité. Vincent, malgré les raisons patrimoniales et dynastiques avancées par Philippe, avait eu le sentiment d'être une nouvelle fois floué. Puis la vie du couple avait repris son cours tant bien que mal.

Je ne reviens pas en détail sur les explications très complètes que Vincent vous a données quand il a été interrogé par monsieur le président sur le séjour à Marseille, les circonstances de la remise de la fameuse enveloppe et le déroulement de la terrible journée qui nous vaut d'être ici aujourd'hui. Je me limiterai à quelques rappels et repères pour être certain que vous ayez bien en tête l'état d'esprit dans lequel il se trouvait à l'arrivée à Paris.

Le voyage sur la côte d'Azur était une promesse de Philippe à Vincent qui trouvait que depuis quelques mois, il le délaissait, et qui en était très angoissé, craignant que cela ne soit la conséquence d'un nouveau pas de côté de sa part ; sans penser cependant un seul instant, à un pas de côté à domicile du côté de Juliette Morange. *"Philippe m'avait dit que ce serait un peu notre voyage de noces »* nous a expliqué Vincent. Cela ne s'invente pas et les larmes qui ont brouillé son regard à l'évocation de ce souvenir, témoignaient de l'espoir que ces paroles avaient fait renaître en lui ; au point de se reprocher d'avoir trop vite douté de son amant. Nous avons tous été touchés par la sincérité et le désespoir de Vincent. Tous, à l'exception de monsieur l'avocat général qui semblait à ce moment précis, plongé dans on ne sait quelle lecture captivante, et surtout, du représentant de la famille Delcourt dont les ricanements et autres haussements d'épaule, me sont apparus, comme à vous sans doute, assez navrants ; avant tout d'ailleurs, pour la mémoire de Philippe Delcourt qui, quels qu'aient pu être ses torts, ne s'était certainement pas moqué de Vincent en prononçant les paroles qui nous ont été rapportées. Son ambivalence n'excluait pas, je l'ai déjà dit, une certaine sincérité. Ce qui ne rend d'ailleurs que plus dramatique encore, la situation. »

Salvin-Lagrezette fulmine en silence, persuadé de ne pouvoir obtenir quoi que ce soit du président qui, renversé dans son fauteuil, écoute sans laisser paraître le moindre signe de désapprobation, considérant sans doute que les propos de l'avocat de la défense ne sont pas plus injurieux que ceux de ses adversaires ; lesquels n'ont pas hésité, lorsqu'ils ont eu la parole, à l'éreinter. Ce qui maintenant se retourne contre eux, puisqu'ils l'ont en quelque sorte libéré de toute « obligation de réserve. »

« Et voilà que par un malheureux concours de circonstances, comme l'on dit, l'espoir de Vincent va se transformer en cauchemar. D'abord, l'appel téléphonique malencontreux de la secrétaire remplaçante de l'avocat de Philippe Delcourt, passé par erreur à Vincent par le réceptionniste, et le nom de mademoiselle Manolios qui ressurgit de la manière la plus inattendue dans le contexte. La collaboratrice du cabinet dont Vincent n'ignorait pas la beauté, mais que, lui, appréciait avant tout pour sa compétence, sa discrétion et sa gentillesse et qui pourtant, s'en était allée dans des circonstances troublantes. Des circonstances qui allaient lui être révélées dans le dossier que contenait l'enveloppe qui lui a été remise le jour des faits. Pire, non seulement il apprend l'histoire du harcèlement de mademoiselle Manolios qui est à l'origine de la rupture de son contrat de travail, mais il apprend encore, par l'attestation fournie à Philippe par Juliette Morange pour essayer de décrédibiliser les accusations dont il faisait l'objet, qu'elle était sa maîtresse depuis plusieurs mois. C'est effectivement le cauchemar, le désespoir et la fin pour Vincent de leur histoire commune. Une fin définitive, sans retour. Il ne pourra plus jamais avoir la moindre confiance en Philippe. Et c'est là que se produit une nouvelle et massive incompréhension de l'accusation ; une incompréhension réelle ou feinte, peu m'importe, au fond.

Ce qui se met en place dans la tête de Vincent, ce n'est pas le projet de tuer celui qu'il aime plus que tout, mais de se tuer, et c'est ce que l'auteur de son désespoir, pour inconséquent qu'il soit habituellement, va parfaitement et très vite réaliser. Il sait en effet mieux que quiconque, la façon de réagir de Vincent. Mieux que quiconque à l'exception, notable, cependant, du docteur Janin qui a été le témoin d'un précédent lorsqu'ils étaient encore étudiants. Il vous a expliqué que c'est déjà de cette façon qu'il avait réagi après une première et ancienne tromperie. Il a été formel : si Vincent peut être capable de violence, c'est uniquement contre lui-même. Ce que n'a pas démenti le docteur Picard, expert psychiatre mandaté à nouveau par monsieur le président, lorsqu'il a su à l'occasion de sa visite à la maison d'arrêt préalable à l'audience, que Vincent acceptait désormais de s'expliquer. On ne disposait en effet, jusqu'à lors, du fait de son mutisme, que d'un succinct rapport sur pièces. Or, si l'expert n'a pas voulu s'engager aussi nettement que le docteur Janin, ce qu'il a dit permet, pour le moins, de douter que Vincent ait pu avoir une autre intention que suicidaire. Un doute qui doit lui profiter. »

Lise s'empresse de lui passer ses notes.

« Voilà exactement ce qu'a dit l'expert après quelques développements, disons, techniques : *« s'il n'est pas possible d'affirmer que le suicide ou autrement dit le meurtre de soi-même, ait pu apparaître comme la seule issue à Vincent Lambert, ses traits de caractère, les éléments biographiques dont on dispose et en particulier les tentatives antécédentes, rendent vraisemblable cette hypothèse. »*

Il doit donc être admis que s'il y a eu une froide détermination chez Vincent, pour reprendre la formule chère à monsieur l'avocat général, c'est exclusivement celle de mettre fin à son tourment en mettant fin à ses propres jours. Un penseur profond et hélas un peu oublié aujourd'hui, Paul Valery, mentionne à cet égard dans son recueil de réflexions intitulé *Tel quel,* que le suicide est bien souvent dû à l'impossibilité pour celui qui va le commettre, de supprimer une idée qui lui cause une trop grande souffrance, autrement qu'en mettant fin à sa propre vie. C'est bien le cas. Il était à ce moment persuadé qu'il ne pourrait plus jamais faire confiance à Philippe, qu'il n'avait plus d'avenir avec lui, qu'il était engagé dans une voie définitivement sans issue. C'est la dissymétrie précédemment évoquée ; je n'y reviens pas. »

Il pose les mains sur le bureau et se penche en avant comme s'il souhaitait se rapprocher des jurés.

« Il faut qu'ici, dans cette enceinte de justice, loin du bruit et de la fureur de la société, et souvent hélas, aussi, de sa bêtise, nous soyons tous persuadés d'un fait : que Vincent ait aimé un homme et non une femme, est parfaitement indifférent à l'affaire qui nous occupe. Qu'importe le sexe, mais aussi l'âge, la couleur de peau, le contexte social, l'époque. L'important est ailleurs : il est dans la hauteur dangereuse où l'on hasarde ses pas dans cet état qui parfois vire à l'ivresse— l'ivresse des cimes, là où l'oxygène se fait rare, alors qu'on est toujours plus ou moins au bord du précipice. On se met en danger sans réserve. Voltaire disait de la passion amoureuse quelle *« est de toutes les passions la plus forte* puisqu'*elle attaque à la fois la tête, le cœur et le corps. »*

Il se redresse.

« On se met en danger parce qu'on n'est plus capable, c'est l'effet premier de la passion, d'entendre la voix de la raison. Désormais, ce qui nous faisait monter aux nues, nous fait descendre aux enfers, ce qui nous donnait le plus ardent désir de vivre, nous donne le plus noir désir de mort. Et ce qui fait passer d'un extrême à l'autre, c'est toujours une trahison. Non seulement les explications que Philippe tentera de donner à Vincent ne changeront rien à sa détermination, mais elles ne feront que la renforcer en lui rappelant les vaines promesses qu'il lui avait faites par le passé : avant son engagement pour l'Afrique, pour l'inciter à en revenir et vivre auprès de lui ou encore, à la suite de son mariage et de la naissance de son fils.

Vincent qui a décidé de rentrer à Paris immédiatement, bourre sa valise et se rend à la gare où Philippe qui commence à paniquer, va le rejoindre et le faire monter quasiment de force dans la Porsche. Il vous a décrit le retour. Je n'y reviens pas. Je note simplement que devant sa totale prostration, Philippe a manifestement été tenté, lui aussi, par le suicide. *« Je ne pensais plus à rien, j'attendais l'embardée fatale »* nous a dit Vincent qui, sans doute, aurait été heureux de cette mort ensemble, en quelque manière consolatrice. Si en effet, il n'y avait d'autre issue que la mort parce qu'il savait, désormais avec certitude, que Philippe ne pouvait changer, au moins lui aurait-il prouvé qu'il l'aimait à en mourir, comme dit le poète. Mais si le « dur désir de durer » comme le dit un autre poète, l'a emporté chez l'un, le désir de mourir n'en a été que plus ferme chez l'autre.

Il s'interrompt quelques secondes, lève à demi les bras et pointe ses deux index vers la cour et le jury.

« Attention, nous sommes maintenant à Paris, au bas de l'immeuble, nous nous nous rapprochons du dénouement tragique de l'histoire et nous devons donc être aussi précis que possible. Que nous a dit Vincent ? »

Il prend les notes d'audience relatives à la dernière phase des faits, que lui tend Lise, et les parcourt en silence avant d'entreprendre de de les lire à voix haute.

« J'ai descendu de la voiture. J'ai refusé qu'il monte. Il hurlait. Il répétait que ça ne pouvait pas finir comme ça. Je lui ai répondu que c'était trop tard. Il m'a suivi jusqu'à l'ascenseur. Il répétait que ça ne pouvait pas finir comme ça et je répondais comme mécaniquement que c'était trop tard. J'étais hors de moi ». Monsieur le président lui a demandé de préciser ce qu'il voulait dire exactement par là. Il a répondu : *« Je ne peux pas dire que j'étais furieux. Si je l'avais été, je ne l'étais plus. C'était irréel. J'avais l'impression d'une sorte de dédoublement ; c'était moi et ce n'était pas moi qui disais que c'était trop tard. »* Ils vont passer devant Juliette Morange qui était en train de se chausser dans le vestibule sans lui adresser un mot, comme si, ils ne la voyaient pas. Il est plus que probable que Philippe aussi, est « hors

de lui » à sa manière. Il a mal aimé Vincent, mais il n'est pas douteux qu'il l'a aimé et que l'idée qu'ils n'ont plus d'avenir ensemble, l'affole.

Ils entrent donc dans le salon pendant que Juliette Morange s'empresse de quitter les lieux. Elle a cependant le temps d'entendre au travers de la double porte refermée, d'abord, ce qui figure dans son audition par le juge d'instruction : Vincent qui crie : *« t'es un salaud, tu as profité que j'étais à l'hôpital, c'est odieux ! »* ; mais encore, ce qui n'y figure pas et qu'on a appris à l'audience, non sans devoir pousser un peu le témoin dans ses retranchements suspects, Philippe qui crie à son tour au travers de la porte coulissante du salon : *« Tu sais bien que je n'aime que toi, arrête, ne fais pas de conneries, ne recommence pas, écoute moi ».* Juliette Morange s'en va, les deux hommes sont seuls face à face. Que se passe-t-il exactement ? Meurtre, ou accident ? »

Il quitte lentement la place réservée à la défense et va se placer derrière la barre, face à la Cour et aux jurés.

« — Je pense qu'il est acquis maintenant que si Vincent a pu avoir une intention homicide entre la dizaine d'heures qui se sont écoulées entre Marseille et Paris, entre la découverte de son infortune et les instants que je vais faire revivre maintenant, ce n'était pas Philippe qui était en danger, mais lui-même ! »

Il pose les mains un instant sur la barre, puis les retire et s'approche de la tribune.

« — Si Philippe, comme l'a entendu Juliette Morange, crie à Vincent *« arrête, ne fais pas de connerie, ne recommence pas, écoute moi »,* c'est évidemment parce qu'il voit se réaliser ses pires craintes. Il voit Vincent une nouvelle fois déterminé au suicide : c'est ce que signifie, ce que ne peut que signifier *« ne recommences pas. »* Vincent a-t-il jamais tenté de tuer Philippe ? Personne, pas même l'avocat de la partie civile ou monsieur l'avocat général, n'ont ne serait-ce que tenté, d'avancer une telle énormité. Notez et soulignez je vous en prie messieurs de la cour, mesdames et messieurs les jurés, cet élément de fait particulièrement éclairant sur les intentions de Vincent Lambert. Éclairant à tel point, que je pourrais presque m'arrêter là. Mais je ne veux rien laisser dans l'ombre.

— Philippe voit Vincent se diriger vers la chambre dans laquelle il sait, que se trouve la commode où est rangé le révolver. Il en connaît l'existence et il sait qu'il est chargé. Nous le savons par Juliette Morange qui, lors de son audition, après quelques hésitations et l'insistance de monsieur le président, a fini par reconnaître que Vincent en avait parlé un soir où il avait évoqué ses séjours en Afrique, en précisant qu'il y tenait beaucoup parce ce qu'il lui avait été offert par un enfant soldat qu'il avait guéri d'une grave infection dentaire. Et, après quelques stimulations supplémentaires de monsieur le président à dire tout ce qu'elle savait, elle a donné deux précisions importantes : d'abord, que poussée par la curiosité, elle avait profité d'une absence de Vincent pour aller regarder de près la fameuse arme dont elle s'était aperçue qu'elle n'était pas seulement chargée de souvenirs ; ensuite qu'un peu inquiète elle en avait parlé à Philippe qui devait en parler à Vincent. Ce qu'il n'a manifestement pas fait, pour une raison ou pour une autre.

— Ce qui importe c'est qu'il est établi que Philippe sait, qu'il y a un révolver chargé dans la commode de la chambre et qu'il comprend que Vincent va le chercher, il en est persuadé, pour se donner la mort et que cette fois, il ne se ratera pas. C'est pour l'en empêcher qu'il l'a suivi dans l'appartement et maintenant dans la chambre ; et la suite est facile à imaginer :

— Vincent se précipite sur la commode, l'ouvre, se saisit du révolver qu'il dirige immédiatement, le doigt crispé sur la détente, vers sa poitrine, à l'endroit du cœur ; mais avant qu'il n'ait le temps de l'actionner, Philippe est sur lui, attrape le canon et le tire violemment vers lui pour qu'il lâche prise, provoquant ainsi le départ du coup, sans que la relative dureté du ressort ne puisse l'entraver compte tenu de la violence du geste. Philippe recule, titube jusque dans le salon où il s'écroule.

— Ce n'est pas Vincent qui a visé le cœur de Philippe et tiré, mais Philippe qui s'est tiré involontairement la balle dans le cœur. Le sort a voulu qu'ils soient à peu près de même taille et que la balle soit déviée du cœur de l'un vers le cœur de l'autre. Quel malheur et quel symbole ! Rien dans les constatations du médecin légiste et de l'expert balistique, ne vient contredire la cohérence matérielle et psychologique de cette explication. »

Il retourne à la place dévolue à la défense.

« Voilà ! Il ne me reste plus qu'à déduire de tout cela les conclusions qui s'imposent. Que vous commande la loi au travers du serment que vous avez prêté en début d'audience, mesdames et messieurs les jurés ? De vous décider suivant votre conscience et votre intime conviction sans jamais cependant, perdre de vue que l'accusé est présumé innocent et que le doute doit toujours lui profiter. Que reste-t-il de la pauvre argumentation de l'accusation ? Rien ! Pas même en vérité, un doute. J'ai fait, je le crois sincèrement, la démonstration de ce que nous sommes indiscutablement en présence d'une tentative de suicide suivie d'un accident mortel survenu dans un climat d'extrême tension, passionnel, objectivement dangereux, et non du meurtre de Philippe Delcourt par Vincent Lambert comme on a tenté, vainement, de vous le vendre, et j'emploie péjorativement ce verbe à dessein. Une tentative de suicide dont la réitération en prison qui n'a échoué que grâce au passage fortuit d'un gardien, c'est dans le dossier, est en quelque sorte la réplique, comme on le dit de la seconde secousse qui suit toujours un tremblement de terre.

Alors ? »

Il fait un écart et se tourne vers son client placé derrière lui dans le box, pour que tous puissent le voir. Assis entre deux policiers plutôt épais et colorés, il accuse une certaine pâleur et maigreur accentuée par le costume clair que, sur son conseil, lui a fait passer sa mère pour la circonstance. Un costume devenu trop grand après son séjour en prison. Il a l'allure d'un immigré en attente d'on ne sait qui, ou d'on ne sait quoi, depuis on ne sait quand, sur le banc d'un quai de gare où l'a déposé un train venu de nulle part. Un émigré qui s'efforce cependant de conserver une certaine dignité ; un émigré dont on devine qu'il a été quelqu'un dans son pays.

« Alors il ne faut pas désespérer cet homme encore jeune dont le seul tort est, sans aucun doute, d'avoir trop aimé. Cet homme qui doit une seconde fois la vie à ses parents qui ont enfin compris, admis, cet amour qui n'est pas celui dont ils avaient rêvé pour leur fils, mais qui, avant tout, l'aiment et ont fait tout ce qui était en leur pouvoir pour le persuader qu'un avenir était encore possible, à la condition qu'il parle et soit entendu. »

Il dirige son regard vers monsieur et madame Lambert qui se sont placés, comme il l'avait souhaité, humblement au fond de la salle. Madame Lambert, recroquevillée sur le banc, pleure dans son mouchoir. Son mari contient difficilement son émotion.

« Vous les avez entendus hier vous dire en toute humilité leurs regrets ou plutôt, leurs remords, de ne pas avoir vu ou voulu voir, malgré une première alerte sérieuse quand Vincent n'était encore qu'un adolescent, quelle orientation amoureuse particulière était la sienne ; à quelles difficultés et incompréhensions, compte tenu de son extrême sensibilité, elle l'exposait sûrement, dans ce monde volontiers intolérant et hypocrite. Des incompréhensions, c'est un euphémisme, dont la partie civile et le ministère public ont témoigné avant la suspension d'audience, de la persistance et de la virulence, au travers de leurs propos insultants pour Vincent, mais aussi pour la mémoire de Philippe Delcourt qui l'a aimé ; mal, sans doute, mais néanmoins profondément, nous ne devons pas en douter.

Mais ce que je regrette peut-être le plus, c'est que les siens, la famille Delcourt, n'aient pas réussi à dépasser ce que, au risque de la conforter dans l'idée que je suis un affreux marxiste athée, je qualifierai de « vision de classe bigote » : une vision étroite pour ne pas dire stupide, qui leur fait croire que serait attachée à leur supériorité matérielle une supériorité morale, et morale, hélas, au sens le plus rétrograde qui soit, oublieux des évangiles et en particulier de celui de Luc, qui offre le royaume de Dieu aux pauvres et de Saint Paul, qui place l'amour au-dessus de tout. Ce qui, aujourd'hui, à la fin du vingtième siècle, devrait conduire ceux qui aiment vraiment, à dépasser tous les vieux interdits fondés sur l'ignorance. La bible aussi, doit constamment être interprétée et réinterprétée en tenant compte de l'élargissement de notre compréhension de la complexité de la nature humaine. »

Il se tourne vers l'avocat de la partie civile et l'avocat général.

« Vous voyez, on peut en appeler aux saintes écritures comme vous, mais à mon humble avis d'agnostique plutôt que d'athée, avec un peu plus d'humanité que vous ne l'avez fait. J'aurais en particulier aimé pouvoir dire ceci à madame Delcourt mère avant qu'elle ne se retire drapée d'orgueil : madame je suis infiniment désolé d'avoir pu vous apparaître parfois agressif, blessant et sans égard pour un chagrin dont en réalité, je ne doute pas un instant ; un chagrin dont, je le sais, aucun mot, aucun discours, ne peut donner l'exacte mesure. J'en suis sincèrement désolé car telle n'était pas mon intention, mais j'espère qu'un jour, par-delà votre chagrin et vos ressentiments, vous comprendrez qu'en fait, j'ai autant plaidé pour votre fils que pour Vincent Lambert en m'élevant contre l'histoire sordide que vos porte-voix mal inspirés, voulaient faire juger par la cour, alors que la vérité était à l'évidence celle d'une belle histoire d'amour. Sachant que si Philippe a été infidèle et si Vincent l'aimait trop, ce n'en est pas moins une belle histoire d'amour, au fond, partagé ; tragique, comme le sont, hélas, trop souvent, les belles et grandes histoires d'amour.

Une de ces belles et grandes histoires d'amour dont on ne se remet jamais quand la mort vient frapper l'autre. Vincent ne fera jamais son deuil d'un amour qui aura été celui de sa vie et je crains qu'il n'éprouve à jamais, bien qu'il soit innocent du crime dont on l'accuse, une culpabilité qui excède les exigences du droit et de sa justice, qu'ont en partage tous les êtres dotés d'une exigeante conscience morale. Ce dont son engagement passé dans l'humanitaire témoigne. Un engagement passé au service désintéressé des autres, auquel vous pouvez, vous qui détenez la clef de son avenir, donner un nouvel élan. »

Il se saisit de la lettre que lui tend Lise et l'exhibe.

« Voilà l'avenir tout tracé de Vincent Lambert remis en liberté. Il est contenu dans la lettre du délégué général de *Soins Sans Frontières* que je vous ai fait passer avant la suspension d'audience. Une lettre datée d'il y a quelques jours seulement, dans laquelle, au vu du certificat de guérison établi par l'hôpital Saint Antoine, il écrit en substance ceci : *« ...mon organisation est prête à confier une nouvelle mission au docteur Vincent Lambert dont le dévouement, la compétence et l'esprit d'équipe ont été très appréciés au cours des précédentes missions, mais à la condition expresse qu'il puisse se rendre disponible dans un délai de deux mois. En effet, passé ce délai, notre offre faite au regard de nos besoins et possibilités actuels, devrait être reconsidérée en fonction de leur évolution. »*

Il replace lentement la lettre dans la chemise dont elle avait été extraite, puis balaie du regard la Cour et le jury.

« Vincent Lambert ne doit pas coucher une nuit de plus en prison. Vous allez l'acquitter parce ce qu'il est innocent du crime dont on l'accuse, parce que la mort de Philippe Delcourt est accidentelle, parce que c'est juste, par ce que c'est bien, parce qu'il ne faut pas ajouter du malheur au malheur, parce que c'est l'intérêt de tous, parce que, sinon, ce serait à désespérer de la justice. Vous allez l'acquitter et dans quelques heures, les formalités d'écrou accomplies, ses parents iront le chercher à la maison d'arrêt. Dès demain l'organisation humanitaire sera avisée de sa disponibilité et dans quelques semaines, il s'envolera de nouveau pour ces endroits où ne vont jamais les touristes, mais où par contre, il fera bénéficier de ses soins des enfants, des femmes et des hommes qui en ont le plus grand besoin. »

Il sourit à l'ensemble des juges, en s'efforçant de croiser le regard de chacun, puis se place de côté pour qu'ils puissent mieux voir son client qui, à son tour, les regarde et, spontanément, se lève, manifestement à bout de forces.

« Merci pour l'attention sans faille, que vous avez bien voulu m'accorder ; merci pour *lui.* »

Il s'assoit. Comme parfois au concert, la dernière note éteinte, suit un moment de suspension du temps et de silence bruissant.

22h00.

En sortant du vestiaire des avocats après être allé saluer la cour selon l'usage, il aperçoit Marion Delcourt et Xénia Manolios qui semblent l'attendre au milieu du couloir désert, adossées à une grande porte ouvragée logée dans un renfoncement. Le temps du procès, ils se sont évités. Lise qui a tenu à attendre le verdict avant de quitter le palais pour rejoindre le collaborateur de Salvin-Lagrezette, lui a prédit avec un air entendu, qu'elles ne manqueraient certainement pas de lui faire part de leur soulagement et de le féliciter pour sa plaidoirie. Il a affecté de n'y attacher aucune importance, mais aurait sans doute été contrarié qu'elles quittent le palais sans plus d'égards pour lui. Marion Delcourt s'approche. Elle est vêtue de son manteau beige à chevrons et col renard du premier soir. Xénia Manolios en manteau de fourrure claire, reste un peu en retrait.

— On a pensé que peut-être, vous accepteriez de nous rejoindre là ?

Elle lui tend un carton.

— Cela ne vous étonnera pas, c'est un restaurant Grec ; de la famille lointaine à Xénia. C'est à dix minutes d'ici à pieds. Mais vous préférez sans doute rentrer directement chez vous où l'on doit vous attendre.

Il réfléchit quelques instants pour la forme.

— Bon ! Je passe un coup de fil et je vous retrouve au restaurant dans un quart d'heure.

— Vous voyez où c'est ?

— À peu près, c'est le quartier latin. J'ai fait une partie de mes études à Assas et je connais assez bien Paris. Je vais venir à pieds, ça me détendra un peu. Je vais juste ranger ma serviette qui est un peu lourde dans la voiture garée au parking Notre dame.

— On peut vous attendre.

— Restons discrets, même si, pour Vincent Lambert, c'est fini. Et puis j'ai besoin d'un petit moment de solitude. C'est toujours comme ça, après les assises.

— Je comprends. À tout de suite.

Il regarde quelques instants s'éloigner les deux jeunes femmes en éprouvant un sentiment un peu trouble. S'il est vrai qu'une sorte de mise au point finale lui semble utile et même peut-être nécessaire, il ne peut pas nier que leur démarche le flatte et que la perspective d'un double tête-à-tête, lui procure d'avance un certain plaisir ; sans doute plus sensuel côté Xénia Manolios et plus amical côté Marion Delcourt. Il retourne au vestiaire téléphoner.

— Je n'ai pas fini. Ne m'attend pas. Je ne serais pas à la maison avant une heure ou deux heures du matin.

En raccrochant, il éprouve un certain trouble en constatant qu'Hannah ne lui a rien demandé : rien sur le déroulement et l'issue de son affaire, rien sur ce qu'il allait faire avant de prendre la route du retour. Alors qu'auparavant, en pareilles circonstances, elle n'aurait pas manqué de lui poser toutes sortes de questions sur les deux points. Elle s'est contentée d'un presque neutre « d'accord ». Il aurait sans doute été un peu embarrassé pour répondre à la seconde question, mais il aurait néanmoins préféré à ce qui ressemble à de l'indifférence, devoir s'expliquer.

Un impérieux besoin de respirer l'air du dehors le saisit. Il sort du vestiaire, gagne la sortie d'un pas de marathonien, s'immobilise en haut des marches du palais et inspire profondément l'air du soir.— « l'air de Paris » ! Le titre d'une chanson de Francis Lemarque, le chanteur favori de sa mère, après André Claveau.

« On ne saura jamais
Si c'est en plein jour
Ou si c'est la nuit
Que naquît
Dans l'île Saint Louis
L'air de Paris »

Il constate, étonné, qu'il a retenu quelques paroles d'un des trois ou quatre 45 tours qu'elle connaissait par cœur et chantait plus qu'écoutait, en repassant une semaine de lessive. Une sorte de Karaoké avant la lettre de la « ménagère de moins de cinquante ans », solitaire et domestique, au moyen d'un électrophone portable recouvert de moleskine jaune et bleue, gagné dans une kermesse. Que vient faire sa mère, ici ?

L'air qu'il respire est humide. Les marches sont luisantes. A l'interruption d'audience de midi, il est sorti pour se sustenter d'un sandwich et de quelques cafés dans la brasserie la plus proche où un échantillon représentatif des jurés, était attablé et menait une discussion animée. Il s'était tenu à une distance déontologiquement irréprochable du jury bis, mais placé dans le champ de vision de certains de ses membres, avait pu néanmoins recueillir les encouragements de quelques sourires. Il ne se souvient plus du temps qu'il faisait dehors à son arrivée et à midi. Faisait-il chaud ou froid ? Pleuvait-il ? Il sort à peine de la bulle dans laquelle il a vécu entre l'ouverture matinale du ban que sonne le tirage au sort des jurés et la fermeture du ban que sonne au soir, le prononcé du verdict.

Le cartable saturé de tout l'attirail documentaire de l'avocat en déplacement, lui semble soudainement peser de tout son poids mort de papier. En se rendant à l'audience, il a grimpé quatre à quatre le même escalier monumental avec le même cartable et la même force de gravitation, sans rien sentir ou presque au bout du bras. Il ne pensait plus alors à rien d'autre qu'au déroulement et au dénouement de « l'affaire ». Maintenant, se glissent de nouveau dans le champ libéré de sa conscience, toutes sortes de pensées et d'images. Telle celle de Luc, qu'il voit, la même relique au bout d'un bras et la robe au bout de l'autre, la pipe à la bouche qu'il ne quittera que pour plaider, aller du cabinet au tribunal de commerce où il se rendait toujours à pied malgré la claudication qu'il devait à une lointaine polio ; laquelle, loin de nuire à sa prestance, témoignait en sa faveur, d'un certain courage.

La grille franchie, il est contraint de faire un détour pour éviter Salvin-Lagrézette qui, de l'autre côté du boulevard du palais, prend congé des Delcourt. Il compatit sincèrement à son calvaire : celui de tout avocat, un jour ou l'autre placé dans l'obligation d'expliquer à un client auquel il tient particulièrement et qui attachait la plus grande importance à son affaire, qu'elle est irrémédiablement perdue ; alors que tout portait à croire qu'elle serait gagnée. Immédiatement après le prononcé du verdict, alors que Vincent Lambert s'effondrait dans ses bras, le bâtonnier enfournait en s'efforçant au calme, son dossier, ses codes et sa *Pratique de la Cour d'assises,* dans sa serviette et un sac d'appoint ; puis quittait immédiatement les lieux sans un regard pour personne, pas même pour l'avocat général avec lequel il avait pourtant partagé la même monture depuis l'ouverture de l'instruction.

Les Delcourt qui l'avaient attendu dans la salle des pas perdus après qu'ils aient quitté prématurément la salle d'audience, étaient sortis avec lui le temps des délibérations mais en fait pour ne pas y revenir, laissant à leur conseil qui les avait sans doute confirmés dans l'idée qu'il fallait s'attendre au pire, le soin d'assumer seul sa défaite. Avec, sur son chemin de croix de la journée, une avant dernière station dans le bureau du président pour la prise de congé d'usage. Lequel président, devant sa mine renfrognée, sans que l'on puisse savoir s'il plaisantait, lui a destiné cette réflexion propre en tout état de cause à le conforter dans l'idée qu'il avait eu affaire à une justice de classe à front renversé : *« vous savez, monsieur le bâtonnier, l'origine de la Cour d'assises est révolutionnaire. C'est avant tout une juridiction populaire créée en réaction contre les juges d'ancien régime, avec les avantages et les inconvénients que l'histoire nous enseigne. Aujourd'hui, elle comporte certes des juges de métier, mais l'esprit qui a présidé à sa création demeure. »* Un magistrat en fin de carrière, blanchi sous le harnais, qui, selon les renseignements glanés par maître Guillemain auprès de greffiers proches de la retraite et de vieux confrères qui ne la prendront jamais, serait passé d'une certaine raideur à une certaine souplesse dans l'écoute des justiciables et l'application de la loi. Ce, à la suite d'un procès en révision qui aurait innocenté, après qu'il ait subi une dizaine d'années de réclusion, l'un de ses anciens évidents coupables. Il lui a fait penser à Gabin dans le rôle du président Leguen du *Verdict* de Cayatte. Un autre scénario, mais une présence comparable.

Il enfile le boulevard du palais et le quai du marché neuf, traverse la rue de la Cité et se retrouve bientôt dans le parking de Notre Dame où il se gare rituellement depuis qu'il est avocat et vient plaider à Paris au rythme d'une dizaine de fois par an. Comme souvent, il erre quelques minutes dans le labyrinthe sépulcral avant de retrouver l'emplacement de sa voiture, garée alors qu'il était déjà immergé dans son dossier. Il jette le cartable et la robe sur la banquette arrière et remonte à la surface avec un profond sentiment de soulagement : toute proportion gardée, après plusieurs jours de huis clos judiciaire en robe, quelque chose de proche de celui éprouvé en quittant l'habit militaire pour l'habit civil après trois ans d'armée.

Dehors, une pluie fine achève de le laver des derniers miasmes. Il ressort le carton du restaurant. *Le minotaure.* Il se rappelle y être déjà allé avec Hannah, un jour qu'elle avait décidé de faire du shoping à Paris pendant qu'il plaidait il ne sait plus trop quelle affaire. Un jour qui lui semble lointain. Depuis quand ne l'accompagne-t-elle plus jamais dans ses déplacements, à Paris ou n'importe où ailleurs ? Il regarde sa montre machinalement, remonte son col et prend résolument la direction de la Crète en essayant d'éclaircir un peu ses motivations. Parfois, les avocats sortent du périmètre strict de la discussion des questions de fait et de droit d'une affaire pour aborder des aspects du litige qui, bien que sans incidence sur sa solution, en éclaire les tenants et aboutissants humains ; en quelque sorte dans l'intérêt de la Justice avec un « J » majuscule. Ils disent alors, volontiers, qu'ils s'expriment « pour la moralité des débats ». Il lui plaît de penser que c'est dans cet état d'esprit qu'il se rend au rendez-vous, mais sans cependant méconnaître l'existence d'autres motivations moins « austères ». Il franchit le petit Pont, rejoint la rue de la Huchette et arrive bientôt à destination. Il entre et avant qu'un serveur n'ait eu le temps de venir vers lui, aperçoit Marion De la Tour Lansac qui lui fait signe depuis le fond de la salle. La table est située dans un angle, isolée du reste de la salle par un refend. Il constate que le restaurant affiche complet.

— Vous aviez réservé ?

Elles se regardent. Un sourire inattendu éclaire le visage de Xénia. Le sourire fossile de la collégienne en vacances à Paros invitée par sa copine Clio. Un sourire d'adolescente prise en faute.

— Je vois, vous étiez à peu-prés certaines que je viendrais. Mais vous n'aviez pas tort.

Il regarde autour de lui. L'ambiance est grecque jusqu'à loucher. Le sirtaki dans les baffles, la tenue blanche et bouffie des serveurs et la coiffe du barman, que des hommes, les plats traditionnels sur les tables, l'Ouzo dans les verres et les fresques aux couleurs criardes dont la plus remarquable donne à voir un Parthénon de péplum flambant neuf duquel on s'attend à voir sortir quelque Victor Mature ou Charlton Heston en chiton. Le sourire de jouvencelle vire ironique.

— On ne peut pas faire plus Kitch. C'est tout le charme de l'endroit.

— Une Grèce d'opérette ; pas très crétoise au demeurant.

— Le patron actuel est d'Athènes. Il a fait refaire les cartes postales murales, mais il n'a pas jugé opportun de changer le nom de l'établissement.

Un serveur s'approche pour lui prendre son imperméable. Il lui tend et s'assoit sans qu'elles le quittent des yeux. Elles occupent une banquette à deux places. Il hésite entre les deux chaises. Devant laquelle se placer ? Il ne veut pas leur donner l'impression de choisir. Choisir ? Il pousse la chaise surnuméraire sur le côté pour être autant que possible entre les deux ; ce qui ne leur a pas échappé. La table est étroite et l'éclairage est tamisé. Ils s'observent quelques instants. À moins de cinquante centimètres, les visages de ses vis-à-vis lui apparaissent dans toutes leurs différences et leur égal intérêt esthétique et sensuel. Il hèle le serveur.

— On prend un ouzo comme tout le monde ?

Elles acquiescent d'un mouvement de tête synchrone.

— Je ne devrais pas ; après une journée comme celle-là, dieu sait quel effet me fera l'alcool ? Mais bon !...

Il remarque que leurs traits se tendent. Il pense qu'elles souhaitent aborder sans plus tarder, pour pouvoir peut-être, ensuite, disposer d'un temps plus léger, le sujet plus ou moins implicite du rendez-vous. Elles semblent hésiter. Il se tourne vers Xénia.

— Le dénouement a dû vous soulager.

— Je l'espérais, mais en même temps, je craignais le pire.

— Ce n'est pas très flatteur.

On savait que vous feriez le maximum, mais on n'a pas une très grande confiance en la justice.

Il remarque le passage du « je » au « on ». Il ne peut s'empêcher de sourire. Le serveur dépose prestement les 0uzo accompagnés de Ktipiti en verrines en précisant à l'adresse de Xénia :

— Cadeau d'Andréas ! Xénia fait un geste de la main en signe de remerciement en direction d'un monsieur chenu, moustachu et corpulent qui surveillait l'opération depuis le bar et lui répond d'un même geste amical.

— C'est le patron ; un cousin « à la mode de Bretagne », si j'ose dire. Je venais ici de temps en temps, quand j'étais étudiante.

Elle baisse la tête et la relève avec un air grave qu'il ne lui connaissait pas.

— Je sais bien ce que vous pensez. Vous trouvez que je ne suis pas la mieux placée pour critiquer la justice.

— Disons que j'y vois un certain humour. Qu'est-ce qui vous a fait craindre le pire ?

— Il y a eu des moments difficiles au cours de l'audience.

— Lors de la déposition de madame Lambert, par exemple ?

— Oui, quand elle a parlé des soutiens dont avait heureusement bénéficié son fils. On a bien senti que ça pouvait déraper. Heureusement qu'elle s'est tournée vers vous et que vous avez pu d'un froncement de sourcil qui semble avoir échappé à presque tout le monde, mais pas à nous, la recadrer.

Le serveur dépose les cartes du restaurant et une petite ardoise sur laquelle figure la suggestion du jour. Ils se regardent et sans plus se concerter, optent pour l'ardoise.

— Madame Lambert ! Encore un peu, et on aurait vu apparaître les coutures du récit. Mais en dehors de cette brave dame un peu affolée, tout le monde savait ce qu'il fallait dire et surtout, ce qu'il fallait ne pas dire.

Marion se penche vers lui, comme si un policier ou un juge assis à une table proche, risquait de l'entendre. Il fait instinctivement de même. Il remarque quelques discrètes tâches de son. Xénia qui s'est également rapprochée, lui livre de même quelques détails encore inaperçus, tel ce grisé de brune authentique, sous le nez, qui lui rappelle celui découvert avec étonnement chez Hannah, rencontrée après la fréquentation assidue d'une petite rousse au teint laiteux.

— Nous souhaitons être totalement franches avec vous.

— J'ignorerais donc encore quelque chose aujourd'hui ?

— Xénia va vous expliquer.

— Vous savez que la perfide c'est moi, mais ce que vous ne savez pas encore, c'est que je ne suis pas étrangère au malheureux « concours de circonstances » qui est à l'origine de l'envoi du dossier de harcèlement sexuel à Marseille par la secrétaire remplaçante de votre confrère. L'envoi qui a tout déclenché.

Il écarquille les yeux.

— Vous pensiez qu'elle avait téléphoné au cabinet dentaire pour avoir Philippe et qu'en son absence, elle avait demandé à son assistante où l'on pouvait le joindre. En réalité, ça ne s'est pas passé comme ça.

— C'est vrai que la secrétaire de Salvin-Lagrézette n'a pas été entendue sur ce point. Ni d'ailleurs l'assistante de Philippe Delcourt. Une lacune du dossier d'instruction qui n'a pas été comblée par le président des assises. Tout le monde a gobé l'explication trouvée dans le dossier. Moi y compris. Mais je n'ai peut-être pas à le regretter ?

Il la regarde l'air suspicieux.

— C'est vous ?

— Oui !

— Mais pourquoi ? Vous ne pouviez pas savoir que c'est Vincent Lambert et non Philippe Delcourt qui prendrait la communication et demanderait l'envoi du dossier.

— Je savais que Vincent et Philippe devaient aller au congrès de Marseille. Je l'ai su en m'y inscrivant moi-même. Je ne sais pas pourquoi, mais j'ai demandé à la personne qui prenait les inscriptions si les docteurs Lambert et Delcourt s'étaient eux-mêmes inscrits. C'était donc le cas, et parmi les premiers. J'ai même su, en prétextant que c'étaient de bons amis, dans quel hôtel ils allaient descendre. C'est alors que l'idée m'est venue de me venger.

— De vous venger de quoi et de qui ?

—De Philippe Delcourt, évidemment !

— Mais c'était déjà fait, non ?

— Ce que vous ne savez pas, c'est ce qu'il a fait après le procès.

Il la regarde dubitatif.

— Je n'osais plus vous contacter. Vous-vous-souvenez, de mon amie Clio Vassiliki.

— La grande copine avec qui vous étiez brouillée depuis votre dernier séjour à Paros, au motif que vous auriez séduit Philippe Delcourt.

— Nous nous étions réconciliées. Peu après mon départ du cabinet, elle m'avait recontactée alors qu'elle était de passage à Paris où elle accompagnait son mari en voyage d'affaires. Elle est venue me voir avec ses deux enfants. Elle semblait heureuse et ne plus attacher d'importance aux raisons de notre brouille.

— Si je me souviens bien, elle est la fille du directeur de la filiale grecque du groupe Delcourt et grand ami de son Président. Elle était donc probablement au courant de ce que vous aviez rejoint, puis quitté, le cabinet de Philippe Delcourt.

— Sans doute, mais par une sorte d'accord tacite immédiat, le sujet n'a pas été abordé. Nous étions redevenues deux vieilles copines sans histoires. Alors, nous nous sommes revues plusieurs fois à Paris et à Athènes où elle habite, à l'occasion de mes visites régulières à mes parents. Et puis j'ai appris, par eux justement, en janvier dernier, qu'elle ne voulait plus me voir. Elle les a priés de me dire que j'étais une salope ; enfin, je traduis du Grec ; mais c'était le sens. Ce qui les a évidemment choqués. D'autant plus qu'ils n'ont jamais su, que nous étions fâchées. Ils me demandaient de temps en temps de ses nouvelles et je trouvais toujours quelque chose à leur raconter.

Il est tenté de lui dire qu'il n'en doute pas, mais s'abstient.

— Clio n'avait pas revu Philippe depuis son mariage.

— Le mariage de Philippe ?

— Non, le mariage de Clio. Je crois qu'elle craignait de le revoir. Je vous ai dit qu'elle semblait heureuse, mais sans passion.

— Et elle ignorait toujours l'homosexualité de l'objet de sa passion ?

— La suite des évènements porte à le croire.

Elle se tourne vers Marion.

— Sans toi je n'aurais probablement jamais su ce qui c'était précisément passé. Le plus simple c'est que tu racontes.

— D'accord. Ils se sont revus à Paros l'été qui a précédé sa mort. Il avait chargé son frère Henri-Marc de l'inviter, au besoin en insistant, selon ce qu'on m'a raconté. Elle avait d'abord refusé, puis son père s'en étant mêlé, elle a fini par accepter.

— Par qui l'avez-vous su ?

— Par Guillaume qui était chez son oncle lorsqu'ils ont parlé des invitations à lancer pour Paros ; Clio et son mari figuraient parmi les invités. J'en ai parlé incidemment à Xénia qui a souhaité en savoir un peu plus, après la visite furieuse de Clio chez ses parents. J'ai demandé à Philippe, à l'occasion d'un de ses passages pour la forme à la maison, s'il avait été content de son séjour à Paros où j'étais, je le savais, *persona non grata* depuis quelques temps pour les raisons que vous connaissez. Philippe avait cependant pris soin de me le confirmer pour le cas où j'aurais pu avoir des velléités de passer outre. Il a d'abord affecté d'être surpris par ma question, compte tenu de ce que ça faisait belle lurette que je ne l'interrogeais plus sur sa vie, disons, « personnelle ». Mais il m'a ensuite regardé avec un air ironique qui m'a fait penser qu'en fait, il s'attendait à ce que je vienne aux nouvelles et qu'il n'allait pas se faire prier pour m'informer sur ce qui s'était passé.

Elle sort une feuille de papier de son sac.

— Vous aviez pris des notes ?

— Non, mieux que ça ! J'ai enregistré la conversation à son insu sur le petit dictaphone portable qui me sert à prendre des notes et qui ne me quitte plus.

— Vous n'avez pas abandonné le projet de roman ?

— De roman ou d'autre chose. Ou de rien. Ce petit appareil est un peu mon confident. Voilà la transcription. Il m'a dit : *« Tu pourras dire à ta complice que je l'ai bien eue. Je sais par la famille que Clio son ex grande copine la revoit. Cette petite Clio est d'une naïveté touchante. Il ne m'a pas été difficile de trouver un moment et un endroit pour que je l'entreprenne sur nos amours contrariés. Elle a tout gobé. »*

Elle interrompt l'écoute.

Je lui ai évidemment demandé de préciser. Il m'a répondu sans hésiter : *« Tu veux le savoir pour lui raconter ? Et bien je vais te le dire. J'ai fait croire à cette petite dinde grecque qu'elle m'a, en fait, toujours beaucoup plu. Mais que j'attendais que notre différence d'âge devienne moins malséante, pour le lui dire et lui proposer de nous voir plus souvent et, pourquoi pas, de nous fiancer un jour. Il est impossible que cela t'ais échappé ! Me suis-je écrié. Elle m'a évidemment répondu, puisque c'était flatteur et que ça ravivait ses rêves d'adolescente de princesse au bois dormant, qu'elle s'en était bien rendue compte mais qu'il lui avait tout de même semblé que j'hésitais entre elle et sa copine. Je lui ai affirmé, la main sur le cœur, qu'il n'en était rien, que je trouvais Xénia aguicheuse, sans classe, vulgaire ; je n'ai pas dit un peu « pute », mais c'est ce qu'elle a probablement elle-même pensé de sa chère copine à ce moment-là. Et sur ce point, il faut bien le reconnaître, elle n'avait pas tort ».*

Elle interrompt de nouveau l'écoute et se tourne vers son amie.

— Excuse-moi, Xénia.
— La première fois a été plus pénible. C'est digéré. Continue !

Elle se tourne vers lui.
— Vous allez voir jusqu'où il est allé : « *Pour être complet, j'ai ajouté que cette fille qu'elle avait si généreusement introduite dans un milieu qui sans elle lui aurait été inaccessible, m'avait affirmé qu'il ne fallait pas se fier à votre air angélique ; qu'en fait, la jeune fille de bonne famille couchait avec tous les garçons du lycée et que ça ne l'intéressait pas de coucher avec un vieux de son milieu. J'ai affirmé que je ne l'avais d'abord pas crue, mais qu'elle m'avait donné des détails qui semblaient probants pour être sans doute tirés de sa propre expérience. Elle m'a alors évidemment demandé ce qui avait pu m'ouvrir les yeux. Il m'a suffi de lui raconter le passage de Xénia au cabinet. Comment, parce qu'elle avait fait de brillantes études et semblait s'être assagie, elle avait réussi à vaincre mes réticences à lui confier la place du collaborateur qui venait de quitter le cabinet. Mais que malheureusement, je n'ai pas tardé à comprendre qu'elle était toujours aussi intrigante et malfaisante ; que son but, c'était de me mettre le grappin dessus, de me séduire et de me pousser au divorce. C'est alors que devant mon refus réitéré de céder à ses avances grossières, elle a changé de stratégie et a fait croire que je l'avais harcelée. Ce qui lui a permis de me soutirer une belle somme d'argent. Après ça, comment ne pas comprendre qu'elle m'avait peut-être empêché de connaître l'amour véritable. Il est hélas trop tard pour changer le cours de nos vies, mais je tenais à ce que tu saches comment toi et moi nous avons été trompés. Tu aurais vu la tête qu'elle faisait ! Je crois bien qu'elle est encore amoureuse de moi, cette conne.* »

— Je lui ai dit que je trouvais cela assez ignoble. Il m'a répondu que Xénia et moi, étions mal placées pour lui faire de la morale, et qu'il fallait bien qu'il se venge un peu des emmerdements que nous lui avions causés.
Elle se tourne vers Xénia.
— Pour la suite, c'est plutôt toi.
— J'étais furieuse.

Il pense que c'est sans doute peu de le dire. Le serveur pose les Kotopita du chef et l'Assyrtiko conseillé. Xénia s'empare de la bouteille et remplit sans manière le verre de chacun sans s'interrompre.

— Je pensais qu'avec sa condamnation pour harcèlement, nos comptes étaient effectivement soldés.

— Mais il avait repris la main.

— Je sais que ce n'est pas brillant, mais c'était insupportable.

— Vous auriez pu lui faire entendre l'enregistrement.

— Je ne voulais pas créer d'ennuis supplémentaires à Marion.

— Alors, l'idée vous est venue de mettre au courant Vincent Lambert du harcèlement ; évidemment en le laissant croire qu'il avait vraiment existé.

— Oui.

— Mais je croyais que votre seul vrai regret était d'avoir pris le risque, précisément, que Vincent l'apprenne compte tenu de sa fragilité ?

Elle baisse la tête comme une gamine surprise le doigt dans le pot de confitures. Il ne peut s'empêcher de sourire devant le curieux contraste que ce sincère, dans l'instant, repentir, produit avec son allure de femme fatale.

— J'ai pensé que Philippe passerait un sale quart d'heure, que Vincent serait sans doute malheureux, mais que dans le contexte de leur escapade sur les bords de la Méditerranée, ça finirait par s'arranger. Il m'a semblé que c'était le meilleur moment, le moins risqué. C'était stupide !

— Alors, l'envoi du dossier ?

— Je ne voulais pas que Philippe puisse prouver que ça venait de moi, mais que par contre, il en soit persuadé. Un envoi anonyme m'aurait désigné. Il fallait que ça ait l'air accidentel. J'ai réfléchi et j'ai repensé à ce que vous m'aviez dit : que vous me restitueriez les pièces de mon dossier quand tout serait fini, avant de l'archiver ; ce qui pouvait demander un certain temps. Ce que j'ai pu en effet constater, puisque je ne les ai toujours pas reçues. J'ai pensé que les pièces du dossier de Philippe pouvaient être encore chez votre confrère. Mon idée, c'était de téléphoner à sa secrétaire en me faisant passer pour celle de Philippe, pour lui demander d'envoyer le dossier à l'hôtel où ils étaient descendus. S'il s'avérait que le dossier n'était plus là, j'avais prévu de dire que mon patron avait dû le réceptionner directement, en oubliant de me le dire. Si elle ne marchait pas dans la combine, je trouverais bien autre chose.

Mais tout s'est passé au-delà de mes espérances. Je suis tombée sur une secrétaire qui m'a semblé un peu inexpérimentée et il faut bien le dire, un peu gourde. Elle m'a appris, sans difficulté que, justement, le dossier faisait partie de ceux qu'elle devait archiver, mais qu'elle avait instruction de demander préalablement au docteur Delcourt à quelle adresse elle devait lui restituer les pièces. Je lui ai dit que c'était précisément pour cela que je lui téléphonais. Elle a tout de même remarqué que c'était celle d'un hôtel. J'ai répliqué en lui disant que le docteur Delcourt voulait montrer son dossier à un célèbre avocat de Marseille. Vu la suite, il faut croire que ça lui a paru plausible.

— Bon ! Il faudrait peut-être qu'on s'intéresse un peu au plat qu'on nous a servi avant que vous me racontiez la suite.

Ils mangent en silence sans grand appétit.

— Je crois qu'on est tous un peu crevé.

— Surtout vous.

— La tension a été forte pour tout le monde, et je constate qu'elle n'est pas complètement retombée. Je me demande si on en aura vraiment fini un jour avec cette affaire ?

Il remplit les verres.

— Il est bon ce vin. Votre cousin ne se fout pas du monde.

— On dit que le vignoble de l'Assyrtico sur l'ile de Santorin, est l'un des plus anciens du monde. C'est ce qu'on ne manque jamais de vous dire sur place. J'y suis allée deux fois en yacht avec Cloé pendant les vacances à Paros.

Elle se tourne vers Marion.

— Ton mari était là. Il t'y avait peut-être emmenée lors de ton voyage de noces ?

— Oui. Il avait parfaitement joué les guides touristiques.

Le serveur débarrasse la table et revient avec la carte des desserts. Ils se concertent silencieusement et s'accordent d'un regard.

— Un café, et ça ira.

Il se retire en faisant un geste d'impuissance à l'endroit de son patron qui avait sans doute l'intention de leur offrir, aussi, le dessert.

— Avant de se quitter, il faut qu'on essaie tout de même d'aller jusqu'au bout de notre histoire. Ce qui m'étonne encore, c'est que Salvin-Lagrezette n'ait pas cherché à en savoir un peu plus sur les circonstances de l'envoi du dossier à Marseille.

— Et d'abord, vérifier que l'assistante de mon mari avait bien téléphoné.

— En fait, il suffit de poser la question pour voir que l'inertie de mon confrère est aisément explicable dans le contexte du moment. Il n'avait pas de raison de douter de la provenance du coup de fil. Que votre mari veuille récupérer son dossier n'avait rien en soi d'extraordinaire. Ce qui ne veut pas dire que le motif qu'a dû lui rapporter sa secrétaire ne l'a pas alerté ; mais pour une autre raison.

— Le motif que je lui ai donné, la consultation d'un célèbre avocat de Marseille ?

— Exactement. Ce n'est jamais agréable pour un avocat, d'apprendre que son client, surtout s'il est important, se renseigne auprès d'un confrère à propos d'une affaire qu'on traite ou qu'on a traitée. On s'attend à le perdre. En l'occurrence, la clientèle qu'il ne fallait surtout pas perdre, c'était moins celle du dentiste, que celle du groupe Delcourt. Il pouvait légitimement craindre qu'Henri-Marc se saisisse de l'occasion pour convaincre sa mère de changer de conseil. J'imagine qu'il a été abasourdi en apprenant au tout début de l'enquête de police, que le dossier avait été transmis par sa secrétaire. Et c'était indiscutable, puisqu'il a été retrouvé dans la valise de Philippe laissée dans la Porsche garée au pied de l'immeuble, dans une enveloppe qui portait au dos le cachet de son cabinet. Interrogé dans le cadre de l'enquête préliminaire, il s'est borné à déclarer que le dossier avait été envoyé au client à sa demande et à l'endroit qu'il avait indiqué, même si cet endroit pouvait surprendre. Il est possible, a-t-il cependant ajouté à ce propos, qu'il ait voulu le revoir avant un rendez-vous qu'il avait pris dans la semaine suivant son retour sans en préciser l'objet. Est-ce vrai ou faux ? Je n'en sais rien. Toujours est-il que le coup de fil préalable de son assistante n'a pas été mentionné. Ce qui fait que ni elle, ni la secrétaire de Salvin-Lagrezette, n'ont été interrogées. Le juge d'instruction s'est contenté de la version soft du témoin qui se trouvait être aussi l'avocat des Delcourt. Lequel avocat a voulu manifestement, d'une part, éviter qu'on apprenne par son assistante que son client s'apprêtait à le « débarquer » et, d'autre part, clarifier le plus rapidement possible son statut dans le dossier. Il faut dire que rien ne lui permettait de penser qu'une certaine Xénia Manolios avait un nouveau compte à régler avec son ancien patron. Il vous a certes de nouveau croisé dans le cadre de l'instruction, mais il ne pouvait pour autant se douter de ce que vous étiez, de nouveau, à la manœuvre. Officiellement et vraisemblablement, vous n'étiez là que pour témoigner du passé.

Marion Delcourt fait une moue dubitative.

— Ce n'était pas gênant que votre confrère soit successivement et même simultanément, témoin et avocat de la partie civile ?

— Ce n'était pas en effet très normal qu'il endosse successivement les deux casquettes. Si des investigations sérieuses avaient été menées sur les circonstances de l'envoi du dossier à Marseille, il est évident que sa position serait devenue intenable. Déjà, maître Guillemain avait eu l'intention de soulever la question. Mais faute d'accord de son client qui refusait qu'il prenne une quelconque initiative, il avait dû y renoncer. Quant à moi, je préférais avoir pour adversaire un Salvin-Lagrezette parfaitement prévisible, que je ne sais qui avec je ne sais quelle idée de l'affaire. Je tenais à avoir le monopole de la surprise. C'était tactique. Je crois que maintenant, tout est aussi clair que possible.

Xénia hoche de la tête de gauche à droite.

— J'ignore encore quelque chose ?

— Vous croyez que c'est la secrétaire de votre confrère qui a téléphoné à l'hôtel à Marseille, mais en réalité, c'est moi. J'avais indiqué à la secrétaire qu'il était inutile qu'elle appelle avant d'envoyer le dossier à l'hôtel, puisque c'était mon patron lui-même qui m'avait téléphoné pour le demander. J'avais appelé à la réception de l'hôtel pour savoir quand ils étaient attendus. J'ai téléphoné deux fois en vain, mais la troisième a été la bonne. Ce n'était pas gagné, mais c'est Vincent que j'ai eu au bout du fil. Dans le cas contraire, j'aurais raccroché. Je lui ai dit en camouflant soigneusement ma voix : *« Bonjour docteur, je suis la remplaçante de la secrétaire de maître Salvin-Lagrezette. Votre assistante m'a dit que je pouvais vous joindre à ce numéro. Je voudrais savoir où je dois adresser le dossier Manolios, puisque l'affaire est terminée. Maître Salvin-Lagrezette qui est en congés, a noté sur le dossier de ne pas vous retourner le dossier avant de vous avoir eu personnellement au téléphone. »*

— C'est exactement ce que m'a rapporté Vincent Lambert. Il s'est rappelé du moindre mot.

— Moi aussi, vous voyez. Ce que j'ai craint pendant le procès, c'est que Vincent Lambert parle de l'appel reçu à l'hôtel.

— Je lui avais dit de ne pas en parler. Je ne voulais pas qu'il reconnaisse avoir laissé croire qu'il était Philippe Delcourt. On aurait pu le comprendre, mais je préférais que le mensonge soit intégralement de l'autre côté. Il suffisait que le réceptionniste lui ait remis le pli par erreur.

Il se tourne vers Marion Delcourt.

— Vous étiez au courant de tout ça ?

— Oui. On s'est demandé s'il fallait vous en parler. Enfin, moi, puisque vous ne vouliez plus avoir de contacts avec Xénia.

— Peu importe au final. Je pense que je n'aurais pas agi différemment. Il ne fallait rien faire qui puisse déstabiliser Vincent Lambert. Vous savez qu'il avait totalement confiance en vous, mademoiselle Manolios.

Le serveur apporte les cafés. Il avale le sien d'un trait.

— Je crois que je vais rentrer.

— Avant que vous partiez, je voudrais que vous me disiez si vous me considérez comme une meurtrière ?

— N'exagérez pas ! Juridiquement, il n'était pas exclu que le dévoilement de votre action dans le déroulement de l'affaire, puisse avoir quelques conséquences judiciaires, mais sans pour autant que cela puisse caractériser une intention criminelle. Et je ne pense pas que la situation soit fondamentalement différente sur le plan moral. On ne peut pas vous juger en fonction des conséquences, surtout que vos agissements ne sont pas les causes uniques et directes de la mort de Philippe Delcourt. La différence entre le plan juridique et le plan moral, tient à la sanction : si vous échappez au jugement de la société, vous n'échappez pas au jugement de votre conscience ; ce dont d'ailleurs tout votre comportement dans le cadre du procès de Vincent et l'inquiétude persistante que l'on entend dans votre question, témoigne assez. Mais il ne faudrait pas que cela vous empêche de vivre. Encore une fois, n'exagérez pas.

Elle baisse la tête. Marion lui entoure les épaules d'un bras et se penche sur son visage à presque l'embrasser.

De retour vers le parking de Notre Dame, il s'efforce, avec plus ou moins de succès, de tenir à distance les questions qui, déjà, lui viennent à l'esprit sur fond d'une certaine « confusion des sentiments ». Ce n'est pas la première fois qu'il constate au moment de boucler un dossier, qu'il a occupé alternativement la place du stratège et du pion, mais jamais d'une manière aussi initiale, continue et flagrante. Ce n'est pas la première fois non plus, qu'il doit reconnaître qu'il a accordé une part excessive à la « subjectivité » dans la conduite d'une affaire, mais de ce point de vue aussi, d'une manière inusitée, comme en témoigne la déception qu'il éprouve de ne pas avoir occupé, pour un moment privilégié, une autre place que celle de l'avocat ; fût-il tout de même, cet avocat, d'une assez grande « proximité ».

Vendredi 29 janvier/11h45.

Il rentre d'audience. Avant d'aller à son bureau, il passe au secrétariat s'informer des nouvelles du jour au moment où Edith raccroche le combiné de son téléphone.

— Ah ! Vous voilà !

— Vu le ton, on dirait que je réapparais après six mois d'absence sans avoir donné de nouvelles.

— Ici, quatre jours, ça vaut bien six mois.

— Je n'ai pas chômé.

— Je n'ai pas dit que vous étiez à la pêche.

— Encore heureux. Deux jours de formation permanente à Bordeaux, un aller et retour à Blois et ce matin la cour.

— Le pauvre homme !

— Tiens ! Vous donnez toujours la réplique à votre fille depuis le temps ?

— Pourquoi vous me dites ça ?

— Vous ne vous rappelez pas ? Il y a presque un an, vous m'avez expliqué que votre fille devait jouer une scène de Tartuffe. Elle faisait Dorine et vous Orgon, le patron.

— C'est vrai. Quelle mémoire ! Maintenant je m'en souviens. C'était même le soir où vous avez fait la connaissance de…

— De qui ?

— Ne me dites pas que vous n'avez pensé qu'à moi ; c'est flatteur, mais je n'y crois pas.

— Marion Delcourt ou plutôt, désormais, Marion de la Tour Lansac ?

— Vous voyez !

— Il n'y a rien d'étonnant à se souvenir d'une cliente. Surtout que ça ne fait pas si longtemps que l'affaire Lambert est close.

— Close, ça reste à voir avec ces gens-là.

— Il y aurait du nouveau ?

— Pour l'instant, un coup de téléphone de madame Lambert pour vous dire que son fils est au Sahel ; en Haute Volta. Il a atterri dans un bled… je ne sais plus exactement ; Roudagalou, Dagadoualou… quelque chose comme ça.

— Ce ne serait pas plutôt Ouagadougou ?

— C'est ça ! Vous y êtes allé en vacances ?

— Non, mais le bled en question, c'est la capitale, tout de même.

— Vous auriez pu jouer au *Jeu des mille francs* à la radio, avec Lucien Jeunesse. Je vous y aurais bien vu.

— Pas moi. Remarquez, je serais certainement plus célèbre en gagnant le gros lot qu'en obtenant un acquittement. Mais à part ça, que vous a-t-elle dit d'autre, madame Lambert ?

— Elle m'a demandé si « Vincent » vous avait écrit. J'ai préféré lui répondre que je n'en savais rien ; que ce n'est pas moi qui ouvre le courrier. J'ai bien senti qu'elle n'était pas dupe. Je suis comme elle, je trouve que le Vincent, il aurait pu trouver un moment sous les cocotiers pour vous envoyer une petite bafouille. Lise m'a raconté qu'il vous est tombé dans les bras quand il a su qu'il était acquitté, mais un petit geste à froid n'aurait pas été de trop.

— On peut le comprendre. Je l'ai aidé à s'en sortir, mais je fais tout de même partie du cauchemar. Et puis, je préfère son silence à l'attitude de ce gars qui avait tué son frère d'un coup de couteau à pain au cours d'une bagarre dans la cuisine familiale et qui m'avait invité à sabrer le champagne pour fêter sa libération. Vous-vous en souvenez ?

— L'affaire Caron. Il y a trois ans. Vous disiez que son frère le martyrisait.

— Peut-être, mais c'était tout de même son frère. Je dois dire que son attitude m'a fait revoir le dossier sous un autre jour. Enfin !

— Madame Lambert m'a encore dit, qu'avant son départ, son fils et le docteur Janin se sont revus. Il a revu aussi, évidemment, Xénia Manolios qui, pour madame Lambert, est une sainte. N'empêche remarquez, qu'elle et son mari qui sont en manque de petits-enfants, aimeraient bien que le fiston s'y intéresse autrement, à la sainte vierge ; vous voyez ce que je veux dire...

— Ça ne risque pas d'arriver. Ou alors, il faudrait que le fiston, comme vous dites, accepte de jouer les Joseph et que Dieu nous refasse le coup de l'immaculée conception. Ce qui peut arriver, par contre, c'est qu'un jour Vincent Lambert apprenne la vérité à son sujet et qu'il la tienne pour responsable de son malheur. Et de là à ce qu'il me reproche de lui avoir dissimulé certaines choses ; dans son intérêt, certes, mais avec une personnalité intransigeante comme la sienne...

— Qu'il la tue et qu'il vous tue dans la foulée en pensant que vous avez été son complice ?

— Sait-on jamais ? Mais c'est très hypothétique ; surtout s'il reste en Afrique. Et puis, pour intransigeant qu'il soit, ce n'est pas pour autant un violent.

— Ce n'est pas sûr du tout qu'il reste en Afrique, puisqu'il paraît que le docteur Janin lui a proposé de venir travailler avec lui après sa mission ; et qu'il n'a pas dit franchement non.

— Janin est un type intelligent et un véritable ami pour Vincent ; mais c'est vrai qu'avec le temps et l'habitude, on finit souvent par baisser la garde et sans s'en rendre compte, par laisser s'éventer un secret.

— Ne me faites pas peur. Cette histoire a fait déjà assez de dégâts.

— Y compris des dégâts collatéraux. Pensez à ce pauvre Salvin-Lagrezette. Un infarctus dans la nuit qui a suivi les assises, c'est un peu troublant tout de même. Je suppose que les Delcourt, y compris la douairière, ce qui a dû le toucher au cœur, étaient en train de l'agonir de reproches quand je l'ai vu de l'autre côté du boulevard du palais après le prononcé de l'acquittement. Finalement, je l'aimais bien.

— Pourtant, vous ne lui faisiez pas de cadeaux.

— C'est vrai, et particulièrement dans l'affaire qui lui a été fatale.

— Il devait être malade.

— Son collaborateur, que fréquente Lise assidument, comme vous le savez, lui a appris qu'il était coronarien.

— Vous feriez bien de vous méfier vous aussi. Vous êtes encore jeune, mais avec la vie de dingue que vous menez…

— Ce n'est pas la première fois que vous jouez les Cassandre. Mais cette fois, je vous le promets, je vais faire sans tarder un check-up.

— Comme toujours, vous ne prenez rien au sérieux.

— C'est tout le contraire, et c'est peut-être en fait ça, qui me tuera.

— Bon, passons. Ah oui ! J'ai eu un autre coup de fil. Un certain maître Roth ; François Roth. Il m'a demandé si vous aviez recruté quelqu'un pour remplacer… Enfin, remplacer, c'est lui qui a employé le mot. Il va tout de même falloir que vous fassiez quelque chose. Lise et vous, ça ne peut plus suffire. J'ai pris son téléphone.

— Appelez le pour lui donner un rendez-vous dans une quinzaine de jours, par exemple.

Il regarde sa montre.

— Il est midi.

— Repartez déjeuner. Si vous allez dans votre bureau, vous n'allez plus en sortir. J'ai posé tout le courrier sur votre fauteuil, celui du palais rapporté par lise, et celui de la boite postale qui était pleine. J'ai jeté un coup d'œil. Ça peut attendre votre retour. Laissez-moi votre cartable.

Il hésite.

— Filez, je vous dis !

Dans l'escalier, il pense à Luc qu'en une telle circonstance, il serait allé déloger de son retrait studieux pour aller à la Brasserie d'en face, « chez Alejandro », Alexandre Carrère de son état civil, un client dépaysant, bien que son hispanisme ne tienne qu'à ses vacances depuis vingt ans sur la Costa Brava. Le bel hidalgo sur le retour, l'aurait accueilli, selon le rite, avec l'accent de rigueur et des « maître » par ci et des « maître » par-là, auxquels Luc aurait répondu d'un gracias senior el restaurador, tiré, sans garantie d'un dictionnaire de poche de survie français/espagnol. Il n'y est plus allé depuis la mort de Luc, craignant qu'Alejandro se croit obligé de lui faire son oraison funèbre en s'asseyant en face de lui pendant qu'il avalerait une paëlla ou une tortilla aux courgettes et poivrons rouges, sa spécialité.

Sorti de l'immeuble, l'idée lui vient sans prévenir, d'aller marcher vers la place Victor Hugo où il le sait, se trouve le cabinet d'Aronstein.

Il a entendu Hannah la veille au soir, alors qu'il rentrait du cabinet, dire au téléphone avant de raccrocher, qu'elle « y serait à midi. » Il n'avait pas pensé sur le coup à ce jeune médecin chez qui il l'a imaginée plus d'une fois, allongée sur le divan, se déshabillant de ses pensées les plus intimes ; de ces pensées auxquelles, lui, n'a plus accès. Il l'a en fait aussi, parfois, imaginée se déshabillant en un sens moins figuré. Il avance d'un pas résolu, et se trouve bientôt devant une plaque en laiton dont la rutilance confirme une installation récente :

Docteur Daniel Aronstein,
Psychiatre-psychanalyste,
2ème étage.

Et maintenant ? Monter ? Pourquoi faire, pour quoi dire ?

La porte cochère comporte un guichet qui se met soudain à vibrer sous l'impulsion d'une main énergique qui s'efforce de le décoller du grand battant dans lequel il est fiché. Il court vers le refuge que lui offre, à deux pas, un tube Citroën. C'est la première fois qu'il se trouve dans une pareille situation. Il s'efforce de contenir l'émotion qui le gagne à l'idée que la main pourrait être celle d'Hannah. Plaqué contre l'arrière de l'utilitaire, il entend des pas à talons qui s'approchent. Il effectue une manœuvre de contournement côté rue, pour ne pas être vu. C'est Marion De la Tour Lansac. Elle marche d'un pas régulier et souple, avec un discret balancement des hanches. Une voiture surgit et s'arrête en double file ; une imposante Mercedes noire, la vitre avant côté trottoir abaissée. Il entend : « montez Marion ». Le ton hésite entre l'ordre et l'invitation. Elle s'est immobilisée un très court instant, surprise, puis, après avoir identifié la voiture et sans doute aussi la voix, reprend sa marche comme si de rien n'était. La Mercedes la suit. Elle s'arrête à nouveau et se penche, manifestement excédée.

— Qu'est-ce que vous voulez ?

— Soyez raisonnable, montez, il faut que je vous parle.

La porte s'ouvre poussée par une main gantée. Les vitres teintées interdisent d'en voir plus. Elle hésite un peu, puis monte. La voiture démarre aussitôt et tourne bientôt à droite. Il sourit en pensant qu'il vient d'assister à une scène classique de polar. La berline haut de gamme ne lui est pas inconnue. Il revient sur le trottoir et réfléchit. Il voit Henri-Marc Delcourt en descendre il y a trois ou quatre mois devant le Conseil de Prud'hommes où il avait été convoqué pour s'expliquer sur les tours de passe-passe financiers entre la holding florissante du groupe et la filiale en prétendues difficultés économiques, qui venait de licencier une cinquantaine de salariés. Le chauffeur lui avait ouvert la porte devant le ban et l'arrière ban des syndicalistes de l'entreprise, à la fois hilares et furieux.

Dans quel but est-il venu la surprendre en bas de chez Aronstein ? Pourquoi a-t-elle finalement accepté de monter dans sa voiture ? Il se sent un peu désemparé. Il décide d'aller chercher un sandwich dans la boulangerie où Edith s'approvisionne en croissants. Un jambon-beurre à la main, il rentre au cabinet. Les secrétaires déjeunent dans la salle polyvalente. Il va sans bruit s'enfermer dans son antre. Il pose son frugal repas entre deux piles de dossiers à voir dans l'après-midi et déplace le tas de courrier non encore lu, déposé sur son fauteuil par Edith, au sommet de l'une des piles ; à l'exception d'une enveloppe qui attire son attention. Elle n'est pas timbrée et ne comporte d'autre indication que son nom. Pas de « maître » et pas d'adresse, juste « Paul Mauduit » écrit à la main. Elle a probablement été déposée au cabinet.

Il l'ouvre. Comme il s'en doutait, c'est la réponse de la femme de Luc à sa proposition de rachat de ses parts dans la société civile professionnelle par Lise à un prix qu'il estime, en accord avec le bâtonnier consulté, raisonnable. Lise n'est pas riche et devra tout emprunter. La lettre est longue. Il devine qu'elle va être pénible à lire. Il reprend son sandwich, qu'il entame avec une voracité due autant et plus à l'agacement qu'à la faim. Il constate, sans grande surprise, que le rachat des parts est l'occasion pour elle, une seconde fois, de régler il ne sait en fait exactement quels comptes. Il se sent envahi par une grande lassitude. La porte s'ouvre brusquement.

— Vous êtes là ?

— Non.

Édith s'approche et le dévisage.

— Vous, ça ne va pas !

Elle avise la lettre.

— Elle l'a apportée juste après que vous soyez sorti. C'est à peine si elle m'a dit bonjour. Vous ne l'avez pas croisée ?

— Non, et tant mieux.

— Elle n'est pas d'accord ?

Il lui tend la lettre, qu'elle parcourt, indignée.
— C'est nul ! Pauvre maître Duquesne, il ne méritait pas ça et vous non plus. Lise ne pourra pas payer une pareille somme, la pauvre !
— Ne vous inquiétez pas, on va s'arranger. Bon, quel est le programme ?

TROISIÈME PARTIE

SCP Mauduit & Duquesne Avocats

—

Dossier n° 82/49

—

De la Tour Lansac (Delcourt)
c/ Delcourt

—

Dossier en rapport avec les affaires
Manolios C/Delcourt, Delcourt c/ Delcourt
et Lambert c/Ministère public et Delcourt

Jeudi 4 février/17h15.

Le téléphone sonne. Il décroche. Lise.

— Ah ! vous être rentré.

— Décidément, on croirait que je ne suis jamais là.

— Ce n'est pas ça, mais je croyais que vous étiez encore à la maison de l'avocat. Qu'est-ce que ça a donné ?

— Si vous étiez venue, vous le sauriez déjà.

— Je préférais vous laisser faire. Je n'avais aucune envie de me retrouver en face de la femme de maître Duquesne pour parler de sous.

— Et moi, alors ?

— Vous, ce n'est pas pareille.

— C'est ça ! Enfin, c'est tranché. Élisabeth a fini par accepter notre ultime proposition, ma chère associée. Vous signerez les actes dans une quinzaine de jours.

— Vous savez que ça me fait drôle. Je n'en reviens pas. Mais ça me fait un peu peur, aussi.

Un silence.

— Ça n'a pas été trop pénible, tout de même ?

— Si, mais Jeandreau, le délégué du bâtonnier, a très bien joué la carte de l'arbitrage.

— Elle était accompagnée ?

— Par Derozières, le notaire de l'évêché.

— Ce n'est pas aussi celui des Delcourt ?

— Eh oui ! Le monde est petit, comme dit l'autre. Mais finalement, il lui a conseillé d'accepter.

— Il voulait peut-être éviter la bagarre ?

— Je crois qu'il a compris qu'à défaut, on allait vers une impasse, à la fois pour sa cliente et ses émoluments.

— Mais on en reparle demain si vous le voulez bien ; j'ai quelques urgences à régler.

— Attendez, encore un mot. Vous allez voir que c'est marrant que vous ayez rencontré ce matin le notaire des Delcourt. Devinez qui, on m'a passé en votre absence ?

Il pense immédiatement à la scène dont il a été le témoin il y a quelques jours.

— Madame veuve Marion Delcourt ?

— Plutôt madame De la Tour Lansac. Il y a de l'eau dans le gaz avec la sainte famille, j'imagine ?

— Je n'en sais rien ; elle n'a rien voulu me dire. Il y a des clients comme ça. C'est un peu frustrant. J'ai bien vu qu'il était inutile d'insister. Je lui ai donc proposé un rendez-vous avec vous. Elle voulait absolument que ce soit avant la fin de la semaine. D'après votre agenda, j'ai vu que vous n'aviez qu'un rendez-vous ce soir, à 18hOO. Une affaire nouvelle. J'ai pensé qu'une heure, ça devrait aller.

— Autrement dit, le rendez-vous aristocratique est à 19h00.

— J'ai eu tort ?

— Non-non.

19h10.

Elle retire et dépose son manteau sur le second fauteuil, s'assoit et lui sourit un peu nerveusement.

— Je ne pensais sincèrement pas devoir vous solliciter une nouvelle fois. Tout semblait réglé depuis le *modus vivendi* trouvé chez le notaire, et puis voilà que ma belle-famille revient à la charge et veut tout casser.

L'expression de son visage hésite entre colère et angoisse. Elle s'efforce de maîtriser son émotion, mais il lui semble qu'il n'en faudrait pas beaucoup pour qu'elle pleure. Ce qui, de la part de cette patricienne, certes affranchie des vanités de sa caste, mais tout de même imprégnée de l'apprêt de son éducation, le surprend.

— Bon ! Je crois qu'il faut d'abord que je vous explique ce qui s'est passé depuis notre dernière entrevue. Je vous ai déjà un peu parlé de Guy. On s'est revu. On a même décidé d'aller plus loin ; d'essayer de retricoter quelque chose ensemble. En fait, on a pensé qu'il serait bon, pour mettre le maximum de chances de notre côté, que nous quittions la France.

— Je vois que vous ne faites pas dans la demie mesure et je ne serais pas étonné que votre présence ici, ait un rapport avec la réaction du clan Delcourt à ce projet ; bien entendu, en ce qui concerne Guillaume. Surtout si vous projetez d'aller vous installer à Chicago ; par exemple !

— Vous n'oubliez décidément rien. Je dois dire que c'est agréable de ne pas avoir à reprendre tout à zéro. Mais je crois vous l'avoir déjà dit. Effectivement, c'est à Chicago que nous pensons. Guy n'aime pas l'atmosphère de Paris et moi, de notre ville où j'ai toujours l'impression d'être observée. Ce qui d'ailleurs ne doit pas être totalement faux, même si maintenant, je suis débarrassée des domestiques. Ici, il n'y a pas besoin de scénario et de mise en scène pour faire du Chabrol. Guy a la possibilité de rejoindre l'agence mère de sa société d'architecture, et moi, je vais peut-être pouvoir bénéficier d'un poste d'assistante à l'université privée de Chicago, située dans le quartier de Hyde Park, pas très loin de l'agence, justement.

— L'université où a enseigné très longtemps Paul Ricoeur.

— Qu'hélas, je ne vais pas remplacer.

— Que pense Guillaume de tout ça ?

— Pour l'instant, rien de bon. Comme vous le savez, il est très attaché à la famille d'Henri-Marc, mais aussi à sa grand-mère qui ressemble, il est vrai, de plus en plus à une vraie grand-mère. D'ailleurs, il va chez eux quand il le veut et plus souvent que ne le prévoit notre accord. C'est Guillaume qui en a parlé à ses cousines, qui ont évidemment immédiatement vendu la mèche.

— Vous même, n'en aviez pas du tout parlé au clan ?

— Non, nous attendions que Guy ait la confirmation de son retour dans le Midwest ; une confirmation qui est venue tardivement. Ils ne m'ont pas laissé le temps de les informer. C'est Henri-Marc qui a pris les devants. Et de quelle manière !

Son visage exprime cette fois une indignation plus en rapport avec son caractère. Il devine qu'elle fait allusion à la scène dont il a été le témoin il y a quelques jours. Il préfère feindre de l'ignorer pour éviter d'avoir à lui donner des explications qui risqueraient d'être quelque peu embarrassées.

— Que voulez-vous dire ?

— Il m'a accostée à la sortie du cabinet du docteur Aronstein. Vous voyez où il se trouve ?

Il acquiesce d'un bref coup de tête vertical.

— Oui, c'est vrai, vous connaissez.

Il s'efforce de ne pas laissez paraître l'agacement provoqué par sa remarque.

— C'était vendredi dernier. Il était en voiture. Seul, alors qu'il se fait toujours conduire par son chauffeur. Il a lourdement insisté pour que je monte dans son carrosse. J'ai nettement senti une menace, mais ce n'est pas ça qui m'a décidée à monter. J'ai préféré qu'il vide son sac tout de suite, plutôt que de devoir m'attendre à je ne sais quoi. En route, il n'a rien dit, sinon qu'on allait discuter en prenant un verre dans les salons de l'hôtel Regina.

— L'unique cinq étoiles de la région. Ce qui correspond dans la hiérarchie militaire, à général d'armée.

— Vous avez fait votre service national ?

— Un peu plus.

— Ah oui ?

— Le rapprochement est incongru, mais j'ai eu l'occasion d'aller prendre un verre avec un client au bar de cet hôtel dont le luxe et l'ambiance feutrée, m'avaient rappelé le cercle interarmées de Paris où j'ai été de faction deux ou trois fois. Ça doit être ça.

— Remarquez, je vois bien Henri-Marc dans l'uniforme et la fonction, compte tenu de sa conception, très militaire, du management. Ce que vous devez savoir, avec tous les procès que vous lui faites.

— J'ai même eu comme client un cadre de l'état-major ou autrement dit, du comité de direction ; l'ancien directeur administratif et financier du groupe qui avait eu le malheur de désobéir à un ordre de transfert de fonds vers les îles Caïmans. Autant d'argent qui allait sortir de l'assiette de l'impôt sur les sociétés, mais surtout, du calcul de la participation des salariés aux fruits de l'entreprise.

— Il est décidément parfait.

— Je suppose qu'en l'occurrence, il avait choisi l'hôtel Régina, avant tout parce qu'il est situé en dehors de la ville.

— Certainement et j'ai eu rapidement l'impression que ce n'était pas un avantage pour cette seule occasion.

— Tiens ! vous avez pensé qu'il pouvait y avoir ses habitudes ?

— Que le directeur de l'établissement le connaisse, ce n'est évidemment pas surprenant, puisqu'il est le patron des patrons de la région, mais sa réaction en me voyant à ses côtés, m'a paru instructive. Il a cru bon, en effet, de lui demander avec un air embarrassé, s'il avait prévenu de sa venue ; il voulait manifestement être certain qu'il n'y avait pas eu un fâcheux oubli de son personnel.

— D'une certaine sorte de réservation. Vu l'heure, d'une table, mais peut-être pas seulement ; d'une table dans une chambre. Dans un hôtel de ce niveau, on ne sert pas que dans la salle du restaurant.

— C'est bien à ça que j'ai pensé.

— L'hôtel Régina serait sa garçonnière. Un modèle de père de famille nombreuse catholique comme lui ! Louis Jouvet dans *Drôle de drame* !

— On passe du général à l'évêque, mais ça lui va bien aussi. Quoi que je n'aurais jamais pensé jusqu'à ce moment, qu'il puisse avoir une double vie. En tout cas, il était visiblement très agacé du manque total de discrétion, de tact, du directeur. Mais sa réponse n'a pas été elle-même très adroite.

— Il lui a dit que pour une fois, il ne venait pas « pour ça » ?

— Il ne faut pas rêver, tout de même ! Mais c'était bien le sens. Il lui a dit exactement : *« je veux seulement disposer d'un salon pour prendre un verre avec madame. »* Le « seulement », valait néanmoins, évidemment, confirmation du bien-fondé du soupçon. Ce qui a ajouté à son agacement.

— C'est une information qui n'est pas dénuée d'intérêt.

— Sur le personnage ?

— Peut-être pas seulement ; on verra.

— Et pour finir, comble de maladresse, le directeur s'est adressé à moi pour s'excuser. Un peu perfide, je lui ai demandé de quoi ?

— Que vous n'étiez pas celle qu'il croyait. Le pauvre larbin en chef a dû être très embarrassé.

— Il s'est mis en vrille comme aurait dit Brel, avant de nous conduire, courbé, dans un petit salon discret.

— Et là ?

— Et là, Henri-Marc a commencé par un discours flatteur dont bien entendu, je n'ai pas été dupe un seul instant. Il s'agissait de m'amadouer. En substance, il m'appréciait beaucoup malgré nos divergences et il comprenait qu'une femme encore jeune, séduisante et cultivée comme moi, désire refaire sa vie.

— Mais ?

— Mais je ne devais pas oublier que Guillaume est un Delcourt et qu'il serait criminel— c'est le mot qu'il a employé —, de le priver de l'avenir brillant auquel sa naissance et ses capacités, évidemment d'ores et déjà jugées exceptionnelles, le destinent.

— On est en plein dans l'univers bourgeois du 19ème siècle : le patrimoine, la bienséance et le lupanar.

— Vous savez bien que dans ce milieu, rien au fond n'a vraiment changé. Je lui ai demandé sèchement de bien vouloir en venir au fait. Ce qui évidemment lui a déplu. Fini l'encensoir. Il s'est redressé, il m'a toisée et il m'a dit sur un ton péremptoire : *« Il est hors de question que Guillaume vous suive à Chicago ; nous vous en empêcherons par tous les moyens. »* Il fallait voir son regard ! Je me suis efforcée de ne pas le laisser paraître, mais il faut bien reconnaître qu'il m'a un peu déstabilisée. J'ai failli fuir ; me lever et faire appeler un taxi.

— Mais vous êtes restée.

— J'ai tout de même eu le temps de réfléchir un peu. S'il m'a quasiment kidnappée et emmenée loin de tout, c'est évidemment pour que je me sente un peu plus à sa merci. Il ne fallait surtout pas que je lui donne l'impression de l'être.

— Vous l'avez donc affronté. Ce qui ne m'étonne pas de vous. Et ce n'est pas une flatterie.

— Je lui ai répondu que son attitude était inacceptable ; que jusqu'à nouvel ordre, j'étais en possession de l'autorité parentale et qu'il était donc hors de question qu'il décide de l'avenir de Guillaume à ma place. J'avais retenu vos leçons. J'ai ajouté que, contrairement à ce qu'il pensait, cet avenir n'était nullement tout tracé et qu'il appartiendrait le moment venu à Guillaume de décider d'entrer ou non dans l'entreprise familiale.

— L'entreprise familiale ! Compte tenu de la taille internationale du groupe Delcourt, la formule est amusante. Mais c'est vrai que la quasi-totalité des actions est détenue par la famille et, dans la famille, en partie maintenant par votre fils. Une partie non négligeable, dont vous assurez la gestion dans le cadre de l'administration légale sous contrôle judiciaire. Ce qui, évidemment, n'est pas pour plaire à votre belle famille. On a vu chez Derozières à quel point le sujet était sensible.

— Je m'en souviens. Pour tenter, tout de même, de faire baisser un peu la tension, je lui ai représenté qu'il y avait d'excellentes universités aux USA et que Guillaume deviendrait parfaitement bilingue, ce qui pouvait être intéressant pour l'entreprise qui a d'importants intérêts outre atlantique.

— Au cours de notre premier entretien, vous m'aviez raconté que lors de votre voyage de noces, vous aviez dû rendre une visite d'affaires commandée par Henri-Marc, au patron d'une société du comté d'Orange près de Los Angeles.

— C'est quand même étonnant que vous vous souveniez d'un pareil détail.

— Je n'ai aucun mérite. J'ai relu mes notes du dossier de divorce avant de vous revoir.

— Vous aviez noté ça ?

— Non, car c'était effectivement sans grande importance pour le dossier. Mais en relisant mes notes, tout le détail de nos entretiens passés m'est revenu. Il n'y a pas que les petites madeleines trempées dans le thé, pour faire revivre tout un monde lointain. Je suppose que l'argument universitaire et du bilinguisme, l'a laissé de marbre.

— Il était, je dois le reconnaître, assez pauvre. D'ailleurs en guise de réponse, il s'est levé, il a reboutonné son manteau, il a avalé debout d'une traite le scotch que le directeur en personne lui avait apporté sur la pointe des pieds, et, en remettant ses gants— car il porte des gants, ce qui aujourd'hui est plutôt rare— sans me quitter des yeux et en me donnant l'impression qu'il les enfilait dans le but de m'étrangler, il m'a tenu un discours que je suis en mesure, moi aussi, de vous restituer dans le détail ; mais sans grand mérite de ma mémoire.

— Dois-je comprendre que vous aviez votre petit dictaphone portable dans la poche ?

— Je vous l'ai dit au Minotaure, il ne me quitte plus. Certaines femmes ont un révolver dans leur sac, moi c'est un magnétophone. Je pense qu'il y a peu de chances qu'on m'assassine physiquement, mais il y a d'autres façons d'assassiner les gens.

— Avez-vous jamais enregistré nos conversations ?

Elle le regarde avec une surprise qui ne lui paraît pas feinte.

— Jamais ! Vous ne faites pas partie de mes ennemis, que je sache. Vous voulez me fouiller ?

— Il faudrait pour cela, d'abord que j'en ai le droit et, ensuite, à supposer que je l'ai, il faudrait pour la bienséance, que je fasse appel à l'une de mes secrétaires. Et je sais bien, qu'aucune n'accepterait.

— Ce sont les seules raisons ?

— Non, je vous taquine. Je n'ai aucune crainte avec vous, d'une arrière-pensée malveillante. Par contre....

— Je vous vois venir. Vous pensez à Xénia. Mais je vous l'ai déjà dit, s'il est vrai qu'elle a pu vous a tromper, je peux vous assurer que, néanmoins, jamais elle n'a voulu vous nuire. Ne soyez pas trop rancunier.

— Vous avez raison. Vous m'avez dit aussi un jour, que le charme qu'elle dégage, rendait difficile de lui en vouloir. C'est vrai aussi. Voyons la tirade d'Henri—Marc.

Elle pose son sac sur le bureau et l'ouvre.

Pour pouvoir extraire du sac le magnétophone, elle sort tout un attirail féminin, qu'elle dépose sur le bureau. L'objet trouvé, elle replace tout ce qui le recouvrait, dans le parfait désordre où il était auparavant. Il est sensible à ce petit déballage fait sans manière devant lui, qui lui semble, en effet, confirmer, après l'épisode du Minotaure qui l'a scellé, l'existence d'une certaine confiance et, donc, intimité.

— Cette fois, je n'ai pas fait la transcription. Le son n'est pas fameux, mais on comprend quand même assez bien ce que dit mon délicieux beau-frère. On dirait un vieil enregistrement à la radio ; une archive.

Elle actionne la mise en marche de la bande magnétique :

« Mon ami Jacques Grandin a eu tort de vous présenter à notre famille. Ce n'était pas une bonne idée. Il aurait été préférable pour tout le monde, et d'abord pour Philippe, que vous restiez à son service. Nous avons cru que certaines valeurs étaient attachées à vos origines. C'était une erreur. En réalité, il ne fallait rien attendre d'une « fin de race ». Vous avez d'abord voulu divorcer – on sait par quel moyen et avec quelle complicité – mais les circonstances, auxquelles vous n'êtes pas étrangère, vous ont conféré un bien plus avantageux statut de veuve. Une « veuve joyeuse » dont on découvre maintenant, non seulement qu'elle va convoler avec le greluchon qui l'avait mise enceinte, mais qu'elle a l'intention de nous priver d'un enfant dont

nous sommes la seule famille ; d'un enfant qui nous est très attaché ; d'un enfant auquel le plus bel avenir est promis, pourvu qu'on ne le sépare pas des siens.

Nous sommes déterminés à vous en empêcher. Nous estimons que jusqu'à présent, nous n'avons pas été bien défendus. Salvin-Lagrezette était un ami de la famille et ma mère a toujours refusé, au nom du passé, que nous prenions un autre avocat. Elle se rend compte aujourd'hui qu'elle a été aveuglée par ses sentiments. Nous avons consulté un grand avocat parisien qui a réexaminé minutieusement tous les dossiers. Il a conclu à l'existence d'un véritable complot. Il nous a conseillé de recourir à un détective privé. Vous connaissez le procédé, puisque vous y avez eu recours vous-même pour essayer, vainement, de trouver un motif de divorce.

Nous avons appris beaucoup de choses sur vous et votre « petit ami ». Certaines, il est vrai, nous étaient déjà partiellement connues, mais notre avocat de l'époque, trop peu combatif, nous avait déconseillé d'agir. Je vais vous donner quelques exemples de nos découvertes pour que vous soyez bien convaincue que nous ne bluffons pas. Nous savons maintenant que vous êtes en fait très liée à Xénia Manolios, et depuis longtemps. Vous-vous êtes fréquentées assidument à l'insu de Philippe, et vous avez inventé toutes les deux l'histoire du harcèlement. Un scénario mis en scène par votre avocat commun véreux, dont j'espère bien obtenir, un jour ou l'autre, la radiation du barreau. Ce qui a permis à l'une d'empocher la somme nécessaire à son installation aux frais de son patron, et à l'autre, d'obtenir un motif de divorce ; rendu certes inutile par la mort de Philippe, mais ce n'était pas prévu. Ce qui ne veut pas dire que sa mort n'ait rien à voir avec vos agissements. » Un silence. *« Quand je pense à tout ce qu'on vous a donné et tout ce qu'on vous donne encore. Quand je pense à la manière dont cette intrigante, déjà, de Xénia, a été accueillie à Paros par mon ami Alexis Vassiliki ; on peut le dire, comme une seconde fille ! »* Un autre silence.

« Et puis il y a eu le procès de Lambert, l'assassin de mon frère ; l'assassin deux fois, de mon frère, car il ne s'est pas contenté de lui tirer une balle dans le cœur, il a encore fallu qu'il le fasse passer pour un sodomite. Le procès a été, comme le précédent, truqué à l'instigation et sous la conduite experte de Mauduit qui a réussi à mettre tout le

monde dans sa poche. Nous disposons, là aussi, d'éléments suffisants pour le démontrer. » Silence.

« Mais revenons à Guillaume. Nous savons que vous fréquentez assidument le cabinet du docteur Aronstein pour essayer de trouver des parades à la résistance qu'oppose vaillamment le petit à la présence de plus en plus fréquente de Dumur. Non seulement il n'a pas besoin d'un père de substitution, mais nous sommes persuadés qu'il sent qu'il a affaire à quelqu'un de pas très net. A ce propos, savez-vous pourquoi ce monsieur a quitté la France en vous laissant enceinte ? Enfin, pas pour longtemps, puisque vous êtes allée vous faire avorter en Suisse où ce n'était pas illégal ; pas illégal, mais pas sans conséquences pour votre équilibre mental : deux hospitalisations à plusieurs mois d'intervalle, ce n'est en effet pas anodin. Notre détective n'a pas pu savoir avec certitude si vous connaissiez la raison de la fuite de Dumur, ou s'il vous l'a cachée.

Elle stoppe, le rouge aux joues.

— J'étais clouée au fond de mon fauteuil. Incapable de l'interrompre, incapable de dire quoi que ce soit. Vous-vous rendez-compte des mensonges, de la grossièreté, de la violence, de l'ignominie de tout ça ! Il s'est rassit au bord du sien, le buste en avant, son regard haineux planté dans le mien, les poings serrés comme dans des gants de boxe. Ce n'était plus l'homme froid, cynique, que je connaissais, mais quelqu'un qui parvenait à peine à se contenir.

— Ce qui confirme la dimension affective exceptionnelle de l'enjeu pour lui ; et le clan, bien sûr. Il n'est plus dans le simple calcul d'intérêt, même si un tel calcul n'est certainement pas totalement absent.

— Même le directeur de l'hôtel n'en revenait pas. Il ne pouvait pas entendre notre conversation, mais il voyait bien l'agitation de son prestigieux et habituellement certainement, très hautain, client. J'ai bien vu qu'il jetait un regard inquiet dans notre direction. Malgré le luxe du lieu, j'étais tombée dans un traquenard sordide. En d'autres circonstances, je lui aurais probablement sauté à la gorge. Mais là, j'étais littéralement paralysée. Ce qui évidemment ne lui a pas échappé. Il triomphait. Il me tenait à sa merci. Le moment de m'asséner le dernier coup de masse était arrivé. Je ne savais pas encore ce qu'il allait inventer, mais j'avais bien compris qu'il avait une autre explication que le stage que Guy avait obtenu à Chicago.

Elle remet en marche la bande magnétique :

« *S'il a fui aux States, le sieur Dumur, ce n'est pas seulement pour parfaire sa formation d'architecte comme, peut-être, il vous l'a fait croire ; c'est d'abord parce qu'il craignait fort d'aller en prison ; parce que ce monsieur est un pédophile. Vous-voulez des détails ? C'est dans le rapport. On en a la preuve ; on a toutes les preuves !* »

Elle appuie nerveusement sur « stop ».

— Il s'est interrompu un instant pour jouir de l'effet produit par une telle accusation, Puis il a poursuivi son entreprise de démolition avec le calme sadique du bourreau qui a tout son temps.

Elle remet en marche :

« *Cela étant, que ce soit bien clair. Vous pouvez faire ce que vous voulez de votre personne et vivre avec qui vous voulez comme vous voulez, mais certainement pas embarquer Guillaume dans l'aventure – une aventure pour vous, et un cauchemar pour lui et pour nous. Car vous allez lui faire courir – vous lui faites déjà courir – un risque extrêmement grave, autant physique, psychique, que moral. Vous avez pu déjà constater que depuis que vous l'avez mis en présence de votre ami et que vous lui avez parlé de votre projet commun, ses résultats scolaires ont baissé ; alors que c'est normalement un excellent élève. Nous pouvons tous témoigner de ses angoisses : moi, sa tante, ses cousines, sa grand-mère qui elle aussi, ne vous en déplaise, a noué avec son unique petit-fils, le fils de son fils assassiné, des liens très chaleureux. Mais je pense encore à sa tante Salomé qui n'a pas eu le bonheur d'avoir des enfants et qui voit en Guillaume bien plus qu'un neveu. Il n'a pas échappé à Aronstein, que les problèmes que vous rencontrez avec Guillaume, ne sont pas anodins. Il a bien compris qu'il n'avait pas affaire à une mère un peu trop soucieuse de bien faire. Il faut dire qu'avec vous, ce n'est pas la mère qui domine, c'est la femme ; et je suis poli ! Vous préférez la fuite, tout plaquer, y compris le médecin qui ne tient pas le discours attendu, plutôt que de devoir renoncer à votre amant et à vos projets de far West* » Un silence.

« *Alors, ou bien vous nous laissez Guillaume, ou bien nous remettons tout en cause. Et tant pis pour un éventuel scandale ; notre famille, après tout, en a vu d'autres. Si vous nous laissez Guillaume, nous sommes prêts à vous assurer de quoi ne pas avoir de soucis matériels. Vous n'avez aucune fortune et votre particule ne vous sera pas d'un grand secours en Amérique. Quant à votre ami qui n'a même pas été foutu de prendre la direction de l'agence parisienne d'architecture comme cela avait été prévu, je sais ce qu'il gagne ; c'est le salaire d'un petit cadre chez moi. Le train de vie que vous avez ici, vous nous le devez. A défaut d'accord, nous comptons bien remettre en cause aussi, les conditions financières de l'armistice signé après la mort de Philippe. Rappelez-vous que c'est sur les assurances que vous nous aviez données que vous ne quitteriez pas la région, qu'elles ont été acceptées ; c'est acté. Je m'arrête là. Si nous n'avons pas de bonnes nouvelles de vous d'ici huit jours, nous considérerons que la guerre est déclarée et vous ne tarderez pas à en connaître les conséquences. »*

Elle stoppe. Les effets ravageurs de la réécoute, sont manifestes. Il l'entend respirer et inspirer profondément.

— Il s'est levé et il a appelé le directeur pour lui demander s'il pouvait trouver quelqu'un pour me ramener chez moi. Le directeur s'est empressé de lui répondre qu'il n'y avait aucune difficulté, qu'il s'en chargeait ; puis il a tourné les talons, me laissant plantée là, sans réaction, après avoir posé un billet sur la table du salon en ajoutant : *« c'est pour le taxi »*. Le billet est évidemment resté sur la table. Voilà ! Les huit jours expirent demain ou lundi au plus tard.

— C'est pour cela que vous vouliez que notre rendez-vous ait lieu avant la fin de la semaine ?

— Oui, bien sûr.

Elle le regarde avec insistance.

— Vous ne semblez pas tellement surpris ; et encore moins affolé ? Ça me rassure un peu. Vous ne croyez pas à l'histoire de l'enquête ?

— L'enquête existe, c'est certain, mais ce n'est pas nécessairement un drame. Je ne vous ai jamais vue aussi angoissée. C'est bien sûr parce qu'il est question de Guillaume.

— Ils ne m'ont jamais vraiment fait peur ; du moins tant qu'il s'agissait de moi et de moi seule.

— Mais vous n'êtes plus seule.

— C'est vrai, mais je ne voulais pas, jusqu'à présent, mêler Guy à tout ça.

— Mais il est au courant maintenant.

— Non. Je n'ai pas eu encore le courage de lui en parler.

Son visage s'assombrit. Elle fronce les sourcils et détourne la tête. Elle sort un mouchoir de son sac et essuie délicatement le coin des yeux.

— Ce salaud d'Henri-Marc a fait mouche.

— Qu'est-ce que c'est que cette histoire de pédophilie ?

— Une histoire de fou !

— Donc il y a bien eu quelque chose et vous étiez au courant.

— Oui, mais je préférerais que Guy vous en parle lui-même.

— C'est possible ?

— Pourquoi pas ?

— Je vais le mettre au courant de tout dès ce soir. En attendant, je vous demande de m'accorder que si j'avais le moindre doute sur l'innocence de Guy, je l'aurais immédiatement quitté.

Il se penche vers elle.

— Madame De la Tour Lansac, comment pourrais-je en douter ?

— C'est gentil de m'appeler par mon nom de jeune-fille.

— Après ce que vous venez de me raconter, je ne peux plus sans risquer de vous insulter, vous appeler Delcourt.

— Merci.

— Dans le contexte, il n'est pas étonnant que Guillaume soit un peu perturbé.

— C'est vrai qu'il est assez hostile à la présence de Guy, malgré les précautions qu'il prend pour ne pas brusquer les choses. Je crois que Guillaume s'interroge sur la mort de son père et qu'il me reproche de ne rien lui dire de clair à son sujet. En fait, je ne lui parle jamais directement de son père, contrairement sans doute à ses oncle, tante et grand-mère ; avec l'embellissement que l'on devine aisément. Comment expliquer à un gosse de son âge ce qu'étaient nos relations et les circonstances de la mort de Philippe ? C'est ce que j'ai essayé de voir avec le docteur Aronstein. Sans grand résultat, il faut bien le reconnaître. D'ailleurs, le jour où Henri-Marc m'a accostée à proximité de son cabinet, je venais de lui dire que je n'avais pas l'intention de continuer à le voir. À ma grande surprise, non seulement il n'a pas essayé de me dissuader d'interrompre les séances alors que jusqu'à présent, il m'exhortait à la patience, mais il m'a dit qu'il le comprenait très bien et que c'était mieux ainsi. « Mieux ainsi », ce sont ses mots, c'était tout de même assez curieux, et ce d'autant plus, qu'il paraissait soulagé.

— C'est effectivement curieux.

— Tellement, que j'en ai parlé à Xénia. Vous la connaissez, elle n'en est pas restée là. Elle est allée à la pêche aux renseignements.

— Je crois me souvenir que c'est elle qui vous l'avait indiqué.

— Tout à fait. Elle savait où se renseigner et ce qu'elle a découvert est très déstabilisant.

— Ah !

— J'ai appris qu'il va bientôt fermer son cabinet en ville pour se consacrer au département de psychiatrie de la polyclinique de La Roncière.

— C'est le grand bâtiment en voie d'achèvement qu'on aperçoit de l'autoroute, situé sur les hauteurs de la ville, en lisière du bois de Saint Arnoult. Je dois dire que j'aime assez l'architecture, mais ce n'est pas la question.

— La question, c'est qu'Aronstein va y occuper le poste de médecin-chef.

— En effet, médecin-chef de ce qui sera sans doute le plus grand établissement de soins privé de tout le secteur, à son âge, c'est tentant. Dans le public, il faudrait qu'il attende pas mal d'années. Jusqu'à présent en dehors de son cabinet en ville, il ne fait, je crois, que quelques vacations au Centre hospitalier départemental.

— Oui, c'est ça, en pédopsychiatrie ; c'est pourquoi je pensais qu'il était compétent pour m'éclairer sur le comportement de Guillaume et celui que je devais adopter. Ce qui est troublant, c'est que le principal actionnaire n'est autre que Salomé Delcourt.

— Autant dire que, d'une manière ou d'une autre, la clinique appartient aux Delcourt.

— Vous le savez bien, ils sont partout. Il n'est pas exclu que l'oncle dont je vous avais parlé à plusieurs reprises précédemment, mon cher oncle Julien, qui a des actions dans plusieurs établissements de ce genre par le biais d'un fonds d'investissement, y soit pour quelque chose. Je sais qu'il fréquente à nouveau ma belle-famille. Ce qui a sans doute d'ailleurs permis à Henri-Marc d'être informé de l'avortement.

— Et vous pensez que dans le cadre des réunions qui ont dû être nombreuses entre Salomé Delcourt et Aronstein, la conversation a pu, entre médecins, dévier quelque peu sur votre cas.

— Sans être franchement paranoïaque, avouez qu'on peut le penser.

— J'avoue. Qui savait que vous aviez rendez-vous avec Aronstein, jeudi dernier ?

— Personne. Pas même Guy.

Il est tenté de lui dire : et il n'a même pas attendu ; il est arrivé pile quand vous sortiez, je l'ai bien vu.

— Vous pensez qu'il a été prévenu par Aronstein ?

— Je ne vois pas d'autre explication. Et vous ?

— J'avais pris rendez-vous une semaine auparavant, mais j'aurais pu ne pas venir ; j'ai déjà déplacé des rendez-vous. Et puis j'imagine mal Henri-Marc poireauter en bas de l'immeuble d'Aronstein. C'est un homme qui n'attend jamais. Je suis persuadée qu'il était chez sa mère. Vous savez que son hôtel particulier est à cinq minutes, tout au plus, en voiture.

— Vous êtes certaine de n'avoir parlé à personne des problèmes que vous rencontriez avec Guillaume et de ce que vous consultiez Aronstein pour tenter de les résoudre ?

— Absolument certaine. Aronstein m'avait bien entendu demandé de venir avec mon fils, mais je lui avais expliqué pourquoi, dans le contexte particulier de mes relations avec ma belle-famille, c'était exclu.

— Il est donc parfaitement au courant de tout. Mais peut-être pas, tout de même, de l'accusation de pédophilie dont avait fait l'objet monsieur Dumur.

— Si ! Il m'avait évidemment interrogée sur le comportement de Guy pour voir si le blocage pouvait venir de lui, et je lui avais raconté l'histoire pour lui en montrer l'absurdité et lui faire comprendre pourquoi, malgré lui, Guy qui en est resté profondément meurtri, est toujours sur la réserve ; que le moins qu'on puisse dire, c'est qu'il ne fait rien pour affriander Guillaume. Je lui avais fait part aussi de mes craintes qu'un jour ou l'autre, les Delcourt apprennent l'existence de cette histoire.

— Il faut qu'on tire tout ça au clair sans tarder. Je vais vous donner un rendez-vous tout de suite. Vous devez connaître à peu près les horaires de monsieur Dumur.

— Il travaille souvent assez tard, mais il s'arrangera.

Il décroche le téléphone.

— Édith, vous-voulez bien m'apporter l'agenda.

Son pas un peu lourd la signale bientôt près de la porte. Il n'attend pas qu'elle frappe pour lui crier « entrez ». Elle entre en haussant les épaules, fait le tour du bureau, dépose l'agenda devant lui et désigne avec fermeté du doigt une disponibilité.

— J'ai regardé, c'est le seul créneau possible ; en surnombre, bien entendu.

Il lève la tête vers la cliente à laquelle la scène semble apporter un instant de détente bienvenu.

— Samedi prochain à midi. Ça vous va ?

— Je croyais que le cabinet était fermé le samedi.

— En principe.

Édith lève les yeux au plafond et se tourne vers la cliente.

— Et ne parlons pas du dimanche ! Les lundis matin, j'ai toujours des tas de choses à taper en urgence.

— En effet ce n'est pas très raisonnable ; mais, d'accord pour samedi midi.

À l'adresse d'Édith :

— Je suis désolée

Édith fait semblant de ne pas avoir entendu, referme l'agenda et quitte le bureau aussi promptement qu'elle y était entrée.

— Vous avez une secrétaire un peu rude, mais décidément très dévouée. Je m'en étais aperçue dès le premier rendez-vous.

— C'est une perle, pas très lisse en effet, mais néanmoins de grande valeur.

— Il est peut-être préférable que Guy vienne seul ?

— Non. Vous m'avez bien dit qu'il ne vous avait rien caché.

— Absolument !

— L'entretien aura donc pour but, hormis de m'informer, de définir ensemble une parade.

— Je ne doute pas que vous la trouverez, mais vous savez, je suis vraiment très inquiète. Je sais qu'ils ne reculeront devant rien pour m'atteindre. Le jour de l'agression d'Henri-Marc, je me suis fait couler un bain bouillant pour me détendre un peu, et j'ai réfléchi. Je me suis souvenu d'une conversion troublante avec ma belle-mère. C'était il y a environ un mois. Elle était venue reconduire Guillaume chez moi un dimanche après-midi. Ce qui est exceptionnel. D'habitude, c'est Justin, le chauffeur de son fils, qui s'en charge seul. Mais cette fois-là, selon ce qu'il m'a dit devant mon étonnement en me remettant « monsieur Guillaume » à la barrière, il la conduisait après à Deauville où elle devait passer quelques jours dans la propriété familiale. Au moment de partir, elle a demandé à Justin d'abaisser la vitre et m'a fait signe de m'approcher, sans se déplacer. Elle était assise de l'autre côté de la banquette arrière de l'immense Mercedes de l'entreprise. J'étais pliée en deux, la tête dans la fenêtre latérale de la portière comme dans la lunette d'un pilori. Voilà les propos de la reine mère et grand-mère : *« Cela fait quelques temps que je voulais vous voir » – « Me voir ? » – « Oui, au sens propre ; vous regarder ou plutôt, vous admirer. Tout le monde me dit que vous êtes resplendissante. Je voulais m'en assurer par moi-même » – « Qui, on ? » – « tout le monde ! Aussi bien les femmes que les hommes ». – « Je ne comprends pas où vous voulez en venir, Hélène. Si vous avez quelque chose à me dire... ». – « C'est pourtant simple. Je vous ai connue plutôt morose, nostalgique, durant votre mariage, et voilà qu'à peine veuve, vous semblez avoir retrouvé tout votre éclat d'antan. Celui que vous aviez encore au retour de votre voyage de noces » – « Et alors ? » – « Alors on sait bien ce que cela veut dire, ma chère. » – « Et en quoi ça vous regarde ? » – « En rien, si votre nouvelle vie avec votre ancien amant ne perturbe pas l'équilibre de notre petit Guillaume ; en tout, dans le cas contraire. Ne l'oubliez pas ! ».* Comme vous voyez, c'est précis. Je ne l'ai pas enregistré puisqu'elle m'a prise par surprise, mais pour ne rien oublier, j'ai tout noté dans la foulée. J'étais courbée à me ficher le torticolis ou un lumbago alors qu'elle trônait dans son manteau d'Oslo au fond de son carrosse. Elle s'est détournée et a fait signe, royale, à son chauffeur, de démarrer ; ce qui équivalait à me faire jeter dehors par un laquais. J'aurais dû lui faire un pied de nez, mais je ne l'ai pas fait.

— Question d'éducation.

— Ou plutôt, de présence d'esprit. Elle, par contre, a trouvé le moyen de me jeter encore un peu de fiel le temps que Justin dont j'ai croisé le regard désolé dans le rétroviseur, s'exécute : *« Au fait, que devient la pulpeuse Xénia Manolios ? Êtes-vous toujours ensemble ?* Elle a attendu de vérifier qu'elle avait fait mouche, pour ajouter : *« Vous voyez que le procès de l'assassin de mon fils m'a fait progresser dans la compréhension des mœurs actuelles. »*

— Si je comprends bien, ce qu'a insinué la matriarche, c'est que Xénia Manolios aurait été pour vous, plus qu'une amie et complice.

— C'est bien ce que j'ai compris, après un peu de réflexion.

— Même question que tout à l'heure : vous aviez parlé de Xénia Manolios à Aronstein ?

— Je vous l'ai dit, je ne lui ai rien caché. Comme avec vous, il est médecin.

Il est tenté d'apporter quelques nuances, mais s'en abstient.

— Mais qu'est-ce que vous lui avez dit, exactement ?

— Elle baisse la tête.

— Voulez-vous que j'éteigne la lumière ?

Elle lui sourit.

— Non, je n'ai plus les moyens de certaines pudeurs. Et je sais que vous pouvez comprendre que, moi aussi, bien que je sois une femme, je puisse être sensible à son charme.

— Vous avez raison, Je crois que de la même façon qu'il y a des groupes sanguins universels, il y a des êtres dont le pouvoir de séduction est lui aussi universel ; un pouvoir de séduction compatible avec n'importe quelle orientation sexuelle. Et il faut sans doute être de bois, pour ne pas y être sensible. Mais ne lui rapportez pas cette remarque.

— Vous savez, elle connaît son pouvoir et je peux vous dire qu'il ne lui a pas échappé que vous n'étiez pas aveugle ; même si vous vous êtes toujours efforcé de garder la bonne distance professionnelle.

— Trahi par mon effort même.

— Mais notre entretien de ce soir ne la regarde pas. On a, c'est vrai, une certaine complicité, mais on ne se dit pas tout. Pour revenir à Aronstein, j'ai eu le tort de lui faire part de mon trouble. Et à ma grande surprise, il a semblé y attacher une certaine importance ; alors que pour moi, ce trouble n'avait jamais dépassé, disons, le niveau d'un flirt ; un léger pas de côté, une petite expérience sensuelle originale.

— Et Xénia ?

— Je pense qu'elle a souhaité que je me laisse aller. Ce que je n'ai jamais fait. Mais je ne suis pas certaine d'avoir bien interprété son comportement.

— Vous ne lui connaissez aucune liaison ?

— Non. Ni masculine ni féminine. J'ai bien senti que pour Aronstein, il ne faisait guère de doute que nous étions allées plus loin que je ne voulais le reconnaître.

— Comme le pense sans doute avec lui, votre belle-mère.

— Et maintenant, place à la pédophilie de Guy ! C'est très déstabilisant de penser qu'elle et Henri-Marc pourraient être en mesure de tout remettre en question.

— Je ne le crois pas. L'autorité de la chose jugée n'est pas absolue, mais elle permet tout de même de contrer certaines ardeurs processives malveillantes et malsaines. Vous savez, malgré l'apparence de coup de théâtre de l'intervention de votre beau-frère, je pense que l'analyse de la situation que j'avais faite au moment de l'affaire Lambert, est toujours d'actualité. Je ne crois pas qu'il ait l'intention et les moyens juridiques d'engager je ne sais quelle procédure en révision, ou de déposer je ne sais quelle plainte. Henri-Marc et sa mère se délectent de vous foutre la trouille en vous touchant au point le plus sensible — Guillaume— mais réfléchissez : à supposer qu'ils puissent encore aujourd'hui, après la disparition de votre mari démontrer l'existence des tromperies dont ils prétendraient avoir été les victimes, ils savent bien qu'ils ne pourraient soutenir sérieusement qu'ils en ont ignoré l'existence à l'époque de leur commission supposée ; ils ne pourraient autrement dit, nier qu'ils ont préféré s'en accommoder. Qui croirait que des gens de leur condition et de leur trempe auraient pu être victimes des mauvais conseils de leur avocat, de surcroît ancien bâtonnier et ami notoire de la famille ; un avocat décoré dont on viendrait tenter de ternir la mémoire après toute une carrière passée au service principal des ingrats ? En ce qui concerne l'avocat véreux— c'est-à-dire le vôtre— dont la radiation du barreau est espérée, je crains qu'elle ne demeure un phantasme pour ceux qui l'espèrent. Il est possible que le grand avocat parisien qu'ils ont choisi pour réparer les prétendus manquements de l'ancien, leur ait fait miroiter ma déchéance pour leur faire plaisir, se faire un peu mousser et ajouter à votre désarroi, mais je ne suis pas très inquiet. Cela supposerait, vous le comprenez, la réouverture plus qu'improbable des dossiers des épisodes antérieurs et qu'il soit démontré que j'ai failli gravement à la déontologie de ma profession. Ce qui n'est pas le cas ; mais ce qui ne veut pas dire que mon confrère n'essaiera pas de me « chercher » un peu sur ce terrain. Je ne serais pas étonné de recevoir à cet égard, une lettre du bâtonnier. J'aviserai. Non ! Même s'il faut s'attendre à tout, ce tout aura des limites. Au final, les Delcourt s'en tiendront au passé officiel, quitte à l'embellir un peu, et ils n'engageront qu'une seule procédure : celle qui a trait à la garde de votre fils. Ils n'ont certainement pas plus envie aujourd'hui qu'hier, qu'on découvre l'envers peu catholique de leur pieuse image familiale ; quoi qu'ils disent, ils craignent autant aujourd'hui qu'hier le scandale. Et ils ne sont certainement pas prêts à accepter de jouer l'avenir aux dés. Car ce n'est pas le moindre charme de la justice, d'être le plus souvent imprévisible.

— Donc vous pensez qu'Henri-Marc fanfaronne, quand il prétend que le clan est prêt à tout.

— Pouvez-vous me citer une seule occurrence où les Delcourt se sont jetés à l'aventure sans réfléchir précisément aux conséquences de leur action ?

— Vous avez sans doute raison. Je crois que seul Philippe aura été capable d'un peu de folie pour son amant. Il faut lui rendre cet hommage.

— Je crois comme vous, que s'il était parvenu à se libérer totalement de l'emprise de sa famille, tout aurait été différent et qu'il serait probablement encore vivant et heureux avec Vincent Lambert. Ce que démontre cette nouvelle affaire, c'est que cette famille est indécrottable.

— Et l'ultimatum ?

— On verra ce qu'on fera samedi, mais en tout état de cause, il est hors de question que vous cédiez à une quelconque injonction de l'adversaire. Je ne sais pas encore ce que je vais faire, mais ce qui est certain, c'est que je ne vais pas me précipiter.

— Comment je fais, en attendant, pour Guillaume ? Le week-end dernier, il n'est pas allé chez eux parce que c'était mon week-end, mais normalement, le week-end prochain, il y va.

— Si j'ai bien compris, d'habitude, c'est Justin le chauffeur d'Henri-Marc qui vient le chercher et qui le ramène. Je pense que c'est ce qui va se passer. Ils ne voudront pas vous donner l'impression d'être fébriles et ils ne voudront pas commettre une infraction à la règle conventionnelle en ne vous ramenant pas l'enfant. Ils ne peuvent pas, à la fois, jouer les vertueux, et se faire justice à eux-mêmes ; surtout que votre départ n'est pas encore absolument certain.

Il se lève, elle fait de même, passe son manteau l'air songeur et lui serre la main avec un sourire qui en dit long, à la fois, sur les espoirs qu'elle place en lui, et les efforts qu'elle fait pour tenir à distance l'angoisse qui l'étreignait avant l'entretien. Il la raccompagne jusqu'à la porte. En revenant vers son bureau, il regarde sa montre : 20h 20. Il a vingt-cinq minutes de route. Les enfants seront probablement couchés quand il rentrera. Il avait promis de rentrer avant huit heures ! Il va appeler à la maison pour leur dire bonsoir s'il est encore temps.

Samedi 6 février/12 h 05.

Il dit au revoir à son précédent client sur le palier, quand arrive Marion De la Tour Lansac accompagnée d'un homme à peu près de la même taille qu'elle. Elle lui serre la main et s'écarte. Comme toujours, le premier contact s'accompagne d'une recherche dans sa galerie de portraits d'acteurs, d'une ressemblance. Il avait imaginé un Samy Frey, sans doute parce qu'elle lui avait fait penser la première fois à Delphine Seyrig. Celui qui lui tend la main lui fait plutôt pencher pour un personnage de film italien d'après-guerre. Il est assez trapu : Raf Vallone dans *Riz amer* avec Silvana Mangano et Vittorio Gassman. L'homme le dévisage comme s'il cherchait, lui aussi, à l'associer à une icône. Sa poignée de main est franche et ferme. Sa compagne l'entraîne sans plus attendre vers le bureau où elle choisit le siège placé un peu en retrait, près de la fenêtre. Il désigne pour la forme l'autre fauteuil au nouveau venu, qui s'assoit et le fixe derechef en faisant manifestement effort pour ne pas laisser transparaître le malaise qu'il éprouve à l'idée de devoir s'expliquer à nouveau, sur des faits anciens qu'il s'était efforcé d'oublier.

— Si vous le voulez bien, on va en venir directement au fait. Il s'agit pour noyer le pétard des Delcourt, que vous m'expliquiez les circonstances et le devenir de l'accusation de pédophilie dont vous avez fait l'objet avant votre départ à Chicago.

Son interlocuteur un peu décontenancé par le renoncement à toute forme de préliminaires, s'efforce pendant quelques secondes de rassembler et ordonner ses idées.

— La plainte est venue des parents de l'adolescent à qui je donnais des cours de math quand j'étais encore étudiant. Le gamin s'appelait Dominique Buffières. Il habitait sur les hauteurs, rive droite, pas très loin de l'école d'architecture, mais par contre assez loin du magasin de ses parents situé sur la rive gauche. Quand je donnais des cours à leur fils— leur fils unique —, ils n'étaient pas là. Enfin, la mère a été présente les deux ou trois premiers cours, et comme cela s'était très bien passé, je ne l'ai plus revue. La plupart du temps, j'arrivais après le départ de la bonne.

— Combien de temps ça a duré ?

— Un an et trois mois. Au rythme, hors vacances, de deux cours par semaine d'une heure et demie. En fait, je ne faisais pas que des maths avec lui ; je l'aidais à l'occasion, dans d'autres matières.

— Vous faisiez du soutien scolaire ; vous remplaciez aussi un peu les parents.

— On peut dire ça, en effet. Au début, j'étais très content. L'horaire me convenait et c'était très bien payé.

— Vous l'aviez obtenu comment, ce cours ?

Il se tourne vers sa compagne.

— Je crois que c'est toi qui avais vu une annonce, je ne sais plus trop où ?

— C'est vrai, je ne m'en souvenais pas. Il me semble que j'avais vu ça dans une feuille de chou de la fac.

— Toujours est-il que j'avais été choisi, aux dires des parents, parmi trois ou quatre postulants. Je pense qu'en fait ce qui avait été décisif, c'est le fait que je sois originaire de Limoges, comme eux. Il paraît que mon patronyme est de là-bas. Au-delà du folklore, ils m'avaient paru plutôt sympathiques. J'ai même eu droit à quelques petits cadeaux en provenance de leur magasin. Il n'y a pas eu de problèmes avec Dominique la première année. Si je me souviens bien, il était en quatrième à seize ans après deux redoublements et deux changements d'établissement, ce qui n'était pas brillant-brillant et il était entendu que si à la fin de l'année, le passage en troisième s'avérait impossible, il irait en apprentissage. Or ses parents le destinaient à la reprise de leur affaire, ce qui supposait, tout de même, quelques compétences.

— C'était quoi son problème ?

— Je ne sais pas exactement, mais en tout cas, certainement pas une question de capacités intellectuelles. D'ailleurs il est passé haut la main en troisième. Sans me flatter, je crois pouvoir dire que j'y étais pour quelque chose, même si, contre toute attente, le gamin s'était montré rapidement très coopératif. C'est la deuxième année qu'il y a eu des problèmes.

— Quand vous dites que vous ne savez pas exactement quels problèmes il avait pu rencontrer, cela semble indiquer que vous savez quand même quelque chose.

— Rien de très précis. Je n'avais évidemment pas manqué d'interroger les parents sur l'origine des difficultés de Dominique. Je les avais sentis assez gênés. Ils avaient évoqué des problèmes de comportement, des histoires avec d'autres jeunes. Mais ils avaient surtout insisté sur le fait qu'il était fils unique, à la fois trop gâté, trop couvé et trop peu encadré du fait de leurs horaires. Un schéma classique ; ça m'avait suffi.

— Et la deuxième année ?

— La deuxième année, il avait alors dix-sept ans, l'ambiance s'est dégradée. J'avais déjà été étonné de sa réaction quand j'avais indiqué à ses parents après son passage en troisième, qu'il m'apparaissait inutile de reconduire mon intervention l'année scolaire suivante. Il s'était fâché. Il disait que je le décevais, qu'il ne me croyait pas comme ça, que je le laissais tomber après lui avoir fait croire que je tenais à lui— ce n'était peut-être pas exactement ses paroles, mais j'avais bien compris qu'il me faisait une sorte de scène. Il a claqué la porte et il est allé s'enfermer dans sa chambre. Ses parents étaient comme moi, médusés. Mais pour eux, c'était simple : il s'était attaché à moi et, puisque j'avais une très bonne influence sur lui, il était préférable que je revienne l'année suivante pour, en quelque sorte, consolider les acquis. Mais Dominique, lui, n'a pas attendu la rentrée pour reprendre contact avec moi.

Il se tourne vers sa compagne.

— Tu te souviens qu'on n'a pas pris de vacances cette année-là.

Elle acquiesce d'un hochement de tête.

— J'ai consacré juillet et Août à la préparation de mon projet de fin d'études avec une autre étudiante. J'étais, soit dans notre petit appartement, soit à l'école. C'est à l'école que je l'ai vu débouler un midi début juillet. Je ne sais pas comment il a su que j'étais présent. Il n'a pas voulu me le dire, mais il faut croire qu'il m'avait épié. Je lui ai évidemment demandé des explications. Il m'a regardé bizarrement, avec un sourire provocateur en me disant : *« Ne me dis pas que tu n'as pas compris ».* Je lui ai répondu que si, contrairement à ce qu'il semblait croire, je ne voyais absolument pas pourquoi il se trouvait là. Nous étions seuls dans le couloir des salles de travaux pratiques. L'étudiante qui bossait avec moi sur le projet, venait de partir. Je suis persuadé qu'il avait guetté son départ. Et alors là, il s'est passé quelque chose de complétement inattendu. Il m'a passé les bras autour du cou et il m'a embrassé sur la bouche sans que je puisse réagir. Je l'ai repoussé violemment, je lui ai dit qu'il était fou et je l'ai traîné jusqu'à la porte pendant qu'il criait je ne sais plus trop quoi et qu'il ait proféré, je ne sais plus quelles menaces. J'avoue que j'étais secoué.

Il se tourne à nouveau vers sa compagne.

— Je me souviens que lorsque je suis rentré, tu m'as demandé ce que j'avais. Je n'ai pas pu t'en parler tout de suite. Je crois que je n'ai pu t'en parler que trois ou quatre jours après. Tu m'avais conseillé d'appeler ses parents. Mais ça me gênait. J'ai pensé que Dominique leur ferait savoir qu'il ne voulait plus me voir et que tout simplement, ils ne me rappelleraient pas en septembre, ou alors, pour me dire qu'ils ne donnaient pas suite, sans connaître la véritable raison du revirement de leur fils.

— Vous n'aviez jamais rien remarqué d'anormal auparavant ; enfin, je veux dire rien qui puisse vous permettre d'anticiper peu ou prou son comportement ?

— Rétrospectivement, mais rétrospectivement seulement, plusieurs petits faits me sont revenus, qui auraient peut-être dû m'alarmer.

— Par exemple ?

— Par exemple qu'il prenait parfois ses cours en pyjama alors que ce n'était pas vraiment l'heure d'aller au lit. Ou encore, qu'il avait tendance à me coller et poser des questions un peu trop personnelles. Mais bon, la psychologie des adolescents est compliquée et je savais que Dominique revenait de loin. Je n'ai pas pensé un seul instant que les problèmes de comportement qu'avaient évoqué ses parents, pouvaient avoir un lien avec sa sexualité.

Marion De la Tour Lansac lui prend le bras pour l'interrompre un instant.

— Plus tard, tu l'as plaint. Tu pensais que ses parents refusaient probablement d'admettre son homosexualité, et que leur aveuglement risquait de faire son malheur. Tu t'en voulais d'avoir été d'abord trop naïf, puis trop dur. Tu pensais que tu aurais dû, après lui avoir clairement signifié qu'il se méprenait à ton égard, tenter de lui parler et peut-être par la suite, l'aider à ouvrir les yeux à ses parents.

Elle retire sa main et se redresse.

— Cela me rappelle notre conversation de jeudi, maître Mauduit.

— Les préjugés et donc l'incompréhension des familles et de la plupart des gens ?

— Oui. En ce qui me concerne, il aura fallu que je décide de divorcer pour prendre conscience de l'étendue et de l'importance du problème de l'homosexualité.

— Elle aura été une sorte de fil rouge pour tous les dossiers que j'ai ouverts contre les Delcourt personnellement depuis l'affaire Manolios. Je n'ai pas d'autre exemple dans mon cabinet. On pourrait croire à une sorte de fatalité ou de loi des séries. Mais je vous en prie, continuez, monsieur Dumur.

— Quand, contre toute attente, les parents de Dominique m'ont rappelé pour la reprise des cours, j'ai hésité, mais finalement, au nom de cette belle âme dont Marion me crédite, j'ai accepté. J'avais seulement précisé que je n'étais pas certain de pouvoir assurer durablement les cours compte tenu de ce que j'allais bientôt présenter mon projet et que j'espérais bien, le diplôme en poche, trouver très rapidement un travail. Je n'avais pas parlé de l'incident. Je comptais aborder le sujet à l'occasion d'un entretien que je solliciterai aussi vite que possible.

En fait, j'y ai renoncé. Dominique a été parfait les trois premiers mois. Il ne s'est rien passé de suspect. Il était toujours dans une tenue correcte et il gardait ses distances. J'en avais déduit qu'il avait eu une espèce de mouvement passionnel passager, qui en fait ne traduisait rien de bien profond ; un moment d'égarement, en somme, à mettre sur le compte de l'ambivalence, parfois, des sentiments adolescents. Je pensais que ma réaction nette et ferme avait suffi à remettre les pendules à l'heure.

Et puis un soir, il m'a fait tomber dans un véritable traquenard. Il n'y avait personne dans la maison. J'ai sonné. J'ai entendu : *« entre la porte est ouverte ».* Je suis entré sans méfiance. Puis j'ai entendu : *« Je suis dans ma chambre. Monte, je ne peux pas bouger. »* Je lui ai demandé pourquoi. Il m'a répondu qu'il s'était fait une entorse. J'ai eu un doute, mais il m'a dit : *« j'ai mal et si tu ne montes pas pour m'aider, je ne vois pas comment je vais pouvoir faire. »* Je lui ai proposé d'appeler ses parents. Il m'a affirmé qu'il l'avait déjà fait, qu'ils étaient très occupés et qu'ils comptaient sur moi pour voir s'ils devaient venir toutes affaires cessantes. Ça m'a paru plausible. La porte de sa chambre était ouverte. Je suis entré. Il était derrière. Il a refermé la porte d'un tour de clef rapide. Il portait une chemise ouverte et un pantalon de jogging ; un petit sourire pervers aux lèvres. *« Je t'ai bien eu. Là, t'es coincé. Si tu veux avoir la clef, il va falloir que tu viennes la chercher. »* Je suis resté un moment stupéfait, interdit, puis je me suis dit qu'il n'y avait pas d'autre solution que de récupérer la clef qu'il tenait ostensiblement dans la main pour me narguer. Je me suis approché, il s'est esquivé. Il m'a fallu cinq bonnes minutes pour parvenir à mes fins. Il était assez costaud et je ne voulais pas laisser de marques. J'étais bien conscient à ce moment-là, d'être en grand danger. Je n'ai pas tardé à en avoir la confirmation. J'ai entendu du bruit dans le couloir.

— Je suppose que c'était les parents.

— Il les avait appelés pour qu'ils nous surprennent, j'en suis à peu près certain. Il se vengeait. Vous imaginez la scène ! Ils sont arrivés à la porte de la chambre de Dominique alors que j'en sortais tout dépenaillé. Dominique dans la lutte, s'était retrouvé quasiment en slip. Il s'est précipité dans les bras de sa mère. Son père s'est retenu pour ne pas me frapper et m'a intimé l'ordre de foutre le camp en me promettant la prison. Voilà pour la première partie de l'histoire.

— La deuxième partie est, je suppose, policière.

— En effet. Et ça n'a pas traîné. Deux jours après, on est venu me chercher chez nous. Marion n'était pas là, heureusement.

— Vous avez certainement eu droit aux menottes, au tutoiement et à un peu de bousculade.

— J'ai eu droit à tout, comme au cinéma. J'ai expliqué ce qui s'était réellement passé. Ils ne m'ont pas cru, mais j'ai tenu bon. Après une dizaine d'heures de garde à vue, ils m'ont relâché. Ils m'ont dit que j'avais de la chance parce que Dominique avait dix-sept ans, que l'examen médical auquel il avait été soumis n'avait révélé aucune violence sexuelle « évidente » – c'est le mot que le policier qui semblait être le chef a employé – et que je n'étais pas connu des services de police. Il m'a précisé que je serai confronté ultérieurement à la » victime ». Je lui ai demandé pourquoi pas, tout de suite. Il m'a répondu que la victime était choquée et en arrêt de maladie. Que ça se ferait un peu plus tard. Il m'a interdit de m'approcher de la famille Buffières et de quitter la région. Voilà !

— Et vous n'avez plus eu de nouvelles ?

— Non ! J'ai eu mon diplôme environ deux mois après et presque aussitôt, l'opportunité d'aller aux États Unis. Mon projet de fin d'études portait sur la réalisation d'un immeuble de bureau au-dessus d'un périphérique. Dans le jury il y avait le patron de la filiale parisienne d'une grosse agence de Chicago. Mon projet lui a plu, il m'a recontacté rapidement et proposé un stage rémunéré au siège américain. Vous savez que j'ai accepté l'offre et que…

— Je sais. Et vous êtes parti sans plus vous préoccuper de l'affaire Buffières ?

— Non, j'ai pris le contact d'un de vos confrères ; Maître Laudais, si je me souviens bien.

— Je vois. J'imagine qu'il s'est renseigné et qu'il vous a appris que le dossier avait été finalement classé sans suite, sans que vous en soyez encore informé.

— C'est bien ça.

— C'est assez classique. Cette information est évidemment importante. J'ai l'impression qu'il s'est passé quelque chose du côté de la prétendue victime.

— Que voulez-vous dire ?

— L'usage est, *a minima* dans ce genre d'affaires, d'organiser une confrontation avant une décision de classement sans suite par le parquet.

Marion de la Tour Lansac lève un doigt.

— Vous pensez que les parents auraient pu retirer leur plainte ?

— Ça n'empêche pas en théorie la poursuite de l'enquête, mais ce pourrait être une explication, si, par ailleurs, les policiers ont pu avoir des doutes sérieux sur la sincérité des déclarations du jeune Buffières. Après tout, les parents n'ont rien constaté par eux-mêmes, et votre version est plausible.

Guy Dumur fronce les sourcils.

— Ma version ?

— Du point de vue des policiers, ça ne peut pas être plus ; sauf à ce qu'ils détiennent des preuves susceptibles de lever toute incertitude sur les faits. Un doute sérieux profite en principe à l'accusé au sens large.

— Et quel genre de doute ont-ils pu avoir ?

— Ils ont peut-être appris qu'il y avait un ou plusieurs précédents. Vous avez évoqué tout à l'heure des problèmes de comportement. On peut imaginer que le jeune Buffières a eu d'autres histoires de même nature.

— Mais comment auraient-ils pu le savoir ?

— Tout simplement, par exemple, en téléphonant à son collège qui a pu leur donner déjà quelques renseignements et les renvoyer sur le collège précédent pour en savoir encore un peu plus. En tout cas, il faut qu'on soit fixé sur tout ça pour pouvoir contrer les Delcourt qui ont, on le sait par Henri-Marc, mené leur propre enquête ; mais évidemment à charge et en n'hésitant pas, le cas échéant, à escamoter tout ce qui pourrait être défavorable à leur thèse.

— Comment faire ?

— Comme eux, mais de la façon la plus complète et objective possible.

— Objective ?

— Madame De la Tour Lansac ne doute pas de votre sincérité, ce qui est déjà pour moi une indication importante. Mais il faut que nous allions au-delà ; il faut qu'on ne puisse plus douter de la réalité des faits.

Le sourire de la nommée atteste de ce qu'elle apprécie qu'il lui renouvelle sa confiance et l'étende à son ami, en quelque sorte par ricochet.

— Je vais essayer d'obtenir une copie du procès-verbal d'enquête, mais je crois qu'il ne faut pas exclure le recours à un détective privé.

Il se tourne inquiet vers sa compagne qui l'invite du regard à écouter la suite.

— Ce n'est pas toujours efficace, et je n'y suis guère en général favorable, mais je crains qu'en l'occurrence, on n'ait pas d'autre choix. Si on décide d'y avoir recours, il faudra choisir soigneusement l'enquêteur et lui donner une mission claire. A première vue, je vois déjà deux axes à cette mission. D'abord, qu'est devenu Dominique Buffières ? Le fait que ses parents qui semblaient très excités, n'ont pas insisté— alors que techniquement, ils pouvaient passer outre au classement sans suite et déposer une plainte avec constitution de partie civile— semble bien indiquer qu'ils ont compris que vous n'étiez pas la cause du problème, mais bien plutôt son révélateur ; le révélateur involontaire de ce qu'ils refusaient de voir jusqu'à présent. Il est regrettable que vous ayez renoncé à leur parler après le premier incident à l'école d'architecture, mais d'autres que vous l'ont peut-être fait à la suite du second. Ensuite, je pense qu'il ne serait pas inintéressant d'en savoir plus sur les rendez-vous galants d'Henri-Marc Delcourt à l'hôtel Régina. Je ne sais pas exactement ce que l'on peut espérer découvrir, mais j'ai comme l'impression, qu'il nous cache plus que ce que nous pensons avoir compris. Êtes-vous d'accord ?

Une inquiétude persistante se lit dans le regard de Guy Dumur. Il se tourne à nouveau vers son amie.

— Qu'en penses-tu ?

— Vu l'enjeu et les procédés employés par Henri-Marc, je n'ai guère de scrupules. Mais ce que je crains en ce qui concerne la fréquentation hôtelière de mon beau-frère, c'est qu'on nous accuse de chantage.

— En fait, je ne pense pas qu'on aura à produire officiellement le rapport du détective, en tout cas en ce qui le concerne. S'il est mauvais ou peu convaincant, on le jettera à la bannette et s'il est bon, il suffira de faire savoir qu'il existe. J'imagine en effet qu'Henri-Marc Delcourt, PDG du groupe éponyme, catholique pratiquant très introduit auprès du Cardinal Lustinant si j'en juge par la gazette locale récente, père de famille au-dessus de tout soupçon, tonton exemplaire, président du patronat régional, suppléant d'un député de la droite la plus conservatrice, ne prendra pas le risque d'apparaître en parfait tartuffe et éventuellement lui-même, en maître chanteur. Je l'ai déjà dit et redit, mais chez ces gens-là, dieu sait que la réputation, ça compte ; ça fait partie du capital coté en bourse. Or le moindre boursicoteur sait que la rumeur peut avoir des effets dévastateurs sur les cours.

Guy Dumur semble encore hésiter.

— Vous pensez que la fin justifie toujours les moyens ?

— Non. J'ai lu *L'homme révolté,* comme vous je suppose, et je sais que Camus, qui est l'un de mes auteurs favoris, a su mettre en pratique dans sa vie, sans faillir, son refus théorique de recourir à des moyens dont l'emploi aurait contredit ses convictions. C'est ce qui le rend tellement unique, respectable et crédible. Mais je ne suis pas Camus, et en tant qu'avocat, c'est-à-dire chargé des intérêts d'un client, et surtout en défense lorsqu'il s'agit de sauver la peau de ce client, je ne pense pas être autorisé, et encore moins tenu, au respect d'un quelconque impératif catégorique. Autrement dit, pour reprendre les termes de votre question, je ne m'estime pas *toujours* tenu de veiller à une parfaite concordance des fins et des moyens.

Il lui semble que sa sortie à caractère philosophique, a eu plus d'impact sur Marion De la Tour Lansac que sur son ami dont l'architecture morale est peut-être plus rigide que la sienne.

— Le détective que j'avais engagé pour suivre Philippe était pas mal. L'échec de la mission ne lui était pas imputable. Mais ce n'est peut-être pas une bonne idée. Déjà, les Delcourt ne manqueraient certainement pas de faire le rapprochement.

— Je crois en effet préférable de mandater quelqu'un d'autre. J'ai un nom : Jean-Louis Briard. Ça ne vous dit rien ? Vous n'avez jamais entendu prononcer ce nom chez les Delcourt ?

— Non, ça ne me dit rien.

— Alors je le contacte dès lundi et je vous tiens au courant.

Après avoir reconduit le couple, il se dit qu'il pourrait tenter d'appeler l'enquêteur maintenant ; que ces professionnels-là, ne doivent pas avoir beaucoup plus d'horaires que lui. Il n'a eu recours qu'une seule fois à ce Briard, il y a quatre ou cinq ans, pour une histoire de sabotage de machine dont était accusé le délégué syndical CGT d'une grande entreprise. Il avait apprécié son opiniâtreté. Ce qu'il avait fini par découvrir, le recours à de véritables barbouzes, lui avait permis de gagner le procès au civil comme au pénal ; ce qui, sans lui, aurait été impossible.

Il ne figure pas dans son dernier répertoire téléphonique. Il ouvre le tiroir du bas du petit meuble mobile glissé sous la plaque de verre du bureau ; là où il fourre, tout ce qui ne lui sert plus, mais qu'il hésite cependant à jeter, au motif que la chose pourrait lui être encore utile un jour ou l'autre. Il trouve le précédent répertoire parmi un bric-à-brac de vieux feutres asséchés, de stylos à plume ou à bille remisés après épuisement de la dernière cartouche, de vieilles pipes à l'embouchure rongée, alors qu'il ne fume plus depuis un certain temps, de vieilles brochures totalement obsolètes, et bien d'autres antiquités. Il appelle en espérant que le numéro n'a pas changé.

Quelqu'un décroche.

— Allo !

— Monsieur Briard ?

— Oui.

— Bonjour, Paul Mauduit au téléphone. Vous-vous-souvenez de moi ?

— L'avocat ?

— Oui.

— Difficile d'oublier une affaire qui m'en a fait autant baver ! Mais je n'avais pas été mécontent du résultat. Alors, si vous m'appelez pour me confier une autre affaire du même genre, pourquoi pas ?

— Du même genre, non ; aussi délicate, oui. Mais avant toute chose, je souhaite vous poser une question.

— Allez-y.

— Avez-vous déjà travaillé pour les Delcourt ? Les industriels.

— J'ai failli. J'ai reçu une vieille dame très « grande classe » qui m'a elle-aussi demandé, avant de m'expliquer quel genre d'affaires elle envisageait de me confier, s'il m'arrivait de travailler avec un certain avocat.

— Je vois. Et alors ?

— Alors, je n'ai pas voulu prendre le risque qu'elle apprenne en cours de route que j'avais été en affaire avec vous et de surcroît, pour un syndicat bolchévique. Et j'ai renoncé, la mort dans l'âme pour mon compte en banque, à la clientèle des Delcourt. Bien qu'ils aient la fâcheuse réputation d'être de vrais radins.

— Ce qui dans notre affaire précédente, n'avait pas été le cas du syndicat et des syndiqués de l'entreprise qui s'étaient cotisés pour payer, sans discuter, nos honoraires ; certes modestes au regard du travail accompli, mais pour eux, néanmoins conséquents.

— C'est vrai ! Je n'ai donc rien à regretter et si je peux nuire un peu à la vieille bique qui m'a traité comme du menu fretin, je n'en serais pas mécontent.

— Parfait. Mais il faut qu'on se rencontre ; je ne vais pas vous expliquer le chantier au téléphone. Il faut qu'on puisse en discuter de vive voix.

— Et vous êtes évidemment pressé !

— Évidemment !

— Je peux venir chez vous très tôt ou très tard à peu près n'importe quel jour.

— Mardi à 7h30 ?

— D'accord. Alors à mardi. Bon Week-end.

— De même.

Mercredi 10 février/18h45.

Le troisième client de l'après-midi, inscrit sur l'agenda avec en guise de prénom l'indication « NA » pour « Nouvelle Affaire », est une cliente. Madame Mireille Dugain. Il passe au secrétariat pour voir si Édith a quelques commentaires à faire sur les circonstances de la prise de rendez-vous.

— C'est, ou plutôt c'était, la secrétaire du docteur Aronstein. Vous savez…

Il peine à contenir l'effet produit par un fait aussi inattendu, qu'opportun et troublant. Quelle pouvait être la probabilité que la seule personne qui le côtoyait au quotidien et en sait donc probablement long sur lui, vienne le consulter ? Lui qu'il soupçonne dans le dossier qu'il vient d'ouvrir, d'avoir trahi le secret médical, et surtout, d'entretenir avec Hannah une relation qui, quelle qu'elle soit, excède le strict cadre médical.

— Elle vous a dit quelque chose ?

— Parce qu'elle avait quelque chose à me dire ? Vous la connaissez ?

Devant son mutisme, elle prend, comme toujours dans une telle situation, un air pincé d'employée modèle injustement rudoyée.

— Elle est arrivée ?

Elle opine du chef sans daigner dévier son regard du clavier de sa machine.

— Bon, j'y vais.

Entre la salle d'attente et le bureau, il ne décèle rien de remarquable. Une secrétaire « passe partout ». Petit tailleur chiné gris sans ostentation et blondeur tirant sur le châtain clair. Elle se place devant le premier fauteuil et attend qu'il l'invite à s'asseoir. Ce qu'il fait en s'asseyant lui-même. Elle attend, l'air modeste et le sac à main sur les genoux, qu'il l'invite à parler. Il pense que le maître de stage de ses débuts qui était très « vieille France », aurait sans doute vu dans cette présentation sans relief, l'indication d'une « bonne mentalité » chez une employée.

— Je vous écoute.

— Je suis la secrétaire du docteur Aronstein qui a son cabinet...

— Je sais.

Elle se raidit, manifestement surprise et inquiète du ton un peu sec. Elle ignore qu'il oscille entre se féliciter de l'aubaine professionnelle de sa présence et, sur un plan plus personnel, la crainte de découvrir le pire, qui, en ce début d'entretien, domine.

— Je le sais parce que vous l'avez dit à ma secrétaire et que le cabinet du docteur Aronstein n'est pas bien loin d'ici. C'est tout.

— Il l'a dit en s'efforçant au calme, mais sans parvenir à gommer totalement, précisément, l'existence de l'effort, pour qu'elle soit pleinement rassurée. Elle hésite à poursuivre.

— Je vous en prie.

— En fait, je ne suis plus pour longtemps sa secrétaire, puisqu'il m'a licenciée. Je suis en fin de préavis.

Il réalise qu'en réalité sa présence n'a rien de tellement improbable : il sait déjà par Marion De la Tour Lansac, qu'Aronstein doit quitter son cabinet libéral en ville pour la polyclinique de la Roncière et donc, qu'il licencie sa secrétaire et que cette secrétaire vienne confier son dossier à l'un des rares avocats de la place connus pour s'intéresser au droit social, n'a, en effet, rien de bien étonnant.

— Licenciée pourquoi ?

Elle fouille dans son sac à main et en extrait une lettre qu'elle lui tend. Il s'agit d'une lettre de licenciement classique, neutre dans le ton et concise dans l'expression, avec au final quelques regrets de bon aloi autour de l'affirmation du caractère inévitable de la mesure ; une lettre probablement rédigée par un confrère d'ici ou d'ailleurs.

— Je vois. Un licenciement économique pour suppression de poste due à la fermeture du cabinet. Et vous n'êtes pas d'accord avec ce motif, pourtant, en principe, parfaitement objectif.

— Il ment, il ne ferme pas le cabinet.

— Il reste ouvert ?

— Il le déplace. À compter du mois prochain, il va devenir le patron du département de psychiatrie adulte et infantile de la polyclinique de la Roncière qui va bientôt ouvrir ses portes. Vous êtes au courant ?

— Je lis le journal. Et vous espériez le suivre ?

— J'en étais presque sûre. Je l'ai entendu aviser ses clients du transfert prochain de son cabinet là-bas. Et puis, j'ai vu passer des correspondances échangées entre lui et ses associés ; des correspondances qu'en principe je n'aurais pas dû voir.

— Vous étiez pourtant sa secrétaire ?

— Depuis qu'il est question de la polyclinique, c'est lui qui ouvre le courrier. Et il ne laisse rien traîner le midi et le soir. Sauf, parfois, dans la journée, quand il lui arrive de s'absenter une heure ou deux ; dans ces cas-là, il est moins vigilant.

Elle s'interrompt et baisse la tête.

— Qu'est-ce qui vous gêne ?

— Je ne suis pas fière d'avoir fait ce que j'ai fait.

— Fait quoi ?

— J'ai profité des moments où il a la tête ailleurs et oublie parfois de mettre son courrier personnel à l'abri, pour faire des photocopies.

Il pense que son vieux maître de stage aurait révisé à la baisse son jugement patronal archaïque sur son vis-à-vis, comme sans doute, il aurait révisé à la hausse, à l'usage, celui qu'il aurait porté spontanément à l'embauche sur Edith qui en est, à peu près, le contre-modèle.

— Que voulez-vous dire par « la tête ailleurs » ?

— Il est marié, mais il a quelqu'un. Il note lui-même de temps en temps sur son agenda, des rendez-vous sans mettre de nom. Il met juste un « XY » ou un « XZ »

— Ce n'est pas très malin. Il devait bien se douter que ça éveillerait vos soupçons.

— Surtout que c'est pas difficile de savoir qui est « l'XY » et « l'XZ » ; une femme, évidemment. Quand il la voit au cabinet, il met « XY » et quand il la voit à l'extérieur, il met « XZ ». C'est que j'ai fini par comprendre.

— A l'intérieur, c'est-à-dire au cabinet ? C'est une cliente ?

— Oui !

Il s'efforce de rester placide.

— Tiens ! Je croyais qu'en principe un médecin évitait de coucher avec sa cliente ; ça risque de fausser le diagnostic et donc le traitement.

Elle le regarde un peu surprise par la manifestation d'un humour qu'elle doit juger déplacé de la part d'un avocat.

— Je veux dire que ce n'est pas un comportement très professionnel, très déontologique.

— Remarquez, je n'ai pas dit qu'ils couchaient ensemble. En tout cas, pas au cabinet où je n'ai jamais rien vu ou entendu de suspect. Je ne sais pas ce qui se passe exactement, mais en prêtant un peu l'oreille, j'ai pu vérifier qu'ils parlaient. Surtout la femme, mais c'est normal si elle est en psychanalyse. Et puis le divan est trop étroit et il n'y a ni clef, ni verrou, sur la porte.

Lui revient à l'esprit, à ce moment intempestivement, à propos du divan, la réflexion d'un copain de fac devenu magistrat, qui hébergeait sa copine dans le quasi cagibi qu'il occupait à la résidence universitaire et déclarait à tous ceux qui le plaignaient, qu'ils avaient bien tort, car « ce sont les petits lits qui font les grandes maîtresses ».

— Vous la connaissez donc physiquement ?

— C'est tout le contraire de sa femme.

— Que voulez-vous dire ?

— Madame Aronstein est blonde et distinguée, l'autre fait un peu algérienne, si vous voyez ce que je veux dire ?

— Non, je ne vois pas bien.

— Très belle sûrement, mais très typée, quoi ! Mais quel rapport avec mon affaire ?

— Si je dois plaider contre votre ex-patron, il faut que je sache qui il est, comment il se comporte. Un fait apparemment anodin, sans rapport évident avec l'affaire, peut se révéler ultérieurement important. Avec les avocats, c'est un peu comme avec les policiers qui font une enquête, vous savez ! Il ne faut rien négliger. Mais revenons aux photocopies. Vous les avez dans votre sac ?

— Non, je les ai laissées chez moi. J'ai peur de m'en servir.

— Avant de voir ce qu'on peut ou non en faire, il faut que je puisse les lire.

— Je vous les apporterai la prochaine fois ; si vous me confirmez qu'on peut faire quelque chose.

— Pour cela, j'aurais préféré pouvoir les lire maintenant. Mais dites-moi au moins, en gros, de quoi il s'agit.

— Il s'agit de la répartition des parts de la polyclinique et de leur financement. Je ne me souviens plus exactement combien de parts il a, mais en tout cas il est associé, c'est certain.

— Le prix doit être important. Il a de la fortune ?

— Je crois que son père est assez riche. Et puis, j'ai vu que la famille Delcourt— vous voyez de qui il s'agit ?

— Je vois très bien. La famille Delcourt lui a prêté de l'argent ; c'est ça ?

— Oui, il doit les rembourser en cinq ans.

— La polyclinique n'étant pas encore ouverte, je suppose qu'il n'y a pas de personnel sur place, mais je suppose aussi que les associés s'occupent activement de son recrutement, puisque l'ouverture est imminente.

— Vous pensez bien que j'ai cherché à savoir qui devait me remplacer. En fait, je sais pas mal de choses ; grâce à vous d'ailleurs.

— Grâce à moi ?

— Oui, grâce à vous. Je vous ai téléphoné il y a environ trois semaines. Mais vous n'avez pas fait le rapprochement parce que je vous ai téléphoné sous un faux nom. J'espère que vous ne m'en voudrez pas, mais on ne sait jamais, vous auriez pu être l'avocat de mon patron ou de ses associés. Je n'ai jamais eu affaire jusqu'à présent à un avocat et je n'en connaissais aucun.

— Comment avez-vous connu mon cabinet ?

— Par la secrétaire du docteur Levaillant que je connais bien. On a fait la formation de secrétaire médicale ensemble. Elle m'a dit qu'elle avait entendu parler de vous par son patron. D'ailleurs, je l'ai rappelée hier et elle m'a dit : *« tiens tu me fais penser qu'il faut que je l'appelle.* » Elle m'a dit ça comme ça ; je n'en sais évidemment pas plus.

— Je me souviens très bien, maintenant, de votre coup de fil. Vous-vous êtes présentée sous le nom de Dutoit.

Elle acquiesce. Il dodeline de la tête et affiche une moue réprobatrice.

— Vous ne manquez pas de culot ! Si mes souvenirs sont bons, vous m'avez expliqué que vous étiez la salariée d'une petite entreprise qui allait être absorbée par une plus grosse en vous laissant sur le carreau. Vous-vous demandiez comment faire pour savoir par qui vous alliez être remplacée. C'est bien ça ?

— Tout à fait. Et j'ai suivi scrupuleusement vos conseils. Sur les lettres d'accompagnement des documents que j'ai photocopiés, il y avait les coordonnées de l'expéditeur. Un cabinet d'expertise comptable.

— La SIEC.

Son visage sans caractère, laisse une nouvelle fois transparaître l'étonnement et la suspicion. Il craint de devoir la classer dans la catégorie des clients chez qui la bêtise s'avère compatible avec une certaine malignité et capacité de nuisance obtuse et persévérante ; y compris à l'égard de leurs conseils dès lors qu'ils ne leurs conviennent plus pour une raison ou pour une autre ; mais le plus souvent indépendante de la qualité de leur travail.

— Vous connaissez la SIEC ?

— Je sais que la SIEC est l'expert-comptable du groupe Delcourt et de ses actionnaires, parce que je suis leur adversaire habituel ; judiciairement parlant, bien entendu.

— Bon ! Voilà : je leur ai téléphoné en me faisant passer pour quelqu'un qui cherche du travail. La personne au bout du fil m'a dit qu'ils ne s'occupaient pas du recrutement et m'a donné un autre numéro : celui de la future directrice administrative de la clinique qui, en fait, est déjà en poste ; pas à la polyclinique, mais dans des bureaux provisoires en ville. Je l'ai appelée pour soi-disant poser ma candidature. Je lui ai dit que j'étais secrétaire médicale. Elle m'a demandé chez qui. Je lui ai répondu que je travaillais à Paris, mais que j'avais dû suivre mon mari qui venait d'être nommé ici. Elle m'a fait savoir que tous les médecins disposaient déjà d'une secrétaire. Je n'ai pu m'empêcher de lui demander si c'était aussi le cas du docteur Aronstein. J'ai bien senti qu'elle hésitait à répondre. Elle m'a demandé si je le connaissais. J'étais un peu embarrassée. J'ai dit sans trop réfléchir que j'avais appris par une de ses clientes qui est mon amie, qu'il devait quitter son cabinet en ville pour rejoindre la clinique. J'ai bien senti qu'elle ne me croyait pas. En tout cas, elle m'a dit pas très aimable qu'il n'y avait aucun poste disponible et elle a raccroché.

— Ce qu'il faudrait savoir, c'est qui vous remplace. Mais ça, je peux m'en occuper. Si vous engagez une procédure prud'homale, on contraindra au besoin l'adversaire à nous communiquer l'organigramme de la clinique. Et l'on aura peut-être quelques surprises ?

— Que voulez-vous dire ?

— On verra.

Il vient de se rappeler qu'aux assises, l'assistante de Philippe Delcourt avait répondu au président qui lui demandait si elle avait retrouvé un travail, qu'elle avait obtenu un poste dans une clinique. Il est à peu près persuadé que les Delcourt ont assuré financièrement l'intérim.

— Que pensez-vous de mon affaire ?

— Elle me semble plutôt bonne.

— Qu'est-ce que je dois faire ?

— Me confirmer votre accord pour engager une procédure.

— Tout de suite ?

— Non. Si vous donnez suite, vous reprenez rendez-vous rapidement et cette fois, vous venez avec tous vos papiers.

De retour à son bureau après avoir reconduit la cliente, il repense à l'information qu'elle lui a donnée incidemment : le docteur Levaillant chercherait à le joindre. Il se saisit de la pile du courrier qu'il n'a pas encore lu. Il s'attend à y trouver une note griffonnée sur le dos d'une enveloppe usagée selon les habitudes d'Édith qui refuse obstinément de recourir aux Post-it, l'informant d'un coup de fil de chez Levaillant. C'est le cas. Le message indique : *« votre cher docteur Levaillant que j'ai eu en personne, vous demande de bien vouloir le rappeler. Il m'a précisé que ce n'est pas urgent.»* La note date de cinq jours. Il sort son répertoire téléphonique et compose le numéro. On décroche.

— Oui !

— Paul Mauduit. Bonsoir. Je pensais tomber sur votre secrétaire. Mais il est vrai qu'il est tard. J'espère que je ne vous dérange pas ?

— Non, je suis comme vous, je quitte rarement le cabinet avant vingt heures. Vous me dérangez d'autant moins, que c'est moi qui ai souhaité que vous me rappeliez.

— Je viens seulement de prendre connaissance de l'appel de votre secrétaire. J'ai été un peu débordé ces derniers jours.

— Il n'y avait pas le feu. Je voulais simplement vous parler de deux clientes communes.

— Je crois deviner de qui il s'agit.

—Ah !

— Mademoiselle Manolios et madame Delcourt ou plutôt désormais, Marion de la Tour Lansac, qui est venue très récemment me confier une nouvelle affaire. En plus, je viens de recevoir quelqu'un qui envisage d'engager une procédure qui n'est pas sans lien avec la sienne. Me voilà une fois de plus pris dans un imbroglio judiciaire avec les Delcourt.

— Justement, c'est d'eux qu'il s'agit. J'ai reçu il y a environ une semaine une lettre surprenante du Président du conseil de l'ordre des médecins me demandant de m'expliquer sur le contenu d'une plainte dont il a été le destinataire, déposée par les consorts Delcourt au grand complet : madame veuve Hélène Delcourt, monsieur Henri-Marc Delcourt PDG du groupe éponyme, et madame Salomé Delcourt gynécologue. Je ne dirais pas qu'ils m'accusent ouvertement d'avoir délivré un faux certificat à mademoiselle Manolios à propos du harcèlement dont elle s'est dite victime il y a maintenant, tout de même, un certain temps, mais presque puisqu'ils mettent en doute clairement l'objectivité de mes conclusions. Et ce qui est pour moi le plus insultant, c'est qu'ils laissent entendre que ce manque d'objectivité pourrait bien avoir un lien avec le fait que madame Marion Delcourt était également ma cliente.

— Si je comprends bien, ils insinuent lourdement qu'il pourrait y avoir eu quelque chose comme une complaisance de votre part, frisant la complicité avec les deux femmes.

— Vous allez droit au but. Mais c'est en effet ce que j'ai cru comprendre en filigrane. Mais quel aurait été mon intérêt ?

— Certainement pas financier. Je pense qu'ils font allusion à un mobile d'une autre nature.

— Vous croyez vraiment qu'ils peuvent croire que j'ai profité de certaines faveurs ?

— Croire, certainement pas. Ce qui compte pour eux, c'est que d'autres puissent le croire. Si c'est bien le cas, ce serait plutôt Xénia Manolios qui serait visée. Marion de la Tour Lansac ne manque pas de charme, mais son amie— car elles sont de grandes amies, sachez-le —, est d'une sensualité plus manifeste ; et il faut bien le dire, assez troublante.

— Mais sans l'ignorer, je peux vous assurer que…

— Je vous en prie. Je n'ai pas le moindre doute sur vous, vous le savez. Mais encore une fois, ce n'est pas la question. La bonne réputation, aussi méritée soit elle, ne protège que jusqu'à un certain point contre la calomnie. Il arrive même qu'on finisse par y voir une circonstance aggravante, la preuve de l'hypocrisie, de la duplicité de celui que l'on disait au-dessus de tout soupçon.

— Vous voulez me démoraliser.

— *Nous,* démoraliser, car que je suis dans une situation très proche de la vôtre. Je ne crois pas avoir la réputation d'être un avocat véreux et pourtant, c'est l'étiquette que les Delcourt rêvent de me coller sur le front, surtout depuis qu'ils estiment que je suis l'artisan de l'escroquerie au jugement dont Xénia Manolios a été la commanditaire et la bénéficiaire.

— D'une escroquerie ? Vous-voulez parler du harcèlement ?

— Du prétendu harcèlement.

— Comment, prétendu ?

— Nous avons en effet été, vous et moi, magistralement roulés dans la farine.

— C'est impossible !

— C'est la réalité, je vous assure ; il n'y a pas le moindre doute. J'en ai la preuve. Je vous expliquerai tout cela en détail un peu plus tard. Sachez simplement, pour le moment, que Philippe Delcourt, le soi-disant harceleur, était en fait, non pas hétérosexuel, non pas bisexuel, mais homosexuel et que son grand et unique amour, était Vincent Lambert.

— J'ai un peu suivi le procès de ce garçon dans la presse parisienne, puisque la presse locale a pratiqué le black-out, et je dois dire que le fait que vous ayez plaidé la bisexualité de Philippe Delcourt, m'avait surpris. Mais enfin, ça restait encore relativement cohérent avec mes conclusions. Mais là… C'est la première fois que je me retrouve dans une situation pareille.

— Moi aussi. Mais je vous rassure tout de suite, il n'y a pas, à mon avis, de quoi être pour autant démoralisé et inquiet ; même si la situation requiert une certaine vigilance et une riposte réfléchie.

— Mais pourquoi les Delcourt se réveillent-ils maintenant ; pourquoi n'ont-ils rien fait à l'époque ?

— C'est un peu compliqué à expliquer maintenant. Je pense qu'il faut que nous nous voyions avant que vous ne répondiez à la lettre. Maintenant, je m'attends à en recevoir une semblable du bâtonnier. Il faut que je vous explique les tenants et les aboutissants de cette histoire. Mais il serait préférable que notre rencontre ait lieu ailleurs que dans nos cabinets. Il semblerait que les Delcourt aient engagé un détective privé. Je ne voudrais pas que vous pensiez que j'ai des tendances paranoïaques, mais je préfère être prudent.

— Vous ne pensez tout de même pas qu'ils oseraient nous faire suivre ?

— Ils osent bien nous mettre en cause. Vous savez, je les crois capable de tout. Y compris de chantage.

— Et pourtant, vous restez optimiste ?

— Ce sont des gens rationnels. Ils ont une balance dans la tête, qui n'est pas celle de la justice, mais qui tout de même leur fait toujours peser les avantages et les inconvénients de leurs actions. Le pire ce n'est pas d'avoir un adversaire puissant et calculateur, c'est d'avoir un adversaire irrationnel, imprévisible. À moi de charger le plateau de leur balance d'un poids d'inconvénients supérieur au poids des avantages.

— Et c'est possible ?

— J'y compte bien. On pourrait se rencontrer au palais ; qu'en pensez-vous ? Je sais qu'en tant qu'expert vous y allez assez régulièrement.

— Vous ne craignez pas d'y croiser l'avocat des Delcourt ?

— Vous avez dû apprendre la mort de Salvin-Lagrezette.

— Oui, mais je suppose que la lettre que j'ai reçue n'est pas de leur cru ?

— Non bien sûr, mais ils sont allés chercher un parisien, sans doute très connu et qu'on ne doit pas voire souvent dans nos murs provinciaux. Convenons tout de suite d'une date, si vous le voulez bien.

Mardi 20 avril/12h30.

Il va rejoindre Hannah à pied depuis le cabinet. Ce matin, alors qu'il partait au travail, elle lui a proposé de déjeuner avec lui en ville. Il reconnaît l'Austin mini rouge garée devant le restaurant qu'elle a choisi. – *« Si tu as quelque chose à me dire, pourquoi tu ne l'as pas fait hier soir ou même ce matin avant que je parte ? »* – *« Je n'étais pas décidée. En fait je viens seulement de me décider. J'y ai pensé toute la nuit »* – *« Alors c'est grave ! »* – *« Tu verras ! »* Le ton sur lequel elle l'a dit l'a inquiété ; elle ne plaisantait pas. – *« Tu ne veux rien me dire maintenant ? J'ai bien encore cinq minutes. «* – *« C'est ça, en cinq minutes ! »* – *« Tu me fous la trouille ! »* – *« Es-tu au bureau ce matin ? »* – *« Oui, je prépare un dossier que je dois plaider cet après-midi. »* – *« Alors je t'appelle pour te confirmer qu'on se retrouve à midi et t'indiquer où. »* Il lui a demandé pourquoi pas chez Alejandro, chez qui il s'est décidé à retourner il y a quelques jours ; mais elle a refusé au motif qu'il y connaissait trop de monde et qu'elle souhaitait pouvoir lui parler sans être dérangée. Elle a appelé Édith en milieu de matinée pour qu'elle lui confirme que le rendez-vous tenait et lui donner le nom du restaurant. Elle a prétendu qu'il était inutile de le déranger ; qu'il était au courant. Il pense qu'elle a surtout voulu éviter de lui parler ; qu'il essaie d'en savoir un peu plus. Si elle n'a pas dormi de la nuit, lui n'a pas réussi à se concentrer sur la nullité de l'appel adverse qu'il doit soutenir cet après-midi devant la cour. À tout hasard, il a fait prévenir le président qu'il arriverait en cours d'audience. Le fait qu'elle ait fait choix d'un restaurant qu'il sait proche du cabinet d'Aronstein, l'a mis mal à l'aise. Il n'a pu s'empêcher de penser que son « invitation » avait un lien avec lui. Qu'elle allait le voir avant de le rejoindre, ou le retrouver après l'avoir vu.

Ce matin, pendant qu'il se rasait, elle était apparue dans la glace en tee-shirt moulant sur une culotte échancrée en dentelle, ses cheveux d'ébène dénoués, venant chercher son peignoir pendu derrière la porte de la salle de bains attenante à leur chambre ; sans paraître porter attention à sa présence. Il s'était alors souvenu du dessin d'un humoriste qui montrait un couple encore assez jeune dans une situation comparable où l'épouse disait au mari : « c'est curieux, dans les débuts de notre mariage, quand je passais près de toi en petite culotte, tu n'arrêtais pas de te couper. Ça ne t'arrive plus. Tu dois être devenu très habile. ». Lui, avait bien failli encore se couper. Il avait pensé que c'était elle qui, manifestement, ne le voyait plus. Le désir était retombé. Il entre dans le restaurant et d'un regard circulaire, essaie de la localiser. Vainement. Un serveur s'approche.

— Ma femme a dû réserver une table. Madame Mauduit.

— À l'étage.

L'impression de malaise s'accentue en montant l'escalier en colimaçon. Il débouche sur une salle vide.

— Paul !

La voix d'Hannah vient du fond. Une main s'agite derrière la silhouette d'un homme assis en face d'elle ; une silhouette assez imposante, qui la dissimule presque totalement. Une silhouette qui bientôt se lève, se retourne et lui fait face. Un homme jeune, brun, qui pourrait être athlétique s'il n'était un peu empâté. Des lunettes d'écaille. *« L'homme aux lunettes d'écaille »,* mais celui-qui lui tend vainement une main hésitante, ne ressemble guère à Kirk Douglas.

— Daniel Aronstein.

Il peine à contenir l'émotion qu'il éprouve. Il avait pensé à lui, mais ne s'attendait nullement à le retrouver, maintenant, en compagnie d'Hannah ; vers laquelle il s'est spontanément tourné.

— Qu'est-ce que ça signifie ?

Elle s'est levée et semble pétrifiée. Il revient à celui qui est resté la main en déshérence.

— Qu'est-ce que vous foutez là, vous ?

Les traits de son interlocuteur se crispent.

— Paul, je vais t'expliquer.

— Quoi ?

Il fait effort pour ne pas attraper son vis-à-vis par le col, ce qui n'échappe ni à ce dernier qui s'est déplacé sur le côté, ni à Hannah qui a esquivé un mouvement vers eux sans pouvoir cependant décoller de sa place.

— Enfin, Paul, tu deviens fou !

— C'est possible ! Et c'est peut-être pour ça que tu as organisé un rendez-vous avec un psy ? Pour qu'on parle de mes obsessions ?

— Mais enfin, je ne suis pas là en tant que psy.

— En tant que quoi, alors ? Tu vois Hannah, il va falloir choisir : ou il se barre, ou c'est moi !

— Je vois qu'il est effectivement impossible de vous parler.

— Contrairement à vous, je suppose. Donc, tu as raconté à ce monsieur que je refusais de parler. Mais de quoi ? En général ou à propos de quelque chose de précis ?

Il se campe devant Aronstein.

— Votre présence me confirme que vous avez une fâcheuse tendance à mélanger les genres, mon vieux. Il faut qu'il soit désormais bien clair que si vous avez quelque chose à me dire, il va falloir le faire par l'intermédiaire de votre avocat.

— Je ne suis pas là pour parler de mes affaires ; en tout cas, pas seulement.

— « Pas seulement » ! Vous voulez dire que vous êtes ici, aussi, pour me parler d'Hannah ; mais en quelle qualité exactement : de médecin ? D'ami ? D'autre chose encore ?

— Je ne vous permets pas !

— Je n'ai que faire de la permission de quelqu'un qui se permet tout. Croyez-moi, vous aurez grand besoin d'un avocat.

— Je n'en ai pas l'intention, je n'ai rien à me reprocher.

Il lui fait penser à ces hommes politiques qui jurent devant les caméras, la main sur le cœur, leur totale confiance en la justice de leur pays, non parce qu'ils sont innocents, mais parce qu'ils pensent que leurs relations leur permettront de lui échapper.

— J'ai bien l'intention de faire la démonstration du contraire. Mais si vous tenez à vous défendre tout seul, c'est votre affaire ; sachez cependant que votre talent de manipulateur en chambre ne vous sera pas d'un grand secours devant un tribunal et en public.

Hannah les regarde fixement, blême, incapable de prononcer un seul mot ; ce qui fait tomber d'un coup toute son agressivité. Son teint délicatement hâlé a viré hâve, ses yeux bruns ont perdu leur éclat d'onyx : les signes avant-coureurs d'un retour possible de cette détresse soudaine tant redoutée. Il se reproche déjà de ne pas avoir su se maîtriser, de ne pas avoir pris le temps d'écouter ses raisons. Alors pourtant qu'il sait au fond de lui, qu'elles ne peuvent être médiocres.

Sa « chute de tension » n'a pas échappé à Aronstein.

— Je ne crois pas être le seul à encourir le reproche de tout mélanger. Je comprends que vous puissiez penser que je suis ici par calcul. Mais il me semble que vous auriez pu, dans l'intérêt d'Hannah, me laisser une chance d'expliquer que ma présence ici, répond à une autre motivation.

— Hannah, et non *madame Mauduit* ?

Il l'a dit sans réfléchir, et le regrette.

— J'appelle en effet votre femme par son prénom et c'est réciproque. Et bien entendu, on se tutoie. Nous-nous connaissons, comme vous le savez sans doute, depuis des années. Qui plus est, de simple amie, elle est devenue ma patiente ; sans cesser d'être une amie. Ce qui je vous l'accorde n'est pas conforme à l'orthodoxie thérapeutique. Mais peut-être qu'il vous arrive aussi, dans certaines situations, de franchir un peu la ligne rouge parce que vous estimez que la justice y gagne. On peut je pense, transposer. Hannah a sans doute surestimé votre capacité à surmonter certains affects.

Il ne peut nier dans son for intérieur, qu'Aronstein a frappé juste en réduisant son agressivité à l'expression d'une jalousie somme toute assez ordinaire et, surtout, en évoquant « l'intérêt d'Hannah » ; ou autrement dit, il le sait, la question de l'origine de ces moments de « décrochage » cyclique, de repli sur elle-même, de fermeture de toute communication, qui pouvaient durer quelques jours, pendant lesquels elle se couchait et sanglotait jusqu'à ce que, sans plus de raison apparente qu'à l'entrée dans le tunnel, elle en sorte, presque comme si de rien n'était. Elle avait toujours refusé d'en parler et de consulter. Des « crises » cycliques, sans nom technique à mettre dessus, apparues avec la première grossesse, et aujourd'hui disparue, un fait plus ou moins inconsciemment associé à celui qui est devant lui, sans qu'il sache vraiment à quelque titre. Un fait qui s'est accompagné de ce qu'il a ressenti comme une sorte d'éloignement d'Hannah, de leur centre de gravité commun.

— En tout cas, quel que soit votre jugement, j'assume totalement ma décision. Hannah sait que ça ne s'est pas fait sans que j'émette de très fortes objections. Mais si vous m'aviez laissé la possibilité de m'expliquer, vous auriez pu constater qu'il n'y a certainement pas à regretter une certaine transgression. Ceci dit, je m'en vais. J'ai compris qu'il est préférable de reporter la conversation au moment où nous pourrons considérer que les procès qui s'annoncent, sont définitivement jugés. Ce qui, hélas, nous remet peut-être à loin. C'est dommage ! Espérons pour Hannah, que vous n'aurez pas à regretter votre intransigeance du moment.

Il attrape son écharpe posée sur le dossier de la chaise, la noue autour de son cou prestement, et se tourne vers Hannah.

— Désolé. Il me semblait bien que ce n'était pas une très bonne idée.

Avant de s'engager dans l'escalier, Aronstein se retourne.

— Je vais suivre votre conseil, je vais prendre un avocat.

Un important et bruyant groupe de touristes s'annonce dans le colimaçon et vient bientôt occuper une grande table dressée au milieu de la pièce. Il hésite à s'asseoir à la place d'Aronstein, mais s'y résout pour ne pas rester plus longtemps ridiculement debout face à Hannah dont le regard dirigé vers l'escalier, semble le traverser sans le voir. Le serveur qui n'a pas remarqué que l'homme assis n'est plus celui à qui il avait remis un menu, s'excuse d'avoir tardé à revenir et leur demande ce qu'ils vont prendre. La question lui paraît incongrue. Il aperçoit une ardoise bien en évidence sur le mur du fond.

— Un plat du jour et un demi.

— Et madame ?

Hannah regarde le serveur puis le regarde, toujours absente.

— Madame ?

Le garçon se tourne vers lui, l'air à la fois interrogateur et agacé de perdre du temps alors que déjà, des mains se sont levées du côté de la grande table pour commander des apéritifs.

— Mettez un deuxième plat du jour avec une carafe d'eau.

Le garçon ramasse sans ménagement les menus qui n'ont pas été ouverts, et passe directement à la table des touristes où il retrouve son sourire standard.

Il ne sait plus que dire et que faire. Le regard vide d'Hannah lui fait craindre le pire. La même impression d'absence. Un profond sentiment de culpabilité le cède maintenant, à la colère stérile. Il comprend qu'il vient stupidement de manquer l'occasion, sans doute unique, d'éclairer la face sombre de leur couple.

Le serveur dépose le demi et une carafe sur la table.

Elle fixe la carafe quelques instants, puis se sert lentement un verre d'eau et boit avec application, comme par nécessité, comme si elle prenait un médicament.

— Pourquoi ne m'as-tu pas prévenu ? Je ne pouvais pas le rencontrer. Pas comme ça en tout cas.

Il attend.

— Je voulais qu'il t'explique...

— Hannah, tu sais bien que pour moi, c'est un adversaire.

— Pour moi c'était tout simple. Il m'a dit que sa secrétaire lui faisait un procès et que tu étais son avocat. Je lui ai demandé ce qu'il comptait faire. Il m'a répondu que cette affaire l'ennuyait beaucoup et qu'il souhaitait trouver un arrangement.

— Il y a des règles, nom d'un chien !

— Je ne savais pas que c'était à ce point-là. Et puis pour moi, cette histoire de secrétaire, ce n'était pas l'essentiel. Je pensais que même si tu ne voulais pas en discuter avec lui, cela n'empêcherait pas de parler.

— De quoi ?

— Aujourd'hui, j'ai compris que tu croyais qu'il était mon amant. Sinon, même s'il y a des règles comme tu dis, tu n'aurais pas été si violent. Je n'aurais jamais cru que tu puisses le penser.

— Mets-toi à ma place. Je sais que tu le vois régulièrement, et pas seulement à l'hôpital.

— Je vois que tu es bien renseigné. Pourtant j'avais pris mes précautions.

Il fronce les sourcils.

— J'avais demandé à Daniel de ne pas mentionner mon nom sur son agenda. La première fois que je suis venu au cabinet, j'ai entendu sa secrétaire téléphoner à celle du docteur Levaillant et j'ai compris au ton et au tutoiement, qu'elles étaient bonnes copines. Je savais que tu connaissais bien ce médecin, alors...

— Mais pourquoi vas-tu le voir à son cabinet, pourquoi lui justement et pourquoi me le cacher ?

— Il te l'a dit, si je vais le voir en dehors de l'hôpital, c'est en tant que psychiatre. Mais s'il n'avait pas été aussi, et d'abord, un ami, je n'aurais jamais fait la démarche. Ce n'est pas ce que tu voulais, que j'aille voir quelqu'un ?

— Si, mais...

— Il fallait d'abord que je sois en confiance. Quand il s'est installé et qu'il ne venait plus que quelques heures par mois à l'hôpital, on n'avait plus vraiment l'occasion de parler. Alors je lui ai proposé de le rencontrer à son cabinet comme n'importe quelle patiente. Il a d'abord refusé, estimant que c'était impossible, puis, pour ne pas me laisser tomber, il a fini par accepter. Mais il était entendu que chacun de notre côté, nous nous efforcerions de laisser à la porte les aspects personnels de notre relation. C'était une sorte de contrat entre nous. Je crois que maintenant, il ne va plus vouloir continuer. Il va recommencer à me dire qu'il serait préférable que j'aille voir quelqu'un d'autre.

— Alors moi, je ne suis pas capable de comprendre ?

Elle baisse la tête, prête à se refermer comme une huitre. Il se retient pour ne pas faire le tour de la table, l'étreindre et l'emmener à la maison pour qu'elle lui dise tout. Tout quoi ?

Le serveur apporte les plats, les dépose en jetant un coup d'œil en coin du côté d'Hannah qui ne semble pas s'en être aperçu, et se retire après s'être fendu d'un « bon appétit » vaguement ironique. Il sait qu'elle ne dira rien ; qu'il a rendu impossible maintenant, mais peut-être définitivement, l'explication tant attendue. Il se décide à faire le tour de la table, s'assoit contre elle sur la banquette et l'embrasse sur la joue.

— Il faut manger un peu.

14h10.

En route vers le palais, il s'efforce de mettre de l'ordre dans ses sentiments et ses idées. Il a quitté Hannah devant sa voiture avec l'impression, étrange, qu'elle avait oublié ce qui venait de se passer.— *« Où vas-tu maintenant ? » – « j'ai rendez-vous avec Marlène. »* Sans réfléchir il lui a demandé de lui rappeler le nom de famille de sa collègue et grande copine – *« Zeller, pourquoi ? » – « Pour rien, comme ça. »* Il venait en fait, à son insu, mais de façon quasi certaine, de déchiffrer le code d'Aronstein : XY pour désigner Hannah dont le deuxième prénom est Yéora et XZ pour Zeller. Ce n'est pas Hannah qu'Aronstein va rejoindre entre deux rendez-vous dans quelque hôtel discret ou studio dévolu à ses cinq à sept, mais la pimpante, la pétulante, Marlène. Ce qu'Hannah ne peut ignorer. Marlène qui, il s'en souvient maintenant, lors d'un pot pris en ville au moment de Noël après qu'il les ait rencontrées fortuitement en sortant de chez son expert-comptable, à la sortie d'un grand magasin, s'était exclamée : *« Oh là là ! Il faut que je vous quitte, il faut que j'y aille, je vais être en retard. »* Et, s'adressant à Hannah : *« Daniel va m'attendre. Je vais lui dire que j'étais avec toi, comme ça, ça passera. »*

L'idée, alors que le palais de justice est en vue, de rebrousser chemin et d'aller au cabinet d'Aronstein, le traverse. Mais il y renonce, convaincu qu'ils sont allés tous deux trop loin et qu'en tout état de cause, un échange en l'absence d'Hannah est inconcevable. En se garant dans le parking du palais et en rejoignant la salle d'audience, il réfléchit à ce qu'il pourrait lui dire pour tenter de retrouver sa confiance. Sans y parvenir. Sans perdre de vue, ce qui va à rebours de toute solution d'apaisement, le rendez-vous qu'il aura ce soir, après l'audience, avec le docteur Levaillant, au cours duquel il sera encore question d'Aronstein.

17h30.

Le docteur Levaillant l'attend comme convenu à l'entrée de la salle dédiée aux audiences civiles du tribunal de grande instance. Ils se saluent et s'assoient au premier rang, à la place réservée aux avocats, un peu plus confortable que celle du public. Chacun sort de sa serviette la lettre reçue de son ordre professionnel avec en annexe la plainte des Delcourt ; qu'ils s'échangent. Ils lisent en silence et se restituent les lettres avec un parfait synchronisme. Le docteur Levaillant fait une moue dubitative.

— À part quelques adaptations liées à nos rôles professionnels respectifs dans l'affaire, elles sont à peu près superposables. Il faut que vous m'expliquiez.

— Nous avons été trompés, mon cher. J'ai engagé une procédure prud'homale en rupture du contrat de travail du fait de l'employeur à la requête de Xénia Manolios sur le fondement de son prétendu harcèlement sexuel par Philippe Delcourt, en toute bonne foi. On se connaît. Si vous êtes ici, c'est que vous avez confiance en moi et réciproquement. On n'a donc aucune justification à produire entre nous. Ce n'est qu'après le dossier bouclé et les condamnations réglées, que j'ai appris que j'avais été manipulé.

— Vous en êtes certain ?

— Il n'y a pas le moindre doute.

Il lui explique en détail la supercherie.

— Et Marion Delcourt ?

— J'ai compris très récemment que sa relation avec Xénia Manolios est, disons, plus complexe que je ne le pensais, mais je n'ai aucune raison de douter de sa sincérité. Elle aussi, a été instrumentalisée.

— Sans me croire infaillible, j'étais persuadé d'être au moins capable de déjouer les mystificateurs. Vous me faites la démonstration du contraire. Mon ego en prend un coup. Et il y aurait un lien entre cette première affaire et la mort de Philippe Delcourt.

— Un lien assez étroit. Je passe sur les détails. Vincent Lambert est l'amant de Philippe Delcourt depuis l'école dentaire. Il a toujours douté de sa fidélité par le passé et de nouveau depuis son mariage et surtout sa paternité. Quand il a appris fortuitement l'existence de l'affaire Manolios et en plus, à cette occasion, d'une prétendue liaison que Philippe Delcourt aurait eue avec la jeune femme qui vivait dans leur appartement parisien pour lui servir, si j'ose dire, de couverture, il a réagi très violemment. Circonstance malheureuse, ils étaient à ce moment-là ensemble à Marseille, officiellement pour un congrès, mais en fait pour profiter d'un peu de liberté en couple. C'était pour Vincent Lambert la preuve qu'il l'avait en fait toujours trompé de manière éhontée ; que son mariage n'était pas qu'une façade ; etc.

— pour lui, il était bisexuel. Et pour vous ?

— Pour moi, il ne l'était pas. Qu'il ait pu faire un enfant ne prouve évidemment pas grand-chose. Le mariage, à un coup près si vous me permettez là encore l'expression, était blanc. Sa femme m'a d'ailleurs donné sur ce point des explications très convaincantes et, hormis qu'il n'y a jamais eu de harcèlement, il est certain qu'il n'y a pas eu non plus d'aventure avec la « colocataire » de Vincent Lambert.

— Vous avez plaidé l'acquittement, mais est-ce que je peux vous demander si vous êtes vraiment convaincu que votre client n'a pas tué Philippe Delcourt plus ou moins volontairement ? Je sais qu'un avocat a le droit de mentir quand il plaide ; que ce n'est pas une faute.

— Il n'y a pas de certitude absolue possible, mais la version que j'ai donnée selon laquelle, en simplifiant, Vincent Lambert est allé chercher son révolver pour se suicider, que Philippe Delcourt a voulu s'en saisir et que le coup est parti accidentellement, me paraît être sincèrement la plus plausible.

— Donc, dans cette histoire, nous avons été l'un comme l'autre et d'un bout à l'autre, d'une parfaite intégrité et bonne foi.

— Pour moi c'est tout de même un peu plus compliqué. Si j'ai conduit le procès de la demoiselle Manolios en ignorant sa supercherie, par contre, j'en ai eu connaissance avant de m'occuper de Vincent Lambert et je l'ai néanmoins escamotée. J'ai préféré maintenir la version du harcèlement et donc de la bisexualité de Philippe Delcourt.

— Pourquoi ?

— Parce que sinon, Vincent Lambert qui est suicidaire, ne se serait pas remis d'avoir accusé injustement son amant de l'avoir trompé. Mais aussi par souci de cohérence et pour pouvoir rendre de la façon la plus intense possible, le climat passionnel de l'affaire. À supposer que la cour ne soit pas convaincue par ma version, il resterait que le crime, dans ce cas, aurait été commis dans un climat d'extrême tension amoureuse où tout peut toujours basculer, où personne d'honnête, ne peut être assuré de pouvoir éviter de commettre l'irréparable.

— Mais j'ai cru comprendre que les Delcourt aussi, savaient qu'il n'y a jamais eu, en réalité, de harcèlement.

— Oui, mais pour le prouver il fallait révéler l'homosexualité de Philippe. Ce qui pour eux, était inimaginable. Ce sont des catholiques limite intégristes, et vous savez qu'Henri-Marc Delcourt est le suppléant de Laferrière.

— Le député de la droite la plus conservatrice et bien-pensante qui soit.

— En effet, contre lequel j'ai pas mal milité au parti socialiste. On le disait ministrable, ce qui était pour Henri-Marc une aubaine, mais malheureusement pour lui, il n'est pas devenu ministre. Toujours est-il que les Delcourt préféraient que Philippe passe pour un Don Juan qui dépasse parfois les limites, qu'un gay. La même ligne a prévalu avec l'histoire de la pseudo-concubine de Vincent Lambert, Juliette Morange. Il était hors de question pour moi, de les suivre, et en les suivant, de trahir les sentiments de mon client qui avait beaucoup souffert d'avoir dû taire, d'avoir dû dissimuler, la vérité de leur relation. C'est un type très bien vous savez, ce Vincent Lambert. J'ai navigué entre deux eaux. La bisexualité, c'était une sorte de moyen terme, de demi désaveu pour les Delcourt qui pouvaient toujours mettre en avant le côté hétérosexuel. Sans compter qu'ils pouvaient aussi invoquer les manœuvres de dernière minute d'un avocat sans scrupules, prêt à raconter n'importe quoi pour leur nuire.

— Alors pourquoi ont-ils décidé, maintenant, de remettre en cause des versions judiciaires qui au fond, ne les ont pas tellement desservis ?

— Je ne crois pas que ce soit véritablement leur intention. Ce ne sont à mon avis que des manœuvres de déstabilisation. Ce qu'ils veulent véritablement, c'est que Marion Delcourt redevenue Marion De la Tour Lansac, ait le sentiment qu'elle est attaquée de toutes parts, que tout peut être remis en cause et qu'elle ne peut plus vraiment compter sur mon soutien.

— D'accord, mais au final pourquoi ?

— Pour l'empêcher de partir avec son amour de jeunesse retrouvé, à Chicago.

— Qu'est-ce que ça peut leur faire ?

— Il n'y a qu'un problème, mais il est de taille : c'est qu'elle compte bien partir avec son fils, Guillaume, le seul héritier mâle de la dynastie et celui qu'ils voient comme le futur dirigeant du puissant groupe Delcourt. Mais je m'empresse d'ajouter que l'intérêt n'est pas l'unique moteur de leur action. Il faut en effet reconnaître qu'ils sont tous sincèrement et profondément attachés au gamin depuis sa naissance. Ce que reconnaît d'ailleurs, sans difficulté, sa mère.

— Je vois mieux pourquoi ils sont prêts à tout pour la retenir ici, voire peut-être même, pour qu'elle leur abandonne le gosse.

— Pour être complet à cet égard, il faut que je vous parle de votre confrère Daniel Aronstein. Vous savez sans doute qu'après vous, Marion De la Tour Lansac l'a consulté à propos des problèmes qu'elle rencontrait et rencontre de plus bel aujourd'hui avec son fils ; du fait de la mort du père, de la présence d'un homme à la maison et du projet d'expatriation.

— Il m'avait écrit selon l'usage pour me demander de lui passer le dossier. Je n'avais pas compris pourquoi elle avait décidé de changer de thérapeute. Je suppose maintenant que c'est en rapport avec l'affaire Manolios. Il est vrai qu'elle a pu légitimement douter de mes compétences, sinon de ma probité.

— En tout cas, Aronstein n'a pas fait de miracle et c'est à lui que la cliente entend demander des comptes. Elle pense qu'il a trahi gravement le secret professionnel.

Levaillant fronce d'épais sourcils qui contribuent, avec la largeur du visage et la corpulence, à en faire un quasi sosie de Pompidou.

— Henri-Marc son beau-frère, lui a dévoilé, dans des conditions particulièrement odieuses, quelques axes de l'offensive que le clan allait mener contre elle si elle ne se montrait pas coopérative. Et parmi les armes dont ils prétendent disposer, il y aurait le contenu du dossier que vous avez transmis à Aronstein, enrichi bien entendu de ses propres notes. Un dossier qui aurait migré de son cabinet vers celui de Salomé Delcourt.

— Ce n'est pas possible. Elle a mal compris.

— Je crains bien que non. Vous êtes évidemment au courant de la construction de la polyclinique de la Roncière. Et bien votre jeune confrère va prendre la direction de son département psychiatrique. Une sacrée opportunité, non ?

— C'est un établissement privé, les actionnaires font ce qu'ils veulent. Vous ne le savez sans doute pas, mais j'avais été approché et je peux même dire pressenti, malgré la mauvaise réputation politique que je partage avec vous, au tout début du projet.

— Par qui ?

— Salomé Delcourt.

— Ce sont en effet les Delcourt qui sont les initiateurs, les financeurs et les promoteurs principaux, de l'opération. Je me suis renseigné, tout le monde y est : la douairière, la holding financière du groupe, la société immobilière familiale ; et pour la partie technique, la devanture médicale, Salomé Delcourt la gynécologue anti avortement, sinon officiellement, en tout cas à coup sûr dans le discours et les incitations de toutes sortes à la poursuite de la maternité en toutes circonstances.

— J'ai rejeté leur proposition pour les diverses raisons qu'il vous est aisé de deviner. Mais, ce qui n'est pas sans rapport avec ces raisons, je crois comprendre que vous les soupçonnez d'avoir eu des arrière-pensées en se tournant vers Aronstein.

— Je pense qu'ils ont renoncé à faire de la compétence et de la réputation professionnelle, leur priorité. Aronstein est peut-être brillant, mais il est encore jeune et pratiquement inconnu ; peut-être même, de vous ?

— Quelques échos, plutôt contradictoires.

Il semble passer en revue intérieurement les quelques informations dont il dispose.

— De là à manquer aux obligations les plus élémentaires du serment, il y a de la marge.

— Je l'ai lu et relu votre Hippocrate et j'ai examiné avec attention les applications disciplinaires et judiciaires qui en sont faites ; si j'arrive à prouver qu'il a bien trahi la confiance de sa cliente et divulgué les secrets qu'elle lui a confiés, il risque fort de plonger ; sauf s'il refuse la porte de sortie que je compte lui proposer en accord avec sa victime. Mais n'anticipons pas.

Il sort de sa serviette le dossier de Marion de La Tour Lansac et en extrait une feuille.

— Tenez, c'est la retranscription du réquisitoire d'Henri-Marc Delcourt enregistré à son insu par sa victime. Lisez.

À la lecture, le visage du docteur Levaillant se fait de plus en plus réprobateur.

— C'est en effet assez abject. Je suppose que si la cliente ne m'avait pas parlé de l'accusation de pédophilie de monsieur Dumur, c'est parce qu'à l'époque, il ne faisait plus partie de son avenir.

— Bien sûr.

— Et vous êtes certain qu'il est au-dessus de tout soupçon, ce monsieur ?

— J'espère être bientôt en mesure de le laver de tout soupçon. Ce qui n'est pas mal non plus, c'est la divulgation de l'avortement subi par la cliente après qu'elle ait refusé de suivre le père— qui ignorait sa paternité— à Chicago.

— De ça, j'étais au courant. Je m'en souviens très bien. L'avortement avait été suivi d'une profonde dépression. Elle avait même dû être hospitalisée une première fois en Suisse et une seconde fois en France. Mon confrère de la clinique parisienne m'avait transmis son dossier.

— Justement ! Marion De la Tour Lansac n'a jamais parlé de l'avortement aux Delcourt, mais elle est persuadée que l'oncle qui lui avait trouvé la bonne adresse en Suisse pour qu'elle demeure monnayable, a éventé le secret. Il se trouve qu'en effet, il est très lié d'intérêts avec le clan comme sa mention parmi les bailleurs de fonds de la polyclinique de la Roncière le démontre assez. Mais s'il est au courant de l'avortement et de la première hospitalisation, il n'a par contre jamais été informé de la seconde qui a eu lieu plusieurs mois après. En fait, la nièce n'a jamais été dupe de la motivation de son oncle et a toujours considéré qu'il était une planche pourrie. Or, non seulement Henri-Marc a fait état des deux hospitalisations en laissant entendre qu'on pouvait douter de son équilibre mental, mais encore d'une pièce qu'il n'aurait jamais dû avoir en sa possession.

Quand Marion De la Tour Lansac est venue me voir, seule puis en compagnie de Guy Dumur, elle ne l'a pas mentionnée. Mais quelques jours après, elle m'a téléphoné pour me dire qu'à force de se remémorer la scène avec son beau-frère, un détail lui était revenu. Un détail de taille ! Henri-Marc Delcourt avait avec lui un épais dossier qu'il a déposé sur la table basse du salon de l'hôtel où il l'avait entraîné. C'était évidemment pour l'impressionner, sans pour autant bien entendu lui permettre de prendre connaissance de son contenu. Il a cependant imprudemment exhibé quelques instants deux documents, l'un étant probablement le rapport du détective, et l'autre le dossier médical que vous avez évoqué, transmis par votre confrère de la clinique parisienne où la cliente avait été hospitalisée la seconde fois. Elle n'a pas eu le temps de lire ce qui était écrit sur la chemise cartonnée, mais elle a bien vu qu'elle était vert clair et comportait une photo.

— La photo de la clinique Des barrières. C'est très certainement, en effet, le dossier que j'avais reçu et que j'ai transmis à Aronstein, dans lequel j'avais rassemblé tout le dossier médical de madame Delcourt ; y compris mes notes et celles de mes prédécesseurs. C'est à peine croyable !

— Si je parviens à confondre Aronstein, je confonds aussi ses corrupteurs. Salomé Delcourt qui est gynécologue et qui n'a jamais été le médecin de Marion de la Tour Lansac, pourra difficilement expliquer qu'elle se soit retrouvée légitimement en possession de son dossier médical.

— Ils risquent la radiation… alors que c'est la nôtre que visent les Delcourt. Ce serait un joli retournement de situation. Ce que je crois, prisent assez les avocats.

— Remarquez, ce que je veux, ce n'est pas à tout prix faire la peau à Aronstein qui a peut-être été plus ou moins manipulé, bien que ce ne soit pas, si c'est le cas, très glorieux pour un psy. Ni d'ailleurs la faire aux Delcourt, avec qui ma cliente est condamnée à maintenir une relation suivie dans l'intérêt de son fils. Ce que je veux, c'est amener votre confrère confondu, à convaincre les Delcourt qu'ils ont, une nouvelle fois, grand intérêt à composer avec nous. Mais pour cela, il faut que je joue très serré. Heureusement, j'ai une cliente qui a déjà démontré son courage et son intelligence à l'occasion des précédentes affaires.

— J'imagine que c'est tout de même très difficile à vivre pour elle.

— C'est pourquoi il serait bon qu'elle redevienne votre patiente. Il lui faut quelqu'un dont elle ne puisse douter de la probité et qui soit parfaitement informé des tenants et aboutissants de l'Affaire avec un grand « A », c'est-à-dire celle qui a débuté avec sa demande en divorce et n'a toujours pas fini de rebondir.

— Qui pense que ce serait bon ? Elle ou vous ?

— Les deux. Elle a besoin de nos deux soutiens complémentaires.

— En général, je refuse de reprendre un client qui m'a quitté ; non pour des raisons d'ego, mais parce qu'on ne réduit pas une perte de confiance comme on réduit une fracture du tibia. Mais il est vrai que les circonstances sont assez particulières et que ce n'est pas le moment de la laisser tomber. Les Delcourt penseront sans doute que ça confirme notre complicité, mais je suis comme vous, je m'en fous.

— On se fout de leur jugement, mais il ne saurait évidemment être question, pour autant, de rester sans réaction face aux attaques dont nous faisons l'objet.

— Alors qu'allons-nous répondre à nos autorités de tutelle ?

— En gros, d'abord, que le président et le bâtonnier de nos ordres professionnels ne peuvent que s'en tenir à la vérité judiciaire, puisqu'aucun recours n'a été à ce jour tenté contre les jugements et la transaction en question ; ce qui en soit, est déjà significatif. Ensuite et en quelque sorte pour la « moralité des débats », qu'on peut observer pour se convaincre de l'inanité des accusions portées par les Delcourt, et donc de leur caractère malveillant, que les faits de tromperie allégués tant en ce qui concerne l'affaire Manolios que l'affaire Lambert, sont invraisemblables, puisqu'ils n'auraient pu qu'être connus d'eux à l'époque. Pourquoi dès lors ne pas en avoir fait état en temps utile ? Et donc, pourquoi en faire état maintenant, sinon pour tenter de déstabiliser Marion de La Tour Lansac à qui ils viennent de faire délivrer une assignation ? J'ajouterai que nous nous réservons de déposer plainte avec constitution de partie civile compte tenu de ce que nous nous estimons diffamés. Non seulement il ne faut pas entrer dans leur jeu, mais il faut leur faire craindre que s'ils mettent le doigt dans l'engrenage, tout risque de leur échapper. Ces gens-là ont l'obsession de la maîtrise. Si vous le voulez-bien, je vais établir deux projets, l'un pour vous, l'autre pour moi. Bien entendu dans des termes suffisamment différents pour que l'on ne puisse pas soupçonner une concertation.

— D'accord.

— Je vous remettrai le vôtre moi-même. Il est préférable que ça ne passe pas par votre secrétaire, même si vous avez entièrement confiance en elle. Vous ne le savez peut-être pas, mais elle est très copine avec la secrétaire d'Aronstein.

— Ah bon ! D'où tenez-vous ça ?

— De la secrétaire d'Aronstein qui est venue me consulter à la suite de son licenciement.

— Je vois qu'on baigne dans le polar. Mais dans le contexte, vous n'avez certainement pas tort. On ne sait jamais.

18h45

Rentré au bureau, il ne parvient pas à se lancer dans l'examen du dossier du lendemain. Comment sera Hannah ce soir ? Il craint autant de parler que de ne pas parler, de ce qui s'est passé au restaurant. En parler, c'est risquer de s'enliser dans d'impossibles explications et, plutôt que de clarifier la situation, de provoquer un nouveau « blocage » ; ou d'aggraver celui qu'il a sans doute, déjà, provoqué. Ne pas en parler, c'est camper dans le déni du « mal » dont souffre Hannah, dont l'existence est confirmée, mais la teneur, toujours ignorée. Avec désormais dans l'énoncé du problème, la présence d'un « ami-thérapeute » d'Hannah qui est pour lui un adversaire indissociablement professionnel et personnel. Au cours de l'entretien avec Levaillant, l'aspect personnel a été laissé de côté, mais il n'avait pas pour autant disparu : pendant qu'il évoquait le sort judiciaire qu'il réservait à Aronstein, il savait qu'il ne faisait que rendre encore un peu plus impossible la résolution de l'équation.

Levaillant à qui il avait fait part il y a quelques années à la suite d'une « crise » d'Hannah, de ses inquiétudes, lui avait fait savoir, comme il s'y attendait, qu'il ne pouvait porter le moindre diagnostic sans l'avoir vue. Surtout que sa description d'épisodes paroxystiques étonnamment longs, ni précédés ni suivis de symptômes évidents, ni rattachables à première vue à un quelconque événement proche ou lointain, ne cadraient pas avec la nosographie en vigueur. Il a passé en revue, entre-autres, les crises d'angoisse profondes, les névroses traumatiques et la schizophrénie, en notant à chaque fois ce qui, principalement, ne semblait pas correspondre, pour finalement confirmer qu'il ne pouvait rien en dire de sérieux ; si ce n'est qu'il était impératif qu'Hannah soit prise en charge sans attendre une nouvelle crise qui pourrait s'avérer dangereuse. Il avait tenté de la convaincre de consulter et avancé le nom de Levaillant, mais elle lui avait répondu qu'elle n'en avait pas besoin et qu'en tout état de cause, elle n'irait certainement pas voir quelqu'un avec qui il était en relation.

Lundi 10 mai / 16h45.

Madame Dugain s'assoit, l'air inquiet.

— J'ai souhaité vous voir par ce que je suis confronté à une situation inédite et assez gênante pour moi.

— Ah bon ! Gênante pour vous ? Je ne comprends pas.

— J'ai appris après notre premier entretien, que mon épouse connaissait le docteur Aronstein.

Elle blêmit.

— Comment ?...

Elle travaille à l'hôpital psychiatrique, mais je ne savais pas qu'il y effectuait des vacations et qu'elle avait des contacts professionnels avec lui ; comme bien entendu, elle ignorait que j'avais une affaire contre lui. Mais quand le docteur Aronstein a reçu sa convocation devant le Conseil de Prud'hommes, il lui a demandé si, portant le même nom que moi, j'étais son mari. Or je le suis et cette circonstance, à elle seule, doit me conduire à refuser votre dossier compte tenu de la suspicion qu'elle risque de faire planer sur mon action.

— Et vous ne le saviez pas la dernière fois ?

— Je viens de vous expliquer que c'était après qu'Aronstein ait reçu sa convocation.

Elle semble osciller entre incrédulité et envie de le croire pour ne pas devoir tout recommencer. Il sait par expérience qu'un client dans une telle circonstance, n'est jamais totalement et définitivement convaincu de l' « innocence » de son avocat et plus généralement, en toutes circonstances, de celle de tout avocat. Habituellement, il n'aurait laissé la porte ouverte à aucune possibilité de maintien du dossier au cabinet. Mais en l'espèce, compte tenu des enjeux extrinsèques qu'il comporte, il espère convaincre la cliente de l'y maintenir ; sans pour autant franchir certaines limites déontologiques et en particulier, sans nuire aux intérêts de la cliente.

— Mais pourquoi le docteur Aronstein en a parlé à votre femme ?

— Pour savoir s'il était possible de me rencontrer.

— Pour quoi faire ?

— Précisément, je l'ignore, mais je suppose qu'il cherche à négocier.

— Et vous avez accepté ?

— Je n'ai ni accepté, ni refusé. Je lui ai fait savoir que s'il souhaitait rechercher une solution amiable, il lui fallait passer par l'un de mes confrères. Mais, avant toutes choses, comme je viens de vous le dire, se pose la question de principe de mon intervention à vos côtés.

— Je comptais beaucoup sur vous.

— La relation entre l'avocat et son client doit être une relation de parfaite confiance.

— Mais vous n'étiez pas obligé de me le dire.

— Déontologiquement, si.

— Alors si vous m'en parlez, ça veut dire que je peux vous faire confiance.

— Ce n'est pas illogique. Mais si vous souhaitez que je continue à m'occuper de votre dossier, il faut que cet incident, appelons ça comme ça, soit définitivement clos. Si par la suite je sentais la moindre méfiance, je vous rendrais votre dossier ou je le transmettrais au nouvel avocat qu'il vous faudrait choisir.

Il se dit intérieurement que la situation est en train de s'inverser. Alors qu'il était en difficulté, voilà qu'il en est presque à se faire désirer.

— Vous croyez vraiment qu'il serait possible de trouver un arrangement ?

— Ce n'est jamais totalement exclu et je dois dire que si j'étais son avocat, il est probable que je lui demanderais d'y réfléchir. En général, c'est celui qui y a le plus intérêt, qui propose l'ouverture de négociations.

— Et est-ce que ça m'engage ?

— Ça n'engage à rien tant qu'on n'a pas trouvé un accord qui satisfasse les deux parties. L'intérêt que les pourparlers se passent par l'intermédiaire des avocats, tient dans le fait qu'ils sont confidentiels. Si l'on ne parvient pas à s'entendre, on ne peut pas en faire état. La procédure suit son cours devant la juridiction saisie comme si de rien n'était. En d'autres termes, on n'a rien à perdre.

— Mais est-ce qu'on a vraiment quelque chose à gagner ?

— D'abord, l'élimination du risque. La justice est en effet toujours plus ou moins aléatoire. Ensuite, la rapidité. La justice, c'est bien connu, n'est jamais très rapide, même quand on ne fait rien pour la ralentir. Enfin, des économies de procédure.

— Mais il veut sûrement payer le moins possible.

— Évidemment, mais je suppose que la perspective d'un procès au moment de l'ouverture de la clinique, ne doit pas l'enchanter ; ni ses associés et peut-être surtout, ses associés. Éviter le procès a un coût. Vous savez que vous n'obtiendrez pas la totalité de ce que j'ai réclamé, mais dans le meilleur des cas, entre la moitié et les deux tiers. Vous vous souvenez de ce que je vous ai dit à cet égard.

Elle hoche affirmativement de la tête.

— On peut tabler, dans le contexte, sur une somme approchant les deux tiers ; réglable dans un délai maximum d'un mois.

— Vous pensez vraiment qu'il pourrait l'accepter ?

— Il a un papa dans les affaires qui pensera sans doute qu'il y aura un retour sur investissement conséquent, et des associés, immensément riches. Alors qu'est-ce qu'on fait ?

— Est-ce qu'il faudra que je sois là, quand vous discuterez ?

— Je peux évidemment négocier sans vous, mais je ne voudrais pas qu'après, vous pensiez que je n'ai pas suffisamment défendu vos intérêts. Surtout maintenant. On en revient à la question de la confiance, qui pour moi, je vous l'ai dit, est essentielle. Bien entendu, en tout état de cause, je ne signerai rien sans que vous m'en ayez donné l'autorisation.

— Ah bon !

Elle le regarde fixement comme si elle voulait vérifier une ultime fois dans son regard, sa parfaite sincérité.

— D'accord, je vous laisse faire. Je sais que si je viens, il va essayer de m'embobiner ; je le connais. Vous savez, il sait y faire !

Il est tenté un instant de lui demander de développer, mais y renonce pour ne pas prendre le risque d'alimenter, inutilement pour le moment, ses doutes sur le personnage.

— Alors on fait comme ça. Je vous tiens au courant. La tentative de conciliation devant le conseil de Prud'homme aura lieu dans quinze jours. Ce serait bien qu'on soit fixé avant. Si un accord est conclu, on pourra le faire acter par le bureau de conciliation. Passons maintenant au dossier. Avez-vous pensé à m'apporter les photocopies des correspondances entre votre ex-patron et ses associés ?

Elle sort de son sac une enveloppe épaisse qu'elle lui tend l'air inquiet.

— Vous allez vous en servir ?

— Comme je vous l'ai déjà dit, je vais d'abord voir quel intérêt elles peuvent présenter. Leur communication à l'adversaire n'est pas d'actualité, mais si elle le devenait, je vous demanderais pour cela aussi, préalablement, votre accord. On en reparle un peu plus tard.

Il se lève. Elle fait de même en donnant l'impression d'une certaine pesanteur, puis lui adresse un sourire de *mater dolorosa* suivi d'un discret soupir, qui semble exprimer un certain désarroi devant la complication, sinon l'impénétrabilité, des voies de la justice. Il l'accompagne jusqu'à la porte et au retour, est intercepté par Édith.

— Vous n'aviez pas la plainte contre Aronstein dans le dossier. Vous ne lui en avez pas parlé ?

— Ce n'est pas sa plainte, mais celle de madame De la Tour Lansac. Cela ne la regarde pas ; c'est un autre dossier.

Elle fait une moue sceptique.

— Ça ne la regarde pas, mais ça peut lui servir.

— Vous avez, comme toujours, tout compris, ma chère Édith. J'espère bien faire d'une pierre deux coups : contraindre Aronstein à changer son fusil d'épaule dans l'affaire du petit Delcourt, et le mettre dans de bonnes dispositions d'esprit pour une transaction dans l'affaire de la petite dame que je viens de reconduire. Mais il n'en demeure pas moins que les parties et les enjeux ne sont pas les mêmes, et que les mélanger ne ferait qu'introduire de la confusion dans les esprits.

— Surtout dans celui de « la petite dame », car je suppose que « la grande dame », elle, serait capable de tout comprendre.

— Ça faisait longtemps que vous ne m'aviez accablé de vos préjugés de classe à propos de notre infortunée aristocrate.

— Pas « notre » ; « votre » et « infortunée », il y a pire. Mais passons. Qu'est-ce qu'elle a dit, pour la transaction ?

— Qu'elle est d'accord pour qu'on essaie, mais elle ne participera pas à la négociation.

— Comme ça, vous pourrez empapaouter à loisir la partie adverse, sans risquer d'être bêtement torpillé par la cliente.

— Je n'empapaoute pas, je convaincs mes adversaires de la justesse de mon point de vue.

— Ben voyons !

— Autre chose ?

— Oui, et ça concerne l'affaire Aronstein, justement. Maître Delambre a téléphoné pour proposer une date de rendez-vous. Il ne voulait pas non plus vous déranger. Décidément, on vous ménage ! Il propose le mardi 18 mai à 9h et quart.

— Vous avez regardé si ça colle ?

— Évidemment ! Il y a déjà un rendez-vous, mais on peut le décaler facilement. Je lui ai dit que si on ne le rappelle pas, c'est que c'est bon. Je suppose que vous voulez battre le fer pendant qu'il est chaud.

— Bien joué ! Qui c'était le rendez-vous ?

— Monsieur Marais.

— Le pédophile ?

— Non, l'autre, pas Jacques, Louis, le secrétaire du Comité d'entreprise de la boite qui fabrique des emballages plastiques ; il voulait seulement vous donner la liste des salariés qui veulent se joindre à la procédure et vous dire comment s'est passée la dernière réunion du comité. Je suppose qu'un rendez-vous téléphonique suffira ?

— Essayez de le joindre d'ici un quart d'heure. Il sera content que je l'appelle.

— Pour lui dire que c'était trop urgent pour attendre ?

Il hausse les épaules et regagne son bureau.

Mardi 18 mai / 9h15.

Le téléphone sonne. Édith.

— Maître Delambre vient d'arriver avec le docteur Aronstein. Je leur demande de patienter dans la salle d'attente ?

— Non, conduisez-les tout de suite jusqu'à mon bureau, s'il vous plaît.

Il fait le tour du grand plateau de verre pour leur serrer la main.

— Asseyez-vous, je vous en prie.

Il se tourne vers maître Delambre.

— Je vous remercie d'avoir proposé que le rendez-vous ait lieu ici.

Il se tourne vers le docteur Aronstein.

— Je dois m'excuser auprès de vous d'avoir été un peu vif la première et unique fois que nous nous sommes rencontrés. Mais j'avais quelques raisons d'être surpris.

Le destinataire ne bronche pas.

Il se tourne à nouveau vers maître Delambre.

— Je pense que le docteur Aronstein vous a expliqué les circonstances très particulières de cette rencontre.

— Assez singulières, en effet.

— J'en ai tenu informé ma cliente et lui ai proposé de me dessaisir de son dossier. Ce qu'elle a refusé. Ce qui ne signifie pas que je le conserverais si nous devions plaider. Mais puisque votre client a confirmé qu'il souhaitait rechercher une solution amiable et qu'il est désormais assisté, je pense qu'à ce stade, il n'y a pas de difficulté.

— Nous avons accepté le principe d'un rendez-vous.

— Bien ! Vous connaissez les demandes de madame Dugain. Que proposez-vous ?

Maître Delambre sourit.

— N'allons pas trop vite, mon cher confrère. Votre requête devant le conseil de prud'hommes n'est pas motivée ; autrement dit, j'ignore les motifs juridiques de la saisine et les pièces dont vous disposez ; si vous en avez. Je sais bien qu'en l'état de la procédure, vous n'avez aucune obligation de faire connaître vos moyens et vos preuves, mais puisqu'il est entendu que nous jouons cartes sur table…

— D'accord ! Je vais vous dire non seulement ce que sait madame Dugain, mais ce qu'elle est en mesure de prouver. Premièrement que le docteur Aronstein va poursuivre l'exploitation de sa clientèle personnelle et sans aucun doute la développer, au sein de la clinique De la Roncières. Deuxièmement, qu'il va devoir la remplacer, ce qui veut dire que son poste n'est pas supprimé et que le motif de son licenciement ne tient pas. Elle sait même qui va la remplacer : l'assistante de feu Philippe Delcourt, le frère de votre principal associé monsieur Aronstein, le docteur Salomé Delcourt. C'est d'ailleurs elle qui vous l'a imposée. Une dame Larieux dont le mari travaille, lui aussi, pour les Delcourt. On est un peu comme sous l'ancien régime avec les Delcourt. On ne laisse pas tomber les vieux serviteurs.

— Et de qui votre cliente tient-elle ces informations ?

— Elle était la secrétaire unique de son patron, et donc à la fois très polyvalente et très informée.

Le docteur Aronstein fronce les sourcils et se tourne vers son avocat sans chercher à n'être entendu que de lui.

— C'est bien ce que je pensais, elle a fouillé dans mes papiers.

Maître Delambre fait signe à son client de la main de se taire.

— Je suppose qu'elle a fait des photocopies ; ce qui équivaut à un vol.

— Vous savez bien que ça se discute. Mais peu importe. Je ne pense pas que le docteur Aronstein ait l'intention de faire disparaître les originaux dont au besoin, nous exigerons la communication. Personne n'est franchement malhonnête dans cette affaire. Et puis la clinique va bientôt ouvrir ses portes et votre nouvelle secrétaire va devoir prendre son poste. Peu importe au fond que ce soit madame Larieux ou n'importe qui d'autre. Je pense que vous en êtes d'accord, confrère ?

— Avant de vous dire ce que j'en pense, je souhaiterais que vous m'en disiez un peu plus sur la seconde affaire. Au palais, lors de notre rencontre informelle, vous aviez parlé, notamment, de violation du secret professionnel.

— On peut effectivement en parler, puisque madame Dugain qui n'est pas concernée par cette seconde affaire, n'est pas là. Tout en précisant que je me défausserais également du second dossier, si nous ne parvenions pas à un accord. Mais que ce soit moi ou un autre avocat qui s'en charge, le résultat pour le docteur Aronstein sera le même. Ou pire !

Il voit à son regard, qu'Aronstein a parfaitement compris qu'il doit à la présence d'Hannah en arrière-plan de leurs discussions, de pouvoir envisager une porte de sortie honorable.

— Je crois que le plus simple, c'est que vous lisiez le projet de plainte que j'ai rédigé. Comme vous le verrez, elle est dirigée non seulement contre le docteur Aronstein, mais également contre Salomé Delcourt. Contre elle seule dans un premier temps, car je pense que le juge d'instruction sera conduit à s'intéresser à tout le clan. Ils se croient protégés, mais il y a des limites.

Il ouvre l'un des deux dossiers disposés devant lui et en extrait un acte qu'il tend à maître Delambre, ainsi qu'une copie qu'il remet à la suite au docteur Aronstein qui semble troublé de voir que la plainte est prête à être déposée. Ce qui était l'effet escompté.

— Prenez votre temps. Je vous laisse lire tranquillement ; il faut que je donne quelques instructions à ma secrétaire. Il sort en laissant la porte ouverte. Il entend le docteur Aronstein qui demande à son avocat : « où a-t-il pu trouver tout ça ? » Il n'entend pas de réponse de la part de maître Delambre qui a dû lui faire signe à nouveau, de se taire. Il va jusqu'au secrétariat où Édith le voit arriver avec surprise.

— Je les laisse mariner un peu. Qu'est-ce que j'ai après ?

— Rien, comme d'habitude.

—Sérieusement ?

— Vous avez réservé le reste de la matinée pour préparer votre audience de cet après-midi. Vous avez trois affaires, dont le dossier de monsieur Ravaut, l'accident mortel du travail.

— Ah, merde, j'avais oublié ! Il est prêt ?

— Plus ou moins.

— Vous avez pu trier les pièces ?

— Oui, mais les cotes ne sont pas faites. Vous m'aviez dit que vous préfériez les dicter.

— C'est vrai.

Il regarde sa montre.

— Je pense que j'en ai encore pour une demi-heure avec Delambre. Ça devrait aller.

— Ça se présente bien ? Vous leur avez montré la plainte ?

— Ils sont en train de la lire.

— Je vois.

— Ils ne savent pas encore que dans les papiers que m'a remis madame Dugain, j'ai trouvé une photocopie du registre sur lequel elle notait tous les courriers envoyés avec leur objet. Elle a photocopié les pages qui mentionnent les courriers adressés aux Delcourt. J'y ai trouvé la mention : « Envoi dossier M. Delcourt pour S. Delcourt. »

— Aie !

— Comme vous dites. Au fait, savez-vous où est mon associée ?

— Quand vous dites « mon associée », j'ai encore du mal à entendre le féminin.

— C'est vrai, nous pensons tous toujours à Luc. Mais Lise existe.

— C'est vrai aussi. Elle est dans son bureau. Je crois qu'elle est en train de faire les recherches que vous lui avez confiées.

— Parfait. Allez, j'y retourne.

Maître Delambre et son client l'attendent en silence. Il s'assoit. Maître Delambre lui restitue l'original et la copie du projet de plainte.

— Là, vous ne pourrez pas me dire que vous n'avez pas besoin de pièces. Si vous en avez comme vous l'indiquez dans votre projet de plainte, il faut me les montrer.

— Au niveau de la plainte, il suffit que je fournisse au juge d'instruction un faisceau d'éléments suffisants pour le convaincre qu'il y a matière à instruire. Si je disposais dès maintenant de toutes les preuves nécessaires ce n'est pas une plainte avec constitution de partie civile que j'aurais envisagé, mais une citation directe en correctionnelle. Et j'estime disposer d'éléments suffisants pour que votre client soit inculpé. Pour le reste, c'est le juge d'instruction qui procèdera aux investigations nécessaires. Voyons : premièrement monsieur Aronstein, il ne peut être nié que madame Marion Delcourt était votre cliente et que vous avez été dépositaire et unique dépositaire des informations confidentielles en cause, dont une bonne partie se trouvait dans le dossier que le docteur Levaillant votre prédécesseur vous avait transmis.

— C'est lui qui vous l'a dit ?

— Il l'a confirmé à madame De la Tour Lansac qui s'en est évidemment inquiétée. Un dossier dont vous avez peut-être conservé une copie ?

— Non.

Delambre dissimule difficilement son mécontentement. Aronstein qui s'est tourné vers lui, comprend qu'il vient de se trahir.

— Donc vous avez transmis le dossier à Salomé Delcourt, comme cela est d'ailleurs mentionné sur le registre idoine de votre cabinet. Un registre auquel avait évidemment légitimement accès votre secrétaire.

— Confrère, il me semble que vous mélangez les dossiers, ce qui n'est pas très déontologique.

— Nous sommes là, certes, pour traiter du dossier de madame Dugain, mais puisque vous êtes chargé des intérêts de monsieur Aronstein dans les deux dossiers et que vous m'avez demandé de prendre connaissance de la plainte, je ne vois pas de difficulté. Troisièmement, Henri-Marc Delcourt, dans le contexte que je vous ai expliqué sous la foi du palais, a menacé ma cliente de tout dévoiler si elle maintenait son projet d'expatriation, et pour l'impressionner, il n'a rien trouvé de mieux que d'exhiber un dossier qu'elle a identifié comme étant celui de la clinique Des Barrières. Levaillant lui a confirmé qu'il avait placé ses propres pièces dans ce dossier et je suppose que vous avez fait de même.

Aronstein s'efforce cette fois de ne rien laisser paraître. Mais son effort est visible.

— Une belle chemise vert clair, ornée d'une photo de l'établissement parisien. Vous voyez que c'est précis.

Le visage levantin plutôt lisse d'Aronstein, se crispe.

— Il s'agissait bien entendu pour les Delcourt, de la déstabiliser et d'obtenir qu'elle renonce à partir ou leur abandonne son fils. Ce qui ressemble étrangement à du chantage et à un chantage particulièrement odieux, puisqu'il a pour enjeu un enfant dont la mère vous avait consulté en toute confiance. Tout cela, à la réflexion, vous en conviendrez, est quand même très, très embêtant !

— Il est possible que les Delcourt aient d'autres sources d'information que le docteur Aronstein et ce sera la parole de votre cliente contre celle d'Henri-Marc Delcourt. L'histoire du dossier avec photo, pourrait bien paraître un peu tirée par les cheveux.

— Si l'on exclut le docteur Lavaillant qui ne demandera pas mieux que d'être entendu, on ne voit pas bien, maître Delambre, qui aurait pu être au courant du contenu du dossier. Mais bien entendu il sera loisible aux Delcourt d'indiquer qui, à part votre client, a pu les renseigner, et au juge d'instruction de procéder à toutes les investigations et vérifications d'usage.

Il se tourne vers le docteur Aronstein.

— Et même si une perquisition ne permettait pas de retrouver le dossier chez les Delcourt, vous auriez à expliquer pourquoi il n'est plus en votre possession et pourquoi sa transmission aux Delcourt est indiquée sur le registre du courrier. A moins que ce dernier ait lui aussi disparu ; mais alors là... Là on pourrait entendre votre secrétaire. Et vous pourriez craindre que s'ils comprennent qu'ils se sont fourvoyés, ils préfèrent vous charger, vos chers associés, plutôt que de prendre le risque de perdre toute crédibilité, et d'être embarqués dans une affaire qui se révélerait un peu trop, disons... sordide. Après tout, le responsable initial du dossier, c'était vous. Vous n'aviez pas à le transmettre à qui que ce soit d'autre qu'à un médecin chargé de soigner votre cliente, ce qui n'était évidemment pas le cas de Salomé Delcourt ; laquelle d'ailleurs expliquera peut-être, que c'est vous qui avez pris l'initiative de le lui transmettre pour vous faire bien voir dans le cadre de la négociation de vos parts dans la polyclinique de la Roncière ; sans qu'elle vous l'ait vraiment demandé. Qui sait ? Enfin, bref, je crois sincèrement préférable pour vous de jouer la carte de la vérité.

— Préférable pour qui ?

— Pour tout le monde : pour vous et pour tous ceux envers lesquels vous avez eu et vous avez toujours une responsabilité.

Delambre comprend qu'il est question de quelque chose en rapport avec les circonstances particulières de la rencontre de son client et de son vis-à-vis dans un certain restaurant.

— Qu'est-ce que cela veut dire ?

Aronstein prend les devants.

— Laissez, ce n'est rien.

Delambre se retient difficilement de protester contre ce qu'il ne peut que tenir pour une défiance de la part de son client, se réservant sans doute de lui demander des explications à la sortie du cabinet.

— En ce qui concerne les enjeux strictement judiciaires— les seuls qui devraient nous retenir aujourd'hui— j'estime confrère que votre démonstration est intéressante, mais cependant, qu'elle ne repose pour le moment, quoi que vous disiez ou pensiez, sur rien de dirimant. Votre plainte en l'état sera rejetée. Le juge ne marchera pas pour faire le travail préparatoire à votre place et vous n'aurez certainement pas le parquet avec vous pour suppléer.

— Le parquet, c'est certain. Dès qu'il est question des Delcourt, je l'ai contre moi. Mais j'y suis habitué et jusqu'à présent, je dois dire que ça ne m'a pas beaucoup gêné.

— Comment comptez-vous prouver qu'Henri-Marc Delcourt a fait chanter votre cliente ? Car si vous ne le prouvez pas, l'essentiel de votre beau raisonnement tombe.

— Je ne crois pas. Mais sachez que cette preuve, je l'ai.

— Vous bluffez !

— Alors n'hésitez pas à parier sur mon échec.

— Je ne vois pas pourquoi, si vous la déteniez, vous ne me la montreriez pas ?

— Mais parce que c'est prématuré. Vous êtes chargé des intérêts de monsieur Aronstein, mais vous n'êtes pas chargé de ceux des Delcourt. Et j'estime qu'il y a des limites au dévoilement de mes cartes en l'état. Je ne sais pas encore en effet ce que décidera au final votre client, et je n'ai aucune envie que s'il opte pour le contentieux, il aille tout raconter aux Delcourt.

Aronstein se cabre.

— Je vous en prie ! Modérez vos propos.

— Je le ferais s'il n'y avait pas un précédent fâcheux pour justifier une certaine méfiance. Au demeurant, je pourrais me passer de la fameuse preuve puisque, si je ne peux rien espérer de bon du parquet, je bénéficie tout de même de l'apport des Delcourt.

— Comment cela ?

— En introduisant une procédure contre ma cliente madame De la Tour Lansac, qui vise à la déposséder de la garde de son fils, ils m'ont apporté à leur corps défendant, une aide précieuse. L'assignation, fait en effet référence, comme vous le verrez, à des éléments qu'ils n'ont pas pu se procurer tout seuls. Ils lui avaient donné un délai pour capituler, ce qu'elle a refusé de faire, contrairement à ce qu'ils espéraient ; alors il leur a bien fallu pour ne pas déchoir, assigner. Il extrait du second dossier l'assignation reçue et la tend à Maître Delambre.

— A moins que vous préfériez que je la lise pour permettre au docteur Aronstein d'être informé en temps réel.

— Allez-y.

— Vous allez voir que je ne bluff pas. Je passe bien entendu sur les formules d'usage. Voilà :

« Les requérants ont appris récemment que madame Marion de La Tour Lansac, veuve de monsieur Philippe Delcourt et mère de Guillaume Delcourt leur fils légitime âgé de onze ans, a décidé de quitter très prochainement la France pour aller s'installer avec l'enfant à Chicago aux USA où son concubin monsieur Guy Dumur a demandé sa mutation.

Or il s'avère que si cette décision devait être mise à exécution, elle causerait à l'enfant un grave et probablement irréparable, préjudice. C'est pourquoi les requérants se sont résolus, devant le refus obstiné et irresponsable de madame veuve Philippe Delcourt de prendre en considération leur demande réitérée de renoncer à son départ avec Guillaume, à saisir le tribunal.

La situation est la suivante :

- Mademoiselle Marion De la Tour Lansac a connu monsieur Guy Dumur alors qu'elle était encore étudiante. Elle a vécu avec lui trois années, jusqu'à ce qu'il quitte une première fois la France (déjà pour Chicago) alors qu'il faisait l'objet d'une plainte pour pédophilie. Ayant refusé de le suivre et étant enceinte, elle se rendra en Suisse pour y subir une intervention volontaire de grossesse (à l'époque illégale en France) qui sera suivie de deux hospitalisations successives en milieu psychiatrique, l'une à Lausanne à la clinique Eugen Bleuler, l'autre à Paris à la clinique Des Barrières, pour soigner un traumatisme posabortif (SPA). Malheureusement, les médecins noteront à sa sortie la persistance de troubles névrotiques secondaires non spécifiques et progressifs, rapportables aux circonstances de la fuite de monsieur Guy Dumur dont elle était passionnément éprise.

- Ces faits seront dissimulés à son fiancé puis mari, feu monsieur Philippe Delcourt, épousé exclusivement pour l'aisance matérielle qu'il était en mesure de lui assurer (elle est issue d'une famille d'aristocrates ruinés depuis des générations), comme cela se révèlera au travers du désintérêt constant qu'elle lui manifestera et du projet de divorce qu'elle formera dès qu'elle apprendra le retour à Paris de son ancien et possiblement de nouveau, amant (après l'expiration du délai de prescription du délit qui lui avait été reproché). Mais la procédure de divorce s'avérera inutile, puisque monsieur Philippe Delcourt décèdera tragiquement avant même qu'elle n'ait introduit sa requête auprès du Juge aux Affaires matrimoniales.

- S'estimant alors libre de toute contrainte et oublieuse sous l'effet d'une passion ravivée, des circonstances de son abandon et de ses suites, elle ne va pas tarder à rejoindre monsieur Guy Dumur, sans plus se préoccuper des conséquences prévisibles de cette situation pour son fils et alors qu'elle s'était déjà révélée incapable du fait de sa profonde instabilité psychologique, de lui assurer l'équilibre affectif et la sécurité nécessaires à son épanouissement. Ce qu'elle ne peut nier, puisque ce sont les difficultés relationnelles qu'elle n'a cessé de rencontrer avec Guillaume, qui ont motivé sa consultation régulière de deux psychiatres, le docteur Levaillant puis le docteur Aronstein. Les deux médecins notant qu'elle refusait de leur présenter l'enfant au motif, d'une part, que ces difficultés lui étaient exclusivement imputables, et, d'autre part, qu'elle ne voulait en aucun cas prendre le risque que sa belle-famille alertée, remette en cause le compromis trouvé avec elle dans l'intérêt de Guillaume. Un compromis de surcroît fort intéressant pour elle sur le plan financier.

- En réalité, si les requérants (sa grand-mère madame Hélène Delcourt veuve de monsieur Charles Delcourt, grand-croix de la légion d'honneur ; son oncle monsieur Henri-Marc Delcourt, Président Directeur Général du groupe éponyme, son épouse et leurs quatre filles qui sont pour leur cousin germain comme autant de grandes sœurs ; sa tante, madame le docteur Salomé Delcourt-Cambremer) ignoraient qu'elle était suivie, ils n'ont jamais méconnu ses carences et ont toujours veillé à suppléer dans toute la mesure du possible, en accueillant Guillaume depuis la petite enfance, au rythme, a minima, *d'un week-end sur deux et de la moitié des vacances scolaires petites et grandes, à l'instar des mesures habituellement arrêtées par le juge aux affaires matrimoniales en cas de séparation des parents. L'attachement exceptionnel des demandeurs à l'enfant et réciproquement, et leur apport bienfaisant, reconnus par la défenderesse devant les médecins, sont encore attestés par les très nombreux témoignages qui seront versés aux débats, émanant de personnes dont l'honorabilité, la qualité et l'impartialité du jugement ne sauraient être sérieusement mis en doute, ainsi que par de non moins nombreuses photographies prises à diverses occasions et notamment d'anniversaires. Des faits qui sont d'autant moins discutables qu'après la mort du père de Guillaume, un accord a*

été signé devant notaire entre les requérants et madame Veuve Philippe Delcourt, entérinant en tant que de besoin la pratique antérieure.

- Malheureusement, les requérants ont constaté que depuis la disparition de son père et l'apparition régulière de monsieur Guy Dumur, Guillaume est très perturbé : ses résultats scolaires baissent, alors que c'est un excellent élève ; il est souvent triste et en retrait, parfois même mutique, alors que chez eux, il est normalement très à l'aise, gai et ouvert. Ce qui leur fait craindre le pire, surtout, évidemment, quand il se retrouvera isolé à des milliers de kilomètres de ses protecteurs. Isolé face à une mère oublieuse du passé, préoccupée avant tout de « vivre sa vie » avec son ancien/nouvel amant, incapable de l'aider à surmonter la terrible épreuve que constitue la perte d'un père pour un enfant de son âge et privée des conseils d'un médecin, puisqu'elle a fait savoir au docteur Aronstein qu'elle estimait désormais inutile de poursuivre un quelconque traitement. Isolé, malgré les mises en garde du même médecin, face à un homme qui occupera de fait la place de son père, alors que pèse sur lui une lourde suspicion de pédophilie. »

Il n'est peut-être pas utile que je poursuive la lecture ? Je pense que cet échantillon suffit à vous convaincre, disons, du problème.

Le docteur Aronstein qui semble assez profondément troublé, passe sa main droite sur ses joues comme s'il voulait vérifier l'état d'avancement de sa barbe.

— Je suppose monsieur Aronstein, que vous n'avez pas reconnu dans le portrait de la mère, celle que vous avez reçue pendant des mois. Je ne suis pas psychiatre, mais je sais pour avoir moi aussi reçu madame De la Tour Lansac à de nombreuses reprises, que c'est une mère aimante et attentive, malheureusement confrontée à un mariage calamiteux, une belle-famille pesante et un enfant nécessairement perturbé par l'absence du père de son vivant, puis sa disparition tragique dans un contexte qui ne peut lui être un tant soit peu clairement expliqué. Et le fait qu'elle ait recherché de l'aide auprès d'un spécialiste dans l'espoir d'améliorer la situation, me semble encore devoir être porté à son crédit.

— Ses qualités maternelles ne sont pas en cause.

— Mais dans l'assignation, si, docteur Aronstein ! Et je crois qu'en fait vous vivez très mal cette situation.

— Que voulez-vous que je fasse maintenant ?

— Que vous convainquiez les Delcourt via Salomé d'arrêter les frais en leur représentant qu'à défaut, une plainte va être déposée contre vous et contre elle et à la suite contre l'ensemble du clan ; qu'ils sont en effet les instigateurs et complices de la violation du secret professionnel obtenu contre rétribution, certes indirecte, mais néanmoins bien réelle ; que leurs accusations à l'égard de monsieur Guy Dumur en particulier, sont mensongères et que d'ailleurs, il ne va pas manquer lui-même, en cas de besoin, de les attaquer en diffamation, etc. Mais en leur précisant que néanmoins, je ne suis pas hostile à la recherche d'une solution amiable globale.

— Ils n'accepteront jamais.

— C'est à voir. Il se peut que je les connaisse mieux que vous. Sans compter qu'ils n'empêcheront pas madame De la Tour Lansac de partir aux USA dès demain si elle le veut. Elle dispose jusqu'à nouvel ordre de l'autorité parentale et ne commet évidemment aucune infraction, en allant vivre avec son fils ou bon lui semble.

— Et si je n'y parviens pas ?

— Je ne peux pas vous dire ce que ma cliente décidera. La difficulté, c'est que je peux difficilement déposer une plainte contre Salomé Delcourt sans déposer une plainte contre vous. Mais ma cliente pourrait peut-être renoncer à la déposer contre la remise d'une attestation relatant ce qui s'est passé, c'est-à-dire dans quelles circonstances, comment et par qui, vous avez été conduit à transmettre le dossier de madame De Lansac à Salomé Delcourt.

L'avocat d'Aronstein semble s'efforcer de trouver quelque chose à dire, dans un dossier dont il n'avait sans doute pas anticipé tous les développements possibles et tous les dangers qu'il pouvait présenter pour son client.

— Ce qui reviendrait tout de même pour mon client à passer aux aveux sans être garanti d'échapper à des poursuites.

— Maître Delambre, il va de soi que dans ce cas, je vous adresserai une lettre vous confirmant que ma cliente renonce à déposer plainte et qu'elle admet que votre client a pu être de bonne foi. Quant au parquet qui a, c'est entendu, toujours eu le souci de ne rien faire qui puisse nuire aux intérêts des Delcourt, même s'il était mis au courant, ça m'étonnerait qu'il bouge.

— Mais, les Delcourt ne le pardonneront jamais au docteur Aronstein.

— Le docteur Aronstein est leur associé dans la clinique. Tout est signé, sauf erreur de ma part. Que voulez-vous qu'ils fassent ? Les relations ne seront pas très chaleureuses, mais je suppose qu'elles ne sont pas constantes entre une gynécologue et un psychiatre.

— Et pour l'affaire de madame Dugain ?

— Comme je vous l'ai dit au début de notre entretien, je considère que c'est à vous, de faire une proposition.

Me Delambre se tourne vers le docteur Aronstein qui peine à dissimuler une certaine agitation intérieure.

— Je pense qu'il faut que nous reparlions de tout cela avant d'aller plus loin.

— Je comprends. Mais dans l'affaire Dugain, on est convoqué devant le bureau de conciliation dans quinze jours. Si vous devez me faire une proposition, je souhaite que vous m'en avisiez rapidement afin que je puisse recevoir ma cliente avant l'audience. Si on parvient à un accord, on pourra le faire entériner par le bureau de conciliation. Dans le cas contraire, nous plaiderons. Je pense qu'on ne peut pas aller plus loin aujourd'hui.

Tous trois se lèvent d'un même mouvement.

— Je vous reconduis.

Au retour, il passe prendre le dossier Ravaut sur le bureau d'Édith qui regarde sa montre.

— Vous avez vu l'heure ? Vous n'aurez jamais le temps de préparer les cotes de plaidoirie.

— Je suis bon pour un sandwich.

— Peut-être pas. J'ai demandé à Lise de vous les préparer, vos cotes. Elle m'a dit qu'elle connaissait bien le dossier. Je crois même qu'elle vous l'a un peu amélioré. Elle m'a dit qu'elle avait trouvé deux ou trois arrêts topiques. C'est le mot un peu bizarre qu'elle a employé.

— Ça m'arrange bien, c'est sympa. Merci à toutes deux. Elle est encore là, Lise ?

— Non, il y a un jeune confrère qui est venu la chercher pour l'emmener déjeuner.

— Ah oui ? Comment il était ?

— Vous êtes jaloux ?

— Édith, je vous en prie !

— Beau.

— Beau comment ?

— Vous le connaissez ; on en a déjà parlé. Celui qui était à l'audience de la cour d'assises dans l'affaire Lambert.

— Je vois, le collaborateur de feu Salvin-Lagrezette. Qu'est-ce qu'il est devenu depuis la disparition de son patron ?

— Lise m'a expliqué qu'il allait peut-être quitter le barreau. On lui aurait offert une place intéressante de juriste d'entreprise. Vous ne devinez pas un peu ?

— Non.

— Mais si ! Il a dit à Lise que Salvin-Lagrezette lui avait délégué depuis pas mal de temps toute la partie conseil du cabinet, y compris en ce qui concerne le groupe Delcourt ; ce qui lui a permis d'avoir des contacts au meilleur niveau et même quelques-uns avec Henri-Marc delcourt lui-même.

— Le monde est décidément petit, tout petit. Il faudra que je mette en garde Lise contre les risques d'éventuelles indiscrétions involontaires. Je sais qu'elle est prudente, mais l'oreiller a l'oreille fine.

— Parce que vous pensez que…

— Je ne pense rien, sinon qu'ils auraient bien tort de s'en priver ; mais il ne faut jamais oublier de se protéger ; à tous égards…

— Je n'aurais peut-être pas dû vous en parler.

— Bon, j'y vais.

Le téléphone sonne. Il se retourne. Édith lui fait signe de revenir.

— C'est pour vous.

Elle plaque l'appareil sur sa poitrine pour ne pas être entendue à l'autre bout du fil.

— C'est la mère courage. Elle prétend qu'elle devait vous appeler après…

Passez là.

— Bonjour. Plutôt bien. Je crois qu'Aronstein est dans les transes. Il a compris qu'il est ferré. Je me demande comment il a pu se laisser embarquer dans une histoire pareille. Enfin, son avocat va me faire savoir rapidement ce qu'il a décidé. Je pense que votre psy va intervenir comme je le lui ai demandé, pour essayer d'amener les Delcourt à négocier ; même s'il semble sceptique sur sa capacité à les faire reconsidérer la situation. Je pense que je vais devoir l'aider un peu.

— Qu'est-ce que vous voulez dire ?

— Si le rapport de notre détective est favorable, je vais le communiquer à l'avocat des Delcourt avec quelques autres pièces pour leur montrer qu'on a quelques munitions sérieuses et que la plainte dont ne va pas manquer de leur parler Aronstein, n'est pas une chimère. Dès que j'ai des nouvelles, je vous appelle.

Lundi 24 mai / 19 h 30.

Le cabinet est désert. Il rentre d'une audience à Orléans. Il ne comptait pas passer par le cabinet, mais au téléphone, Édith lui a dit que le détective privé avait déposé le rapport qu'il lui réclame à cor et à cri depuis un mois. Il est posé bien en évidence sur le dossier de Marion De la Tour Lansac. Une lettre est jointe.

Mon cher Maître, Il m'a fallu du temps, mais je crois que vous serez satisfait du résultat. Je résume mes investigations sur les deux questions que j'avais à résoudre :

En ce qui concerne Julien Buffières : Ses parents ont d'abord refusé de me parler et m'ont même menacé d'appeler la police, mais ils ont complètement changé d'attitude après que je leur ai permis de revoir leur fils. Car dès qu'il a été majeur il les a quittés et ne leur a plus donné signe de vie pendant plusieurs mois. Ils ont réussi à le retrouver par l'intermédiaire d'un de ses copains, mais il a refusé de revenir à la maison. Il prétendait avoir trouvé un boulot sans préciser lequel. Il a interdit à ses parents de revenir chez lui et d'essayer d'en savoir plus s'ils voulaient le revoir.

Ils ont été étonnés de constater qu'il vivait dans une maison plutôt cossue, mais ils n'ont pas osé insister. Après ils est venu les voir de temps en temps, jusqu'à il y a environ six mois où il a complétement disparu. Ils n'ont rien pu tirer de l'homme qui semblait être le propriétaire de la maison. Cet homme d'une quarantaine d'années, je l'ai filé et il a fini par me conduire dans un hôpital. Par des moyens sur lesquels je passe, j'ai pu savoir que Julien Buffières était hospitalisé pour une maladie dont vous avez sans doute entendu parler : le Sida.

En fait, il est séparé de l'homme avec lequel il vivait, mais qui vient néanmoins le voir régulièrement. J'ai pu lui parler. Il est très mal en point. Je lui ai franchement expliqué l'objet de ma visite. Je l'ai aussi exhorté à revoir ses parents. Il leur reprochait de n'avoir jamais voulu voir qui il était vraiment et il pensait qu'ils étaient incapables de comprendre, qu'il leur ferait honte, etc. Il a fini par accepter de les voir, et tout s'est très bien passé ; sauf qu'il est sans aucun doute condamné. Les parents ont bien compris qu'ils s'étaient trompés en ce qui concerne monsieur Dumur et le fils a confirmé qu'il était totalement innocent. J'ai annexé au rapport leurs attestations.

Quant aux Delcourt, ils n'ont eu comme on s'en doutait, aucun contact avec les Buffières. Ils les ont fait interpeller avant qu'ils connaissent la vérité, par un huissier auquel ils ont bien volontiers resservi la version accablante pour le prof de l'époque de leur fils ; auquel, vous le verrez, ils adressent toutes leurs excuses.

En ce qui concerne Henri-Marc Delcourt : C'est ce qui m'a demandé le plus de temps. L'homme est très occupé et très méfiant. D'autant plus qu'il avait bien vu, comme vous me l'avez expliqué, que votre cliente avait compris qu'il devait avoir quelques habitudes dans la maison. Pendant plus d'un mois, le pauvre s'est privé de ses petites récréations à l'hôtel Régina où j'avais demandé, contre une modeste rétribution dont vous trouverez la trace dans ma facture, à une femme de chambre de me tenir informé de son éventuelle visite. Ce qu'elle a fait un lundi d'avril.

Je me suis rendu à l'hôtel toutes affaires cessantes où j'ai dû consommer quelques verres avec ma secrétaire que j'avais emmenée pour ne pas avoir l'air trop louche (les consommations figurent bien entendu également sur ma facture). Cela a duré une petite heure. La femme de chambre est venue me prévenir discrètement de son départ imminent. Elle m'avait informé de l'existence d'une sortie discrète. Je suis monté à l'étage faire quelques photos de sa sortie de la chambre en galante compagnie, puis d'une dernière et fugitive étreinte derrière l'hôtel, avant que chacun monte dans sa voiture et quitte les lieux comme si de rien n'était (ils ne sont bien entendu pas venus ensemble). J'ai réitéré l'opération quelques jours plus tard. Il m'a semblé que deux fois, c'était suffisant. Mais ce n'est pas tout : devinez qui est l'heureuse élue du patron des patrons ? Sa secrétaire ? Non ! Une dame dont j'ai pu retrouver la trace et qui n'est pas étrangère à votre affaire : la femme d'un médecin dont vous m'avez parlé en me confiant la mission. Ais-je besoin d'être plus précis ?

Il pose la lettre et se renverse en arrière dans son fauteuil. L'idée que c'est par un extraordinaire hasard que la femme d'Aronstein se révèle être la maîtresse d'Henri-Marc Delcourt, l'effleure un instant, mais pour le céder presque aussitôt au constat qui s'impose : qu'en réalité ceci contribue largement à expliquer cela : ni les mérites professionnels d'Aronstein, ni l'aide qu'il est susceptible d'apporter aux Delcourt dans l'affaire qui les oppose à Marion De Lansac, ne suffisent à expliquer sa promotion au rang de médecin chef du département psychiatrique de la polyclinique de La Roncière. Il est désormais établi qu'il y a aussi la contribution de son épouse. Naïveté ou complaisance ? Une petite enquête menée auprès d'un contact à l'hôtel des impôts, a permis de vérifier que ses revenus et donc sa clientèle, sont plutôt modestes. Il lit le rapport et ses annexes qui établissent effectivement en détail et sans contestation possible ce qu'il vient de lire.

Il ouvre le dossier de Marion De La Tour Lansac et en extrait les pièces des Delcourt communiquées par leur avocat, Maître Ducollard :

- Une douzaine de témoignages de la bonne société de la ville qui démontrent, ce qui n'a jamais été contesté, c'est-à-dire leur attachement à Guillaume et réciproquement ; assorties de quelques photos prises « en famille » à diverses occasions, particulièrement édifiantes. Certaines attestations portent un jugement sur le comportement de sa mère que les souscripteurs prétendent plus ou moins connaître.

- Une attestation du « cher oncle Julien » qui explique que son témoignage est fait exclusivement dans l'intérêt bien compris de Guillaume et en aucune façon contre sa nièce, à laquelle il maintient toute son affection, bien qu'elle n'ait cessé de le décevoir. Une nièce dont il décrit la détresse lorsque, encore étudiante, elle s'est retrouvée enceinte et abandonnée ; qu'il a dû se résoudre pour éviter le pire, à conduire dans une clinique Suisse où elle s'est faite avorter, puis dans une autre clinique, psychiatrique celle-là, pour se faire soigner, selon lui, de la dépression qui a suivi cet acte regrettable. Une dépression dont elle ne serait jamais vraiment sortie, ce qui expliquerait les difficultés qu'elle rencontre encore aujourd'hui avec son fils. Le bon oncle ajoutant, pour être complet, qu'il a trouvé son attitude lors de la mort tragique de son mari, particulièrement déplacée. Deux bulletins d'hospitalisation sont joints.

- La sommation interpellative faite aux Buffières, à laquelle le détective privé fait allusion dans sa lettre. Une pièce que son rapport réduit à néant.

- Le rapport d'un psychologue qui conclut assez prudemment à une expertise, avoir pris connaissance de l'ensemble des éléments du dossier sans préciser exactement lesquels, mais dont on devine qu'ils sont ceux trouvés dans le dossier d'Aronstein.

Il constate que les Delcourt ne communiquent aucune pièce concernant les affaires Manolios et Lambert, les réponses faites au bâtonnier et au président du conseil de l'ordre des médecins, ayant semble-t-il suffi à désamorcer toute velléité de remise en cause des « acquis ».

Il est tenté d'appeler Marion de la Tour Lansac pour la tenir informée des conclusions du rapport du détective et du contenu, de plus en plus faible, du dossier adverse. Il décroche, mais après un instant d'hésitation, raccroche. Il lui en veut un peu d'avoir appris par Delambre après qu'Aronstein se soit décidé à rencontrer Salomé Delcourt à la suite du rendez-vous du 18 mai, qu'elle avait eu des contacts avec cette dernière après la mort de son mari. C'est l'air benoît, qu'elle lui a confirmé qu'à la suite d'une rencontre fortuite dans un magasin du centre-ville, elles s'étaient donné rendez-vous à deux reprises dans un salon de thé. Puis une dernière fois, peu de temps avant l'invitation forcée d'Henri-Marc Delcourt à l'hôtel Regina, au domicile même de sa belle-sœur, qui « semblait vouloir sincèrement l'aider ».

Elle s'est reprochée d'avoir agi « sans réfléchir, comme une idiote », consciente maintenant du profit que le clan pouvait en tirer ; mais elle ne l'a pas convaincu. Il n'a pu s'empêcher de penser, malgré l'intelligence de la situation dont elle a toujours fait preuve jusqu'à présent, qu'elle avait sciemment voulu faire un coup d'éclat en faisant vibrer chez une femme de sa génération qui, certes, appartient à une famille conservatrice, mais exerce une profession prestigieuse et indépendante, une corde un tant soit peu féministe ; un tant soit peu favorable à l'émancipation des femmes, dont la sienne. Elle n'a pas joué franc-jeu avec lui, elle attendra. Mais il ne faut pas longtemps pour qu'il réalise que cette mesure de rétorsion est stupide. Il sait d'expérience que tout client, y compris le plus avisé, le mieux instruit de la stratégie mise en place, n'est jamais totalement fiable ; qu'il n'est jamais à l'abri d'initiatives intempestives. Il décroche à nouveau l'appareil pour tenir au courant sans plus attendre la cliente, de l'évolution du dossier.

Mardi 1er Juin / 9h20.

Il trouve miraculeusement une place libre juste devant la porte du Conseil de Prud'hommes. Pendant qu'il se gare, il voit y entrer Aronstein et son avocat. Ils ont demandé à le rencontrer quelques minutes avant l'audience. Ils ont salué au passage madame Dugain qui leur a tendu avec une certaine hésitation et sans les regarder, la main molle qu'il lui connaît. Il est probable qu'elle est là depuis un bon moment. Elle vient de s'apercevoir que le chauffeur qui manœuvre péniblement du fait du peu de place que lui ont laissé les voitures entre lesquelles il tente d'encastrer la sienne, n'est autre que son avocat. Son visage s'éclaire d'une lueur de soulagement. Elle se décolle du mur et s'avance vers lui. Il attrape sa serviette et sa robe et doit lui demander de reculer un peu pour pouvoir sortir de la voiture.

— Vous avez vu, ils sont déjà là. Votre secrétaire m'a dit qu'il fallait que je vienne un peu plus tôt, mais elle ne m'a pas dit pourquoi.

— Bonjour madame.

— Excusez-moi, bonjour maître.

— Je vous explique en deux mots : maître Delambre l'avocat du docteur Aronstein, m'a téléphoné vendredi dernier pour me proposer de faire renvoyer la tentative de conciliation à une audience ultérieure pour que nous puissions disposer d'encore un peu de temps pour discuter.

— De quoi ?

— D'un éventuel accord bien sûr. Mais j'ai refusé.

— Mais, pourquoi ?

— Parce qu'il ne m'a fait aucune proposition concrète et que je crains qu'il s'agisse d'une manœuvre dilatoire.

— Qu'est-ce que ça veut dire ?

— Qu'ils essaient de gagner du temps. Mais il m'a assuré que son client était sur le point de faire une offre précise. C'est pourquoi, finalement, j'ai accepté qu'on en parle avant l'audience. Comme ça, on ne perd pas de temps. Si la proposition ne nous convient pas, on passe en conciliation et on prend date pour plaider. Venez, suivez-moi.

Ils traversent le couloir qui mène à un bureau laissé à la disposition des avocats pour discuter avec leurs clients.

— Tenez, asseyez-vous là, j'arrive.

Il va jusqu'à la salle d'attente déjà comble pour une moitié de civils des deux sexes et pour l'autre moitié, d'hommes et de femmes de robe. Certains discutent en aparté avec leurs clients, d'autres entourent la porte du bureau de conciliation, dans l'espoir de faire appeler leur affaire en priorité compte tenu, probablement, d'autres audiences qu'ils ont à assurer ailleurs. Ses contradicteurs ne s'y trouvent pas. Il revient sur ses pas et va jusqu'à la salle d'audience qui doit être vide puisqu'il n'y a pas d'audience de jugement le mardi matin réservé aux tentatives de conciliation. Il y trouve le docteur Aronstein et son avocat.

— Bonjour. Je vous cherchais. J'ai laissé ma cliente dans le bureau derrière le greffe.

Aronstein le salut d'un mouvement de tête vertical plutôt raide. Delambre lui serre furtivement la main et lui tend un papier.

— Lisez, ce sont les propositions chiffrées de mon client pour le dossier Dugain. Il n'ira pas au-delà. Quant à l'autre affaire, le docteur Aronstein est également allé au maximum de ses possibilités. Salomé Delcourt ne voulait rien savoir. Elle a continué à soutenir mordicus qu'elle voulait aider sa belle-sœur et que d'ailleurs, elle l'avait rencontrée à plusieurs reprises ; ce qu'elle pouvait prouver. Mais elle a estimé qu'en tout état de cause, elle ne risquait rien, puisqu'aucune pièce compromettante ne vous avait été communiquée. Pour elle donc, si quelqu'un peut se voir reprocher quelque chose, c'est le docteur Aronstein et lui seul ; qu'elle a prié dans la foulée, non sans un certain aplomb, au motif qu'elle ne pouvait plus avoir confiance en lui, de reprendre ses billes dans la clinique de la Roncière et de retourner dans son cabinet en ville. Mais, contre toute attente, c'est son frère Henri-Marc qui a calmé le jeu.

Il pense qu'il manque tant à son confrère que sans doute aussi à Salomé Delcourt, la connaissance d'un certain rapport d'enquête, pour comprendre que ce n'est pas « contre toute attente », mais selon ce qui était le plus prévisible, qu'Henri-Marc delcourt a pesé de tout son poids pour que l'affaire retrouve une certaine « sérénité. »

— Il a donné son accord sur le principe d'une table ronde. Vous devriez avoir des nouvelles de leur avocat très prochainement.

— Ça s'est passé quand ?

— Vendredi dernier.

— Je vois. Bon ! Je vais faire part à ma cliente de votre proposition. On se retrouve là dans une dizaine de minutes. Si elle est d'accord, on fait fixer l'affaire en jugement pour ordre et si tout se passe bien, on fait entériner notre accord le moment venu par le bureau de jugement. Au fait, avez-vous regardé l'ordre de passage des affaires de ce matin ?

— On est en quatrième position. On a le temps. Surtout qu'on a des confrères pressés.

Il retourne auprès de sa cliente qui l'attend debout, de nouveau manifestement anxieuse. Il l'invite à se rasseoir et lui tend le papier que lui a remis Delambre.

— Lisez, ce sont les propositions chiffrées de votre ancien patron. Il propose un an de salaires en plus des indemnités légales. Ce n'est pas mal. J'avais demandé dix-huit mois, mais pour en obtenir douze.

— Donc, vous pensez qu'il faut que j'accepte.

— On peut peut-être obtenir mieux, mais ça risque d'être long.

— Ce serait payé quand ?

— Dans une quinzaine de jours après l'entérinement de l'accord.

— Comment fait-on ce matin ?

— On indique au Conseil qu'on est en passe de transiger et on prend une date de jugement pour le cas où Aronstein ne tiendrait pas ses promesses ; ce qui à mon avis, ne sera pas le cas. Donc vous acceptez ?

— Je vous fais confiance.

— Venez, vous allez vous installer dans la salle d'attente. On risque de devoir attendre un peu. On n'est pas dans les tout premiers.

Il la conduit et profite du répit pour passer un coup de fil au cabinet. C'est Édith qui décroche.

— Vous n'êtes pas au Conseil de prud'hommes ?

— Si, mais je voudrais savoir si vous avez eu des nouvelles de Ducollard.

— De Ducollard, non, mais de son successeur, oui.

— Ils ont débarqué Ducollard. Décidemment, il n'a pas de chances avec nos affaires : d'abord c'est le père de Vincent Lambert qui ne donne pas suite, et maintenant qu'il pouvait espérer occuper pour la partie adverse, il est remercié. Qui lui succède ?

— Un certain maître Lancernay.

— Connais pas.

— Ce n'est pas étonnant, il est de New York.

— Comment ça, de New York ?

— D'après l'entête de la lettre, il fait partie du bureau parisien du cabinet Mac Rinsday. Mais je crois qu'on a déjà eu affaire à eux.

— C'est bien possible. Je me demande si ce n'est pas le cabinet qui trust le droit des affaires internationales du groupe qui échappaient à Salvin Lagrezette. C'est curieux qu'il s'intéresse au dossier du petit Guillaume.

— Vous m'avez dit qu'un jour il dirigerait peut-être le groupe ; alors !

— Que dit-il ?

— Il propose un rendez-vous à Paris.

— Si c'est chez lui, il ne manque pas d'air.

— Non, pas dans son cabinet, à la maison du barreau. D'après ce que je comprends, c'est une sorte de dépendance du barreau de Paris où il y a des salles de réunion. Il dit, que c'est un lieu neutre et qu'il s'occupera de la réservation si vous lui donnez votre accord.

— Il fait des propositions ?

— Non. Il propose juste une réunion pour essayer de trouver un terrain d'entente. Il propose trois dates. Vous voulez que je vous lise la lettre ?

— Non, je verrai ça quand je serais rentré. Merci.

Il retourne à la salle d'attente et rejoint Delambre qui s'est un peu isolé pour travailler en attendant que leur affaire soit appelée. Il s'assoit à côté de lui.

— Je viens de téléphoner à mon cabinet. Les Delcourt cherchent effectivement un arrangement. Ils proposent une réunion à Paris. Votre client a donc fait et bien fait ce qu'il fallait. Bien entendu, je vous tiendrai au courant.

— Donc, on transige sur la base proposée par le Docteur Aronstein.

— Pas de problème. Je crois que nous avons fait du bon travail dans l'intérêt bien compris de nos clients respectifs.

Delambre le regarde un peu surpris du commentaire mais, après un instant de réflexion, acquiesce.

Mardi 15 juin / 10h00.

En règle générale, il évite de voyager avec les clients ; surtout dans l'espace confiné de la voiture, propice à l'instauration d'une certaine familiarité. En outre, il réserve ce temps de tranquillité à la préparation mentale de son intervention au lieu de destination. Mais, par exception, il a proposé à la cliente de faire le trajet jusqu'à Paris avec lui. Elle a volontiers accepté. Ils sont partis à huit heures et quart. Il faisait un peu frais, mais avec un ciel dégagé annonciateur d'une belle journée de printemps. Elle l'attendait au bas de chez elle, couverte d'un grand châle. Très élégante, comme toujours. Lorsqu'il est descendu pour la saluer et lui ouvrir la porte, elle l'a remercié sans manière pour sa galanterie. Dans la voiture, elle s'est débarrassée sans ménagement de son châle en le jetant sur la banquette arrière, découvrant une robe sac claire et courte ; très courte quand elle s'est assise dans l'alfa plutôt basse. Il s'est efforcé, pendant l'heure et demie du trajet, avec plus ou moins de succès, de ne pas fixer son regard sur des jambes longues et parfaitement galbées, sans bas, mais comme habillées d'un léger et uniforme hâle. Deux heures de proximité physique, de partage du même air dans l'habitacle étroit de la voiture ; un air subtilement colonisé par un parfum qu'il n'a pas réussi à identifier ; deux heures pendant lesquelles en vertu d'une convention tacite, ils ont parlé de tout, sauf de l'affaire. Une conversation animée, entrecoupée de silences pendant lesquels il s'est parfois tourné vers elle et réciproquement, avec dans le regard quelque chose de difficilement rapportable à l'unique objet du trajet. Ils ont pris un café-croissant avant de se rendre au rendez-vous. Au bistrot, elle lui a confié qu'elle avait mal dormi, mais que maintenant, elle se sentait « plutôt bien. » Un instant, alors qu'elle allait se saisir de l'anse de sa tasse, il a eu l'impression d'une hésitation ; que sa main allait peut-être se déporter vers la sienne.

Il s'est garé selon son habitude dans le parking de Notre Dame. Ils ont marché sans rien dire jusqu'à la maison du barreau de Paris située rue de Harlay à l'angle du Pont neuf et du quai de la Mégisserie. Il lui a semblé que malgré l'approche de la confrontation qu'elle redoute, elle a profité comme lui de la lumière encore juvénile, douce et chaude, que le soleil a généreusement semé dans les rues. Maintenant, ils sont assis face à Henri-Marc, Hélène, et Salomé Delcourt, qui ne se sont pas levés à leur arrivée. Seul leur avocat s'est décollé de son siège pour leur tendre la main pardessus la grande table, en rappelant son nom, avant de se rasseoir et de se renverser un peu en arrière en attendant qu'ils s'installent ; ce qu'ils ont fait sans se concerter, avec une certaine lenteur. Marion Delcourt est allée accrocher son châle au porte-manteau situé au fond de la pièce, observée, le menton relevé et l'air hautin, par la douairière, pendant que lui, méthodiquement, sortait son dossier de sa serviette, le disposait devant lui, refermait sa serviette et la plaçait sur le côté avant de s'asseoir.

Lancernay se redresse. Il ne doit pas être loin de la soixantaine dans son costume bleu clair, cravate bleu-foncé et chemise bleue à col blanc. Il ne ressemble en rien aux avocats qu'il a l'habitude de côtoyer. Il n'a rien en fait d'un avocat. Il pourrait être banquier ou directeur du marketing d'une multinationale. Il ne doit jamais plaider. Il est même probable qu'il ne fait plus de droit depuis pas mal de temps. Il doit régner sur deux ou trois étages d'avocats spécialisés en droit des affaires et passer son temps à maintenir des contacts fructueux avec toutes sortes d'Henri-Marc.

— Mes clients souhaitent que tout soit réglé aujourd'hui.

Le ton est césarien.

— Qu'entendez-vous par « tout » ?

— Évidemment la situation du neveu et petit-fils de mes clients, et tout le contentieux stérile que le projet de madame De Lansac a provoqué.

— Que les choses soient bien claires mon cher confrère. Ma cliente n'a provoqué aucun contentieux. La provocation est de votre côté. Elle n'a fait qu'user de ses droits. Le contentieux effectivement stérile qui nous vaut d'être ici, est le fait exclusif de vos clients ici présents.

Maître Lancernay prend une pause de roi soleil offensé.

— La plainte est tout de même de votre fait !

— Elle n'est qu'une défense légitime et mesurée, face à une attaque particulièrement odieuse.

Les Delcourt frémissent. Henri-Marc le toise.

— Si vous le souhaitez, monsieur Delcourt, je peux développer. En évoquant pour commencer la scène que vous avez fait subir à ma cliente dans un établissement où vous semblez avoir vos habitudes…

— Je ne vous permets pas !

Maître Lancernay fait signe à son client de le laisser faire.

— C'est effectivement hors sujet et mon client n'exclut pas, si vous persistez dans ce qui peut s'apparenter à un chantage, à déposer une plainte contre vous personnellement ; j'en suis désolé, mais je ne peux pas le désapprouver.

— Épargnez-moi vos « désolations ». Les menaces de votre client ne m'impressionnent guère.

Il se tourne vers Henri-Marc Delcourt.

— N'hésitez pas à déposer toutes les plaintes que vous voudrez, monsieur Delcourt. Moi, je déposerai la plainte que vous savez contre vous et votre sœur pour avoir soudoyé le docteur Aronstein afin d'obtenir des renseignements couverts par le secret médical et, puisque votre avocat parle de chantage, au titre également du chantage que vous avez entrepris d'exercer contre ma cliente pour l'empêcher d'exercer ses droits maternels ; et puis, pour faire bonne mesure, je me servirai de votre propre plainte dans laquelle il faudra bien que vous expliquiez sur quels éléments de votre vie privée, le prétendu chantage que vous m'imputez est fondé, pour montrer que derrière la figure idéalement vertueuse du grand patron, de l'homme public, de l'époux, de l'oncle, il y a l'autre homme. Voulez-vous que je détaille ? Et puis on pourra d'autant mieux joindre les plaintes, que le docteur Aronstein, comme professionnel ou comme époux, est directement concerné.

Salomé Delcourt est restée impassible. Il pense qu'elle est parfaitement au courant des frasques de son frère. Par contre, leur mère n'a pas pu empêcher de laisser transparaître une certaine surprise. Mais elle contrôle suffisamment ses émotions pour ne rien demander qui puisse affaiblir la position de son clan. Elle attendra d'être en famille pour obtenir quelques éclaircissements sur un aspect du dossier qui semble lui avoir échappé.

— N'oubliez pas que c'est vous qui avez proposé cette réunion. Mais on peut bien entendu en rester là.

Il se tourne vers sa cliente.

— Qu'en pensez-vous ?

— Partons, j'en ai assez !

Elle se lève et s'adresse à Salomé.

— Vous n'avez reculé devant aucun moyen. Je m'en veux vraiment de vous avoir fait confiance un seul instant. Si vous vous croyez si forts, allez-y, j'ai entièrement confiance en maître Mauduit et jusqu'à lors, même si cela vous coûte, vous devez bien reconnaître que je n'ai pas tort.

Elle se tourne successivement vers Hélène et Henri-Marc Delcourt.

— Je me souviens de ce que vous disiez de lui quand je faisais encore partie de la famille. C'est d'ailleurs ce qui m'avait décidé à aller le voir, savez-vous ? Vous avez en fait toujours jugé et agi stupidement. Pour le malheur de tout le monde. Et d'abord de Philippe, que vous avez empêché de vivre selon sa vraie nature.

La douairière s'est raidie, les lèvres pincées, les yeux brillants, mais sans que l'on puisse savoir, à cet instant, quel est exactement le ressort de l'émotion qu'elle peine à contenir. Il pense selon la logique apparente du personnage, à de l'orgueil blessé, de la haine ; mais pencherait plutôt en cet instant, pour la manifestation d'une pensée qui évolue, parce qu'elle est mère aussi, vers une compréhension du fils, difficile et douloureuse, mais qui lui soit plus fidèle ; et permette par-là, en quelque manière, de le retrouver. La quand-même toujours belle-fille, poursuit son réquisitoire.

— Et maintenant, c'est Guillaume qui risque fort d'en pâtir. Comment avez-vous pu penser un seul instant que je pourrais vouloir lui nuire ? Je connais vos ambitions pour lui et pour vous, puisque, pour vous, c'est la même chose ; et ça ne me plaît guère qu'on décide, si tôt et à sa place, de son avenir. Mais néanmoins, je ne doute pas de vos sentiments à son égard, de la sincérité de votre attachement. Si vous étiez venus me voir pour me faire part de vos craintes et chercher un arrangement, je ne vous aurais pas fermé ma porte. Au lieu de cela, vous avez, comme d'habitude, préféré dicter votre loi, me faire plier, me ranger à vos dictats. Eh bien ! ça ne marche pas.

Hélène Delcourt, dont le visage s'est adouci, fait signe à Me Lancernay qui s'apprêtait à dire on ne sait quoi, de se taire.

— D'accord ! On va laisser de côté les menaces réciproques et parler.

Elle ne l'a pas dit sur le ton volontiers péremptoire habituel. Ce qui n'échappe ni à Henri-Marc, ni à Salomé.

— C'est bien de reconnaître que nous aimons Guillaume indépendamment des ambitions, légitimes, que nous nourrissons pour lui. Et que votre départ à Chicago nous fait craindre, vous l'admettrez, non sans raison, de ne plus pouvoir l'avoir auprès de nous aussi régulièrement. C'est un vrai déchirement pour moi ; surtout après la disparition de son père, mon fils.

Henri-Marc et Salomé la regardent, de plus en plus étonnés d'entendre dans sa voix, l'expression d'une émotion qu'elle a du mal à contenir.

Marion De la Tour Lansac à qui rien n'a échappé, se rassoit.

— Il ne nous a pas échappé, à moi comme à maître Mauduit, qu'il fallait trouver une solution acceptable par tous. Dans l'intérêt de Guillaume qui a besoin de vous, de ses oncles, tantes et cousines.

Henri-Marc Delcourt, qui semble depuis un moment agacé par la tournure que prend la discussion, et maintenant excédé par l'infléchissement de sa mère en faveur de l'ennemi, se tend.

— Je ne partage pas l'indulgence de ma mère à votre égard, Marion. Je ne crois pas que votre premier souci soit l'intérêt de Guillaume et encore moins que votre gauchiste d'avocat ait pu contribuer à la recherche d'une solution qui prenne en compte notre point de vue ; un point de vue qui est celui de représentants d'une classe qu'il exècre.

Marion Delcourt se tourne vers son conseil pour savoir si elle doit répliquer ou lui laisser le soin de le faire. Il lui touche le bras pour lui signifier qu'il s'en charge.

— L'exécration n'est pas un sentiment que cultive le gauchiste, au demeurant plutôt modéré, que vous, vous exécrez certainement, monsieur Delcourt. Il est vrai que la haine est un sentiment répandu dans la mouvance d'extrême droite à laquelle vous appartenez aujourd'hui ; comme hier ont appartenu jusqu'à ses extrêmes collaborationnistes, certains des vôtres.

Henri-Marc Delcourt se lève suivi de son avocat. Sa mère qui a hésité entre se lever elle-aussi devant la mise en cause évidente du comportement du clan pendant la guerre, ou encaisser le coup en considération de ce que l'attaque n'est pas dénuée de fondement et que toute surenchère risquerait de ruiner définitivement toute possibilité de compromis, fait signe à son fils de se rasseoir et, partant, à leur avocat de se dispenser de toute forme de commentaire.

— Je me serais volontiers dispensé de telles remarques, mais je n'ai fait que répliquer à une attaque personnelle. Maintenant, en ce qui concerne ma cliente, sachez qu'elle n'a que faire de votre indulgence. Au demeurant, si quelqu'un est indulgent à l'égard de quelqu'un d'autre ici, c'est elle à votre égard. Elle aurait pu faire en sorte que vous ne soyez pas informés de son projet d'installation à Chicago en le dissimulant à Guillaume, dont elle savait qu'il ne manquerait pas d'en parler à ses cousines et à toute la famille, et le moment venu partir ; vous mettre devant le fait accompli, avec les difficultés qu'on devine pour vous, pour obtenir après une longue et incertaine bataille judiciaire, la possibilité de revoir Guillaume. Et dans quelles conditions ! Elle pouvait le faire en toute légalité, mais elle ne l'a pas fait. Elle n'a jamais douté de ce que Guillaume avait besoin de vous. Et moi non plus. Ne vous en déplaise, il m'arrive aussi, de penser à l'intérêt bien compris de mes clients et ce d'autant plus, quand c'est de l'existence d'un enfant qu'il s'agit. Et sachez que je n'ai rien contre vous, ni en tant que personnes, ni en tant que représentants d'une classe contre laquelle je serais censé avoir engagé je ne sais quelle croisade. Je défends mes clients du mieux que je peux au moyen du droit qui nous est commun, un point c'est tout.

Maître Lancernay qui semblait occupé à feuilleter son dossier après que la matriarche l'ait empêché d'intervenir, estime le moment venu de revenir sur le devant de la scène, mais en décalage.

— Il n'est pas utile de vous justifier, puisque mes clients ont renoncé à dénoncer vos pratiques douteuses. Indiquez-nous les conditions de l'arrangement évoqué par madame De la Tour Lansac et concentrons notre discussion sur cet unique sujet de notre réunion d'aujourd'hui.

Il peine à conserver son calme.

— Le temps de la polémique n'est donc pas encore clos. Bon ! Je vais, au risque de raviver l'accusation de gauchisme vous dire que je trouve toujours savoureux que quelqu'un comme vous, quelqu'un dont l'idéal professionnel consiste à faire payer le moins d'impôts possible aux plus fortunés, par tous les moyens et en particulier celui de l'évasion fiscale, se permette d'invoquer les soi-disant pratiques douteuses de ses confrères.

— Comment osez-vous ! Je vais saisir le bâtonnier.

— Et vous, comment osez-vous mettre en doute ma probité ? Si vous saisissez votre bâtonnier, je saisirais le mien.

— Mes clients m'ont expliqué.

— Ah oui ! Et le juriste éminent que vous êtes s'en est tenu aux dires de ses clients ; des clients qui ne lui ont peut-être pas tout dit sur les tenants et les aboutissants de chacune des affaires qui ont conduit au rendez-vous d'aujourd'hui. Il est vrai que dans l'affaire de la banque Duroy pour laquelle vous occupiez, c'est semble-t-il ce qui s'est passé ; en tout cas, c'est ce que j'ai lu dans la presse spécialisée ; sans pour autant, je m'empresse de le préciser, vous condamner, puisque je n'étais pas en possession d'un dossier complet.

— Vous savez que je n'ai pas été poursuivi.

— Moi non plus, que je sache. Vos clients d'aujourd'hui se sont bien gardés, au final, de m'assigner. Vous ont-ils dit pourquoi ?

— Parce que leur avocat de l'époque leur a déconseillé de le faire.

— Sans doute, mais pourquoi feu monsieur le bâtonnier Salvin—Lagrezette qui en rêvait, et qui je crois avait toute la confiance de vos clients— et en particulier de vous, madame Delcourt— ne l'a-t-il fait ? Je peux vous l'expliquer si vous le voulez.

Henri Marc Delcourt qui a sans doute donné à son nouvel et onéreux conseil, des explications peu compatibles avec ce que s'apprête à révéler son confrère, et qui a compris que ce qu'il avait pu encore espérer en venant à cette réunion— déstabiliser sa belle-sœur et son conseil— n'aura pas lieu, consulte d'un regard sa mère et sa sœur, qui acquiescent d'un sourcillement à son intervention pour un changement définitif de cap.

— Restons-en là.

L'injonction est reçue comme un coup de grâce par l'avocat d'affaires du cabinet international qui doit avoir de plus en plus le sentiment de s'être fourvoyé dans une affaire que l'on peut dire de famille, dans laquelle peut être compté, puisqu'il en partage les secrets, son confrère adverse.

— Je veux bien, mais à une condition.

Henri-Marc Delcourt fronce les sourcils.

— Quelle condition ?

— Que des deux côtés on s'engage à jouer franc-jeu.

— Que voulez-vous dire ?

— Que si nous parvenons à trouver un accord— et je suis persuadé que cela est possible malgré la persistance manifeste de certaines tensions— chacun s'engage à les dépasser pour en respecter les clauses avec souplesse et loyauté. Fini les procès d'intention, les suspicions. On admet une fois pour toutes que Guillaume a besoin autant de sa mère que de la famille de son père, et l'on s'adapte à son évolution en s'efforçant de se concerter chaque fois qu'une difficulté survient.

— Que proposez-vous concrètement ?

— Vous reconnaissez le droit de madame De la Tour Lansac de s'installer à Chicago avec monsieur Dumur, sachant que je vous ai rapporté la preuve de ce que rien de ce qui a pu lui être reproché, n'est vrai. De son côté, elle s'engage à vous associer à toutes les décisions importantes concernant Guillaume. A commencer par le choix de l'établissement scolaire où il doit être inscrit. Et quand je dis associer, cela veut dire que vous serez sollicités en temps utile et que tout sera fait pour que la décision soit réellement commune. Vous serez tenus informés régulièrement de sa scolarité, pièces à l'appui. Elle est également d'accord pour que Guillaume passe chez vous les deux tiers des vacances d'été et de noël et qu'entre deux, si vous le souhaitez, vous puissiez venir le voir aux USA où vous allez régulièrement pour vos affaires, selon des modalités à définir au coup par coup. En outre Guillaume pourra librement vous téléphoner quand il le souhaite, mais *a minina* une fois par semaine. Comme vous pouvez le constater, ce n'est pas rien. Il n'est pas question pour madame De Lansac de marchander. Elle vous propose d'emblée le maximum possible.

Il se tourne vers maître Lancernay.

— Vous vouliez en venir au fait ; je ne peux pas faire mieux. Je pense même que je suis allé au-delà de ce que vous auriez considéré comme un succès. Alors ?

— Je vais me concerter avec mes clients. Je vais vous demander de nous laisser un moment.

Hélène Delcourt se tourne vers son fils et sa fille qui acquiescent d'un bref hochement vertical de tête à son interrogation aussi muette qu'explicite.

— Il est inutile que nous nous concertions plus longuement. Nous sommes d'accord.

Maître Lancernay se tourne vers ses clients.

— Il reste tout de même à aborder les aspects financiers.

— Nous prendrons en charge la scolarité qui peut être très onéreuse aux states quand on vise le meilleur, et c'est le cas. On prendra également en charge les billets d'avion et plus généralement nous veillerons à ce qu'il ne manque de rien.

Maître Lancernay, de nouveau crucifié, semble hésiter entre prendre congé de ses clients, ou se résigner. Il reste assis et hasarde une ultime question sur un ton de grande lassitude.

— Comment comptez-vous faire pour formaliser l'accord ?

— Je pense qu'il faut lui donner un caractère un peu solennel. Après tout, ce dont il est question, c'est d'un changement radical d'époque. Il faut que chacun soit persuadé de la bonne foi de tous et rassuré sur l'effectivité de son application. C'est pourquoi je propose qu'on rédige un protocole maintenant et qu'on le fasse entériner par le juge. Étant bien entendu que malgré cela, notre accord ne sera pas gravé dans le marbre. Maître Lancernay vous a certainement expliqué que, s'agissant du sort d'un enfant, il est toujours possible de revenir devant le juge pour demander sa modification.

Il se tourne vers madame De la Tour Lansac.

— Vous-voulez peut-être ajouter quelque chose ?

— Juste dire que je suis très heureuse pour Guillaume que l'affaire puisse se conclure ainsi. Sincèrement, je n'y croyais pas et j'ai bien cru avoir raison de ne pas y croire jusqu'à ce qu'on en revienne, il y a peu, au vrai sujet qui est le bonheur de Guillaume.

Elle se tourne vers Hélène Delcourt.

— Un retour rendu possible grâce à vous et sachez que je vous en sais gré et que vous n'aurez pas à le regretter. Et je vais d'ailleurs vous le prouver immédiatement. Je pars à Chicago courant juillet. Je comptais emmener Guillaume, mais je peux vous le laisser le temps que je m'installe sur place, puisque c'est bientôt les grandes vacances. Et ce, même si on n'a pas pu obtenir avant, le jugement dont a parlé maître Mauduit. Hélène, je vous appellerai pour mettre tout ça au point dans quelques jours si vous le voulez bien.

— D'accord ! Vous viendrez dîner à la maison ce sera plus facile pour en discuter. Nous aurons peut-être d'autres choses encore à nous dire ? Et puis, ça fera plaisir à Guillaume.

Après la signature du protocole et avoir pris congé les uns des autres, dans le climat un peu étrange d'un armistice survenu en pleine bataille, Marion De la Tour Lansac inspire et expire sans retenue plusieurs fois et semble hésiter pour manifester son soulagement et sa joie, entre faire quelques bonds ou lui sauter au cou. Sa bonne éducation prend le dessus, à son grand regret. Il aurait aimé, plus encore que la voir exécuter des sauts de biche, pouvoir la tenir un instant dans ses bras ; non pour grappiller au passage quelques sensations érotiques mais, plus profondément, pour témoigner d'une certaine fraternité indépendante des sexes ; une fraternité que ne peuvent, seuls, dire les mots ; une fraternité sans laquelle le métier de la défense n'aurait plus guère de sens.

— Je me demande si je ne vais pas aller bruler un cierge à Notre Dame. Je pense que, maintenant, on peut leur faire confiance.

— J'en suis certain. Ils sont sans doute capables du pire, mais pas après qu'ils aient signé sur le champ un protocole d'accord aussi clair et net. Il leur serait impossible, eu égard à leur niveau de connaissance et d'expérience des affaires, de revenir dessus en prétendant que leur consentement a été surpris ; surtout en présence de leur prestigieux conseil.

Elle sourit à l'évocation du « prestigieux conseil ».

— Mais je crois surtout qu'ils ont été surpris par notre offre, qui témoigne de la réalité de la place que vous leur reconnaissez dans la vie de votre fils. L'invitation de la mère par la grand-mère ne peut pas être vue comme une manœuvre. Cette réunion aura été, à n'en pas douter, le dernier acte de la série des affaires Delcourt — familiales car, pour les autres, il est fort à parier que j'aurai de nouvelles occasions de batailler contre telle ou telle de leurs entreprises.

Ils font quelques pas. Elle s'arrête, il se tourne vers elle spontanément et, tout aussi spontanément, elle lui donne un baiser sur la joue, comme si, elle s'en était voulu de ne pas s'être laissé aller à la sortie de la réunion.

— Excusez-moi !

— Voilà un honoraire inattendu, mais certainement le plus charmant et inestimable qu'on m'ait jamais réglé.

— Est-ce qu'il vous est arrivé de plaider aux États unis ?

— Non, jamais. N'oubliez pas que je ne suis qu'un avocat provincial. Vous pensez que vous aurez besoin d'un avocat à Chicago ?

— On ne sait jamais.

— Je crains que si ce devait être le cas, vous ne deviez recourir à un avocat sur place ; et que cela ne vous coûte fort cher. Mais vous pourriez toujours m'appeler ; on verrait bien.

TABLE DES MATIÈRES

Les éditions Persée impriment tous leurs ouvrages exclusivement sur du papier certifié PEFC. En choisissant ce papier, nous soutenons la gestion durable des forêts et contribuons activement à la préservation de l'environnement. Cette initiative reflète notre engagement à réduire notre empreinte carbone.

La composition de cet ouvrage
a été réalisée en partenariat avec Nord Compo

Imprimé en France
978-2-8231-3996-9
Dépot légal : 2ème trimestre 2025

www.ingramcontent.com/pod-product-compliance
Lightning Source LLC
LaVergne TN
LVHW050836051026
849532LV00006BA/1983

* 9 7 8 2 8 2 3 1 3 9 9 6 9 *